CATALOGUE
DES LIVRES
DE MONSIEUR
LE PRESIDENT
CROZAT DE TUGNY.

Dont la Vente qui se fera au commencement du mois d'Août 1751, au plus Offrant & dernier Enchérisseur, sera indiquée par Affiches.

A PARIS,
CHEZ THIBOUST, IMPRIMEUR DU ROI,
Place de Cambrai.

M. DCC. LI.

ORDRE
DE CE CATALOGUE.

☞ Pour ne point laisser perdre de vûe les meilleurs Livres Italiens de Belles-Lettres , j'ai interrompu l'Ordre des Divi-sions de ce Catalogue , pour les rassembler ensemble , & j'ai retiré des différentes Classes dans lesquelles ils devoient être naturellement placés tous les Mythologues , Romans & Fic-tions , Philologues & Polygraphes Italiens , & les ai joints aux Poëtes ; par ce moyen l'on voit d'un coup d'œil une des plus curieuses & des plus rares Classes de cette Bibliotheque.

CATALOGUE
DES LIVRES
DE M· CROZAT·

THÉOLOGIE.

ÉCRITURE SAINTE.

Textes, Versions, Harmonies, Concordes, &c.

Nᵒ.
1   IBLIA Sacra, *MS.* in membranis.
        in 8.
2   Biblia Sacra, cum Notis interpretatio-
      nibus, & Commentariis. *ex Officinâ*
      Roberti Stephani. 1532. *in fol.*
3 Biblia Sacra, cum Annotationibus Francisci
    Vatabli. *Parisiis, apud Robertum Stepha-*
    num. 1545. *in 8. 5 vol.*
4 La Bible qui est toute la Sainte Écriture du
    Vieux & Nouveau Testament, par les Pasteurs
    & Professeurs de l'Eglise de Genève. *A la*
    Rochelle. 1606. *in fol.*
5 La Sainte Bible, sur la version de Genève, par
    Samuel & Henry Desmarets. *Amsterdam.*
    Elzevir. 1669. *grand papier in fol. 2 vol.*

A

6 La Sainte Bible Latine & Françoife avec des Notes & des Explications felon les fens Spirituel, litteral & moral, par M. de Sacy. *Paris,* (*Amfterdam.*) Roulland. 1682. *in* 12. 34 *vol.*

7 La même, Latine & Françoife par le même Auteur, avec des Notes littérales, & la Concorde des quatre Evangeliftes, &c. avec des Notes & des Differtations Chronologiques & Géographiques. *Paris.* 1717. *in fol.* 4 *vol.*

8 L'Ancien & le Nouveau Teftament avec des Explications & des Réfléxions, par Madame Guyon. *Cologne.* 1714. *in* 12. 20 *vol.*

9 La Sainte Bible avec des Explications, & autres Ouvrages de Jeanne Marie Bouvieres de la Mothe-Guyon. *Cologne.* 1715. *in* 12. 44 *vol.*

10 Les Livres de la Genefe, de l'Exode, & du Lévitique, (jufqu'au 23ᵉ Chapitre.) Traduits en François par Mic. de Marolles; avec des Notes (attribuées à Ifaac de Peyrere;) *in fol.*

11 Liber Pfalmorum, Hebraicè cum verfione Latinâ Sanctis Pagnini. *Bafileæ.* 1505. *in* 12.

12 Libri Pfalmorum Davidis tralatio duplex latina, vetus & nova Sanctis Pagnini, cum Fr. Vatabli Annotationibus. *Robert. Stephanus.* 1556. *in* 12.

13 Le Pfeautier de David, traduit en François, avec de courtes Notes tirées de Saint Auguftin, & des autres Perès. (Par MM. de Port Royal.) *Paris.* (*Lyon.*) 1680. *in* 8.

14 Les Sept Pfeaumes de la Pénitence, rédigés par Dom Antoine Roi de Portugal. *La Haye.* 1691. *in* 12.

15 Traduction du Cantique des Cantiques, mêlée de courtes Paraphrafes, par M. le Prince de Guife, frere du Duc d'Elbeuf. *MS.* *in* 4.

16 Novum Teftamentum Græcum, ex Regiis aliif

que optimis editionibus hac novâ expreſſum. *Lugduni - Batavorum , ex officinâ Elzeviriaâ.* 1641. *in* 12. 2 *vol.*

17 Novum Teſtamentum , Latinè , cum brevibus variarum tralationum Annotationibus. *Pariſiis , Robertus Stephanus.* 1543. *in* 12.

18 Teſtamentum Novum , Vulgatæ editionis. *Pariſiis , è Typographiâ Regiâ.* 1649. *in* 12. 2 *vol.*

19 Nouveau Teſtament François , Grec , & Latin , *Mons. Migeot.* 1673. *in* 8. 2 *vol.*

20 Nouveau Teſtament traduit en François , à deux colomnes. *Mons.* 1667. *in* 12.

21 Le même , *Mons. Migeot.* 1667. *mar. in* 12. 2 *vol.*

21 * Le même. *Mons.* 1688. *in* 12.

22 Le même , avec des figures en taille douce. *Mons. Migeot.* 1699. *in* 12. 2 *vol.*

23 Le Nouveau Teſtament , traduit en François par Denys Amelote , P. de l'Oratoire. *Paris. Muguet.* 1686. *in* 12.

24 Le Nouveau Teſtament , ſur l'ancienne édition Latine , avec des Remarques littérales & critiques. (par Richard Simon.) *Trevoux.* 1702. *in* 8. 4 *vol.*

25 Inſtructions ſur la Verſion du Nouveau Teſtament , imprimé à Trevoux , par J. Benigne Boſſuet. *Paris.* 1702. *in* 12.

26 Les Epitres de Saint Paul , les Epitres Canoniques & l'Apocalypſe. *Rouen. in* 32. *mar. n.*

27 Les Epitres de Saint Paul , & les Epitres Canoniques. *Lyon.* 1667. *in* 12.

28 L'Apocalypſe avec une Explication par J. Benigne Boſſuet Evêque de Meaux. *Paris.* (*Rouen.*) 1689. *in* 8.

29 Hiſtoire & Concorde des quatre Evangeliſtes ,

contenant felon l'ordre des tems , la Vie &
les Inftructions de Notre Seigneur Jefus-
Chrift, (par M. Arnauld.) *Paris , Charles
Savreux.* 1670. *in* 24.

30 Figures de la Sainte Bible gravées par le Clerc.
in 24.

31 Hiftoriæ celebriores Veteris Teftamenti Iconibus
reprefentatæ , in lucem datæ à Chriftophoro
Weigelio. *Noribergæ.* 1712. *in fol.* 2 *vol.*

32 Hiftoire du Vieux & du Nouveau Teftament ,
repréfentée avec des figures en taille douce ,
par le Sieur de Royaumont, (Sacy.) *Paris.*
1702. *in* 4.

Critiques Sacrés , & Interpretes.

33 Introduction à l'Ecriture Sainte, où l'on traite
tout ce qui concerne les Juifs , par Bernard
Lamy , de l'Oratoire. *Lyon.* 1699. *in* 4.

34 { Hiftoire Critique du Vieux Teftament , par
le P. Richard Simon , Prêtre de l'Oratoire.
Rotterdam. 1685. *in* 4. 2 *vol.*
Hiftoire Critique du Texte du Nouveau Tefta-
ment, par le même. *Rotterdam.* 1689. *in* 4.

35 Hiftoire des Verfions du Nouveau Teftament ,
par le même. *Rotterdam.* 1690. *in* 4.

36 Hiftoire des principaux Commentateurs du Nou-
veau Teftament , par le même. *Rotterdam.*
1693. *in* 4.

37 Differtations qui peuvent fervir de Prolégome-
nes de l'Ecriture Sainte , par Auguftin Calmet.
Paris. 1720. *in* 4. 3 *vol.*

38 Commentaire général fur tous les Livres de l'An-
cien & du Nouveau Teftament , par Auguftin
Calmet. *Paris.* 1715. *in* 4. 23 *vol.*

39 Lettre à M.*** fur le Commentaire du R. P. Cal-

met, Benedictin, sur la Bible, par Fourmont.
Paris. 1709. *in* 12.

40 Explications de plusieurs Textes de l'Ecriture,
par le R. P. Dom J. M. (Jacques Martin.)
Paris. 1730. *in* 4. 2 *tom. en un vol.*

41 Explication Litterale de l'Ouvrage de six jours,
mêlée de Réflexions Morales, (par M. l'Abbé
du Guet.) *Bruxelles.* 1731. *in* 12.

42 Explication de l'Histoire de Joseph, par M. l'Abbé
d'Asfeld. *Paris. in* 12.

43 Dissertation Historique, sur les soixante-dix
Semaines de Daniel, où l'on donne des preu-
ves de la Vérité du Messie, par le R. P. Bouges.
Toulouse. 1702. *in* 12.

44 Bernardi Lamy, de Tabernaculo, de Civitate
Ierusalem, & de Templo ejus, Libri VII.
Parisiis. 1720. *in fol.*

45 La Pastorale Sacrée, ou Paraphrase du Cantique
des Cantiques, avec plusieurs Discours &
Observations, par Charles Cottin. *Paris.*
1662. *in* 12.

46 Explication de l'Apocalypse, par M. de la Che-
tardie. *Paris.* 1701. *in* 4.

47 Discours Historique sur l'Apocalypse. *MS. in* 4.

48 Georgii Pasoris, Manuale Novi Testamenti Gr.
& Lat. ex Editione Christ. Schotani. *Amsterd.*
1654. *in* 12.

49 Dictionnaire Universel de l'Ecriture Sainte, par
Charles Huré. *Paris. (Rheims.)* 1715. *in fol.*
2 *vol.*

50 Dictionnaire Historique, Critique, Chronolo-
gique, Géographique, & Litteral de la
Bible, par Augustin Calmet. *Paris.* 1722.
in fol. 2 *vol.*

51 Supplement ou suite du même Dictionnaire.
Paris. 1728. *in fol.* 2 *vol.*

THEOLOGIE.

CONCILES.

52 Matthiæ Ugonii, de Conciliis Synodia Ugonia, seu Liber de omnibusque ad Concilia ritè ac legitimè celebranda pertinentibus. *Venetiis.* 1564. *in fol.*

53 Eclairciffemens fur l'autorité des Conciles Généraux & des Papes, contre la Differtation d'Emmanuel de Schelftrate, par M. Arnauld. 1711. *in* 8.

54 Fasciculus rerum experendarum in quo continetur Concilium Bafilienfe. *Coloniæ.* 1535. *in fol.*

55 Canones & Decreta Concilii Tridentini, ex Editione Spfalmei, Epifcopi Virdunenfis. *Virduni.* 1564. *in* 4.

56 Le Saint Concile de Trente, traduit par Chanut. *Paris.* 1686. *in* 12.

57 Bureau du Concile de Trente, par Innocent Gentillet. *Genève.* 1586. *in* 8.

58 Revifion du Concile de Trente. *Genève.* 1700. *in* 8.

59 Lettres & Mémoires de Fr. de Vargas, touchant le Concile de Trente, traduits par Mich. le Vaffor. *Amfterdam.* 1699. *in* 8.

60 Notes fur le Concile de Trente. *Cologne.* 1706. *in* 8.

SAINTS PERES.

61 Les Œuvres de Saint Juftin, Martyr, mifes de Grec en François, par Jean de Maumont. *Paris. Vafcofan.* 1559. *in fol.*

62 Defid. Herardi, Animadverfiones & Caftigationes ad Arnobii Libros VII. *in* 4.

63 Sanctus Auguftinus de Civitate Dei, cum Commentariis Lud. Vivis. *Lugd.* 1580. *in* 8. 2 *vol.*

64 Cité de Dieu de Saint Auguſtin, miſe en Fran-
çois, & dédiée au Roi de France Charles V. en
1363. *Ce livre eſt Manuſcrit ſur velin, avec
de très-belles figures en miniature. in fol.*

65 Cité de Dieu de Saint Auguſtin, traduite en Fran-
çois (par M. Lombert.) *Paris.* 1701. *in* 8. 2 *vol.*

66 Traduction des Livres de Saint Auguſtin des
Mœurs de l'Egliſe Catholique, de la Correc-
tion & de la Grace, & de la véritable Religion,
par M. Antoine Arnauld. *Paris.* 1647. *in* 8.

67 Théologie Morale de Saint Auguſtin. *Paris.*
1686. *in* 12.

68 Poëme de Saint Proſper contre les Ingrats, tra-
duit en François en Vers & en Proſe, avec les
Vers Latins à la marge. *Paris.* 1647. *in* 4.

69 Poëme de Saint Proſper contre les Ingrats. *Paris.*
1655. *in* 12.

70 Jacobi Boileau, Liber de Corpore & Sanguine
Domini, Rotramno ſeu Bertramo vindicatus.
Pariſiis. 1712. *in* 12.

71 Traité du Corps & du Sang du Seigneur, traduit
du Latin de Ratram, ou Bertram, mis en
François par Jacques Boileau, avec des Re-
marques. *Paris.* 1686. *in* 12.

72 Lupi Servati, Quæſtiones tres, de Libero Arbi-
trio, de Prædeſtinatione & Gratiâ, & de Re-
demptione Chriſti. *Pariſiis.* 1648. *in* 12.

T H E O L O G I E N S.

THÉOLOGIENS DE L'EGLISE LATINE.

Scholaſtiques.

73 Demonſtration de l'Exiſtence de Dieu, par
M. l'Archev. de Cambray. *Paris.* 1713. *in* 12.

74 De la néceſſité de la Foi en Jeſus-Chriſt, pour

être fauvé, (par M. Nicole.) *Paris.* 1701. *in* 12. 2 *vol.*

75 Les Mémoires fur la Grace, où l'on repréfente les Sentimens de Saint Auguftin, & des autres Peres Grecs & Latins, par Louis Thomaffin, de l'Oratoire. *Paris.* 1681. *in* 12. 3 *tom. en* 2 *vol.*

76 Propofitiones excerptæ ex Libro Card. Sfondrati, cui titulus eft, Nodus Prædeftinationis. *Coloniæ.* 1699. *in* 8.

77 Inftruction fur la Grace felon l'Ecriture & les Peres, avec l'Expofition de la Foi de l'Eglife, par M. Arnaud. *Cologne.* 1700. *in* 12.

77 * Défenfe de la Doctrine de Saint Auguftin, touchant la Grace Efficace, (par M. Boffuet) *Utrecht.* 1734. *in* 12.

78 De l'Action de Dieu fur les Créatures, Traité dans lequel on prouve la Prémotion Phyfique par le Raifonnement. *Paris.* 1713. *in* 4.

79 Hiftoire abrégée du Janfenifme. *Cologne.* 1698. *in* 8.

80 Journal (de Louis Gorin) de Saint-Amour, Docteur de Sorbonne, fur ce qui s'eft paffé à Rome dans l'affaire des cinq Propofitions. 1662. *infol.*

81 Recueil des Pieces fur diverfes matieres Eccléfiaftiques depuis 1640 jufqu'en 1670. *in* 4. 13 *vol.*

82 Le Faux Arnauld, ou Recueil de Pieces fur l'Affaire de *Douay.* 1693. *in* 4.

83 Recueil de Pieces pour la Conftitution Unigenitus. 13 *vol. in* 4.

84 Recueil de Pieces pour la Conftitution Unigenitus. *in* 12. 11 *vol.*

85 Solution de divers Problêmes pour la Paix de l'Eglife. *Cologne.* 1699. *in* 12.

86 Ordonnance & Inftruction Paftorale de Meffeigneurs les Evêques de la Rochelle & de Luçon,

portant condamnation du N. Teſtament du
Pere Queſnel. *Paris.* 1710. *in* 12.

87 Recueil de Pieces au nombre de neuf pour la
Conſtitution, dont la premiere eſt, Lettre d'un
Avocat ſur la Conſtitution qu'on demande à
Rome contre le Livre du P. Queſnel. *in* 12.

88 Recueil de Pieces pour la Conſtitution, dont la
premiere eſt intitulée Lettre à Monſeigneur
l'Evêque de Chaalons ſur Marne, au ſujet de
ſon Mandement. *in* 12.

89 Rélation fidelle des Aſſemblées de Sorbonne,
touchant la Conſtitution Unigenitus, avec le
Mémoire des Sieurs de Charlan & Conſors.
Anvers. 1716. *in* 12.

90 Nouvelle Rélation en forme de Lettre de toutes
les Aſſemblées de Sorbonne ſur le ſujet de la
Conſtitution Unigenitus, où l'on découvre les
intrigues du Syndic & de ceux de ſon parti.
1716. 2 *tom. en un vol. in* 12.

91 Les Tocſins avec les Ecrits & les Arrêts publiés
contre ces Libelles violens & ſéditieux, & un
Recueil de Mandemens & autres Pieces qui
ont rapport aux Ecrits précédens. 1716, &
ſuiv. in 12. 2 *vol.*

92 Lettre Circulaire de M. le Cardinal de Biſſy,
à tous les Evêques de France au ſujet de la
Conſtitution Unigenitus. 1717. *in* 8.

93 Mandement & Inſtruction Paſtorale de M. l'Ar-
chevêque de Cambray, au ſujet de la Conſul-
tation de Meſſieurs les Avocats de Paris, tou-
chant le Jugement rendu à Embrun contre
M. de Senez. *Paris.* 1730. *in* 12.

94 L'Eſprit de l'Egliſe dans l'uſage de ſes Cérémo-
nies contre le Livre de Cl. de Vert. *Paris.*
1715. *in* 12.

95 Breviarium Romanum. *Pariſ.* 1622. *in* 8. 2 *vol.*

96 Missale Romanum, sub titulo, Epistolæ, & Evangelia per totum annum. *MS.* in membranis. *in fol.*

97 Missale Romanum. *Coloniæ Agrippinæ.* 1700. *in fol.*

98 Missel Romain, traduit en François avec l'Explication de toutes les Messes, & de leurs Cérémonies, pour tous les jours de l'année, par le Sieur Voysin. *Paris.* 1660. *in* 12. 5 *vol.*

99 Rituel Romain à l'usage du Diocèse d'Alet, par Nicolas Pavillon Evêque d'Alet. *Paris,* 1667. *in* 4.

100 Recueil de ce qui s'est passé entre MM. les Evêques de Saint Pons & de Toulon, au sujet du Rituel d'Alet. *Paris.* 1678. *in* 12.

101 Pontificale Romanum. *MS. in fol.*

102 Missel de Paris, Latin & François, de Monseigneur Louis Antoine de Noailles. *Paris.* 1727. *in* 12. 3 *vol.*

103 L'Année Chrétienne où sont les Messes des Dimanches & Fêtes de l'année, en Latin & en François, avec des Méditations sur les Epitres & Evangiles, (par M. le Tourneux.) *Paris.* 1704. *in* 12. 13 *vol. mar.*

104 Orationes ad Deum & Virginem. (*MS. dénommé,* Evangelium Sancti Joannis.) *in* 8.

105 Heures sur velin, avec des Lettres Capitales peintes en miniature & dorées. *in* 8.

106 L'Office de l'Eglise en Latin & François pour toute l'année, avec une Instruction pour les Fideles. *Paris.* 1721. *in* 12.

107 Exercice Spirituel où est enseigné au Chrétien la maniere d'employer le jour au Service Divin, dédié à Madame la Chancelliere. *Paris. Rocolet.* 1642. *in* 8. *en maroquin avec compartimens, &c.*

108 Prieres choisies extraites de l'Ecriture Sainte, & imprimées pour l'usage des ames Chrétiennes & Dévotes. 1714. *in* 18.

109 Heures nouvelles, Lat. & Franç. dédiées au Roi. *Paris.* 1730. *mar. r. in* 18.

110 Prieres & Instructions à l'usage de la Confrérie de Saint Roch. *Paris.* 1728. *in* 12.

111 Sacrorum Elæochrismaton Mirothecia tria, in quibus exponuntur Olea atque Unguenta divinos in Codices relata. Autore Franc. Fortunato Scacchio. *Amsterdam.* 1701. *in fol.*

112 Andreæ du Saussay, Liber de sacro Ritu præferendi Crucem majoribus Prælatis Ecclesiæ. *Parisiis* 1628. *in* 4.

113 Histoire des Perruques, par J. B. Thiers. *Paris.* 1690. *in* 12.

114 Histoire Critique des Pratiques superstitieuses qui ont séduit les Peuples, & embarrassé les Savans, par Pierre le Brun. *Paris.* 1732. *in* 12. 3 *vol.*

115 Recueil de Pieces concernant les Disputes des Jésuites, des Dominicains, avec MM. des Missions Etrangeres sur les Cultes Chinois. *in* 12. 10 *vol.*

116 Lettres de MM. des Missions Etrangeres au Pape, sur les Idolâtries & les Superstitions Chinoises. *Bruxelles.* 1700. *in* 8.

117 Lettres d'un Docteur de l'Ordre de Saint Dominique sur les Cérémonies de la Chine. *Cologne.* 1700. *in* 12.

118 Apologie des Dominicains Missionnaires de la Chine, où Réponse au Livre du P. le Tellier, intitulé Défense des nouveaux Chrétiens. *Cologne.* 1700. *in* 12. 2 *vol.*

119 Journal Historique des Assemblées tenues en

Sorbonne pour condamner les Mémoires de
de la Chine. *Bruxelles* 1700. *in* 12.

120 Conformité des Cérémonies Chinoifes avec
l'Idolatrie Grecque. *Cologne.* 1700. *in* 12.

121 Six Lettres d'un Docteur de Sorbonne, fur
les opinions des Jéfuites, touchant la Reli-
gion, les Cultes & la Morale des Chinois.
Cologne. 1701. *in* 12.

122 De la Contrition néceffaire pour obtenir la
rémiffion des péchés, dans le Sacrement de
Pénitence, (par Jacques Boileau.) *Louvain.*
1676. *in* 12.

123 Agneau Pafcal, ou Explications des Cérémo-
nies que les Juifs obfervoient en la Mandu-
cation de l'Agneau de Pâques, (par M. Ar-
nauld.) *Cologne.* 1686. *in* 8.

124 Traité de la Communion fous les deux Efpe-
ces, par Jacques Benigne Boffuet. *Paris.*
1682. *in* 12.

125 De la Fréquente Communion, où les fenti-
mens des Peres & des Conciles, touchant
l'ufage des Sacremens de Pénitence & d'Eu-
chariftie font fidellement expofés, par M. Ar
naud. *Paris.* 1683. *in* 8.

126 Pratiques de piété pour honorer le Saint Sa
crement, tirées de la Doctrine des Conciles
(par M. Arnauld.) *Cologne.* 1683. *in* 8.

Moraux & Cafuiftes.

127 {
Effais de Morale, par M. Nicole. *Paris.* 1681
in 12. 4 *vol.*
Continuation des Effais de Morale, par M. N
cole. *Lyon.* 1698. *in* 12. 5 *vol.*

128 Effais de Morale fur différens fujets, fur l
quatre Fins de l'Homme, & fur les Epitr

& Evangiles de toute l'année, (par M. Nicole.) *La Haye.* 1688. & 1690. *in* 12. 9 *vol.*

129 Suite defdits Effais, contenant la Vie de M. Nicole, & l'Hiftoire de fes Ouvrages. *Luxembourg.* 1732. *in* 12. 2 *vol.*

130 Apologie pour M. Nicole, écrite par lui-même. *Amfterdam.* 1734. *in* 12.

131 Nouveaux Effais de Morale. *Amfterdam.* 1692. *in* 12. 3 *vol.*

132 Le Pédagogue Chrétien, ou la maniere de vivre faintement, par Philippe d'Oultreman. *Rouen.* 1728. *in* 12.

133 Bienes de el honefto Trabajo y Daños de la Ociofidad, en ochos Difcurfos de Gufman d'Avila. 1614. *in* 8.

134 La Mendacita Providuta nella citta di Roma coll' ofpizio publico. *Roma.* 1693. *in* 4.

135 Réfolutions de plufieurs Cas de Confcience touchant la Morale & la Difcipline de l'E-glife, par de Sainte-Beuve. *Paris.* (*Tou-louze.*) 1695. *in* 12. 4 *vol.*

136 Hiftoire du Cas de Confcience. *Nancy.* (*Amfterdam.*) 1705. *in* 12. 8 *vol.*

136* La Défenfe du Traité de M. le Prince de Conty, touchant la Comédie & les Specta-cles, &c. *Paris.* 1671.

137 Réfutation d'un Ecrit favorifant la Comédie. *Paris.* 1694. *in* 12.

138 Réponfe à la Lettre du Théologien défenfeur de la Comédie. *Paris.* 1694. *in* 12.

139 Sentimens de l'Eglife & des Saints Peres pour fervir de Décifion fur la Comédie & les Comédiens. *Paris.* 1694. *in* 12.

140 Décifion faite en Sorbonne touchant la Co-médie. *Paris.* 1694. *in* 12.

141 Maximes & Réfléxions fur la Comédie, par

Jacques Benigne Boſſuet. *Paris.* 1696. *in* 12.

142 Hiſtoire & Abregé des Ouvrages Latins, Italiens & François, pour & dontre la Comédie & l'Opera. *Paris.* 1697. *in* 12.

143 Diſſertation de M. de Santoui ſur le Poëme Dramatique, où l'on examine s'il eſt permis d'aller à la Comédie, d'en faire, &c. *Amſt.* 1729. *in* 12.

144 Diſcours ſur la Comédie, ou Traité Hiſtorique & Dogmatique des Jeux de Théâtre, par Pierre le Brun de l'Oratoire. *Paris.* 1731. *in* 12.

145 Thomæ Sanchez de Matrimonii Sacramento diſputationum libri III. *Antv.* 1626. *in fol.*

146 Ejuſdem, editio recognita. *Lugduni.* 1669. 2 *tom. en un vol. in fol.*

147 Manifeſte Apologétique pour la Doctrine des Religieux de la Compagnie de Jeſus, par le P. le Moyne. *Paris.* 1644. *in* 4.

148 Réponſe au Livre intitulé la Théologie Morale des Jéſuites, par N. Cauſſin Jéſuite. *Paris.* 1644. *in* 8.

149 Les impoſtures & les ignorances du Libelle intitulé la Théologie Morale des Jéſuites, par M. l'Abbé de Boiſic. 1644. *in* 8.

150 Sentimens d'une Ame touchée de Dieu, tirés des Pſeaumes de David, ou Paraphraſe Morale de pluſieurs Pſeaumes, par le P. Maſſillon. *Paris.* 1745. *in* 12. 2 *vol.*

CATÉCHISTES ET PRÉDICATEURS.

Catéchiſtes.

151 Inſtruction du Chrétien, par le Cardinal de Richelieu. *Paris.* 1642. *in fol.*

152 Inftruction sur les principes de la Doctrine Chrétienne, par Madame le Roux, Religieuse Urfuline. *Toulouze.* 1695. *in* 8.

153 Inftructions générales en forme de Catéchifme, imprimées par ordre de Charles Joachim Colbert, Evêque de Montpellier. *Paris.* 1707. *in* 4.

154 Le même Catéchifme. *Paris.* 1710. *in* 12. 3 *vol.*

Prédicateurs.

155 Petri Chryfologi, Sermones in Evangelia de Dominicis & Feftis aliquot. *Tolofæ.* 1670. *in* 8.

156 Molti devotiffimi trattati di Hieronymo Savonarola. *Vinegia.* 1538. *in* 12.

157 Sermones Hieronymi Savonarolæ in Adventum. *Venetia.* 1536. *in* 12.

158 Prediche del Padre Gieronimo Savonarola, *in Venetia.* 1540. *in* 12.

159 Prediche del Padre Gieronimo da Ferrara, per tutto l'anno. *in Vinegia.* 1540. *in* 12.

160 Sermoni XIX. de l'Amor di Jefu-Chrifto, di Hier. Savonarola. *in Venetia.* 1547. *in* 12.

161 Gabrielis Barelete Sermones Quadragefimales, & de Sanctis: *Lugduni.* 1524. *in* 12.

162 Olivarii Maillardi Sermones communes, per Adventum. *Parifiis in* 12.

163 Ejufdem Sermones, de Adventu. *Lugduni.* 1514. *in* 8.

164 L'Exemplaire de Converfion, avec la Confeffion d'Olivier Maillard, laquelle il fit dans le tems qu'il prêchoit le Carême en la Ville de Poitiers. 1524. *in* 8.

165 Michaëlis Menoti Sermones Quadragefimales Parifiis declamati. *Parifiis.* 1530. *in* 8.

166 Sermons du R. P. Cheminais, Jésuite. *Paris.* (*Lyon*) 1690. *in* 12. *2 vol.*

167 Panégyriques & autres Sermons prêchés par Esprit Flêchier, Évêque de Nîmes. *Lyon.* 1696. *in* 12. *3 vol.*

168 Sermons prêchés pendant l'Avent & le Carême par le R. P. Bourdaloüe, Jésuite. *Paris. Rigaud.* 1707. *in* 8. *4 vol.*

169 Sermons du P. Bourdaloüe pour l'Avent. *Paris.* 1716. *in* 12.

170 Sermons du P. Bourdaloüe pour le Carême. *Paris.* 1716. *in* 12. *3 vol.*

171 Sermons du P. Bourdaloüe pour tous les Dimanches de l'année. *Paris.* 1716. *in* 12. *4 vol.*

172 Sermons du P. Bourdaloüe pour les grandes Fêtes de l'année. *Paris.* 1692. *in* 12.

173 Sermons du P. Bourdaloüe pour les Fêtes des Saints de l'année. *Paris.* 1712. *in* 12. *2 vol.*

174 Sermons du P. Bourdaloüe sur tous les Mysteres de Notre-Seigneur & de la Sainte Vierge. *Paris.* 1723. *in* 12. *2 vol.*

175 Suite des Sermons dudit Pere Bourdaloüe, ou Exhortations & Instructions Chrétiennes. *Paris.* 1721. *in* 12. *2 vol.*

176 Autre suite des mêmes Sermons du P. Bourdaloüe, ou Rétraite Spirituelle à l'usage des Communautés Religieuses. *Paris.* 1721. *in* 12.

177 Pensées du R. P. Bourdaloüe, Jésuite, sur divers sujets de Religion & de Morale. *Paris.* 1735. *in* 12. *3 vol.*

178 Avis pour la Communion, par le R. P. Bourdaloüe. *Paris.* 1705. *in* 24.

179 Sermons du Pere Massillon, écrits pendant qu'il les prêchoit en 1720. *MS. in* 4.

180 Sermons du P. Massillon pour l'Avent. *Paris.* 1745. *in* 12.

181

181 Sermons sur tous les Evangiles du Carême, prêchés par le P. Massillon, de l'Oratoire. *Trevoux*. 1705. *in* 12. 4 *vol.*

182 Sermons du même P. Massillon, pour le Careme. Nouv. Edit. *Paris*. 1745. *in* 12. 4. *vol.*

183 Sermons du même, pour le petit Carême, les Mysteres, Panégyriques, Oraisons Funébres & Professions Religieuses. *Paris*. 1745. *in* 12. 3 *vol.*

184 Conférences & Discours Synodaux sur les principaux devoirs des Ecclésiastiques, avec un Recueil de Mandemens sur différens sujets, par le même. *Paris*. 1746. *in* 12.

Ascetiques ou Mystiques.

185 Révelationes Sanctæ Brigittæ, olim à Joan. Card de Turre Crematâ recognitæ, nunc auctæ de Vitâ & Miraculis D. Catharinæ, à Consalvo Duranto. *Monachii*. 1680. *in fol.*

186 Joannis Gersen, Cancellarii Parisiensis, de Imitatione Jesus-Christi, Libri IV. *Parisiis*. 1489. *in* 12.

187 Thomæ à Kempis, de Imitatione Christi, Lib. IV. *Lug. Batav. Elzevir. in* 12. *mar.*

188 De l'Imitation de Jesus-Christ, de la Traduct. de Beüil. *Paris*. 1699. *in* 8.

189 De l'Imitation de Jesus-Christ, nouvelle Traduction, par M. l'Abbé de Choisy. *Paris*. 1706. *in* 12.

190 De l'Imitation de Jesus-Christ, nouvelle Traduction, ornée de figures. *Paris*. 1741. *in* 8.

191 Los IV. Libros de la Imitacion de Christo, traduzidos en Espagñol, por Juan Eusebio Nieremberg. *Paris*. 1713. *in* 12.

B *

192 Les Œuvres de Sainte Thérese, traduite de l'Espagnol, par M. Arnauld d'Andilly. *Paris. Le Petit.* 1670. *in fol.*

193 Les mêmes Œvres, traduites par le même Auteur. *Paris. Le Petit.* 1676. *in* 4.

194 Les Œuvres Spirituelles de Louis de Grenade, traduites par Girard. *Paris.* (*Rouen.*) 1487. *in fol.*

195 Les trois Etats de l'Innocence ; sçavoir, l'Innocence affligée, l'Innocence reconnue, & l'Innocence couronnée. *Lyon.* 1660. *in* 12. 3 *vol.*

196 Œuvres diverses de M. Arnauld d'Andilly, *Paris. Le Petit.* 1675. *in fol.* 3 *vol.*

197 Œuvres Spirituelles de François de Salignac de la Mothe Fenelon, Archevêque de Cambray. *Amsterdam.* 1731. *in* 12. 5 *vol.*

198 Les Sources de la Vraye & Fausse Dévotion. ou de la nouvelle Spiritualité. *Mons.* 1699. *in* 12.

199 Elévations à Dieu sur tous les Mysteres de la Religion Chrétienne, par M. Boussuet, Evêque de Meaux. *Paris.* 1727. *in* 12. 2 *vol.*

200 Traité de l'Amour de Dieu, nécessaire dans le Sacrement de Pénitence, par M. Benigne Bossuet. *Paris.* 1736. *in* 12.

201 Traité sur la Priere Publique, & sur les Dispositions pour offrir les Saints Mysteres, & pour y participer avec fruit, (par M. du Guet.) *Paris.* 1708. *in* 12. 2 *vol.*

202 Le Chemin de l'Amour Divin, Description de son Palais, & des beautés qui y sont renfermées. *Paris.* 1746. *in* 12.

203 Sentimens Chrétiens sur les principales Véri-

tés de la Religion, par le P. Buffier. *Paris.*
1718. *in* 18.

204 Maximes Chrétiennes. *in* 18.

Disputes sur le Quiétisme.

205 Moyen court & facile de faire Oraison, (par
Mad. Guyon.) 1695. *in* 18.
206 Réfutation des principales Erreurs du Quié-
tisme, contenues dans les Livres censurés par
l'Ordonnance de M. l'Archevêque de Paris.
Paris. 1695. *in* 12.
207 Recueil de divers Traités de Théologie Mysti-
que qui entrent dans la célébre dispute qui
s'agite présentement en France, par Madame
Guyon. *Cologne.* 1699. *in* 12.
208 Opuscules Spirituels de Mad. Guyon, avec son
Traité des Torrens, &c. *Cologne.* 1704.
in 12.
209 Explication des Maximes des Saints sur la Vie
Intérieure, par M. Salignac de Fenelon, Ar-
chevêque de Cambray. *Paris.* 1697. *in* 12.
210 Instruction sur les états d'Oraison, où sont
exposées les Erreurs des faux Mystiques de
nos jours, par Jacq. Benigne Bossuet, Evêque
de Meaux. *Paris.* 1697. *in* 8.
211 Apologie de l'Amour qui nous fait désirer de
posséder Dieu seul, avec des Remarques sur
le Livre des Maximes des Saints. *Amster-*
dam. 1698. *in* 12.
212 Divers Ecrits sur le Livre des Maximes des
Saints, par Ben. Bossuet, Evêque de Meaux.
Paris. 1698. *in* 8.
213 De novâ quæstione libri tres-Mystici in tuto,
Schola in tuto. Quietismus redivivus, à Ben.
Bossuet. *Parisiis.* 1698. *in* 8.

214 Relation sur le Quiétisme, par J. Ben. Bossuet. *Paris.* 1698. *in* 8.

215 La même Relation avec les Remarqués sur la Réponse de M. l'Archevêque de Cambray, & la Réponse de M. de Meaux aux quatre Lettres de M. de Cambray, avec les Passages éclaircis sur les principales Propositions du Livre des Maximes des Saints. *Paris.* 1699. *in* 8.

216 Réponse de M. l'Archevêque de Cambray, à l'Ecrit intitulé, Relation sur le Quiétisme. *Paris. in* 12.

217 Remarques sur cette Réponse, par Jacq. Ben. Bossuet. *Paris.* 1698. *in* 8.

218 Lettre d'un Théologien à M. l'Evêque de Meaux, touchant ses sentimens & sa conduite à l'égard de M. l'Archevêque de Cambray, &c. avec le Traité de Saint Bernard, du libre arbitre. *Toulouze.* 1698. *in* 12.

219 Premiere, seconde & troisiéme Lettres de M. l'Archevêque de Cambray à M. l'Archevêque de Paris, sur son Instruction Pastorale du 27 Octobre 1697. Quatriéme Lettre du même au même, pour servir d'Addition & de Réponse à l'Instruction Pastorale. *Paris. in* 12.

220 Cinq Lettres de M. l'Archevêque de Cambray à M. l'Evêque de Meaux, pour servir de réponse aux Ecrits de ce dernier. *Paris. in* 12.

221 Instruction Pastorale de M. François de Salignac la Motte Fenelon, touchant son Livre des Maximes des Saints. *Amsterdam.* 1698. *in* 12.

222 Réponse de M. l'Evêque de Meaux à quatre Lettres de M. de Cambray. *Paris.* 1698. *in* 8.

223 Cinq Lettres de M. l'Archevêque de Cambray
à M. l'Evêque de Meaux. 1698. *in* 12.

224 Trois autres Lettres de M. de Cambray,
pour servir de réponse à M. de Meaux.
in 12.

225 Réponse de M. l'Archevêque de Paris aux
quatre Lettres de M. de Cambray. *Paris.*
1698. *in* 12.

226 Réponse de M. l'Archevêque de Cambray à
la Déclaration de M. l'Archevêque de Paris,
& des Evêques de Meaux & de Chartres,
1698. *in* 12.

227 Lettre d'un Theologien à M. de Meaux, où
l'on réfute la fausse Apologie du véritable
amour de Dieu ; avec deux Livres de Saint
Augustin, & un Dialogue de S. Anselme,
traduit en François par le Sieur de Longbois.
Cologne. 1699. *in* 12.

228 Relation des Délibérations des Evêques de
France au sujet de la Constitution d'Inno-
cent XII. contre le Livre de M. l'Archevêque
de Cambray, intitulé Explication des Maxi-
mes des Saints sur la vie intérieure. *Paris.*
1700. *in* 4.

229 Traité Historique, contenant le jugement
d'un Protestant sur la Théologie Mystique,
& sur le Quiétisme. 1700. *in* 12.

230 Le Christianisme éclairci sur les différends du
tems en matiere de Quiétisme, avec des
Remarques abrégées sur le Traité de Jurieu
sur la Théologie Mystique. *Amsterdam.*
1700. *in* 12.

231 Relation de l'origine, du progrès, & de la
condamnation du Quiétisme répandu en
France, avec plusieurs Anecdotes curieuses.
1732. *in* 12.

232 Lettre de M.... à un Ami, au sujet de la Relation du Quiétifme. 1733. *in* 12.

Controverfiftes.

Traités de la vérité de la Religion Chrétienne.

233 Guil. Poftelli, libri IV. de orbis terræ concordiâ. *in* 8.

234 Traité de la Vérité de la Religion Chrétienne, & le Traité de la Divinité de Jefus-Chrift, par Jacques Abbadie. *Rotterdam.* 1688. *in* 12. 3 *vol.*

235 La Religion Chrétienne prouvée par les faits, par l'Abbé d'Houtteville. *Paris.* 1722. *in* 4.

236 Penfées de M. Pafcal fur la Religion. *Paris.* 1683. *in* 12.

237 Penfées de M. Pafcal fur la Religion, & quelqu'autres Sujets trouvés après fa mort. *Amfterdam.* 1699. *in* 12.

Traités de Controverfe.

238 Replique à la Réponfe du Roi de la Grande Bretagne, par le Cardinal du Perron. *Paris.* 1620. *in fol.*

239 Jugement & Cenfure du Livre de la Doctrine curieufe de Fr. Garaffe. *Paris.* 1623. *in* 8.

240 Les Principaux points de la Foi Catholique, par le Cardinal de Richelieu. *Paris.* 1642. *in fol.*

241 Expofition de la Doctrine de l'Eglife Catholique fur les Matieres de Controverfe, par M. Boffuet Evêque de Condom. *Paris,* (*Lyon.*) 1680. *in* 12.

242 La Babylone démafquée, ou Entretiens de deux Dames Hollandoifes fur la Religion Catholique Romaine. *Paris.* 1727. *in* 12.

243 Traité des Principes de la Foi Chrétienne, (par M. du Guet.) *Paris.* 1736. *in* 12. 3 *vol.*

Théologiens Hétérodoxes.

Luthériens.

243 * Auguftini Eleutherii, tractatus de arbore fcientiæ boni & mali, item de majeftate & naturâ fermonis Dei. *Malhufii.* 1561. *in* 12.

244 Aonii Palearii, Verulani, Actio in Pontifices Romanos. *Ex Officinâ Vaegeliana. in* 12.

245 Dialogus de Corruptis Moribus utriufque Pontificiorum videlicet & Evangeliorum, Autore Sylveftro Czecanovio. *in* 8.

246 Guil. Perkinfi, Problema de Romanæ Fidei ementito Catholicifmo, à Jodoco Coccio. *Hanoviæ.* 1604. *in* 12.

247 Theophili Spizelii, fcrutinium Atheifmi. *Augufta-Vindelicorum.* 1663. *in* 8.

Calviniftes.

248 Joannis Calvini Epiftolæ, cum ejus vitâ, à Theodoro Beza fcripta. *Laufannæ.* 1576. *in* 8.

249 Difputations Chrétiennes touchant l'état des Trépaffés, par Pierre Viret. *Genève.* 1552. *in* 12.

250 La Nécromance Papale, faite par Dialogues, par Pierre Viret. *Genève* 1553. *in* 12.

251 La vraye Hiftoire, contenant le Jugement fait & rendu contre Anne Dubourg, avec

sa Confeffion de Foi pour la défenfe de la Vérité & parole de Dieu. 1561. *in* 8.

252 Les funérailles de Sodome & de fes Filles, par le P. le Maçon, dit de la Fontaine. *Londres.* 1600. *in* 12.

253 Les trois Conformités, l'Harmonie & Convenance de l'Eglife Romaine avec le Paganifme, Judaïfme, & Héréfies anciennes, par François de Croy. 1605. *in* 8.

254 Nouveauté du Papifme oppofée à l'antiquité du vrai Chriftianifme, contre le Livre du Cardinal du Perron, par P. du Moulin. *Sedan.* 1627. *in fol.*

255 Le Tombeau de la Meffe, par David Derodon. *Genève.* 1654. *in* 12.

256 Le même. *Genève.* 1662. *in* 12.

257 Matthæi Bocharti, Diallacticon, feu Tractatus de conciliandis in Religionis negotio Proteftantium animis. *Sedani* 1662. *in* 12.

258 Le Janfénifte convaincu de vaine Sophifti-querie, ou Examen des Réfléxions de M. Arnauld fur le Préfervatif contre le changement de Religion. *Amfterdam.* 1683. *in* 12.

259 Commentaire Philofophique fur ces paroles de Notre-Seigneur Jefus-Chrift, *Contrains-les d'entrer*, (par P. Bayle.) *Cantorbery.* 1686. *in* 12. 3 *vol.*

260 Le même Commentaire Philofophique ou Traité de la Tolérance Univerfelle, par P. Bayle. *Rotterdam.* 1713. *in* 12. 2 *vol.*

261 Des Droits des deux Souverains en matiere de Religion, la Confcience & le Prince, pour détruire l'indifférence des Religions, & de la Tolérance Univerfelle contre le Livre de M. Bayle. *Rotterdam.* 1687. *in* 12.

262 De la Tolérance des Religions , avec les Let-
tres de M. Leibnitz , & les réponses de M. Pe-
lisson. *Paris.* 1691. *in* 12.

263 Apologie pour les Catholiques , contre les
faussetés d'un Livre intitulé la Politique
du Clergé de France. *Liege.* 1681. *in* 12.
2 *vol.*

264 L'Esprit de M. Arnauld. *à Deventer.* 1684.
in 12. 2 *vol.*

265 Défense de la Nation Britannique , contre
l'Auteur de l'Avis important aux Réfugiés ,
par Abbadie. *La Haye.* 1693. *in* 12.

266 Dissertation sur l'Existence de Dieu , par Isaac
Jaquelot. *La Haye.* 1697. *in* 4.

267 Dissertation sur le Messie , où l'on prouve aux
Juifs que Jesus-Christ est le Messie promis ,
par Jaquelot. *La Haye.* 1699. *in* 8.

268 Compendium cogitationum novarum de pri-
mo & secundo Adamo , sive de ratione
Salutis per illum amissæ , per hunc recu-
peratæ. *Amstelodami.* 1700. *in* 12.

269 Le Platonisme dévoilé , ou Essay touchant le
Verbe Platonicien. *Cologne.* 1700. *in* 12.

270 Entretiens des Voyageurs sur la Mer. *Colo-
gne.* 1704. *in* 12.

271 Le Philosophe de Rotterdam , accusé , atteint
& convaincu. *Amsterdam.* 1706. *in* 12.

272 Entretiens de Maxime & de Themiste , ou
Réponse à l'examen de la Theologie de
M. Bayle , par Jaquelot. *Amsterdam.* 1707.
in 12.

273 Du Pouvoir des Souverains & de la Liberté
de Conscience , traduit du Latin de Nood ,
par Jean Barbeyrac. *Amsterdam.* 1714.
in 12.

Anglicans, &c.

274 Samuelis Parckeri, Difputationes de Deo & Providentiâ Divinâ. *Londini.* 1678. *in* 4.

275 La Liturgie de l'Eglife Anglicane , traduite en François. *Londres.* 1699. *in* 8.

276 Heures Angloifes & Latines. *Londres.* 1687. *in* 18.

277 Voyageur Spirituel d'un Jouvenceau vers la Terre de Paix , pour y vivre éternellement & effentiellement en Dieu , par Hiel. *in* 12.

278 Catechefis Ecclefiarum Polonicarum , ex editione Joan. Crellii & Jon. Schlichtingii. *Irenopoli.* 1659. *in* 8.

279 Joan. Amos Comenii , Hiftoria Revelationum Chriftophori Kotteri , Nicolai Drabicii , &c. 1659. *in* 8.

Auteurs d'Opinions fingulieres.

279 * Guil. Poftelli , Divinationis five Divinæ fummæque veritatis Difcuffio. *Parifiis.* 1571. *in* 18.

280 Amphiteatrum Æternæ Providentiæ , adverfus veteres Philofophos & Stoïcos. Autore Julio Cæfaræo Vanino. *Lugduni.* 1615. *in* 8.

281 Ejufdem Vanini , de admirandis naturæ Reginæ , Deæque Mortalium Arcanis Libri quatuor. *Lutetiæ.* 1616. *in* 8.

282 Præadamitæ five exercitatio fuper verfibus, 12. 13. & 14. Cap. V. Epiftolæ D. Pauli ad Romanos, quibus inducuntur primi Homines ante Adamum conditi , (ab Ifaaco la Peyrere.) 1655. *in* 12.

283 Tractatus Theologico - Politicus , continens Differtationes aliquot , quibus oftenditur libertatem Philofophandi non tantum falvâ pietate & Reipublicæ pace poffe concedi. *Hamburgi.* 1670. *in* 4.

284 Traité des Cérémonies fuperftitieufes des Juifs, tant anciennes que modernes. *Amfterdam.* 1678. *in* 12.

285 Penfées libres fur la Religion , l'Eglife & le Bonheur de la Nation , traduit de l'Anglois de B. M. *La Haye.* 1722. *in* 8. 2 *vol.*

286 Traités de l'Exiftence de Dieu , de la Religion naturelle , &c. traduit de l'Anglois de Clarke , par Ricotier. *Amfterdam.* 1727. *in* 8. 2 *vol.*

THÉOLOGIE DES JUIFS.

287 Thalmud Judæorum , Germanicè , ex editione Chriftophori Gerfon. *Berlegung.* 1613. *in* 8.

288 Cérémonies & Coutumes qui s'obfervent aujourd'hui parmi les Juifs , traduites de l'Italien de Leon de Modene , par de Simonville. *Paris.* 1681. *in* 12.

289 Tela ignea Satanæ , hoc eft Arcani & horribiles Judæorum adverfus Chriftum & Chriftianam Religionem libri , à Joanne Chriftophoro Wagenfeillio editi , &c. *Altorfi Noricorum.* 1681. *in* 4. 2 *vol.*

THÉOLOGIE DES MAHOMÉTANS.

290 L'Alcoran de Mahomet traduit en François, par du Ryer. *La Haye.* 1683. *in* 12.
291 L'Alcorano di Macometto tradotto in lingua Italiana, da Andr. Arrivabene. 1547. *in* 4.

JURISPRUDENCE.

DROIT CANONIQUE.

Introduction au Droit Canonique.

292 OANNIS LANCELOTII, Inftitutiones Juris Canonici, cum notis Joan. Doujatii. *Parifiis.* 1685. *in* 12. 2 *vol.*

293 Inftitution au Droit Eccléfiaftique, par M. l'Abbé Fleury. *Paris.* 1711. *in* 12. 2 *vol.*

Collections anciennes.

294 Liber Decretorum, five Panormia Yvonis. 1499. *in* 4.

Corps de Droit Canonique.

295 Alex. Chaffanæi, Paratitla in V. Libros Decretalium Gregorii IX. *Parifiis.* 1617. *in* 24.

Traités de Droit Canonique.

Traités Généraux de Droit Canonique.

296 La Difcipline de l'Eglife tirée du Nouveau Teftament, (par le P. Quefnel.) *Lyon.* 1689. *in* 4. 2 *vol.*

297 Abrégé de l'ancienne & nouvelle Discipline de l'Eglise par le P. Thomaſſin. *Paris.* 1701.

Traités particuliers du Droit Canonique.

Traités de la Puiſſance Eccléſiaſtique.

298 Edmundi Richerii libellus de Eccleſiaſticâ Poteſtate. *Coloniæ.* 1701. *in* 4. 2 *vol.*

299 Vindiciæ Doctrinæ Majorum Scholæ Pariſienſis, circa infaillibilitatem Eccleſiæ, ab Edmundo Richerio. *Coloniâ.* 1683. *in* 4. 3 *vol.*

300 { Quadruvium Eccleſiæ (ubi de Origine Sacerdotii & Imperii.) *Pariſiis.* 1509.
De Continentiâ Sacerdotum ſub hac quæſtione utrum Papa poſſit cum Sacerdote diſpenſare ut nubat, per Bouſſart. *Pariſ.* 1505. *in* 8.

301 Henningi Arniſæi, de Jure Majeſtatis libri tres. *Francofurti.* 1610. *in* 4.

302 Simon. Schardii, Hypomnema de Fide, Obſervantia ac Benevolentia Pontificum Romanorum erga Imperatores Germanicos. *Baſileæ.* 1566. *in* 8.

303 Joannes de Terrâ Rubeâ, contra Rebelles Franciæ. *Lugduni.* 1526. *in* 4.

304 Maintenuë & Défenſe des Princes Souverains & Egliſe Chrétienne, contre les Attentats, Uſurpations & Excommunications des Papes. 1592. *in* 18.

305 Traité de l'Autorité du Roi dans l'Adminiſtration de l'Egliſe Gallicane, par Roland le Vayer de Boutigny. *MS.*

306 Traité Hiſtorique ſur le ſujet de l'Excommunication, & de la dépoſition des Rois, &c. *Londres.* 1681. *in* 12.

307 Efprit de Gerfon, ou Inftructions touchant
le Saint Siége & les différends des Rois de
France avec les Papes, (par Euftache le No-
ble.) 1691. *in* 12.

Traités touchant les Perfonnes & chofes Eccléfiaftiques.

308 Cl. Salmafius, de Primatu Papæ. *Lugd. Batav.*
1645. *in* 4.

309 Pirrhi Corradi Praxis Difpenfationum Apofto-
licarum, &c. *Colonia Agrippina.* 1697.

310 Taxa Cancellariæ Apoftolicæ. *Parifiis.* 1520.
in 8.

311 Taxe de la Chancellerie Romaine, traduit de
l'ancienne Edition Latine. (*à Rome.*) 1744.
in 12.

312 Sacro Arfenale overo Pratica de l'Officio della
Sancta Inquifitione, &c. *Roma.* 1705. *in* 4.

313 Recueil de toutes les Pieces qui concernent le
différend du P. Jacques Defmothes, touchant
la Confeffion Pafchale. *Paris.* 1687. *in* 4.

314 Recueil de Pieces manufcrites du Procès
d'Arras, au fujet de la Révélation de la
Confeffion. *in fol.*

315 Traité de la Diffolution du Mariage par l'im-
puiffance ou froideur de l'homme ou de la
femme, par François Hotman. *Paris.* 1610.
in 12.

316 Traité des Excommunications & Monitoires,
par Jacq. Eveillon. *Paris.* 1672. *in* 12.

Traités touchant les Ordres Religieux, &c.

317 De la Sainteté & des Devoirs de la Vie Mo-
naftique, par Jean le Bouthillier de Rancé,
Abbé de la Trappe. *Paris. in* 4. 2 *vol.*

318 Eclairciffement de quelques difficultés fur le
Livre de la Sainteté & des Devoirs de la
Vie Monaftique, par le même Abbé. *Paris.*
1685. *in* 4.

319 Recueil fommaire de la Pratique du Droit en
Rigueur toujours utile, & quelquefois né-
ceffaire dans les Cloîtres. 1694. *in* 4.

320 Regle de Saint Benoît, traduite & expliquée
par l'Auteur des Devoirs de la Vie Monafti-
que. (Armand de Rancé, Abbé de la Trappe)
Paris. 1689. *in* 4. 2 *vol.*

321 Joan. Launoii, Inquifitio in Privilegium
S. Medardi Sueffionenfis. *Parifiis.* 1657. *in* 8.

322 Recueil des Pieces concernant le Procès de
M. l'Evêque de Saint-Pons avec les Recolets.
Beziers. 1699. *in* 4.

DROIT CIVIL.

323 Effai fur les principes du Droit & de la Mo-
rale, par M. d'Aube. *Paris.* 1743.

Droit Naturel.

324 Principes du Droit Naturel, par J. J. Burla-
maqui. *Genève.* 1747. *in* 4.

325 Traité Philofophique des Loix Naturelles,
par le Docteur Richard Cumberland, tra-
duit du Latin par M. Barbeyrac, avec des
Notes. (*Amfterdam P. Mortier.*) à Paris.
1744.

326 De l'Efprit des Loix, ou du rapport que les
Loix doivent avoir avec la Conftitution de
chaque Gouvernement, les Mœurs, le Cli-
mat, la Religion, le Commerce, &c. (par
M. de Montefquieu.) *Genève.* 1748. 2. *vol.*

327

327 Défense de l'Efprit des Loix. Genève. 1750. *in 12.*

Droit de la Guerre & de la Paix.

328 Hugonis Grotii de Jure Belli ac Pacis Libri III. *Parifiis.* 1625. *in* 8.

329 Droit de la Guerre & de la Paix, traduit du Latin de Hugues Grotius, par M. Courtin, *Paris.* 1687. *in* 4. 2 *vol.*

330 Le même Droit de la Guerre & de la Paix, traduit du Latin du même Grotius, par le même M. Courtin, *Amfterdam,* & *la Haye.* 1688. *in* 12. 3 *vol.*

Droit Romain.

331 Jani Vincentii Gravinæ, Origines Juris Civilis. *Lypfiæ.* 1708. *in* 4.

332 Corpus Juris Civilis, cum Dyonifii Gothofredi & aliorum notis. *Amftelodami, Blaeu & Elzevir.* 1663. *in fol.* 2 *vol.*

333 Arnoldi Vinnii in quatuor Lib. Inftitutionum Imper. Juftin. Commentarius. *Lugduni Batavorum.* 1709. *in* 4.

334 Les Loix Civiles dans leur ordre naturel, enfemble le Droit Public, & le Traité *Legum Delectus,* par Domat. *Paris.* 1713. *in fol.*

Droit François.

Droit Eccléfiaftique de France.

335 Joan. Doujatii, Specimen Juris Ecclefiaftici. *Parifiis.* 1678. *in* 12. 2 *tom. en un vol.*

336 Hiftoire du Droit Public Eccléfiaftique Fran-

C

çois, par M. D. B. *Londres.* 1740. *in* 12.
2 *vol.*

337 Decreta Ecclefiæ Gallicanæ, ftudio & opera
Laurentii Bochelli. *Parifiis.* 1609.

Libertés de l'Eglife Gallicane.

338 Caroli Septimi Francorum Régis, Pragmatica
Sanctio, cum Gloffis D. Cofmæ Guymier,
opera & ftudio Francifci Pinffonii. *Parifiis.*
1666. *in fol.*

339 Traité des Droits & Libertés de l'Eglife Galli-
cane, par Pierre Pithou. *Paris.* 1639.

340 Commentaires de M. Dupuy fur le Traité des
Libertés de l'Eglife Gallicane de P. Pithou
Avocat, avec des Remarques de M. l'Abbé
Lenglet. *Paris.* 1715. *in* 4. 2 *vol.*

341 Traité des Droits des Libertés de l'Eglife Gal-
licane (par M. Dupuy) avec les Preuves.
(*Paris*) 1731. *in fol.* 4 *vol.*

342 Petri de Marca Liber de Concordia Sacerdotii
& Imperii, feu de Libertatibus Ecclefiæ Gal-
licanæ. *Parifiis.* 1704. *in fol.*

343 Confidérations fur les Affaires de l'Eglife.
1681. *in* 12.

Traités des Biens & des Chofes Eccléfiaftiques.

344 Difcours fur les Biens Eccléfiaftiques, traduit
de l'Italien de Fra-Paolo. *Avignon.* 1750.
in 12.

345 Suite de la Réponfe aux Lettres contre l'Im-
munité des Biens Eccléfiaftiques. 1750. *in* 12.

346 Inftitutions Eccléfiaftiques & Bénéficiales fui-
vant les principes du Droit Commun, &
les ufages de France, par M. Gibert. *Paris.*
1720. *in* 4.

347 Traité des Bénéfices de Fra-Paolo Sarpi, avec des Notes de M. Amelot de la Houssaye. *Amsterdam.* 1687. *in* 12.

348 Histoire de l'Origine des Dixmes, des Bénéfices, & des autres Biens Temporels de l'Eglise, &c. *Lyon.* 1692. *in* 12.

349 Instruction pour obtenir en Cour de Rome, & de la Légation d'Avignon, toutes sortes de Bénéfices, Expéditions, leurs Taxes, &c. par J. le Pelletier. *Paris.* 1693. *in* 12.

350 Traité de l'Indult du Parlement de Paris, sur les Prélatures Régulieres & Séculieres du Royaume, par le Président Cochet de Saint-Valier. *Paris.* 1703. *in* 12. 2 *vol.*

351 Traités des Droits Honorifiques des Seigneurs ès Eglises, par Maréchal. *Paris.* 1616. *in* 12.

Traités des Personnes Ecclésiastiques.

352 Actes de l'Assemblée Générale du Clergé de France, de 1682, concernant la Religion. *Paris.* 1682. *in* 12.

353 Actes de l'Assemblée Générale du Clergé de France de 1685, concernant la Religion. 1685. *in* 12.

354 Procès-Verbal de l'Assemblée Générale du Clergé de l'année 1690. *Paris.* 1693. *in fol.*

355 Extrait du Procès-Verbal de l'Assemblée du Clergé de France, tenue en 1750. *Paris.* 1750. *in* 4.

356 Mémoire pour l'Etablissement de la Jurisdiction des Abbés Généraux de Cluni sur tout l'Ordre de Cluni. *Paris.* 1706. *in fol.*

357 Recueil de Pieces concernant l'Abbaye de Fécamp. *in fol.*

358 Recueil de Pieces concernant l'Abbaye de Joüarre, tant Manuscrites qu'imprimées. *in 4.*

359 Constitutions du Monastere de Port - Royal. *Mons.* 1665. *in 24.*

360 Factum pour les Religieuses de Sainte Catherine lès-Provins, contre les RR. PP. Cordeliers. (par Alexandre Varet. *Doregnal.* 1668. *in 24.*

Droit Public & Politique de France.

361 Abrégé des raisons que l'on peut alléguer d'une part & d'autre pour la Validité ou Invalidité des Mariages des Princes du Sang sans le consentement du Roi. *MS. in fol.*

362 Traités des Droits du Roi sur plusieurs Etats possédés par divers Princes voisins , par M. Dupuy. *Paris.* 1655. *in fol.*

363 Traités des Droits du Roi sur plusieurs Etats possédés par divers Princes voisins , par M. Dupuy. *Rouen.* 1670. *in fol.*

364 Préliminaires des Traités faits entre les Rois de France & tous les Princes de l'Europe, depuis le Regne de Charles VII. *Paris.* 1691. *in 12.*

365 Recueil des Traités de Paix & d'Alliance entre la Couronne de France & les Princes & Etats Etrangers, depuis l'an 1621 , jusqu'à présent. *Amsterdam.* 1672. *in 12.*

366 Divers Traités de Paix conclus & signés à Munster, à Osnabruch ; & en Westphalie, le 24 Octobre 1648 , avec les Prérogatives d'Aix-la-Chapelle. *La Haye.* 1694. *in 12.*

667 Recueil des Traités de Paix, de Treves & de Neutralité entre les Couronnes d'Espagne & de France. *in 12.*

368 Traités de Paix entre les Couronnés de France & d'Espagne, conclus par le Cardinal Mazarin, & D. Louis de Haro, dans l'Isle des Faisans. *Paris.* 1660. *in fol.*

369 Histoire du Traité de la Paix concluë à Saint Jean de Luz, entre les deux Couronnes, en 1659, traduit de l'Italien de Galeazo Gualdo. *Bruggen.* 1665. *in* 12.

370 Négociations de la Paix de Nimegue, *MS. in fol.* 6 *vol.*

371 Recueil des Traités de la Paix de Nimegue. *Paris.* 1683. *in* 4.

372 Traité de Paix entre la France & la Savoye, conclu à Turin le 29 Août 1696. *in* 4.

373 Mémoires Politiques pour servir à la parfaite intelligence de la Paix de Riswick, par M. Dumont. *La Haye.* 1699. *in* 12. 4 *vol.*

374 Histoire du Congrès & de la Paix d'Utrecht, de celle de Bade & de Rastadt. *Utrecht.* 1716. *in* 12.

375 Traité de Paix & de Commerce, Navigation & Marine, entre la France & l'Angleterre, conclu à Utrecht le 11 Avril 1713. *Paris.* 1713. *in* 4.

376 Actes, Mémoires, & autres Pieces autentiques concernant la Paix d'Utrecht, depuis l'année 1706, jusqu'à présent. *Utrecht.* 1713. *in* 12. 3 *vol.*

377 Traité de Paix entre le Roi, l'Empereur & l'Empire, conclu à Vienne le 18 Novembre 1738. *Paris.* 1739. *in* 4.

378 Recueil des Traités de Paix, de Treves, de Neutralité, de Conféderation, d'Alliance & de Commerce, faits par les Rois de France, avec tous les Princes & Potentats de l'Europe

& autres, depuis 1435, jufqu'en 1689. *Paris.*
1693. in 4. *6 vol.*

379. Corps Univerfel de Diplomatique du Droit
des Gens, contenant un Recueil des Traités
d'Alliance, de Paix, de Treves, & de Neu-
tralités, par Jean Dumont, Baron de Ca-
relfecroon. *Amfterdam.* 1728. *8 volumes*
reliés en 16 tomes & en grand pap. in fol.

Droit Civil de France.

Introduction au Droit Civil de France.

380 Inftitution au Droit François, par M. Ar-
gout. *Paris.* 1719. *in* 12. *2 vol.*

Loix du Royaume de France.

381 Leges Francorum Salicæ & Ripuariorum cum
additionibus Regum, & Imperatorum, variis
ex *MS.* codicibus emendatæ, &c. opera &
ftudio Jo. Georgii Eccardi. *Francofurti &*
Lipfiæ. 1720. *in fol.*

Ordonnances des Rois de France.

382 Ordonnance de Louis XIV. de 1667, pour
les Matieres Civiles. *Paris.* 1667. *in* 4.

383 Ordonnances du Roi Louis XIV. de 1667,
Matieres Civiles. *Paris.* 1667. *in* 16.

384 Réfléxions fur lefdites Ordonnances de 1667,
pour les Matieres Civiles. *MS. in fol.*

385 Ordonnances de Louis XIV, données au mois
d'Août 1670, pour les Matieres Criminelles.
Paris. 1670. *in* 4.

386 Procès - Verbal des Conférences tenues pour

l'examen defdites Ordonnances Civiles &
Criminelles. *Paris.* 1709. *in* 4.

387 Les Conférences defdites Ordonnances pour
les Marieres Civiles & Criminelles , par
Philippes Bornier. *Paris.* 1719. 2 *vol. in* 4.

388 Ordonnances du Roi Louis XIV. données
en 1673, pour les Marchands. *Paris.* 1673.
in 24.

389 Ordonnances de Louis XIV. données en
1681 , pour la Marine. *Paris.* 1720. *in* 32.

390 Reglemens & Ordonnances de Louis XIV ,
pour les Gens de Guerre. *Paris.* 1675. &
1702. *in* 12. 12 *vol.*

391 Recueil des Edits , Déclarations & Arrêts
concernans les Duels. *Paris.* 1666. *in* 12.

392 Les Edits & Ordonnonces des Rois , Coutu-
mes des Provinces , Réglemens , Arrêts &
Jugemens Notables fur le fait des Eaux &
Forêts , recueillis par Sainctyon. *Paris.*
1610. *in fol.*

393 Code des Chaffes, ou nouveau Traité du Droit
des Chaffes fuivant la Jurifprudence de l'Or-
donnance du Roi Louis XIV. du mois d'Août
1669 , avec des Notes. *Paris.* 1720. *in* 12.
2 *vol.*

394 Recueil de plufieurs Edits & Réglemens faits
par le Roi Louis XIII. fur le cours &
prix des Monnoyes , tant de France qu'E-
trangeres. *Paris.* 1639. & 1640. *in* 8.

395 Recueil de Pieces pour l'établiffement de la
Chambre de Juftice de 1661 *in* 4.

396 Recueil de Pieces pour l'Etabliffement de la
Chambre de Juftice de 1716. *in* 4. *avec fig.*

397 Inftituts du Droit Confulaire , ou les élémens
de la Jurifprudence des Marchands , par
J. Thoubeau, *Bourges.* 1682. *in* 4.

398 Recueil des Edits, Déclarations, Arrêts & Réglemens de Louis XIV. concernant les Arts & Métiers de Paris, & autres Villes du Royaume. *Paris.* 1701. *in* 8.

399 Recueil des Titres & Arrêts du Conseil Privé du Roi Louis XIV. concernant les Priviléges de la Ville & Bourgeoisie de Toulouse. *Toulouse.* 1686. *in* 4.

400 Traité de la Police, par M. le Commissaire la Marre. *Paris.* 1705. & *suiv. tome* 1, 2 & 4 *in fol.*

401 Nouveaux Priviléges des Officiers, Domestiques & Commençaux des Maisons du Roi, & de la Reine, & autres Royales, employés dans les Etats, registrés à la Cour des Aydes. *in* 4.

402 Recueil des Déclarations, Edits, Lettres Patentes & Arrêts du Conseil de 1702, pour le Réglement des Imprimeurs & Libraires de Dijon. *in* 4.

403 Edits, Déclarations, Ordonnances, Lettres-Patentes, Arrêts & Réglemens concernant les Chirurgiens. 1692. *in* 12.

404 Recueil des Edits, Déclarations, Arrêts & Réglemens pour les Huissiers, Sergens à Cheval, & Huissiers du Conseil d'Etat & Privé. *Paris.* 1633. *in* 4.

405 Recueil d'Arrêts, Edits, Déclarations, Lettres Patentes, Ordonnances & Réglemens depuis l'an 1716, jusqu'en 1725. *Paris. in* 4. 13 *vol.*

Coutumes des Provinces & Villes de France.

406 Coutume générale de la Prevôté & Vicomté de Paris. *Paris.* 1580. *in* 4.

407 Coutume de Paris, avec les Notes de Mc Char-les Dumoulin , enfemble les Obfervations de MM. Tournet , Joly & Labbé. *Paris.* 1709. *in* 12. 2 *vol.*

408 Traités de M. du Pleffis Avocat, fur la Cou-tume de Paris, avec des Notes de MM. Ber-royer & de Lauriere. *Paris.* 1709. *in fol.*

409 Commentaires fur la Coutume de Paris, par le Sieur de Ferriere, augmentés par d'Ara-mont. *Paris.* 1719. *in* 12. 2 *vol.*

410 Coutumes de la Ville de Touloufe. *MS. fur velin. in fol.*

411 Coutume du Bailliage de Troyes en Cham-pagne, par M. Pierre Pithou. *Paris. (Troyes.)* 1630. *in* 4.

412 Nouveau Coutumier Général , avec les Notes de MM. Touffaint, Chauvelin, Julien Bro-deau & Jean-Marie Ricard , jointes aux An-notations de MM. Charles, Antoine Bour-dot de Richebourg. *Paris.* 1724. *in fol.* 8 *vol.*

Arrêts & Décifions des Cours de France.

413 Placita Curiæ Parifienfis, per Joannem Lu-cium 1576. & tractatus de Privilegiis Re-gum Francorum & authoritate Parlamenti. *Parifiis.* 1530. *in fol.*

414 Recüeil d'Arrêts donnés en la Cour du Par-lement de Paris , par Cl. Henrys. *Lyon.* 1651. *in fol.* 2 *vol.*

415 Recüeil d'Arrêts recueillis par Loüet, avec les Addit. de Brodeau. *Paris.* 1678. *in fol.* 2 *vol.*

Jurifconfultes François.

416 Œuvres pofthumes de Mc Guy Coquille. *Pa-ris.* 1650. *in* 4.

417 Œuvres de Charles Loyſeau. *Paris.* 1666. *in fol.*

Traités de Droit François.

418 Traité des Donations & Dons Mutuels , & autres Ouvrages de Jean-Marie Ricard. *Paris.* 1713. *in fol.* 2 *vol.*

419 Traité des Succeſſions par Denis le Brun, *Paris.* 1714. *in fol.*

420 Traité de la Succeſſion des Meres, avec une Diſſertation ſur les Droits de la Mere à la Succeſſion de ſes Enfans , par Bouhier. *Paris.* 1726. *in* 8.

Plaidoyers , Factums , Mémoires.

421 Plaidoyers & Œuvres diverſes de M. Patru. *Paris.* 1681. *in* 4.

422 Recueil de Plaidoyers, Mémoires, Factums,&c. concernant la Ville de Touloufe. *in fol.*

423 Portefeuille où ſont les Mémoires pour & contre les Princes du Sang , & les Princes légitimés. *in fol.*

424 Recueil de Pieces & de Lettres concernant l'Affaire des Princes légitimés en 1716. *in* 8.

425 Recueil des Ecrits ſur le Differend d'entre les Pairs de France , & les Préſidens au Mortier du Parlement de Paris. *Paris.* 1664. *in* 4.

426 Mémoires ſur la queſtion de Préſéance pour MM. les Ducs & Pairs, contre M. le Maréchal de Luxembourg. *Paris.* 1693. *en maroq. in* 12.

427 Factum pour M. de Luxembourg , contre MM. les Ducs & Pairs. *Paris.* 1696. *in* 4.

428 Requête de M. de Luxembourg, contre M. le

Duc de Richelieu, au fujet de la Préféance.
in 4.

4 2 9 Expofition du Droit de M. le Cardinal de Furftemberg , Archevêque & Electeur de Cologne , contre l'Election de M. le Prince Jofeph Clement de Baviere. *Paris.* 1688. *in* 4.

4 3 0 Les Œuvres de M. Fouquet , Miniftre d'Etat. *Paris.* 1696. *in* 12. 16 *vol.*

4 3 1 Recueil général des Pieces contenues au Procès de M. de Gefvres , & de Mademoifelle Mafcranni fon Epoufe. *Rotterdam.* (*Rouen.*) 1714. *in* 12. 2 *vol.*

4 3 2 Caufes célébres & interreffantes , avec les Jugemens qui les ont décidées , par M. Gayot de Pitaval. *Paris* 1734. *& fuiv.* *in* 12. 20 *vol.*

Ouvrages divers de Droit François.

4 3 3 Gloffaire du Droit François par M. Eufebe de Lauriére. *Paris.* 1704. *in* 4. 2 *vol.*

4 3 4 Dictionnaire Civil & Canonique de Droit & de Pratique , par M. Brillon Avocat. *Paris.* 1717. *in* 4.

Droit Etranger.

4 3 5 Expofition abrégée du Plan du Roi de Pruffe, pour la Réformation de la Juftice, par M. Formay. *Berlin.* 1748. *in* 12.

SCIENCES ET ARTS.

PHILOSOPHIE.

Introduction à la Philosophie.

436 GEORGII Hornii Historiæ Philosophicæ Libri septem. *Lugduni Batavorum.* 1655. *in* 4.

437 Joan. Jonsii de Scriptoribus Historiæ Philosophicæ Libri IV. *Jenæ* 1716. *in* 4.

438 Histoire de la Philosophie Payenne, ou Sentimens des Philosophes & des Peuples Payens les plus célébres. *La Haye.* 1724. *in* 12. *2 vol.*

Philosophes & leurs Interprêtes.

Philosophes Anciens.

439 Le Pimandre de Mercure Trismegiste, traduit du Grec par François de Foix. *Paris.* 1587. *in fol.*

440 Confucius Sinarum Philosophus, sive Scientia Sinensis Latinè exposita per Patres Societatis Jesu. *Parisiis.* 1687. *in fol.*

441 Histoire des sept Sages par Isaac de Larrey. *Amsterdam.* 1713. *in* 8.

442 Hieroclis Commentarius in Aurea Pytagoreo-

rum Carmina. Græcè & Latinè. *Parisiis.* 1683. *in* 12.

443 Vie & Vers Dorés de Pythagore, trad. par And. Dacier. *Paris.* 1706. *in* 12. 2 *vol.*

444 Apulée, de l'Esprit familier de Socrate, traduit en François. *Paris.* 1698. *in* 12.

445 Deux Dialogues de Platon : l'un intitulé Axiochus : l'autre intitulé Hypparcus. *Rouen.* 1550. *in* 24.

446 Le Phedon de Platon : le X. Livre de la Republique, & la Remontrance que fit Cyrus à ses enfans, par Xenophon, traduit par Louis le Roy. *Paris.* 1553. *in* 4.

447 Le Sympose de Platon, traduit de Grec en François, avec trois Livres de Commentaires extraits de toute Philosophie, & recueillis des meilleurs Auteurs tant Grecs que Latins, par Louis le Roi, dit Regius. *Paris.* 1559. *in* 4.

448 Les Œuvres de Platon, traduites en François, avec des Remarques, & la Vie de ce Philosophe, &c. (par André Dacier.) *Paris.* 1701. *in* 12. 2 *vol.*

449 L. Annæi Senecæ Philosophi Opera. *Parisiis.* 1637. *in* 12. 3 *vol.*

450 L. Annæi Senecæ Philosophi Opera omnia ex ultima Justi Lipsii emendatione, & M. Annæi Senecæ Rhetoris, quæ extant ex Andr. Scotti recensione. *Lugduni Batavorum. Elzevir.* 1640. *in* 12. 2 *vol.*

451 Les Œuvres de Senecque, traduites par François de Malherbe, & continuées par Pierre du Ryer. *Paris.* 1658 & 1659. *in fol.* 2 *vol.*

452 Sexti Empirici Opera Græca & Latina Pyrrhoniarum Institutionum Libri tres, ex Editione Joan. Alb. Fabricii. *Lipsiæ.* 1718. *in fol.*

Philosophes Nouveaux.

453 Abrégé de la Philosophie de Gassendi, par F. Bernier. *Lyon.* 1684. *in* 12. 7 *vol.*

454 Les Principes de la Philosophie de René Descartes, revûs & corrigés par M. C. L. B. (Clercelier.) *Paris.* 1681. *in* 4.

455 Discours de la Méthode pour bien conduire sa raison & chercher la vérité dans les Sciences, par le même René Descartes. *Paris.* 1658. *in* 4.

456 L'Homme de René Descartes, avec les Remarques de Louis de la Forge. *Paris.* 1677. *in* 4.

457 Les Passions de l'Ame, par René Descartes. *Amsterdam. Elzevir.* 1650. *in* 12.

458 Méditations Métaphysiques de René Descartes touchant la premiere Philosophie, &c. *Paris.* 1673. *in* 4.

459 Lettres de R. Descartes. *Paris.* 1667. *in* 4. 3 *vol.*

460 Voyage du Monde de René Descartes. (par Daniel.) *Paris.* (*Hollande.*) 1691. *in* 12.

461 Systême de Philosophie par P. Sylvain Regis. *Paris.* 1690. *in* 4. 3 *vol.*

462 Cours entier de Philosophie, ou Systême général selon les principes de R. Descartes, &c. par Pierre Sylvain Regis. *Amsterdam.* 1691. *in* 4. 3 *vol.*

463 Les Elemens de la Philosophie de Newton mis à la portée de tout le monde, par M. de Voltaire. *Amsterdam.* 1738. *in* 8. 2 *vol.*

Philosophie Particuliere,
ou
Parties séparées de la Philosophie.

Logique.

464 La Logique, ou l'Art de penser, par M. Ni-
cole, seconde édition. *Paris.* 1664. *in* 12.

465 La Logique, ou l'Art de penser, par Pierre
Nicole, augmentée de plusieurs observations.
Amsterdam. 1685. *in* 12.

466 La Logique, ou Système de Réfléxions qui
peuvent contribuer à l'étendue de nos con-
noissances, par J. P. de Crousaz. *Amster-
dam,* 1720. *in* 12. 3 *vol.*

Métaphysique.

Traités généraux de Métaphysique.

467 De la Recherche de la Vérité, où il est traité
de l'usage qu'on en doit faire pour éviter
l'erreur dans les Sciences, (par Nicolas
Malebranche, de l'Oratoire). *Amsterdam.*
1688. *in* 12. 2 *vol.*

468 Entretiens sur la Métaphysique & sur la Re-
ligion, par le même P. Malebranche. *Rotter-
dam.* 1688. *in* 12.

469 Traité de la Nature & de la Grace, par le
même. *Amsterdam.* 1680. *in* 12.

470 Traité de Morale, par le même. *Rotterdam.*
1684. *in* 12.

471 Méditations Chrétiennes & Métaphysiques,
par le même. *Amsterdam.* 1690. *in* 24.

472 Conversations Chrétiennes, dans lesquelles on
justifie la vérité de la Religion, par le
même. *Paris.* 1702. *in* 12.

473 Des vrayes & des fauſſes Idées contre ce qu'en-
ſeigne le Pere Malebranche, dans ſon Livre
de la Recherche de la Vérité, (par M. Ar-
nauld) *Cologne.* 1683. *in* 12.

474 Trois Lettres de l'Auteur de la Recherche
de la Vérité, touchant la défenſe de M. Ar-
nauld, contre la Réponſe au Livre des
vrayes & fauſſes Idées. *Rotterdam.* 1685.
in 12.

475 Diſſertation ſur le prétendu bonheur des Sens,
pour ſervir de Réfutation d'un nouveau
Syſtême de Métaphyſique, propoſé par le
P. Malebranche. *Paris.* 1715. *in* 12. 3 *vol.*

Traités particuliers de Métaphyſique.

477 Lettres ſur divers ſujets concernans la Reli-
gion & la Métaphyſique, ſur le culte de Dieu
& l'immortalité de l'Ame, par M. de la
Mothe Fenelon. *Paris.* 1728. *in* 12. 2 *tom.*
en un vol.

478 Démonſtration de l'éxiſtence de Dieu, tirée
de la connoiſſance de la Nature, par M. de
Fenelon. *Paris.* 1713. *in* 12.

479 Hiſtoire naturelle de l'Ame, traduite de l'An-
glois de M. Charp, par feu M. M. H. de
l'Académie des Sciences. *La Haye.* 1745.
in 12.

480 Pſychologie, ou Traité ſur l'Ame, contenant
les connoiſſances que nous en donne l'ex-
périence, par M. Volf. *Amſterdam.* 1745.
in 12.

481 De l'Immortalité de l'Ame, par Silhon. *Paris.*
1634. *in* 4.

482 Eſſai Philoſophique concernant l'Entendement
humain, &c. traduit de l'Anglois de M. Loc-
ke,

ke, par Pierre Cofte. *Amfterdam.* 1700.
in 4.

483 Effai Philofophique fur l'Entendement hu-
main, traduit de l'Anglois de M. Locke,
par P. Cofte. *La Haye.* 1714. *in* 4.

484 Introduction à la connoiffance de l'Efprit hu-
main, fuivie de Réfléxions & Maximes.
Paris. 1746. *in* 12.

485 Hiftoire, de l'état de l'Homme dans le Péché
Originel. 1731. *in* 24.

486 Effais nouveaux fur la bonté de Dieu, la Li-
berté de l'Homme, & l'Origine du mal,
traduits de l'Anglois de M. Chubb. *Am-*
fterdam. 1732. *in* 12.

487 Effai fur l'Homme, traduit de l'Anglois de
M. Pope. 1736. *in* 12.

488 Traité Philofophique de la foibleffe de l'Ef-
prit humain, par M. Huet. *Amfterdam.*
1723. *in* 12.

489 Traité de l'Opinion, ou Mémoires pour fer-
vir à l'hiftoire de l'Efprit humain, par
M. Gilbert-Charles le Gendre de S. Aubin,
&c. *Paris.* 1735. *in* 12. 6 *vol.*

490 Nouveaux Mémoires pour fervir à l'hiftoire
de l'Efprit & du Cœur, par M. le Marquis
d'Argens, & par Mademoifelle Cochois.
La Haye. 1745. *in* 8. 2 *vol.*

491 Effai fur les Erreurs populaires, ou Examen
de plufieurs Opinions reçues comme vrayes,
& qui font fauffes ou douteufes, traduit de
l'Anglois de Thomas Brown. *Paris.* 1733.
in 12. 3 *vol.*

492 La Philofophie du Bon Sens, ou Réfléxions
Philofophiques fur l'incertitude des Con-
noiffances humaines, par M. le Marquis
d'Argens. *Londres.* 1737. *in* 12.

D

493 Difcours fur la Liberté de Penfer, traduit de l'Anglois. *Londres.* 1717. *in* 12.

494 Examen du Traité de la Liberté de Penfer, par J. P. de Croufaz. *Amfterdam.* 1718. *in* 12.

495 La Friponnerie laïque des prétendus Efprits forts d'Angleterre, ou Remarques fur le Difcours de la Liberté de Penfer, par M. N. N. *Amfterdam.* 1738. *in* 12.

496 Nouvelles Libertés de Penfer. *Amfterdam.* 1743. *in* 18.

497 Penfées Philofophiques. *La Haye.* 1746. *in* 12.

498 Amufement de la Raifon. *Paris.* 1747. *in* 12.

Traités des Anges, des Démons, des Efprits,
des Enchantemens, Maléfices, &c.

499 Joannis Bodini, Magorum Dæmonomania, *Francofurti.* 1603. *in* 12.

500 De la Demonomanie des Sorciers, par Jean Bodin. *Paris.* 1580. *in* 4.

501 Joannis Wiefi Opera omnia. *Amftelodami.* 1660. *in* 4.

502 Le Monde enchanté, ou Examen des fentimens touchant les Efprits, par Baltafar Bekker. *Amfterdam.* 1694. *in* 12. 4 *vol.*

503 Differtation fur les apparitions des Anges, des Démons, & des Efprits, par le P. Calmet. *Paris.* 1746. *in* 12.

504 Difcours & Hiftoire des Spectres, Vifions & Apparitions des Efprits, par Pierre le Loyer. *Paris.* 1605. *in* 4.

505 La Philofophie occulte de Henri - Corneille Agrippa, &c. traduite du Latin. *La Haye.* 1727. *in* 8. 2 *tom. en un vol.*

506 Les Livres de Hierome Cardanus Médecin, de la Subtilité & subtiles Inventions, & des causes occultes d'icelles, traduits du Latin par Richard le Blanc. *Paris.* 1566. *in* 8.

507 Disquisitiones Magicæ, quibus continetur curiosarum Artium & Superstitionum Confutatio, Autore Martino Delrio. *Coloniæ-Agrippinæ.* 1679. *in* 4.

508 Lettre de M. de S. André au sujet de la Magie, des Maléfices, & des Sorciers. *Paris.* 1725. *in* 12.

509 Petri Pomponatii Liber de Incantationibus. *Basileæ.* 1556. *in* 8.

510 L'Incrédulité ou Méscréance du Sortilege, pleinement convaincue, par Pierre de Lancre. *Paris.* 1622. *in* 4.

Morale.

Auteurs de Morale.

511 Les Morales d'Epictete, de Socrate, de Plutarque, & de Seneque. *Au Château de Richelieu.* 1653. *in* 16.

512 Les Caractéres de Theophraste, traduits du Grec, avec les Caractéres ou les Mœurs de ce Siécle. *Paris.* 1689. *in* 12.

513 Les Caractéres de Theophraste. *Paris.* 1692. *in* 12.

514 Les mêmes. *Paris.* 1700. *in* 12. 2. *vol.*

515 Réfléxions Morales de l'Empereur Marc-Antonin, avec des Remarques de M. André Dacier. *Paris.* 1691. *in* 12. 2 *vol.*

516 Le Theophraste Moderne, ou Nouveaux Caractéres des Mœurs, (par M. Brillon). *Paris.* 1700. *in* 12.

517 Le Spectateur, ou le Socrate Moderne, traduit de l'Anglois de Richard Steele. *Amsterdam*. 1719. *in* 12. 5 *vol.*

Traités généraux de Morale.

518 Essai de Philosophie Morale. *Berlin*. 1749. *in* 12.

519 Réfléxions, ou Sentences & Maximes Morales, par M. de la Rochefoucault. *Paris*. 1675. *in* 12.

520 Pensées de M. le Comte d'Oxenstiern sur divers sujets de Morale, données par M. D. L. M. *La Haye*. 1742. *in* 12. 2 *vol.*

521 Les Caracteres, par Madame de Puisieux. *Londres*. (*Paris*.) 1750. *in* 8.

Traités particuliers de Morale.

522 L'Art de se Connoître soi - même, ou Recherche des sources de la Morale, par Jacques Abbadie. *Rotterdam*. 1692. *in* 12.

523 Recherche de la Vie Heureuse selon les lumieres naturelles, par l'Avocat. *Paris*. 1722. *in* 12.

524 Essais sur le Génie & le Caractere des Nations. *Bruxelles*. 1743. *in* 12. 4 *vol.*

525 Examen des Esprits pour les Sciences, par Jean Huarte. *Paris*. 1661. *in* 12.

Traités des Vertus, des Vices & des Passions.

526 Spaccio della Bestia trionfante, proposto da Giove, effettuato dal Conseglo, revelato da Mercurio, recitato da Sophia, udito da Saulino, registrato dal Nolano; diviso in

tre Dialogi : Opera di Jordano Bruno. *Stampato , in Parigi.* 1584. *in* 8.

527 La Cena de le Ceneri defcritta in cinque Dialogi , per quattro Inerlocutori contre confiderationi, circa doi fuggefti del medefimo. 1584. *in* 8.

527 * Le Ciel réformé , Effai de traduction de partie du Livre Italien *Spaccio della Beftia trionfante.* 1750. *in* 8.

528 De la Sageffe , en trois Livres , par P. le Charron. *Bordeaux.* 1601. *in* 8.

529 Le même. *Amfterdam. Elzevir.* 1662. *in* 12.

530 Recherches fur l'Origine des Idées que nous avons de la Beauté & de la Vertu. *Amfterdam.* 1749. *in* 12. 2 *vol.*

531 Traité du Beau , où l'on montre en quoi confifte ce que l'on nomme ainfi , par Croufaz. *Amfterdam.* 1715. *in* 12.

532 Effai fur le Beau. *Paris.* 1741. *in* 12.

533 Traité de la Gloire , par M. de Sacy. *Paris.* 1715. *in* 12.

534 Traité de l'Amitié , par Madame la Marquife Lambert & M. de Sacy. *Paris.* 1703. *in* 12.

535 Théorie des Sentimens Agréables , où on établit les Principes de la Théologie Naturelle , & ceux de la Philofophie Morale. *Paris.* 1748. *in* 12.

536 L'Amour dévoilé , ou le Syftême des Simpathiftes. 1749. *in* 12.

537 Les Caracteres des Paffions, par le Sieur de la Chambre. *Amfterdam.* 1658. & 1663. *in* 12. 4 *vol.*

Oeconomie.

538 Traité du Vrai Mérite de l'Homme , confidéré dans toutes les conditions , par M. le Maître de Claville. *Paris.* 1736. *in* 12. 2 *tom. en* 1 *vol.*

539 Rélléxions fur ce qui peut plaire & déplaire dans le commerce du Monde , (par M. l'Abbé de Bellegarde.) *Amfterdam.* 1691. *in* 24.

540 Eflai fur la Néceflité & fur les Moyens de Plaire. *Paris.* 1738. *in* 12.

541 Refléxions fur les Défauts d'Autrui , par M. l'Abbé de Villiers. *Paris.* 1691. *in* 12.

542 L'Honnête Homme & le Scélérat , par M. J. D. D. C. *Paris.* 1699. *in* 12.

543 L'Homme Univerfel , traduit de l'Efpagnol de Baltazar. Gracian , (par le P. de Courbeville.) *Paris.* 1713. *in* 12.

544 La Vie des Gens Mariés , ou les Obligations de ceux qui s'engagent dans le Mariage , par M. Girard de Ville-Thierry. *Paris.* 1694. *in* 12.

545 Livre manufcrit des trois Vertus ; de l'Enfeignement des Dames , pour les Princeffes, pour les Dames & Damoifelles , pour les Bourgeoifes & Femmes du commun. *in* 8.

546 Che le Donne non fiano della fpetie de gli Huomini ; difcorfo piacevole tradotto da Horatio Plata Romano. *in Lione.* 1647. *in* 24.

547 Bibliotheque des Dames , contenant des Régles générales pour leur conduite dans toutes les circonftances de la vie , publiée par le Chevalier R. Steele , traduite de l'Anglois, par M. Janiçon. *Amfterdam.* 1719. *in* 12. 3 *vol.*

548 Problême sur les Femmes. *Amsterdam.* 1744. *in* 12.

549 Discours du Comte de Bussy à ses Enfans, sur le bon usage des Adversités, & les divers Evénemens de sa vie. *Paris.* 1694. *in* 12.

Politique.

550 {
Synesii Episcopi, liber de Regno bene administrando, interprete Stanislao Ilovio Polono. *Venetiis.* 1663. *in* 8.
Barthol. Riccii, de evitanda, atque compescenda Iracundia Libellus. *Bononiæ.* 1561.

551 Ægidius Romanus Ordinis Eremitarum, de Regimine Principum. *Venetiis.* 1498. *in* 4.

552 L'Utopie de Thomas Morus, Chancelier d'Angleterre, traduite en François par M. de Gueudeville. *Leide.* 1715. *in* 12.

553 Pietra del Paragone Politico, di Trajano Boccalini. *Cosmopoli.* 1671. *in* 32.

553 * Parallele des Romains & des François par rapport au Gouvernement. *Paris.* 1740. *in* 12. 2 tom. en 1 vol.

554 Traité de la Politique de France, par M. P. H. (M. Hay, Marquis du Châtelet.) *Cologne.* 1680. *in* 12.

554 * Discours sur la Polysynodie, par M. l'Abbé de Saint-Pierre. 1718. *in* 4.

555 Les Fables de Pilpay, ou de la Conduite des Rois. *Paris.* 1698. *in* 12.

555 * Codicile d'Or ou Traité de l'Institution du Prince Chrétien, traduit d'Erasme. *Cologne.* 1665.

556 Le Prince de Nicolas Machiavel, commenté & traduit par M. Amelot de la Houssaye. *Amsterdam.* 1683. *in* 12.

D iiij

557 Examen du Livre du Prince de Machiavel,
avec des Notes Hiſtoriques & Politiques.
La Haye. 1741. *in* 8.

558 Recueil des Maximes Véritables & Importan-
tantes pour l'Inſtitution du Roi , (par
M. Joly.) *Paris.* 1663. *in* 12.

559 Traité de l'Education de Monſeigneur le
Dauphin. *Paris.* 1664. *in* 12.

560 Traité de l'Education d'un Prince , avec
quelques autres Traités ſur diverſes Matieres
de Morale, (par Pierre Nicole.) *Paris.* 1671.
in 12.

561 Inſtitution d'un Prince, ou Traité des Qua-
lités , des Vertus & des Devoirs d'un Sou-
verain, (par M. du Guet.) *Leide.* 1739.
in 12. 4 *vol.*

562 Lettres ſur l'Education des Princes, avec une
Lettre de Milton, où il propoſe une nou-
velle maniere d'élever la Jeuneſſe d'Angle-
gleterre. *Edimbourg.* 1746. *in* 12.

563 De l'Education d'un Jeune Seigneur. *Paris.*
1728. *in* 12.

564 Les Devoirs des Grands , par M. le Prince de
Conti, & ſon Teſtament. *Cologne.* 1666.
in 12.

565 Traité concernant les Reſtitutions des Grands ,
(par M. Joly.) 1665. *in* 18.

566 Traité des Diſſenſions entre les Nobles & le
Peuple dans les Republiques d'Athenes & de
Rome, &c. traduit de l'Anglois de Swift,
1733. *in* 12.

567 Maximes des Princes & Etats Souverains.
Cologne. 1666. *in* 12.

568 Intérêts & Maximes des Princes & des Etats
Souverains , (par Henry, Duc de Rohan.)
Cologne. 1673. *in* 24.

569 Les mêmes, par le même. *Cologne.* 1683. *in* 12.

570 Le vrai Intérêt des Princes Chrétiens, opposé aux faux Intérêts des Princes qui ont été depuis peu mis en lumiere. *Strasbourg.* 1687. *in* 12.

571 Nouveaux Intérêts des Princes de l'Europe. *Cologne.* 1686. *in* 12.

572 Nouveaux Intérêts des Princes de l'Europe, (par Gatien de Courtilz.) *Cologne.* 1688. *in* 12.

573 Recueil de Pieces curieuses sur les Matieres les plus intéressantes, par Albert Radicati. *Rotterdam.* 1736. *in* 8.

574 De la maniere de Négocier avec les Souverains, de l'utilité des Négociations, du choix des Ambassadeurs & des Envoyés, par M. de Caillieres, Conseiller. *Paris.* 1716. *in* 12.

575 Francisci de Roye, Tractatus de Missis Dominicis. *Andegavi.* 1682. *in* 4.

576 L'Ambassadeur & ses Fonctions, avec des Refléxions sur les Mémoires pour les Ambassadeurs, par M. de Wicquefort. *Cologne.* (*Paris.*) 1715. *in* 4. 2 *vol.*

577 Le Courtisan, par Baltazar Castillonois. *Paris.* 1583. *in* 12.

578 L'homme de Cour de Baltazar Gracian, traduit de l'Espagnol, par M. Amelot de la Houssaye. *Paris.* 1688. *in* 12.

579 L'homme de Cour, traduit de Baltazar Gracian, par Amelot de la Houssaye. *la Haye.* 1696. *in* 8.

580 Le Mépris de la Cour, avec la Vie Rustique, traduit de l'Espagnol (d'Antoine de Guevare, par Antoine Alegre,) avec l'Amie de Cour, & autres Ouvrages, &c. *Paris.* 1549. *in* 16.

5 8 1 La Fortune de la Cour , tirée des Mémoires de M. le Duc d'Alençon. *Paris.* 1642. *in* 12.

5 8 2 La Science des Personnes de la Cour, de l'Epée , & de la Robe , du Sieur de Chevigny, &c. augmentée par M. Limiers. *Amsterdam.* 1717. *in* 12. 4 *vol.*

5 8 3 Essai Politique sur le Commerce, où les Lacunes des Editions précédentes sont remplies, par M. Melon. 1736. *in* 12.

Physique.

5 8 4 Traité de Physique , par Jacques Rohault. *Paris.* 1671. *in* 4.

5 8 5 Le même Traité par le même, revû & corrigé. *Paris.* 1682. *in* 12. 2 *vol.*

5 8 6 Œuvres Posthumes de M. Rohault. *Paris.* 1682. *in* 4.

5 8 7 Le vrai Systeme de Physique Générale, de M. Isaac Newton, exposé par le P. Louis Castel. *Paris.* 1743. *in* 4.

5 8 8 Entretiens Physiques d'Ariste & d'Eudoxe , ou Physique Nouvelle en Dialogues, &c. par le P. Regnault. *Paris.* 1729. *in* 12. 3. *vol.*

5 8 9 Leçons de Physique Expérimentale , par M. l'Abbé Nollet. *Paris.* 1744. *in* 12. 2 *vol.*

5 9 0 Traité de la Nature. *MS. in* 4. 2 *vol.*

5 9 1 Histoire Naturelle de l'Univers, dans laquelle on rapporte des Raisons Pysiques sur les effets les plus curieux & les plus extraordinaires de la Nature , par M. Colomne. *Paris.* 1734. *in* 12. 4 *vol.*

5 9 2 L'Histoire du Ciel, par M. l'Abbé Pluche. *Paris.* 1739. *in* 12. 2 *vol.*

593 Revifion de l'Hiftoire du Ciél, pour fervir de Suplement à la première Edition. *Paris.* 1740. *in* 12.

594 Penfées diverfes écrites à un Docteur de Sorbonne, à l'occafion de la Comete qui parut au Mois de Décembre 1680. (par M. Bayle.) *Rotterdam.* 1683. *in* 12.

595 Additions aux mêmes Penfées diverfes, par le même. *Rotterdam.* 1694. *in* 12.

596 Continuation des Penfées diverfes fur la Comete, par le même. *Rotterdam.* 1705. *in* 12. 2 *vol.*

597 Traité de l'Equilibre, & de la péfanteur de la maffe de l'Air, par M. Pafcal. *Paris.* 1663. *in* 12.

598 Traités de l'Equilibre des Liqueurs & de la péfanteur de l'Air, par le même. *Paris.* 1663. *in* 12.

599 Traité du Feu & du Sel, par Blaife de Vigenere. *Rouen.* 1642. *in* 4.

600 Differtation fur la nature & la propagation du Feu. *Paris.* 1744. *in* 8.

601 La Statique des Vegetaux, & l'Analyfe de l'Air, par M. Hales, traduit de l'Anglois, par M. de Buffon. *Paris.* 1735. *in* 4.

602 Ifaacus Voffius, de Nili & aliorum Fluminum Origine, ubi etiam de naturâ & proprietate Lucis. *Hagæ Com.* 1666. *in* 4.

603 Difcours fur les Caufes du débordement du Nil, par M. de la Chambre. *Paris.* 1665. *in* 4.

604 Differtation fur la Glace, ou Explication Phyfique de fa Formation, par M. Dortous de Mairan. *Paris.* 1749. *in* 12.

605 L'Homme Machine, (attribué au Sieur de la Mettrie, Médecin.) *Leyde.* 1748. *in* 24.

606 Eunuchi Nati, Facti, Mistici, per Theoph. Renaud. *Divione*. 1655. *in* 4.

607 Observations sur l'Electricité, où l'on tâche d'expliquer son Méchanisme, par M. Louis. *Paris*. 1747. *in* 12.

608 Traité de la Mélancholie, sçavoir quelle est la cause des Effets que l'on remarque dans les Possédés de Loudun. *La Fleche*. 1635. *in* 8.

609 Apologie pour M. Duncan, contre le Traité de la Mélancholie. *in* 8.

610 Traité de la Connoissance des Animaux, où tout ce qui a été dit pour ou contre le raisonnement des Bêtes est examiné, par le Sieur de la Chambre. *Paris*. 1664. *in* 12.

611 De l'Ame des Bêtes, par A. Dilly. *Lyon*. 1676. *in* 12.

612 Le même. *Lyon*. 1680. *in* 12.

613 De la Connoissance des Bêtes, par Ignace Gaston Pardies, Jésuite. *La Haye*. 1690. *in* 24.

614 Amusement Philosophique sur le Langage des Bêtes. *Paris*. 1739. *in* 12.

Histoire Naturelle.

Histoire Naturelle Générale.

615 C. Plinii Secundi, Historia Naturalis. *Lugduni Batavorum. apud Elzevirios*. 1635. *in* 12. 3 *vol.*

616 L'Histoire du Monde de C. Pline Second ; mise en François par Antoine du Pinet. *Lyon*. 1566. *in fol.* 2 *vol.*

617 Histoire du Monde, de Pline Second, traduite en François par Antoine du Pinet. *Lyon*. 1581. *in fol.* 2 *vol.*

618 Histoire du Monde , de C. Pline Second , traduite en François par Antoine du Pinet. *Paris.* 1615. *in fol.*

619 Sommaire des Singularités de Pline , extrait des seize premiers Livres de son Histoire Naturelle. *Paris.* 1551. *in 32.*

Histoire Naturelle Particuliere.

Histoire des Metéores , Métaux & Mineraux.

620 Traité Singulier de Metallique , contenant divers Secrets touchant la Connoissance de toute sorte de Métaux & Mineraux , traduit de l'Espagnol de Perez de Vargas. *Paris.* 1743. *in* 12. 2 *vol.*

621 Traité de l'Aiman , par M. Dalancé , *avec fig.* *Amsterdam.* 1687. *in* 12.

Histoire des Eaux , Fleuves , &c.

622 L'Art & Science de trouver les Eaux & Fontaines cachées sous terre , par Jacques Besson. *Orleans.* 1569. *in* 8.

623 Observations sur les Eaux Minerales de plusieurs Provinces de France , par du Clos. *Paris.* 1675. *in* 12.

Agriculture , & Histoire des Plantes , &c.

624 Comes Rusticus ex optimis Latinæ Linguæ Scriptoribus excerptus à Cl. Pelletier. *Parisiis.* 1692. *in* 12.

625 Théâtre Nouveau de l'Agriculture , & Menage des Champs , par Liger. *Paris.* 1713. *in* 4.

626 Dictionnaire Pratique du bon Menager de

Campagne & de Ville, par Liger. *Paris.*
1715. 2 *vol. in* 4.

627 Dictionnaire Œconomique par Noel Chomel,
revû & corrigé par P. Danjou. *Paris.* 1740.
in fol. 4 *vol.*

628 Leonharti Fuchsii Historia Stirpium ; *Basileæ.*
1542. *in fol. cum Figuris.*

629 Hortus Eystettensis , sive accurrata omnium
Plantarum, Florum, Stirpium ex variis orbis
terræ Partibus singulari Studio collectarum ,
quæ in celeberrimis Viridariis Arcem Epis-
copalem ibidem cingentibus , hoc tempore
conspiciuntur Delineatio & ad vivum Re-
præsentatio opera Balilii Besleri. 1613. *in*
fol.

630 Hortus Regius. *Parisiis.* 1665. *in fol.*

631 Floræ Parisiensis Prodromus , ou Catalogue
des Plantes qui naissent dans les Environs de
Paris , rapportées sous les Dénominations
Modernes & Anciennes , par M. Dalibard.
Paris. 1749. *avec fig. in* 12.

632 Melchioris Guilandini Papyrus , hoc est, Com-
mentarius in Plinii Majoris de Papyro Ca-
pita. *Venetiis.* 1572. *in* 4.

633 Hesperides , sive de Malorum auræorum Cul-
turâ & Usu, à Joanne-Baptistâ Ferrario, *cum*
fig. Romæ. 1646. *in fol.*

634 Jardin de Fleurs , contenant en soi les plus
rares & les plus excellentes Fleurs , par
Crispian de Pas. *Utrecht.* 1614. *in* 4.

635 Le Jardinier Fleuriste & Historiographe, ou
de la Culture des Fleurs , Arbres , &c.
Paris. in 12.

636 Abregé des bons Fruits , avec la Maniere de
connoître & cultiver les Arbres. *Paris.*
1675. *in* 12.

637 L'Art de tailler les Arbres fruitiers. *Paris.* 1683. *in* 12.

638 Le Jardinier folitaire, contenant la Methode de faire & de cultiver un Jardin Fruitier, &c. *Paris.* 1723. *in* 12.

639 Traité de la Culture des Pêchers. *Paris.* 1745. *in* 12.

640 Inftruction pour le Jardin Potager, par Ariofte. *Paris.* 1678. *in* 12.

Hiftoire des Animaux, &c.

641 Claudii Æliani Opera omnia, Græcè & Latinè, ex Editiône Conradi Gefneri. *Tiguri.* 1556. *in fol.*

642 L'Hiftoire de la Nature des Oifeaux, avec leur Defcription & Portraits, par Pierre Belon, du Mans. 1554. *in* 4.

643 Traité de l'origine des Macreufes, par Graindorge. *Caën.* 1680. *in* 12.

644 Uccelleria, overo Difcorfo di Gio. Pietr. Oliva, della natura é proprieta di diverfi Uccelli, é in particolare di que che cantano: con le figure di Tempefta, é dal Villamena. *Roma.* 1622. *in* 4.

645 Hiftoire entiere des Poiffons, compofée en Latin par Guillaume Rondelet, traduite en François. *Lyon.* 1558. *in* 4.

646 Les Metamorphofes naturelles, ou Hiftoire des Infectes, par Jean Goedart. *La Haye.* 1700. *in* 12. 3 *vol.*

647 Mémoires pour fervir à l'Hiftoire des Infectes en général, par M. de Reaumur. *Paris. De l'Imprimerie Royale.* 1734 & 1738. *in* 4. 5 *vol.*

648 Deux Livres de Venins, aufquels il eft am-

plement difcouru des Bêtes venimeufes, Thériaques, Poifon & Contrepoifon, par Jacques Grevin. *Anvers. 1568. in 4.*

649 L'Hiftoire Naturelle éclaircie dans deux de fes parties principales : la Lithologie & la Conchyliologie, dont l'une traite des Pierres, & l'autre des Coquillages, *avec fig. Paris. 1742. in 4.*

650 Hiftoire Naturelle, générale & particuliere, avec la Defcription du Cabinet du Roi, *Paris. De l'Imprimerie Royale. 1749. avec fig. in 4. 3 vol.*

Ouvrages divers de l'Hiftoire Naturelle.

651 Jules Obfequent, des Prodiges; plus trois Livres de Polydore Vergile, fur la même matiere, traduits du Latin par Georges de la Bouthiere. *Lyon. 1555. in 12.*

652 Differtation Phyfique à l'occafion du Negre Blanc. *Leyde. 1744. in 12.*

653 Curiofités de la Nature & de l'Art, fur la Végétation, ou l'Agriculture & le Jardinage dans leur perfection, par M. l'Abbé de Vallemont. *Paris. 1719. in 12.*

654 Le Spectacle de la Nature, ou Entretiens fur les particularités de l'Hiftoire Naturelle, par M. l'Abbé Pluche. *Paris. 1732. & 1739. in 12. 7 vol.*

Médecine.

Introduction à la Médecine.

655 Hiftoire de la Médecine, par Daniel le Clerc. *Amfterdam. 1702. in 4. 2 tom. en 1 vol.*

Médecine Générale.

656 Differtation fur la Génération de l'Homme, par Dionis. *Paris.* 1698. *in* 8.

657 Tableau de l'Amour confidéré dans l'état du Mariage, par Venette. *Parme.* 1689. 2 *tom. en* 1 *vol. in* 12.

658 Tableau de l'Amour Conjugal, par Nicolas Venette. *Cologne.* 1696. *in* 12. *fig.*

659 Traité des Maladies des Femmes Groffes, & de celles qui font accouchées, &c. par François Mauriceau. *Paris.* 1694. 2 *tom. en* 1 *vol. in* 4.

660 { Difcours de la Nature, Caufes, Signes & Curation des Empêchemens de la Conception & de la Stérilité des Femmes, par Louis de Serres. *Lyon.* 1625.
Des Hermaphrodits, Accouchemens des Femmes & Traitement qui eft requis pour les relever en fanté, par Jacques Duval. *Rouen.* 1612. *in* 12.

661 Thomæ Bartholini, Joannis Henrici Meibomii, tractatus de ufu Flagrorum, in re Medicâ, & Venereâ. *Francofurti.* 1670. *in* 12.

662 Regimen Sanitatis; Souverain Remede contre l'Epidimie; Traité pour connoître les Urines; Remede très-utile pour la Groffe Vérole. *Lyon.* 1503. *in* 8.

663 Le Régime de Santé de l'Ecole de Salerne, traduit & commenté par P. Michel le Long. *Paris.* 1643. *in* 12.

664 L'Ecole de Salerne en Vers burlefques; & duo Poëmata Macaronica de bello Huguenotico, & de geftis magnanimi & prudentiffimi Baldi. 1651. *in* 24.

E

665 Confeils pour vivre long-tems, traduits de l'Italien de Louis Cornaro. *Paris.* 1701. *in* 12.

666 Le Médecin de foi-même, où l'Art de fe conferver la Santé par l'Inftinct, par Jean de Vaux. *Leyde.* 1682. *in* 24.

Médecine Particuliere.

667 Pauli Æginetæ, de Facultatibus Alimentorum Tractatus, Latinè Albano Torino Interprete. *Bafileæ.* 1541. *in* 4.

668 Caeli Apitii de re culinariâ Lib. X. Platina de tuendâ valetudine, naturâ rerum & Popinæ fcientiâ. Lib. X. *in* 8.

669 Bartholomeo Scappi dell'arte del Cucinare, *in* 4.

670 Lo Scalco praticco di Vittorio Lancelotti da Camerino. *in Roma.* 1627. *in* 4.

671 Les Vertus Médecinales de l'Eau Commune, ou Recueil des meilleures Pieces qui ont été écrites fur cette matiere. *Paris.* 1730. *in* 12. 2 *vol.*

672 Le Lodi & i Biafmi del Vino, di Pietro Canonherio, trad. dal Latino. *Viterbo.* 1608. *in* 12.

673 Abrégé des Traités du Caffé, du Thé & du Chocolat. *Lyon.* 1687. *in* 12.

674 Traité des Maladies les plus fréquentes, & des Remedes Spécifiques pour les guérir, par M. Helvetius. *Paris.* 1707. *in* 12.

675 Traité des Fiévres, où l'Auteur découvre l'erreur des Médecins Anciens & Modernes. *Utrecht.* 1682. *in* 12.

676 Conférence & Entrevue d'Hippocrate & de Démocrite, tirée du Grec & commen-

tée, par Marcellin Bompart. *Paris.* 1632. *in* 12.

677 Differtation fur la Mort Subite, avec l'Hif-toire d'une Fille Cataleptique, par Dionis. *Paris.* 1710. *in* 12.

678 Differtation fur l'Incertitude des Signes de de la Mort, & l'Abus des Enterremens & Embaumemens précipités, par le Sieur Jean Bruhier. *Paris.* 1742. *in* 12.

679 Réfléxions fur la Maladie qui à commencé depuis quelques années à attaquer le gros Bétail en divers endroits de l'Europe. *Paris.* 1745. *in* 12.

680 Albertus Magnus, de Secretis Mulierum, de Virtutibus Herbarum, &c. *Amftelodami.* 1655. *in* 24.

681 Les Admirables Secrets d'Albert le Grand. *Cologne.* 1722. *in* 24.

682 Secrets Merveilleux de la Magie Naturelle & Cabaliftique du Petit Albert. *Lyon.* 1706. *in* 24.

683 Les Secrets du Seigneur Alexis Piémontois, revûs & augmentés d'une infinité de rares Secrets. *Rouen.* 1671. *in* 12.

684 Nouveau Recueil de Secrets & Curiofités les plus rares, augmenté de plufieurs merveil-leux Secrets, par d'Emery. *Amfterdam.* 1697. *in* 12. 1 *vol.*

685 Difcours fait par le Chevalier Digby, touchant la Guérifon des Playes, par la Poudre de de Sympathie. *Paris.* 1658. *in* 12.

Anatomie & Chirurgie.

686 Godofridi Bidloo Anatomia Corporis Hu-mani, Tabulis artificiofiffimis G. de Lai-

E ij

reſſe ad vivum delineatis demonſtrata. *Am-*
ſtelodami. 1685. *in fol.*

687 Les Œuvres Françoiſes de M. Vieuſſens. 1715.
in 4.

688 Mémoires de l'Académie Royale de Chirur-
gie. *Paris.* 1743. *in* 4.

Pharmacie , Chymie & Alchymie.

689 Dictionnnaire Pharmaceutique , ou Apparat
de Médecine , Pharmacie & Chymie , &c.
par de Meuves. *Paris.* 1689. *in* 4.

690 Cours de Chymie, par Nicolas Lemery. *Paris.*
1690. *in* 8.

691 Bibliotheque des Philoſophes Chimiques , ou
Recueil des Auteurs les plus approuvés qui
ont écrit de la Pierre Philoſophale , par
le Sieur D. E. M. *Paris.* 1672. *in* 12.
2 vol.

692 Tractatus Artis Mathematicæ , Picatrix. *MS.*
in 4.

693 Tractatus Artis Mathematicæ , Picatrix. *MS.*
in fol.

694 Clavicules de Salomon. 1507. *in* 4. *MS.*

695 Traité d'Alchimie & Traité de l'Accord des
Philoſophes , *MS. in* 4.

696 Traité de la Pierre Philoſophale , tiré du Coſ-
mopolite , où eſt joint le Traité de la Per-
toiſe de Raymond Lulle. *MS. in* 4.

697 Codicile , ou *Vade Mecum* de Raymond
Lulle , &c. *MS. in* 4.

698 L'Ouverture du Tréſor caché. *MS. in* 8.

699 Le Tréſor des Tréſors de Chriſtophe de Ga-
mon. *MS. in* 4.

700 L'Art Tranſmutatoire. *MS. in* 4.

701 Traité de la Philoſophie Naturelle , intitulé

l'Eau Luſtrale de J. D. N. C. D. T. 1640.
MS. in 4.

702 Eclairciſſement ſur ce que les Philoſophes ont
tenu le plus caché. 1746. MS. in 4.

703 Le Grand Œuvre pour le Blanc & pour le
Rouge, & pour faire le vrai Or & Argent
potables, traduit du Latin. MS. in 8.

704 Le Grand Eclairciſſement de la Pierre Philo-
ſophale pour la Tranſmutation de tous les
Métaux, par N. Flamel. Paris. 1628. in 8.

705 Les Douze Clefs de Philoſophie de Frere
Baſile Valentin, traitant de la vraye Mé-
decine Métallique en Vers. Paris. 1660.
in 12.

706 Le Triomphe Hermetique, ou la Pierre Phi-
loſophale Victorieuſe. Amſterdam. 1710.
in 12.

707 Trois anciens Traités de la Philoſophie Na-
turelle, par Gabriel Joly. Paris. 1726.
in 12.

708 La Chiave del Gabinetto del Cavalier Gio-
ſeppe-Franc. Borri. Coloniæ. 1682. in 24.

709 Le Comte de Gabalis, ou Entretiens ſur les
Sciences Secretes. Cologne. in 12.

710 Le même, renouvellé & augmenté d'une Lettre
ſur ce ſujet. Cologne. 1742. in 12. 3 vol.

MATHÉMATIQUES.

Traités Généraux de Mathématiques.

711 Caroli Bovilli, Samarobrini Opus Mathema-
ticum. Pariſiis. 1510. in fol.

712 Elémens des Mathématiques, ou Traité de la
Grandeur, par le P. Lamy, de l'Oratoire.
Paris. 1689. in 12.

713 Cours de Mathématique, qui comprend toutes les Parties de cette Science, par Ozanam. *Paris.* 1693. *in* 8.

714 La Science du Calcul, des Grandeurs en général, ou les Elémens des Mathématiques, par le P. Regnault. *Paris.* 1714. *in* 4.

Traités Particuliers de Mathématiques.

Arithmétique & Algebre.

715 Livre Néceſſaire à toute ſorte de Conditions, par François Barrême. *Paris.* 1708. *in* 12.

716 Application de l'Algebre à la Géométrie, ou Méthode de démontrer par l'Algebre les Théorêmes de Géométrie, par M. de Guiſnée. *Paris.* 1705. *in* 4.

Géométrie.

717 Nouveaux Elémens de Géométrie, par Antoine Arnauld. *Paris.* 1667. *in* 4.

718 Les mêmes. *Paris.* 1683. *in* 4.

719 Analyſe des Infinimens Petits, pour l'Intelligence des Lignes Courbes, par M. de l'Hôpital. *Paris.* 1716. *in* 4.

720 Commentaire ſur l'Analyſe des Infinimens Petits, par M. Crouzas. *Paris.* 1721. *in* 4.

721 Analyſe démontrée, ou la Methode de réſoudre les Problêmes de Mathématique, par le P. Regnault. *Paris.* 1708. *in* 4. 2 *vol.*

722 Tarif du Toiſé ſuperficiel & ſolide, par Mathias Meſanges. *Paris.* 1743. *in* 8.

Astronomie.

723 Le Système du Monde, par Gadrois. *Paris.*
1675. *in* 12.

724 La Figure de la Terre, déterminée par les
Observations faites par Ordre du Roi au
Cercle Polaire, par M. de Maupertuis. *Paris.*
1738. *in* 8.

725 Théorie de la Figure de la Terre, tirée des
principes de l'Hydrostatique, par M. Clai-
rault. *Paris.* 1743. *in* 8.

726 La Gnomonique, ou l'Art de faire des Ca-
drans, par M. Rivard. *Paris.* 1746. *in* 8.

Astrologie, &c.

727 Francisci Allæi Arabis Christiani, (P. Yvo-
nis, Parisini Capucini,) Astrologiæ nova
Methodus. *Rhedonis.* 1654.
Ejusdem, Fatum universi, cum Additionib.
M S.
Ejusdem Disceptatio in Librum de Fato.
Rhedonis. in fol.

728 Taisnerii Astrologia, Chiromancia, & Phy-
sionomia. *Coloniæ Agrippinæ.* 1583.
Cornelius Agrippa, de occultâ Philosophiâ, &
Claviculâ Salomonis. *M S.* 1530. *in* 4.

729 Nomancie & Dénomanie, *avec fig. MS. in* 8.

730 La Geomance de Cristophe de Cattan, avec
la Roüe de Pythagoras, augmentée par
Gabriel du Preau. *Paris.* 1558. *in* 4.

731 La Chiromance, la Physionomie, & la Geo-
mance, avec la signification des Nombres,
& l'usage de la Roüe de Pythagore, par
de Peruchio. *Paris.* 1663. *in* 4.

E iiij

732 Le grand Calendrier des Bergers, & Compoſt des Bergers, compoſé par le Berger de la Grand-Montaigne. *Paris. in* 4.

733 Almanach & Pronoſtications, compoſés & calculés ſur tous les Climats, par J. Pilleu. 1571. *in* 12.

734 Les Propheties de Noſtradamus faites ſur l'Edition de Lyon, par Benoît Rigaud. *Troyes.* 1568. *in* 8.

735 Les vrayes Centuries & Propheties de Michel Noſtradamus. *Amſterdam.* 1667. *in* 12.

736 Commentaires de Chavigny ſur les Centuries de Noſtradamus. *Paris.* 1596. *in* 12.

Optique.

737 Traité d'Optique ſur les Réfléxions, Réfractions, &c. de la Lumiere, traduit de l'Anglois de Newton, par Coſte. *Amſterdam.* 1720. *in* 12. 2 *tom. en un vol.*

738 Traité d'Optique, par le même. *Amſterdam.* 1720. & *Paris.* 1722. *in* 4.

739 Nouvelles Obſervations Microſcopiques, par Needam. *Paris.* 1750. *in* 12. *avec fig.*

Méchanique.

740 Traité de Dynamique, dans lequel les Loix de l'Equilibre & du Mouvement des Corps ſont réduites au plus petit nombre poſſible, par M. d'Alembert. *Paris.* 1743. *in* 4.

741 Traité des Forces mouvantes, par M. Camus. *Paris.* 1722. *in* 8.

742 Theatrum Machinarum novum, per Georgium-Andræam Bocklerum, in Latinam Linguam tranſlatum, à D. Henrico Schmitz. *Colonia Agrippinæ.* 1622. *in* 4.

743 Architectura curiosa nova , per Andræam Bocklerum , in Latinam Linguam translata à Josepho - Christophoro Sturmio. *Norimbergæ.* 1664. *in* 4.

Ouvrages divers & Mélanges de Mathématique.

744 Miscellanea Medico-Physica , &c. continentia celeberrimorum Medicorum Observationes Medicas Physicas , &c. *Lipsiæ.* 1670. *in* 4. 2 *vol.*

745 Histoire de l'Académie Royale des Sciences depuis l'année 1699 , jusques & compris 1709. *Amst.* 1706. & *suiv. in* 12. 14 *vol.*

746 Histoire & Mémoires de l'Académie Royale des Sciences depuis l'année 1666 , jusqu'en 1699 ; & depuis son renouvellement en 1699 , jusqu'en 1745 , avec les Tables , les Machines & les Mémoires présentés & lûs à ladite Académie. *Paris.* 1699. & *suiv. in* 4. 80 *vol. avec Fig.*

747 Mémoire sur le sujet du Prix proposé par l'Académie Royale des Sciences en l'année 1729 , touchant la meilleure Méthode d'Observer sur Mer , par M. Meynier. *Paris.* 1732. *in* 4.

748 Recueil des Ouvrages de M. de Haute-Feuille , contenant plusieurs Découvertes , & Inventions nouvelles dans la Physique & dans les Méchaniques. *Paris.* 1692. *in* 4.

749 Observations Mathématiques , Astronomiques , &c. par le P. Souciet. *Paris.* 1729. *in* 4. *avec fig.*

750 Theâtre des Instrumens Mathématiques & Méchaniques par Jacques Besson. *Genève.* 1526. *in fol.*

751 L'Ufage du Compas de Proportion, par Henrion. *Paris.* 1631. *in* 12.

A R T S.

752 Les Beaux Arts reduits à un même Principe. *Paris.* 1746. *in* 12.

Arts Libéraux.

Mufique.

753 Hiftoire de la Mufique & de fes effets, par Bonnet. *Paris.* 1715. *in* 12.

Peinture & Sculpture.

754 Francifci Junii de Picturâ Veterum Libri tres. *Amfterdami.* 1637. *in* 4.

755 Traité de la Miniature, pour apprendre aifément à peindre fans Maître. *Paris.* 1696. *in* 12.

756 Traité de la Peinture en Miniature, &c. *La Haye.* 1708. *in* 12.

757 {
Refléxions fur quelques Caufes de l'Etat préfent de la Peinture en France, par M. de la Font de Saint Yenne. *La Haye.* 1747. *in* 12.

Lettre de l'Auteur des Refléxions fur la Peinture, & de l'Examen des Ouvrages expofés au Louvre en 1746.
}

758 {
Lettre fur l'Expofition des Ouvrages de Peinture, Sculpture, &c. fur l'Utilité de ces fortes d'Expofitions. 1747.

Refléxions Nouvelles d'un Amateur des Beaux Arts, adreffées à M. D.*** pour fervir de Supplement à la Lettre ci-deffus. *in* 12.
}

759 Dictionnaire abrégé de Peinture & d'Architecture. *Paris.* 1746. *in* 12. 2 *vol.*

760 Entretiens sur les Vies & sur les Ouvrages des plus excellens Peintres, Anciens & Modernes, par Felibien. *Paris.* 1666. *& suiv. in* 4. 5 *vol.*

761 Entretiens sur les Vies & sur les Ouvrages des plus excellens Peintres, Anciens & Modernes, par le même. *Paris.* 1685. *in* 4. 2 *vol.*

Architecture.

762 Des Principes d'Architecture, de la Sculpture, de la Peinture, & des autres Arts qui en dépendent, par M. Felibien des Avaux. *Paris.* 1690. *in* 4.

763 Les dix Livres d'Architecture de Vitruve, par M. Perrault, deuxième Edition. *Paris.* 1684. *in fol.*

764 Il terzo Libro di Sebastiano Serlio, nel quale si figurano è descrivano le antiquita di Roma, &c. 1537. *in fol.*

765 Regole Generali di Architettura di Sebastiano Serlio, sopra le cinque Maniere de Gli Edificii, &c. *Venetiis.* 1540. *in fol.*

766 Description de trente Portes Rustiques, par Sebastien Serlio, *avec fig. in fol.*

767 Les cinq Ordres d'Architecture de Vincent Scamozzi, par Daviler. *Paris.* 1685. *in fol.*

768 Cours d'Architecture, qui comprend les Ordres de Vignol, de Michel Ange, &c. & tout ce qui regarde l'Art de bâtir, avec une Explication des Termes, par le même. *Paris.* 1696. 2 *tom. en* 1 *vol. in* 4.

769 Les Ouvrages d'Architecture de Pierre Post. *Leyde.* 1715. *in fol.*

770 Les Plans & les Defcriptions de deux des plus belles Maifons de Campagne de Pline le Conful, par M. Felibien des Avaux. *Paris.* 1699. *in* 12.

771 Variæ Architecturæ Formæ, à Joanne Vredemanni Uriefio inventæ. *Antuerpiæ.* 1601. *in* 4.

772 Recueil Hiftorique de la Vie & des Ouvrages des plus célébres Architectes. *Paris.* 1687. *in* 4.

Marine.

773 Effai fur la Marine & fur le Commerce. 1743. *in* 8.

Art Militaire.

774 Vegece du Fait de Guerre, & Fleur de Chevallerie, Sexte-Jules Frontin des Stratagemes, & Subtilités de Guerre, Ælian de l'Ordre des Batailles, Modefte des Vocables de Fait de Guerre, traduits du Latin. *Paris.* 1536. *in* 4.

775 Des Fortifications & Artifices, Architecture & Perfpective de Jacques Perret. *Paris.* 1594. *in fol.*

776 Nouvelle Méthode de Fortifier les plus grandes Villes. Differtations fur la Machine de Marly, par M. de la Jonchere. *Paris.* 1718. *in* 12.

777 Dictionnaire Militaire par M. A. D. L. C. *Paris.* 1743. *in* 12.

Arts Méchaniques.

778 La Pyrotechnie, ou Art du Feu, traduite de l'Italien de Vanoccio Biringuccio, par Jacques Vincent. *Rouen.* 1627. *in* 4.

779 La Mechanique du Feu, ou l'Art d'en augmenter les Effets, & d'en diminuer la Dépenfe, contenant le Traité de nouvelles Cheminées. *Paris.* 1713. *in* 12.

780 De l'Art de la Verrerie, où l'on aprend à faire le Verre, le Criftal, & l'Email, &c. par M. Haudicquer de Blancourt. *Paris.* 1697. *in* 12.

781 Traité de l'Horlogerie, par Thiouft. *Paris.* 1741. *in* 4. 2 *vol.*

782 Tarif des Diamans, *MS. in* 12.

783 Inftruction générale pour la Teinture des Laines, Manufacture de Laine de toutes couleurs, & pour la Culture des Drogues, ou Ingrediens qu'on y employe. *Rouen.* 1699. *in* 24.

784 La Science des Négocians & Teneurs de Livres, par le Sieur de la Porte. *Paris.* 1714. *in* 8.

785 Le grand Commerce ou le Nouveau Livre des Changes Etrangers, par le Sieur Barême. 1714. *in* 4. 2 *vol.*

786 Dictionnaire Univerfel de Commerce. *Paris.* 1723. *in fol.* 2 *vol.*

787 Artes Mechanicæ, Auctore Hartmanno Scoppero. *Francofurti ad Mœnum.* 1574. *in* 12.

788 Defcription abrégée des principaux Arts & Métiers, & des Inftrumens qui leur font propres. *Paris. in* 4.

789 Secrets concernans les Arts & Métiers. *Paris.* (*Rouen.*) 1724. *in* 12. 4 *vol.*

Arts Gymnaftiques.

790 Le Livre du Roi Modus, des Rufes & Deduits de la Chaffe. *Paris.* 1521. *in* 8.

791 Méthode nouvelle & Invention extraordinaire de dreſſer les Chevaux, par Guillaume de Newcaſtle, traduite de l'Anglois. *Anvers.* 1658. *in fol.*

792 Lettres Patentes du Roi pour l'Etabliſſement de l'Académie Royale de Danſe, à Paris. *Paris.* 1663. *in 12.*

Arts différens.

793 Champ Fleuri, auquel eſt contenu l'Art & Science de la Vraie Proportion des Lettres Attiques, dit Lettres Antiques, *Bourges.* 1526. *in 4.*

794 Libro di M. Giovan Battiſta Palatino, nel qual s'ingegna à Scriver ogni ſorte Lettere Antica & Moderna, di qualunque natione. *in Roma.* 1561. *in 4.*

795 Polygraphie Univerſelle Curieuſe Cabaliſtique de l'Abbé Tritheme, traduit par Gabriel de Colange. *Paris.* 1561. *in 4.*

796 Le plaiſant Jeu du Dodechedron de Fortune. *Paris.* 1677. *in 12.*

797 Le Palais de la Fortune, où les Curieux trouveront la Réponſe agréable des Demandes, &c. *Lyon.* 1682. *in 12.*

798 Critique Hiſtorique, Politique & Comique ſur les Loteries anciennes & modernes, traduite de l'Italien de Leti. *Amſterdam.* 1697. *in 12. 2 vol.*

799 Les Regles du Jeu du Canal Royal. *Caſtelnaudary.* 1682. *in 24.*

800 L'Académie ou Maiſon des Jeux. *Troyes. in 8.*

801 Le Jeu des Echets, traduit de l'Italien de Gioachino Greco Calabrois. *Paris.* 1714. *in 12.*

802 Le grand Trictrac, ou Méthode facile pour apprendre fans Maître, la Marche, les Termes, les Regles & Finefses de ce Jeu. *Avignon*. 1739. *in* 8.

803 Le Jeu de l'Hombre, augmenté de Décifions nouvelles. *Paris*. 1709. *in* 12.

Ouvrages Divers ou Meſlanges ſur les Sciences & les Arts.

804 Mémoires Litteraires fur différens fujets de Phyfique, de Mathematique, de Chymie, de Médecine, de Géographie, d'Agriculture, d'Hiftoire Naturelle, &c. traduits de l'Anglois par M. Eidous. *Paris*. 1750. *in* 12.

805 Productions d'Efprit, contenant tout ce que les Arts & les Sciences ont de rare & de merveilleux, par le Docteur Sw.ft. *Paris*. 1736. *in* 12. 2 *tom. en un vol*.

HUMANITÉS
ET BELLES-LETTRES.

INTRODUCTION AUX BELLES-LETTRES.

806 DE la maniere d'Enseigner & d'Etudier les Belles-Lettres, par M. Rollin. *Paris.* 1728. *in* 12. 4 *vol.*

807 Essai sur l'Etude des Belles-Lettres. *Paris.* 1747. *in* 12.

808 Cours des Belles-Lettres, distribué par Exercices. *Paris.* 1747. *in* 12. 2 *vol.*

GRAMMAIRIENS.

Grammairiens Grecs.

809 Henrici Stephani, Thesaurus Linguæ Græcæ. *Typis ejusdem.* 1572. *in fol.* 4 *vol.*

810 Cornelii Schrevelii, Lexicon Manuale Græco-Latinum, & Latino-Græcum. *Lugduni Batavorum.* 1654. *in* 8.

811 Dictionarium Propriorum Nominum ex probatis Gr. & Lat. Linguæ Auctoribus : Autore Jo. Bellero. *Antverpia.* 1570. *in* 4.

812 Le Jardin des Racines Grecques, mis en Vers François, (par MM. de Port-Royal.) *Paris. Petit.* 1666. *in* 12.

Grammairiens

Grammairiens Latins.

813 Pompeius Festus & Verrius Flaccus de Verborum Significatione, cum Notis Andreæ Dacerii, in usum Delphini. *Amstelodami.* 1700. *in* 4.

814 Ambrosii Calepini, Dictionarium Octolinguë, ex editione Joan. Passeratii. *Lugduni.* 1609. *in fol.*

815 Pet. Danetii, Dictionarium Latino-Gallicum. *Parisiis.* 1673. *in* 4.

816 Idem. *Lugduni.* 1726. *in* 4.

817 Novitius seu Dictionarium Latino-Gallicum, authore D. Magnés. *Parisiis.* 1721. *in* 4. *2 vol.*

818 Glossarium ad Scriptores mediæ & infimæ Latinitatis, autore Carolo Dufresne du Cange. *Lutetiæ.* 1678. *in fol.* *3 vol.*

Grammairiens François.

819 Traité de la Conformité du Langage François avec le Grec, par Henri Etienne. *Paris. Robert Etienne.* 1669. *in* 12.

820 Grammaire Françoise, par le P. Buffier. *Paris.* 1709. *in* 12.

821 Les vrais Principes de la Langue Françoise, par l'Abbé Girard. *Paris.* 1747. *in* 12. *2 vol.*

822 Traité de l'Ortographe Françoise, en forme de Dictionnaire, &c. *Poitiers.* 1739. *in* 8.

823 Traité de la Prosodie Françoise, par M. l'Abbé d'Olivet. *Paris.* 1736. *in* 12.

824 Traité Général du Stile, avec un Traité particulier du Stile Epistolaire. *Amsterdam.* 1751. *in* 12.

F

825 Remarques fur la Langue Françoise, par de Vaugelas. *Paris.* 1647. *in* 4.

826 Les mêmes, avec des Notes de Thomas Corneille. *Amſterdam.* 1690. *in* 12.

827 Obſervations de l'Académie Françoiſe ſur les Remarques de M. de Vaugelas. *Paris.* 1704. *in* 4.

828 Synonymes François, leurs différentes ſignifications, & le choix qu'il en faut faire pour parler avec juſteſſe, par l'Abbé Girard. *Paris.* 1736. *in* 12.

829 Tréſor des Recherches & Antiquités Gauloiſes & Françoiſes, par Pierre Borel. *Paris.* 1655. *in* 4.

830 Origines de la Langue Françoiſe, par Gilles Menage. *Paris.* 1650. *in* 4.

831 Dictionnaire Etymologique, ou Origines de la Langue Françoiſe, par Menage. *Paris.* 1694. *in fol.*

832 Dictionnaire François, par P. Richelet. *Genève.* 1680. *in* 4. 2 *vol.*

833 Dictionnaire de tous les Mots François, par Pierre-Céſar Richelet. *Genève.* 1688. *in* 4.

834 Dictionnaire Univerſel de tous les Mots François, tant vieux que modernes & les tèrmes de toutes les Sciences & Arts, par Antoine Furetiere. *Lyon.* 1691. *in fol.* 2 *vol.*

835 Le même. *La Haye.* 1701. *in fol.* 3 *vol.*

836 Dictionnaire Univerſel, François & Latin, contenant la Signification & la Définition des Mots de l'une & l'autre Langue. *Trevoux & Paris.* 1704. *in fol.* 3 *vol. gr. pap.*

837 Dictionnaire de l'Académie Françoiſe, ſeconde Édition. *Amſterdam.* 1686. *in fol.* 2 *vol.*

838 Le même. *Paris.* 1718. *in fol.* 2 *vol.*

839 Factum pour Antoine Furetiere. *Amsterdam.*
      1688. *in* 12.

840 L'Enterrement du Dictionnaire de l'Académie.
      1697. *in* 12.

841 Réponse à une Critique Satyrique, intitulée
      l'Apothéose du Dictionnaire de M M. de
      l'Académie Françoise, par M. Mallemant
      de Mesanges. *Paris.* 1696. *in* 12.

842 Dictionnaire François & Latin, à l'usage de
      Monseigneur le Dauphin, par Danet. *Lyon.*
      1721. *in* 4.

843 Etymologie, ou l'Explication des Proverbes
      François, en trois Livres, par Fleury de
      Belinghen. *La Haye.* 1656. *in* 12.

844 Les Premices ou le premier Livre des Prover-
      bes Epigrammatisés, par Henri Etienne.
      1594. *in* 12.

845 Les Illustres Proverbes, ou Recueil de diverses
      Questions curieuses pour se divertir agréa-
      blement dans les Compagnies. *Paris.* 1657.
      in 12.

846 Dictionnaire des Proverbes François, & des
      façons de parler Comiques, Burlesques &
      Familieres, &c. *Paris.* 1749. *in* 12.

847 Dictionnaire Néologique à l'usage des Beaux
      Esprits du siécle; avec l'Eloge Historique de
      Pantalon Phœbus (par l'Abbé des Fontai-
      nes.) 1726. *in* 12.

848 Le Faux Aristarque reconnu, ou Lettres Cri-
      tiques sur le Dictionnaire Néologique &
      autres Ouvrages, par Gayot de Pitaval. *Am-
      sterdam.* (*Paris.*) 1733. *in* 12.

849 Dictionnaire Comique, Satyrique, Critique,
      Burlesque, Libre & Proverbial, par Phili-
      bert-Joseph le Roux. *Lyon.* 1725. *in* 8.

Grammairiens Italiens.

850 Le Guidon de la Langue Italienne, par Nathanael Duez. *Rouen.* 1673. *in* 12.

851 Methode pour apprendre la Langue Italienne, par Lancelot. *Paris.* 1680. *in* 12.

852 Le Maître Italien dans sa derniere Perfection, par Veneroni. *Paris.* 1690. *in* 12.

853 Le même. *Paris.* 1720. *in* 12.

854 Traité de la Grammaire Italienne, par Antonini. *Paris.* 1726. *in* 12.

855 Grammaire Italienne, à l'Usage des Dames, par le même. *Paris.* 1728. *in* 12.

856 Dittionario Volgare, & Latino, per M. Philippo Venuti da Cortona. *in Bologna.* 1578. *in* 8.

857 Vocabolario de gli Academici della Crusca. *in Venetia.* 1612. *in fol.*

858 Il Medesimo. *in Venetia.* 1680. *in-fol.*

859 Dictionnaire Italien & François, par Antoine Oudin, & Laurent Ferretti, augmenté par Jean Veneroni. *Paris.* 1681. *in* 4.

860 Le même. *Paris.* (*Hollande.*) 1695. *in* 4.

861 Le même. *Lyon.* 1703. *in* 4.

862 Dictionnaire Italien, François & Latin, contenant l'Abrégé du Dictionnaire de la Crusca, par l'Abbé Antonini. *Paris.* 1743. *in* 4. 2 *vol.*

Grammairiens Espagnols, &c.

863 Nouvelle Grammaire de la Langue Espagnole, par Berger. *Paris.* 1704. *in* 12.

864 Trésor des Langues Françoise & Espagnole, par Cesar Oudin. *Paris.* 1607. *in* 4.

865 Le même. *Paris.* 1660. *in* 4.

866 Dictionario Nuevo de las Linguas Eſpañola, y Franceſa, por Franc. Sobrino. *en Bruſſelas.* 1721. *in* 4. 2 *vol.*

867 Origen de la Lingua Portugueſa, per Duarte Nuñez de Liâo. *en Liſboa.* 1706. *in* 8.

Grammairiens Allemands, &c.

868 Nouvelle Méthode pour apprendre la Langue Allemande. *Straſbourg.* 1701. *in* 12.

869 Theſaurus Theutonicæ Linguæ, ou Treſor du Langage Bas Allemand, traduit en François & en Latin. *Antverpiæ.* 1573. *in* 4.

870 Dictionnaire François, Allemand, Latin; & Allemand, François & Latin, par Nathanaël Duez. *Amſterdam.* 1650. *in* 8. 2 *vol.*

871 Dictionnaire, ou Promptuaire Flameng, François, par Edouard-Leon Mellema. *Anvers.* 1589. *in* 4.

872 Grammaire Françoiſe & Angloiſe, & Angloiſe & Françoiſe, par Boyer. *Amſterdam.* 1718. *in* 12.

873 Dictionnaire Anglois & François, & François & Anglois, par le même Boyer. *Amſterdam* 1727. *in* 4. 2 *vol.*

874 Incunabula antiquiſſimæ Linguæ Septentrionalis, id eſt Grammaticæ Iſlandicæ Rudimenta, edita per Rudolphum Jonam. *Hafniæ.* 1611. *in* 4.

RHÉTEURS ET ORATEURS.

Introduction aux Rhéteurs & Orateurs.

875 M. F. Quintiliani, de Oratoria Inſtitutione Libri, ex emendatione Claudii Capperonnieri. *Pariſiis* 1725. *in fol.*

F iij

876 Le Grand Art de pleine Rhétorique, par Pierre Fabry. *Paris* 1534. *in* 16.

877 La Rhétorique, ou l'Art de Parler, par Bernard Lamy. *Paris.* 1679. *in* 12.

878 Les Philippiques de Demosthenes, traduites avec des Remarques, par Tourreil, de l'Académie Françoise. *Paris.* 1701. *in* 4.

Orateurs Grecs & Latins.

879 Marci Tullii Ciceronis Opera. *Parifiis. Robertus Stephanus.* 1554. & 1555. *in fol.* 2 *vol.*

880 Ejufdem Ciceronis Opera. *Lugduni Batavorum. Elzevir.* 1642. *in* 12. 10. *vol.*

881 M. Tullii Ciceronis, Orationes cum Notis variorum ex recenfione Joannis Georgii Graevii. *Amftelodami.* 1699. *in* 8. 7 *vol.*

882 M. Tullii Ciceronis, Libri Tres de Officiis, cum Notis variorum, ex recenfione Joannis Georgii Graevii. *Amftelodami.* 1690. *in* 8.

883 M. Tullii Ciceronis, Epiftolae ad Familiares cum Notis variorum, ex recenfione Joannis Georgii Graevii. *Amftelodami.* 1693. *in* 8. 2 *vol.*

884 M. Tullii Ciceronis, Epiftolae ad T. Pomponium Atticum, cum Notis variorum, ex recenfione Joannis Georgii Graevii. *Amftelodami.* 1684. *in* 8. 2 *vol.*

885 M. T. Ciceronis Libri de Officiis, de Senectute, & de Amicitiâ; Paradoxa, & Somnium Scipionis. *Amftelodami.* 1625. *in* 32.

886 Les Œuvres de Ciceron, traduites en François, par P. du Ryer. *Paris.* 1670. *in* 12. 12 *vol.*

887 Les Entretiens de Ciceron fur la Nature des

Dieux , traduits en François avec des Remarques , par MM. Bouhier & d'Olivet. *Paris.* 1721. *in* 12. 3. *vol.*

888 Les Tusculanes de Ciceron , traduites en François, avec des Remarques , par les mêmes. *Paris.* 1737. *in* 12. 3 *vol.*

889 Les Offices de Ciceron , traduits en François par François Goisbaud Sieur du Bois. *Paris.* 1691. *in* 8.

890 Les mêmes en Latin & en Francois, par le même. *Paris.* 1697. *in* 12.

891 Les Livres de Ciceron , de la Vieillesse & & de l'Amitié avec les Paradoxes , traduits par le même , avec le Latin à côté. *Paris.* 1698. *in* 12.

892 Pensées de Ciceron , traduites pour servir à l'Education de la Jeunesse , par M. l'Abbé d'Olivet. *Paris.* 1744. *in* 12.

893 Panégyrique de Trajan , par Pline le Jeune , traduit par M. de Sacy , de l'Académie Françoise. *Paris.* 1709. *in* 12.

Orateurs François.

894 { Recueil de l'Académie Françoise , pour le Prix des années 1683 & 1685.
Panégyrique de Saint Louis , par M. l'Abbé du Jarry.
Le même , par l'Abbé de Pezenne.
Recueil de l'Académie Françoise , pour l'année 1691. *Paris. in* 12. 2 *vol.*

895 Discours présenté à l'Académie Françoise pour l'année 1703. *Paris.* 1704. *in* 12.

896 Recueil de plusieurs Pieces d'Eloquence , présentées à l'Académie Françoise , pour les Prix de Prose & de Poësie , depuis

l'an 1671 , jusqu'en 1717. *Paris. in* 12.
23 *vol.*

897 Recueil des Harangues prononcées par MM. de
l'Académie Françoise dans leurs Réceptions.
Paris. 1698. *in* 4.

898 Oraisons Funébres & Tombeaux composés
par M. Claude de Morenne, Evêque de Séez,
avec les Cantiques & autres Poëmes tant
François que Latins du même Auteur. *Paris.*
1604. *in* 12.

899 Recueil de Diverses Oraisons Funebres de
plusieurs Princes , Seigneurs , Dames &
autres , de divers Auteurs. *Paris.* 1690. *in* 4.

900 Recueil des Oraisons Funébres , prononcées
par M. Flechier, Evêque de Nîsmes. *Paris.*
1726. *in* 12.

901 Œuvres Posthumes de M. Flechier. *Paris.*
1712. *in* 12. 2 *vol.*

902 Panégyrique de Louis XV. (par M. de Vol-
taire.) 1748. *in* 8.

POETES.

Introduction à la Poësie.

903 La Poëtique d'Aristote , traduite par André
Dacier. *Paris.* 1692. *in* 4.

904 La Poëtique de Jules de la Mesnardiere. *Paris.*
1640. *in* 4.

905 Nouvelles Réfléxions sur l'Art Poëtique, par
Bernard Lamy. *Paris.* 1668. *in* 12.

906 Examen Philosophique de la Poësie en Gé-
néral , par M. Remond de Saint Mard. *Paris.*
1729. *in* 12.

907 Réfléxions sur la Poësie en Général. *La Haye.*
1734. *in* 12.

908 Lettres au sujet d'un Livre intitulé Réfléxions sur la Poësie en Général, par M. Nicolas. *Paris.* 1734. *in* 12.

909 Essai sur la Poësie Epique , traduit de l'Anglois par M. de Voltaire. *Paris.* 1728. *in* 12.

910 Principes pour la Lecture des Poëtes. *Paris.* 1745. *in* 12. 2 *vol.*

911 Essai sur la Poësie & Choix de Différens Morceaux de Poësie , traduits de l'Anglois par M. Trochereau. *Paris.* 1749. *in* 12.

Poëtes Grecs.

912 L'Iliade d'Homere , traduit en Vers par Hugues Salel. *Paris.* 1545. *in fol.*

913 Les XXIV. Livres de l'Iliade d'Homere , mis en Vers François par le même , avec les Trois Premiers Livres de l'Odyssée. *Paris.* *in* 12.

914 Homere , traduit en Vers François , par Salomon Certon. *Paris.* 1615. *in* 8.

915 L'Odyssée d'Homere, Traduction nouvelle par la Valterie. *Paris.* 1682. 2 *tom. en* 1 *vol. in* 12.

916 Le Premier Livre de l'Iliade d'Homere , en Vers François , par Fr. Seraphin Regnier des Marais. *Paris.* 1700. *in* 8.

917 L'Iliade , Poëme, avec un Discours sur Homere , par M. de la Mothe, de l'Académie Françoise. *Paris.* 1714. *in* 8.

918 Des Causes de la Corruption du Goût, par Madame Dacier. *Paris.* 1714. *in* 12.

919 Homere Vengé, ou Réponse à M. de la Mothe, sur l'Iliade. *Paris.* 1715. *in* 12.

920 Conjectures Académiques , ou Dissertation sur l'Iliade. *Paris.* 1715. *in* 12.

921 Apologie d'Homere & Bouclier d'Achille, par M. Boivin. *Paris.* 1715. *in* 12.

922 Differtation Critique fur l'Iliade d'Homere, par M. Terraffon, de l'Académie Françoife. *Paris.* 1715. *in* 12. 2 *vol.*

923 Addition à la Differtation Critique fur l'Iliade d'Homere, pour fervir de Réponfe à la Préface de M. Dacier, fur le Manuel d'Epictete, par l'Abbé Terraffon. *Paris.* 1716. *in* 8.

924 Apologie d'Homere, où l'on explique le véritable deffein de fon Iliade, & fa Theomythologie, par le P. Hardouin, Jéfuite. *Paris.* 1716. *in* 12.

925 Homere Travefti, ou l'Iliade en Vers Burlefques, par M. de Marivaux. *Paris.* 1716. *in* 12. 2 *vol.*

926 L'Iliade & l'Odyffée d'Homere, traduites en François avec des Remarques, par Mad. Dacier. *Paris.* 1711. *in* 12. 6 *vol.*

927 Hefiodi Opera, Græcè & Latinè cum Interpretatione & Notis Danielis Heinfii. *Lugduni Batavorum.* 1622. *in* 8.

928 Orphei Argonautica, Hymni, & de Lapidibus, ex Editione Andreæ-Chriftiani Efchenbachii: cum Notis Henrici-Stephani & Jofephi Scaligeri. *Trajecti ad Rhenum.* 1689. *in* 8.

929 Anacreontis Poëmata, Græcè & Latinè, cum ejus Vitâ, & Commentariis Jofuæ Barnés. *Cantabrigiæ.* 1705. *in* 8.

930 Les Poëfies d'Anacreon & de Sapho, traduites du Grec en François, par M. le Fevre. *Paris.* 1681. *in* 12.

931 Poëfies d'Anacreon & de Sapho, traduites du Grec en Vers François, par de la Foffe. *Paris.* 1684 *in* 12.

932 Les mêmes. *Paris.* 1704. *in* 12.

933 Pindari Olympia , Pythia , Nemea , Iſtmia. Robert. Steph. 1612. in 16.

934 Le Pindare Thebain , Traduction mêlée de Profe & de Vers , par de la Gauſſe. Paris. 1626. in 8.

935 Ariſtophanis Comœdiæ XI. è Græco in Latinum ad verbum tranſlatæ , Andræa Divo Juſtinopolitano Interprete. Baſileæ. 1539. in 8.

936 Le Plutus & les Nuées d'Ariſtophanes , Comédies Grecques traduites en François avec des Remarques , par M. le Fevre. Paris. 1684. in 12.

937 Les mêmes. Paris. (Hollande) 1692. in 12.

938 Le Comedie di Ariſtofane , trad. del Greco in Volgar , per Bart. & Pietro Boſitini. in Vinegia. 1545. in 8.

939 L'Œdipe & l'Electre de Sophocles , Tragédies Grecques , traduites en François , avec des Remarques , par M. Dacier. Paris. in 12.

940 Les mêmes Tragédies Grecques de Sophocles , traduites avec des Remarques, par M. Dacier. Paris. (Hollande) 1693. in 12.

941 Œdipe , Tragédie de Sophocles, & les Oiſeaux, Comédies d'Ariſtophanes , traduites par Boivin , de l'Académie Françoiſe. Paris. 1729. in 12.

942 Euripidis Tragœdiæ , Græcè , cum Latinâ Guilielmi Canteri Interpretatione , & Diverſorum in Euripidem Annotationibus. Paulus Stephanus. 1602. in 4.

943 Theocriti Idyllia & Epigrammata , Gr. & Lat. accedunt Moſchi & Bionis Opera , Gr. & Lat. Commelin. 1596. in 8.

944 Les Idylles de Theocrite , traduites en Vers

François, par Bernard de Requeleyne, Baron de Longepierre. *Paris.* 1688. *in* 12.

945 Idylles Nouvelles , par le même Baron de Longepierre. *Paris.* 1690. *in* 12.

946 Oppiani de Venatione Libri IV. & de Piscatu Libri V. Gr. & Lat. ex Interpretatione & cum Commentariis Conradi Rittershusii. *Lugduni Batavorum.* 1597. *in* 8.

947 Les Quatre Livres de la Venerie d'Oppian, traduits par Florent Chrestien. *Paris.* 1575. *in* 4.

948 Theodori Prodromi , Rhodantes & Dosiclis Amorum Libri IX. Gr. & Lat. Gilberto Gaulmino Interprete. *Parisiis.* 1625. *in* 8.

949 Le Théâtre des Grecs, par le P. Pierre Brumoy , Jésuite. *Paris.* 1730. *in* 4. *3 vol.*

950 Epigrammata Græca Selecta ex Anthologiâ , Interprete Henrico Stephano. *Henr. Steph.* 1570. *in* 8.

Poëtes Latins.

Poëtes Latins Anciens.

951 Ennii Fragmenta , ex Editione Fr. Hesselii. *Amstelodami.* 1707. *in* 4.

952 Plautus, cum Commentariis Dionisii Lambini. *Lutetiæ.* 1588. *in fol.*

953 Plauti Comœdiæ. *Amst. Elzevir.* 1652. *in* 24.

954 Les Comédies de Plaute , traduites par M. le Fevre. *Paris.* 1683. *in* 12. *3 vol.*

955 Les mêmes. *Paris.* (*Hollande*) 1691. *in* 12. *3 vol.*

956 Terentii Comœdiæ , ex recensione Danielis Heinsii. *Lugduni - Batavorum. Elzevir.* 1635. *in* 12.

957 Idem , cum Ælii Donati Commentariis & Variorum Notis , ex recensione Cornelii Schrevelii. *Lugduni - Batavorum.* 1657. *in* 8.

958 Le Grand Terence en François , tant en Rime qu'en Prose. *Paris.* 1539. *in fol.*

959 Les Comédies de Terence traduites en François , avec des Remarques, par M. Dacier. *Paris.* 1688. *in* 12. 3 *vol.*

960 Les mêmes. *Amsterdam.* 1691. *in* 12. 3 *vol.*

961 Les mêmes. *Rotterdam.* 1717. *in* 12. 3 *vol.*

962 Il Terentio , Commentato in Lingua Toscana , da Giovanni Fabrini. *Venetiis.* 1548. *in* 4.

963 C. Lucilii , Satyrarum quæ supersunt Reliquiæ , cum Notis & Additionibus Franc. Jani F. Dousa. *Lugd. Batav.* 1747. *in* 4.

964 Lucretius , cum Notis Tanaquilli Fabri. *Salmurii.* 1662. *in* 4.

965 Lucretius de Rerum Naturâ , cum Notis & Emendationibus Tanaquilli Fabri , & Oberti Gifanii , necnon Dyonisii Lambini. *Cäntabrigiæ.* 1686. *in* 12.

966 Les Œuvres de Lucrece , traduites en François, avec des Remarques , par le Baron des Coutures. *Paris.* (*Hollande.*) 1692. *in* 12. 2 *vol.*

967 Lucrezio , trad. in versi , da Aless. Marchetti. *in Londra.* 1717. *in* 8.

968 Catullus , cum Isaaci Vossii Observationibus. *Londini.* 1684. *in* 4.

969 Catullus Tibullus , & Propertius. *Lugduni Batavorum.* 1743. *in* 12.

970 C. Valerii Catulli Opera , ex Editione Philippi Sylvii , & in Usum Delphini. *Parisiis.* 1685. *in* 4.

971 Josephi Scaligeri Castigationes in Catullum, Tibullum, & Propertium. *Lutetiæ.* 1577. *in 8.*

972 Propertius, cum Notis, Verborumque Indice. *Amstelodami.* 1702. *in 4.*

973 Les Elegies de Tibulle, de la Traduction de Michel de Marolles. *Paris.* 1653. *in 8.*

974 Catulle, Tibulle, Properce, Latin & François, de la Traduction de M. de Marolles. *Paris.* 1654. *in 8.*

975 Virgilii Opera, ex Recensione Danielis Heinsii. *Lugd. Batav. Elzevir.* 1636. *in 12.*

976 P. Virgilii Opera, per Jo. Ogilvium edita, & Sculpturis Æneis adornata. *Londini.* 1658. *in fol.*

977 Virgilii Opera omnia, cum Interpretatione & Notis Caroli Ruæi, in Usum Delphini. *Parisiis.* 1675. *in 4.*

978 Les Œuvres de Virgile, traduites en François, avec des Remarques, par l'Abbé Desfontaines. *Paris.* 1743. *in 12.* 4 *vol.*

979 Les mêmes, translatées de Latin en François. *Paris.* 1532. *in 4.*

980 Virgile, traduit en Vers François, par Cl. Marot, Richard le Blanc, & Louis Desmasures. *Paris.* 1554. *in 8.*

981 Le Virgile traduit en Vers François, par de Ségrais. *Paris.* 1681. *in 4.* 2 *vol.*

982 Le Virgile travesti en Vers Burlesques, par le Sieur Scaron. *Paris.* 1655. *in 4.*

983 L'Eneide di Virgilio, per Annibal Caro. *Mantoua.* 1586. *in 12.*

984 L'Opere di Virgilio, commentate in Lingua Toscana, da Giovanni Fabrini, Carlo Malatesta, & Philippo Venuti. *in Venetia.* 1609. *in fol.*

985 L'Eneide traveſtita da Giovanni Battiſta Lalli. *in Roma.* 1651. *in* 8.

986 Horatius , cum Commentariis Dioniſii Lambini. *Lugduni.* 1561. *in* 4. 2 *vol.*

987 Quinti Horatii Flacci Epiſtolarum Libri duo. accedunt Claudii Minœi Prælectiones Methodicæ. *Pariſiis.* 1584. *in* 4.

988 Pet. Gualterii Chabotii, Prælectiones in Horatii Poëmata. *Baſileæ.* 1591. *in fol.*

989 Horatius , cum Commentariis Jacobi Cruquii, *Lugduni Batavorum.* 1597. *in* 4.

990 Horatius , ex Editione Danielis Heinſii. *Lugduni Batavorum. Elzevir.* 1628. *in* 12.

991 { Horatius , cum Commentariis Joannis Bond. *Amſtelodami. Elzevir.* 1676.
Les Odes d'Horace , en Vers burleſques , par Charles Coypeau d'Aſſoucy. *Leyde. Elzevir.* 1652. *in* 12.

992 Horatii Flacci Opera , cum Interpretatione & Notis Ludovici Deſprez , & in Uſum Delphini. *Pariſiis.* 1691. *in* 4.

993 Horatius Flaccus , ex Recenſione , & cum Notis Richardi Bentleii. *Amſtelodami.* 1713. *in* 4.

994 Horatius, ex Editione , & cum Animadverſionibus Alexandri Cuningamii. *Hagæ-Comitis.* 1721. *in* 8. 2 *vol.*

995 Horatii Flacci Opera. *Pariſiis. è Typographiâ Regiâ.* 1733. *in* 32.

996 Les Œuvres de Q. Horace , Latines & Françoiſes , traduites par Robert , & Antoine Chevalier d'Agnaux , Freres. *Paris.* 1688. *in* 8.

997 Les Œuvres d'Horace , traduites par M. Dacier. *Paris.* 1691. *in* 12. 10. *vol.*

998 Les mêmes. *Paris. in* 12. 10 *vol.*

999. Les mêmes, traduites par le Pere Tatteron. *Paris.* 1713. *in* 12. 2 *vol.*

1000 Les mêmes, avec des Remarques Critiques, par Pierre Coste. *Amsterdam.* 1710. *in* 12. 2 *vol.*

1001 Les Odes d'Horace en Vers burlesques, par Charles Coypeau d'Assoucy. *Paris.* 1653. *in* 4.

1002 Odes d'Horace en Vers François, par de Brie. *Paris.* 1695. *in* 8.

1003 Essais sur quelques Odes d'Horace. *Paris.* 1734. *in* 12.

1004 Les Poësies d'Horace en Latin & en François, traduites par M. Batteux. *Paris.* 1750. *in* 12. 2 *vol.*

1005 Oratio, Commentato da Gio. Fabrini. *in Venetia.* 1581. *in* 4.

1006 Opere di Oratio, Commentate da Giovanni Fabrini, col l'Observatione, da Filippo Venuti de Cortona. *in Venetia.* 1599. *in* 4.

1006* Phædri Fabularum Æsopiarum Libri quinque, cum Interpretatione & Notis Petri Danetii, & in Usum Delphini. *Parisiis.* 1675. *in* 4.

1007 Phædri Fabulæ, cum Notis & Animadversionibus Tanaquilli Fabri. *Salmuri.* 1657. *in* 8.

1007* Phædri Fabularum Libri quinque, ex editione Johann. Laurentii. *Amstelodami.* 1667. *in* 8.

1008 Eædem. *Parisiis. Typogr. Regia.* 1729. *in* 24.

1008* Les Fables de Phedre, traduites en François, avec des Remarques. *Paris.* 1702. *in* 12.

1009 Ovidii Opera. *Venetiis.* 1486. *in fol.*
C. Pedonis

1010 {
C. Pedonis Albinovani Elegiæ III. & Fragmenta, cum Interpretatione & Notis J. Justi Scaligeri, Nicolaï Heinsii & Aliorum. *Amstelodami.* 1703.

Cornelii Severi, Aetna, & quæ superfunt Fragmenta; accesserunt P. Bembi Aetna, & indices. *Amstelodami.* 1703. *in* 8.
}

1011 Ovidii Opera, ex recensione Danielis Heinsii. *Lugduni Batavorum. Elzevir.* 1629. *in* 12. 3 *vol.*

1012 Ovidii Opera, ex recensione C. Schrevelii, & cum Notis Variorum. *Lugduni Batavorum.* 1662. *in* 8. 3 *vol.*

1013 Les Metamorphoses d'Ovide, en Latin, & en François, de la Traduction de Pierre du Ryer, & ornées de belles Figures. *Bruxelles.* 1677. *in fol.*

1014 Les mêmes, de la Traduction de M. l'Abbé de Bellegarde. *Paris.* 1701. *in* 12. 2 *vol.* manque le *Tome II.*

1015 La Metamorphose d'Ovide Figurée. *Paris.* 1566. *in* 16.

1016 Metamorphoses d'Ovide, en Rondeaux, par Isaac de Benserade; *avec Fig. Paris, de l'Imprimerie Royale.* 1676. *in* 4.

1017 Les Epîtres d'Ovide, translatées de Latin en François, par M. l'Evêque d'Angoulesme. *Paris.* 1528. *in* 16.

1018 Les Epîtres d'Ovide, traduites par Charles Fontaines, & les Amours de Mars & Venus, &c. *Paris.* 1574. *in* 16.

1019 Les Epîtres d'Ovide, traduites en Vers François, avec des Commentaires, par de Meziriac. *Bourg en Bresse.* 1626. *in* 8. 2 *vol.*

1020 Les mêmes. *La Haye.* 1716. *in* 8. 2 *vol.*

G

1021 Les Épîtres Héroïques d'Ovide, traduites en Vers François, par M. l'Héritier. *Paris.* 1732. *in* 12.

1022 Les Epîtres & les Elegies Amoureufes d'Ovide, traduites en Vers François (par l'Abbé Barin) *La Haye.* 1691. *in* 12.

1023 L'Art d'Aimer, & les Remédes d'Amour, d'Ovide, augmentés de Notes, & d'autres Traités. *Paris. (Amfterdam.)* 1696. *in* 12.

1024 L'Ovide Bouffon, ou les Metamorphofes d'Ovide, en Vers Burlefques, par Richer. *Paris.* 1665. *in* 12.

1025 Le Metamorfofi di Ovidio, ridotte in ottava rima da Giovanni Andrea dell' Anguillara. *in Venegia.* 1584. *in* 4.

1026 Le medefime. *Venitiis.* 1598. *in* 4.

1027 Auli Perfii Flacci Satyræ, cum Commentariis Ifaaci Cafauboni. *Parifiis.* 1605. *in* 8.

1028 Traduction de la Troade de Senecque, en Vers François. *Paris.* 1674. *in* 12.

1029 Marci Antonii Delrii, Syntagma Tragediæ Latinæ : accedunt L. An. Senecæ, Tragediæ novem. *Antverpiæ.* 1593. *in* 4.

1030 Lucanus de Bello Civili. *Parifiis. Robertus Stephanus.* 1545. *in* 8.

1031 La Pharfale de Lucain, mife en Vers François, par de Brebœuf. *La Haye.* 1683. *in* 12.

1032 Differtation fur la Pharfale, les Entretiens Solitaires, & autres Ouvrages de Brebœuf. *Paris.* 1664. *in* 12.

1033 Juvenalis & Perfii Satyræ, cum Commentariis Eilhardi Lubini. *Hanoviæ.* 1603. *in* 4.

1034 Satyres de Perfe & de Juvenal, traduites par le P. Jerôme Tarteron. *Paris.* 1706. *in* 12.

1035 Auli Persii Flacci, Satyræ sex, cum Anno-
tatiunculis. *Parisiis. Colinæus.* 1535. *in* 8.

1036 Persii Satyræ, cum Commentariis Joannis
Bond. *Parisiis.* 1644. *in* 12.

1037 Persius Enucleatus, sive Davidis Wedder-
burni, Commentarius in Persium. *Am-
stelodami. Elzevir.* 1664. *in* 12.

1038 Satyres de Perse, en Latin & en Vers Fran-
çois, par Guillaume Durand. *Paris.* 1573.
in 8.

1039 Les Satyres de Perse, traduites en Vers
François, par Nicole. *Paris.* 1656. *in* 12.

1040 Persio, tradotto in Verso da Fr. Stelluti, col
Dichiaratione del Medesimo. *in Roma.*
1630. *in* 4.

1041 Martialis Epigrammata. *Venetiis. Aldus.*
1517. *in* 8.

1042 Martialis Epigrammata, ex Editione Hadria-
ni Junii. *Lugduni. Gryphius.* 1584. *in* 16.

1043 Martialis Epigrammata, cum Interpreta-
tione, & Notis Vincentii Collessonis,
in usum Delphini. *Parisiis.* 1680. *in* 4.

1044 Cl. Claudiani Opera. *Amstelodami.* 1628.
in 24.

1045 Ausonius. *Venetiis. Aldus.* 1517. *in* 8.

1046 Les Pastorales de Nemesien & de Calphur-
nius, traduites en François, avec des Re-
marques. *Bruxelles.* 1744. *in* 8.

Corps & Fragmens des Poëtes Latins Anciens.

1047 Magnus Elucidarius Carminum Poëtarum :
accedunt Sabellici Opera Varia. *Parisiis.*
1513. *in* 8.

1047* Sententiæ Veterum Poëtarum, per Geor-
gium Majorem. *Parisiis.* 1552. *in* 12.

1048 Fragmenta Poëtarum Veterum Latinorum, à Roberto Stephano, & ab Henrico ejus Filio digefta. *Parifiis. Henricus Stephanus.* 1564.

1049 Henrici Stephani Parodiæ Morales. 1575. *in* 8.

1050 Epigrammata & Poëmatia Vetera. *Parifiis.* 1590. *in* 8.

1051 Epigrammatum Delectus. *Londini.* 1686. *in* 12.

1052 Idem. *Londini.* 1711. *in* 12.

1053 Priapeia, feu Diverforum Poëtarum in Priapum Lufus, cum Commentariis Gafp. Scioppii, & alia quædam. *Patavii.* 1664. *in* 12.

Poëtes Latins Modernes.

1053* {
Doctiffimorum Italorum Epigrammata; fcilicet Antonii Flaminii, Marii Molfæ, & Aliorum. *Parifiis.* 1537. *in* 8.

Annæ, Margaretæ, Janae, Sororum Virginum, Hecatodiftichon in mortem Divæ Margaritæ Valefiæ Reginæ. *Parifiis.* 1550. *in* 8.
}

1054 Poëtæ tres Elegantiffimi, Michael Marullus, Hieronymus Angerianus, Joannes Secundus. *Parifiis.* 1582. *in* 16.

1055 Jacobi Sannazari, Opera omnia, Latinè fcripta. *Venetiis. Aldus.* 1535. *in* 8.

1056 Le Zodiaque de la Vie, traduit du Latin de Marcel Palingene, par de la Monnerie. *La Haye.* 1731. *in* 12.

1507 Joannis-Mariæ Velmatii, Veteris & Novi Teftamenti Opus Singulare. *Venetiis.* 1538. *in* 4.

1058 Hieronymi Fracaftoris, Syphilis, five Morbus Gallicus. *Veronæ.* 1530. *in* 4.

1059 Marci Antonii Mureti, Juvenilia. *Parifiis.* 1553. *in* 8.

1060 Joannis Paffetatii, Kalendæ Januariæ, & Varia quædam Poëmata. *Lutetiæ.* 1603. *in* 8.

1061 Idem. *Parifiis.* 1606. *in* 8.

1062 Humbertus, Tragœdia, Auctore S. G. Religiofo Cluniacenfi. *Parifiis.* 1631. *in* 4.

1063 Ægidii Menagii Poëmata. *Parifiis.* 1656. *in* 12.

1064 Eadem. *Amftelodami.* 1663. *in* 12.

1605 Renati Rapini, S. J. Hortorum Libri IV. *Parifiis.* 1666. *in* 12.

1066 Petri Lengleti, Bellovaci, Carmina. *Parifiis.* 1673. *in* 8.

1067 Cl. Quilleti, Callipœdia, & Scevolæ Sammarthani, Pædotrophia. *Londini.* 1709. *in* 8.

1068 Joannis - Baptiftæ Santolii, Carmina, cum Interpretationibus Gallicis metricè fcriptis. *Parifiis.* 1670. *in* 12.

1609 Ejufdem, Hymni Sacri & Novi. *Parifiis.* 1689. *in* 16.

1070 Jofephus Fratres agnofcens, Tragœdia, Autore Gabriele-Francifco le Jay, S. J. *Parifiis.* 1695. *in* 12.

1071 Petri Danielis Huetii, Carmina. *Parifiis.* 1709. *in* 12.

1072 Anti-Lucretius, five de Deo & Naturâ Libri Novem, Opus Pofthumum Melchioris de Polignac, Card. ftudio Caroli d'Orleans de Rothelin editum. *Parifiis.* 1747. *in* 8. 2 *vol.*

1073 Cl. Fr. Fraguerii, Mopfus, five Schola

G iij

Platonica de Hominis Perfectione. *Parifiis.* 1721. *in* 8.

1074 Navis Stultifera à Sebaft. Brant primum ædificata, ex editione Jod. Badii. *Parifiis.* 1505. *in* 8.

1075 Theodori Bezæ, Poëmata. *Lutetiæ.* 1548. *in* 12.

1076 Eadem. *Henricus Stephanus.* 1597. *in* 4.

1077 Thomæ Naogeorgii, Regnum Papifticum, carmine defcriptum, & Alia ejufdem argumenti. *Bafileæ.* 1553. *in* 8.

1078 Venerum Blyenburgicarum, five horti Amoris Areolæ V. *Dordraci.* 1600. *in* 8.

1079 Petri Jufti Sautel, Lufus Poëtici, five Elegiæ oblectandis animis & moribus informandis, accommodatæ. *Parifiis.* 1665. *in* 12.

1080 Georgii Buchanani, Pfalmorum Paraphrafis Poëtica : accedunt alia ejus Poëmata. *Parifiis. Robert. Steph.* 1575. *in* 12.

1081 Joannis Owen, Epigrammata. *Amftelodami. Elzevir.* 1647. *in* 24.

1082 Les Epigrammes d'Owen, traduites en Vers François, par le Brun. *Paris.* 1709. *in* 12.

1083 Gulielmi Nicols, Libri fex de Literis Inventis. *Londini.* 1711. *in* 8.

1084 Ranutii Gheri, Delitiæ Italorum Poëtarum. *Hanoviæ.* 1608. 2 *vol. in* 18.

1085 Ejufdem, Delitiæ Poëtarum Gallorum. *Hanoviæ.* 1609. 3 *vol. in* 18.

1086 Delitiæ Poëtarum Scotorum hujus Ævi illuftrium. *Amftelodami.* 1637. *in* 12. 2 *vol.*

Poëtes Macaroniques.

1087 Merlini Cocaii (Theophili Folengii) Opus Macaronicorum per Acquarium Lodolam redactum. *Tufculani, Alexander Paganinus.* 1521. *in* 12.

1088 Ejufdem, Macaronicorum Libri, *Cipadæ. Aquarius Lodola.* 1530. *in* 12.

1089 Hiftoire Macaronique de Merlin Coccaie Prototippe de Rabelais. *Paris.* 1735. *in* 12. 6 vol. *imprimés fur velin.*

1090 Antonius de Arena de Bragardiffima villa de Soleriis, ad fuos Compagnones qui funt de perfona friantes, &c. opus Danfarum. *Parifiis.* 1574. *in* 8.

1091 Antonius de Arena, his pofterioribus diebus graffis augmentatus, & à mandatis Conardorum Abbatis yo de Rhotomago in lucem envoyatus. *in Stampatura Stampatorum.* 1670. *in* 12.

Poëtes François.

Introduction à la Poëfie Françoife.

1092 Les Epithetes, par de la Porte. *Paris.* 1581. *in* 16.

1093 Dictionnaire de Rimes, par P. Richelet. *Paris.* 1702. *in* 12.

1094 Réfléxions Critiques fur la Poëfie & fur la Peinture, par l'Abbé Dubos. *Paris.* 1719. *in* 12. 2 vol.

1095 Connoiffance des Beautés & des Défauts de la Poëfie & de l'Eloquence dans la Langue Françoife, par M. D***. *Londres.* 1750. *in* 12.

Myfteres & Tragédies Saintes.

1096 Le Myftere du Viel Teftament par Perfon-
nages, joué à Paris, imprimé par Pierre
le Dru. *in fol.*

1097 Le Myftere de la Conception, Nativité,
Mariage & Annonciation de la Benoîfte
Vierge Marie, avec la Nativité de Jefus-
Chrift & fon Enfance. *Paris.* 1540. *in* 8.

1098 Le Myftere de la Paffion de Jefus-Chrift.
Paris. Jean Petit. in 4.

1099 { Le Myftere de la Paffion de Notre Seigneur
Jefus-Chrift, nouvellement revû &
corrigé, avec les Additions faites par
Jean Michel. *Paris.*
La Réfurrection de Notre Seigneur Jefus-
Chrift, & comment il monta ez Cieulx le
jour de fon Afcenfion. *Paris.* 1540. *in* 8.

1100 Le Myftere de la Paffion de Notre Seigneur
Jefus-Chrift, avec les Additions Saintes,
par M. Jean Michel. *Paris. in* 8.

1101 La Réfurrection de Notre Seigneur, par
Perfonnages, & comment il monta ez
Cieulx, &c. *Paris. in* 8.

1102 Myftere de la Conception de la Vierge
Marie, la Nativité & le Mariage d'icelle,
avec la Nativité de Jefus-Chrift & fon En-
fance, le Myftere de la Paffion & de la
Réfurrection. *MS. in* 4.

1103 Le Myftere des Actes des Apôtres, le tout
par Perfonnages. *Paris.* 1537. *in fol.* 2 *vol.*

1104 Myftere des Actes des Apôtres (commencé
par Arnoul Greban, & fini par Simon Gre-
ban fon frere,) Edition revûe & corrigée
par Pierre Curet ou Cucuvret. *in* 4.

1105 La Vie de Saint Chriftofle , compofée en Rime Françoife & par Perfonnages , par Chevalet. *in* 4.

1106 Ifrael affligé , ou Tragi-Comédie fur la Pefte advenue du tems de David. *Genève*. 1637. *in* 12.

1107 Paul le Furieux , Tragédie prife de la Bible , par Jean de la Taille de Bondaray. *Paris*. 1572. *in* 12.

1108 La Famine , Tragédie , prife de la Bible & fuivant celle de Saul. *Rouen*. 1602. *in* 12.

1109 L'Hiftoire & Tragédie du Mauvais Riche , extraite de la Sainte Ecriture. *Rouen*. *in* 12.

1110 Jefus Maria , fur le Martyre des Saints Innocens , Tragédie. *in* 8.

1111 Difcours Tragique , en Vers , fur la Paffion de Notre Seigneur J. C. avec le *Stabat* en Vers, par Philippe le Gras. *Paris*. 1664. *in* 8.

1112 La Machabée , Tragédie du Martyre des Sept Freres , & de Solomone leur Mere , par Jean de Virey. *Rouen*. 1611. *in* 12.

1113 La Ceciliade , ou Martyre de Sainte Cecile , par M. Soret , mis en Mufique par Abraham Blondet. *Paris*. 1606. *in* 8.

1114 Sainte Agnès , Tragédie , par d'Aves. *Rouen*. 1615. *in* 12.

1115 Sainte Catherine , Tragédie , par d'Aubignac. *Troyes*. 1718. *in* 12.

1116 Tragédie Sainte , divifée en trois Theâtres; ou autrement les Evangiles de Jefus-Chrift, mis en Poëme , par François Davenne. *Paris*. 1652. *in* 12.

1117 La Converfion de Saint Paul , Tragi-Comédie, par J. Villemot. *Lyon*. 1655. *in* 12.

1118 Saint Alexis, Tragédie. *Troye.* 1661. *in* 12.

1119 Le Martyre de Saint Gervais, Poëme Dramatique, par Fr. Cheffault. *Paris.* 1685. *in* 12.

1120 La Mort de Théandre, ou la Tragédie de la Mort & Paffion de N. S. J. C. par Chevillard. *Rouen. in* 12.

1121 Le Martyre de la Décolation de Saint Jean, Tragédie, par Jeanne Biffon la Coudraye. *Caën.* 1605. *in* 12.

1122 L'Athenaïs, ou la Fille Sage, Docte & Vertueufe, Tragi-Comédie Spirituelle & Morale. *Caën.* 1700. *in* 12.

1123 Sainte Hermenegilde, Royal Martyr, Tragédie, par des Ifles le Bas. *Caën.* 1713. *in* 12.

1124 Le Martyre de la Glorieufe Sainte Reine d'Alife, Tragédie, par Cl. Ternet. *Troyes.* 1710. *in* 12.

Poëfies Chrétiennes.

1125 Hiftoires du Vieux Teftament, &c. repréfentées en Figures, expliquées par des Quatrains. *Paris.* 1547. *in* 8.

1126 Hiftoire du Vieux, & du Nouveau Teftament, en Vers, avec des Remarques, par Jean de la Brune. *Amfterdam.* 1731. *in* 12.

1127 Moyfe Sauvé des Eaux, Idylle, par de Saint Amant. *Paris.* 1660. *in* 12.

1128 Paraphrafes fur les Neuf Leçons de Job, par de Benferade. *Paris.* 1638. *in* 12.

1129 Paraphrafe fur le Livre de Job, en Vers François, par Gatien de Morillon. *Paris.* 1668. *in* 12.

1130 Pseaumes de David en Vers François, par Clement Marot, & Theodore de Beze, retouché par Valentin Conrard. *Charenton*. 1677. *in* 12.

1131 Pseaumes de David, paraphrasés en Vers, par Godeau, mis en Chant par Gobert. *Paris. Petit*. 1659. *in* 12.

1132 Essai des Pseaumes & des Cantiques, mis en Vers, par M. Cheron, *avec Figures*. *Paris*. 1694. *in* 8.

1133 Recueil de Poësies Françoises, ou Paraphrases & Traductions de différens Pseaumes & Cantiques, par divers Auteurs. 1637. *in* 4.

1134 Dernieres Œuvres, & Poësies Chrétiennes de Honorat de Bueil de Racan, tirées des Pseaumes de David. *Paris*. 1660. *in* 8.

1135 Paraphrase sur le Livre de l'Ecclésiaste, en Vers François, par Gatien de Morillon. *Paris*. 1670. *in* 12.

1136 Le Livre de la Sagesse, traduit en Vers François. *Paris*. 1696. *in* 12.

1137 La Christiade, ou Poëme Sacré, par Jean d'Escorbiac. *Paris*. 1613. *in* 8.

1138 Œuvres Chrestiennes sur les principales Festes de l'année, par de Barthelemy. *Tolose*. 1601. *in* 12.

1139 Dixains sur l'Oraison Dominicale, &c. par Louis le Camus. *Paris*. 1656. *in* 12.

1140 Sonnets sur la Passion de Notre-Seigneur, par de Malapeire. 1694. *in* 4.

1141 L'Amour souffrant, par P. Rollin. 1711. *in* 4.

1142 Jesus crucifié, Poëme, par N. Frenicle. *Paris*. 1636. *in* 12.

1143 Le Vainqueur de la Mort, ou Jesus mou-

rant, Poëme de P. L. Bigres. *Paris. 1652.*
in 12.

1144 Entretiens de la Vierge & de Saint Jean
l'Evangeliste, fur la Vie de Jefus-Chrift,
en Vers, par M. Paſchal. *Paris.* 1680.
in 12.

1145 La Magdeleine au Défert de la Sainte Beau-
me, Poëme, par le P. de Saint Louis.
Lyon. 1694. *in* 12.

1146 Saint Paul, Poëme, par Antoine Godeau.
Paris. 1654. *in* 12.

1147 Poëme Spirituel, contenant l'Hiftoire de la
Vie & Mort de Saint Roch. *in* 8.

1148 L'Imitation de Jefus-Chrift, paraphraſée en
Vers François, par Pierre Corneille. *Rouen.*
1653. *in* 12.

1149 La même. *Paris.* 1673. *in* 12.

1150 Le Combat Spirituel, ou la Perfection de
la Vie Chrétienne, traduit en Vers, par
J. Defmarets. *Paris.* 1654. *in* 12.

1151 Hymnes Eccléfiaftiques, Cantiques Spiri-
tuels, & autres Mêlanges Poëtiques, par
Guy le Fevre de la Bodérie. *Paris.* 1578.
in 12.

1152 Les Hymnes de Jefus, & de la Vierge
Marie, avec un petit Difcours de la Naiſ-
fance, de la Vie, & de la Mort de Notre
Sauveur, les Hymnes & Prieres de la
Vierge, en Vers François, par Ruelle.
Paris. 1634. *in* 4.

1153 Les Cantiques du Sieur de Maifon-Fleur.
Paris. 1584. *in* 12.

1154 Les Cantiques du Sieur de Valagre, avec les
Cantiques du Sieur de Maifon-Fleur.
Rouen. 1613. *in* 12.

1155 Divin Cantique de l'Ame Fidelle, mis en

Plain-Chant, par Caulbris. *Paris.* 1657. *in* 12.

1156 Poëme sur la Grace, par M. Racine. *in* 8.

1157 Examen de ce Poëme. *Bruxelles.* 1723. *in* 8.

1158 La Religion, Poëme. *Paris.* 1725. *in* 8.

1159 Le même Poëme. *Paris.* 1742. *in* 8.

1160 Le Faut Mourir, & Excufes inutiles que l'on apporte à cette néceffité, en Vers, par Jacques Jacques. *Rouen.* 1695. *in* 12.

1160 La Mufe Chrétienne, ou Recueil de Poëfies Chrétiennes, tirées des principaux Poëtes François. *Paris.* 1582. *in* 12.

1161 Les Œuvres Chrétiennes d'Antoine Godeau. *Paris.* 1641. *in* 12. 2 *vol.*

Poëtes François Anciens & Modernes.

Introduction aux Poëtes François.

1162 Recueil de l'Origine de la Langue & Poëfie Françoife, par Claude Faucher. *Paris.* 1581. *in* 4.

1163 L'Ecole des Mufes, par le Sieur C. *Paris.* 1669. *in* 12.

1164 Epitre de Clio à M. de B. au fujet des nouvelles Opinions répandues depuis peu contre la Poëfie. *Paris. in* 12.

Poëtes François Anciens.

Avant Marot.

1165 La Farce de Maître Pierre Pathelin, avec fon Teftament. *Paris.* 1723. *in* 8.

1166 Pathelinus, aliàs, Veterator. *Parifiis.* 1512. *in* 32. *imprimé fur velin.*

1167 Le Roman de la Rofe. *Paris. in* 12.

1168 Le même, par Molinet. *Paris*. 1521. *in fol.*

1168 * Le même. *Paris*. 1735. *in* 12. 3 *vol.*

1169 Le Pelerinage de l'Homme. *Paris*. 1511. *in fol.*

1170 La Fontaine Périlleuse, avec la Charte d'A-mours, autrement intitulé le Songe du Verger, avec le Commentaire de J. G. P. *Paris*. 1572. *in* 12.

1170 * Le Breviaire des Nobles, selon Maître Alain. *in fol.*

1171 Les Faits, Dicts & Ballades d'Alain Char-tier. *Paris. in* 4.

1172 Les Œuvres d'Alain Chartier. *Paris*. 1529, *in* 16.

1173 Le Champion des Dames, contenant la Dé-fense des Dames, par Martin Franc. *Paris*. 1530. *in* 16.

1174 Les Lunettes des Princes, par Jean Meschi-not. *Paris. in* 4.

1175 Les Faits & Dicts de Jehan Molinet. *Paris*. 1537. *in* 8.

1176 Les mêmes. *Paris*. 1531. *in fol.*

1177 { Comptes d'Atropos & de Cupido ; Epita-phes, par Georges Chastellin.
Le Temple de Mars, par Molinet.
Le Playdoyé de l'Amant Douloureux, & autres Poësies de Guillaume Cretin. *in* 8.

1178 Les Œuvres Poëtiques de François Villon. *Paris*. 1723. *in* 8.

1179 Les Droits Nouveaux, avec le Debat des Dames & des Armes. *Paris. in* 8.

1180 Les Poësies de Guillaume Coquillart. *Paris*. 1723, *in* 8.

1181 Les Poësies de Martial de Paris, dit d'Au-vergne. *Paris*. 1724. *in* 8. 2 *vol.*

1182 Le Grand Blason des Fausses Amours. *Paris. in* 8.

1183
- Le Séjour d'Honneur, par Octavien de Saint-Gelais. *Paris. in 8.*
- Le Traité intitulé, de la Différence des Schismes & des Conciles de l'Eglise Gallicane, par Jehan le Maire. *Paris. 1509.*
- La Legende des Vénitiens. 1509. *in 4.*
- Vergier d'Honneur, & autres Poësies, par Octavien de Saint-Gelais, & André de la Vigne. *Paris. in fol.*

1184 L'Espinette du Jeune Prince, par Simon Bourgouin. *Paris. 1514. in fol.*

1185 Les Poësies de Cretin. *Paris. 1527. in 8.*

1186 Les mêmes Poësies de Guillaume Cretin. *Paris. 1723. in 8.*

1187 La Legende de Maître Pierre Fai-Feu. *Paris. 1723. in 8.*

1188 Le Jardin de Plaisance, & Fleur de Rhetorique, contenant le Donnet de Noblesse, le Chief de Joyeuseté, &c. *Lyon. in 4.*

1189 La Chastelaine du Vergier ; ou Amours du Chevalier & de la Dame Chastelaine du Vergier. *Paris. in 32.*

1190 Divers Epîtres du Sieur de la Trimoüille, & autres, quand il fut envoyé jeune en Cour du Roi Louis Onziéme. *in 16.*

1191 Œuvres de Mellin de Saint-Gelais. *Lyon. 1574. in 12.*

1192 Les mêmes. *Lyon. in 12.*

Depuis Marot jusqu'à Malherbe.

1193 Poësies de Jean Marot, sur les deux Heureux Voyages de Gènes & Venise. *Paris. in 8.*

1194 Les Œuvres de Jean Marot. *Paris. 1723. in 8.*

1195 Les Triomphes de la Noble & Amoureuse Dame, par le Traverseur des Voyes Périlleuses, Jehan Bouchet. *Paris.* 1541. *in* 8.

1196 Les mêmes. *Paris.* 1545. *in* 8.

1197 Hecatomphile, ou les Fleurs de Poësies Françoises, *Paris.* 1534. *in* 8.

1198 La Pandore de Janus Olivier, traduite de Latin en François, par Guillaume Michel, dit de Tours. *Paris.* 1542. *in* 8.

1199 Traités par Aucuns Poëtes, du Différend de Marot, Sagon, & la Hueterie, avec le Dieu Gard dudit Marot. La Généalogie Fripelippes. Le Rabais du Caquet. Reponse au Sieur de la Hueterie. Apologie des Cornards. *Paris.* 1539. *in* 24.

1200 Œuvres de Clement Marot. *Lyon.* 1543. *in* 8. 2 *vol.*

1201 Les mêmes. *Lyon.* 1546. *in* 18.

1202 Les Œuvres du même Marot. *Lyon.* 1561. *in* 24.

1203 Le Riche en Pauvreté, Joieux en Affliction, & Content en Souffrance. La Complainte d'un Pastoureau Chrétien, composée par Marot. 1558. *in* 32.

1204 Imitations & Inventions Nouvelles, tant de Clement Marot, que d'autres Poëtes de ce temps. *Paris.* 1584. *in* 16.

1205 Les Œuvres de Clement Marot. *Niort.* 1596. *in* 12.

1206 Les mêmes. *La Haye.* 1700. *in* 12. 2 *vol.*

1207 Les Œuvres Poëtiques de Jacques Pelletier du Mans. *Paris.* 1545. *in* 8.

1208 Marguerittes de la Marguerite des Princesses très-Illustres Reine de Navarre. *Lyon.* 1547. *in* 8.

1209

1209 Le Tombeau de Marguerite de Valois Royne de Navarre. *Paris.* 1551. *in* 8.

1210 { Le Siécle d'Or, & autres Vers divers. *Lyon.* 1551. *in* 8.
Imagination Poëtique. *Lyon. in* 8.

1211 Difcours de la Vie d'une Courtifane Romaine. *Paris.* 1558. *in* 8.

1212 Le Château de Labour. *Paris. in* 8.

1213 Le Séjour d'Honneur, par Octavien de Saint Gelais. *Paris. in* 4.

1214 Les Odes d'Olivier de Magny. *Paris.* 1559. *in* 8.

1215 { Les Poëfies de Marc-Claude Buttet. *Paris* 1560.
La Poëfie de Loys le Caron. *Paris.* 1554. *in* 8.

1216 Les Métamorphofes de Cupido fils de la Déeffe Cytherée, par François Habert de Berry. *Paris.* 1561. *in* 12.

1217 Les Œuvres de Jean de la Perufe, avec quelques autres Poëfies de Claude Binet. *Paris.* 1573. *in* 16.

1218 Le Second de l'Olympe de Jacques Grevin & autres Œuvres. *Paris. in* 8.

1219 Les Œuvres de Joachim du Belley. *Paris.* 1562. *in* 4.

1220 Les mêmes. *Paris.* 1569. *in* 8. *2 vol.*

1221 Les Œuvres Poëtiques de Hefteau. *Paris.* 1578. *in* 4.

1222 Œuvres Poëtiques de Claude Turin. *Paris.* 1572. *in* 8.

1223 La Monarchie de ce Royaume contre la Divifion, par J. Vauquelin de la Frefnaye. *Paris.* 1570. *in* 8.

1224 Les Œuvres & Mélanges Poëtiques d'Etienne Jodelle. *Paris.* 1574. *in* 4.

H

1225 Les mêmes. *Lyon.* 1597. *in* 12.

1226 Les Poëſies de Jacques Tahureau. *Paris.* 1574. *in* 12.

1227 Erotopegnie, ou Paſſe-Temps d'Amour, par Pierre le Loyer. *Paris.* 1576. *in* 8.

1228 La Bergerie de Remy Belleau. *Paris.* 1572. *in* 8.

1229 Les Œuvres Poëtiques de Remy Belleau. *Lyon.* 1592. *in* 12. *2 vol.*

1229 * Le Premier Livre des Poëmes de Guillaume Belleard : Triomphes d'Amour & de la Mort, & autres Imitations. *Paris.* 1578. *in* 4.

1230 Œuvres Poëtiques d'Etienne Forcadel. *Paris.* 1679. *in* 8.

1231 Les premieres Œuvres de Scevole de Sainte-Marthe. *Paris.* 1569. *in* 8.

1232 Les Œuvres Poëtiques de Jacques de Courtin de Ciſſé. *Paris.* 1681. *in* 12.

1233 Les Quadrains des Sieurs de Pibrac, Favre & Mathieu, enſemble les Plaiſirs de la Vie Ruſtique. *Paris.* 1667. *in* 8.

1234 Les Œuvres Poëtiques d'Amadis Jamyn. *Paris.* 1575. *in* 4.

1235 Tréſor des Sentences Dorés, Dits & Proverbes, par Gabriel Meurier. *Paris.* 1581. *in* 12.

1235 * La Génération de l'Homme & le Temple de l'Ame & autres Œuvres de René Bretonnayau. *Paris.* 1583. *in* 4.

1236 Les Soupirs Amoureux de F. B. de Verville. *Rouen.* 1606. *in* 12.

1237 Les Odes de P. de Ronſard, avec les Notes de Nicolas Richelet. *in* 12.

1238 Les Odes du même. *Paris.* 1587. *in* 12.

1239 Les Œuvres du même. *Paris.* 1609. *in fol.*

1240 Les mêmes. *Paris.* 1623. *in fol.* 2 *vol.*

1241 Poësies de Jean Edouard du Monin. *Paris.* 1585. *in* 12.

1242 Tout au Tout-Puissant. *Paris.* 1587. *in* 8.

1243 Le Triomphe du Berland, où sont déduites les Tromperies du Jeu, par le Capitaine J. Perrache. *Paris.* 1585. *in* 12.

1244 Les Œuvres de Jean-Antoine de Baïf. *Paris.* 1573. *in* 8.

1245 Quatre Livres de l'Amour de Francine, par le même. *Paris.* 1555. *in* 8.

1246 Les Amours du même. *Paris.* 1572. *in* 8.

1247 Les Jeux du même. *Paris.* 1572. *in* 8.

1248 Le Passe-Tems du même. *Paris.* 1573. *in* 8.

1249 Les Mimes, Enseignemens & Proverbes du même. *Paris* 1597. *in* 12.

1250 Poësies de Du Bartas & de Tristan l'Hermite. *Paris.* 1579. *in* 8.

1251 La Semaine ou Création du Monde, de Guillaume de Salluste du Bartas. *Paris.* 1579. *in* 4.

1252 La Seconde Semaine du même. *Rouen.* 1596. *in* 12.

1253 Suite de la Seconde Semaine du même. 1603. *in* 12.

1254 Commentaires sur la Semaine de la Création du Monde du même. *La Rochelle.* 1591. *in* 12. 2 *vol.*

1255 Œuvres du même. *Paris.* 1611. *in fol.*

1256 La Flâme d'Amour, par Trelon. *Lyon.* 1592. *in* 8.

1257 Le Cavalier Parfait, par le même. *Lyon.* 1597. *in* 16.

1258 Le Grand Miroir du Monde, par Joseph

H ij

Duchefne, Sieur de la Violette. *Lyon*. 1593. *in* 8.

1259 Les Œuvres Poëtiques de Jean Lafphrife. *Paris*. 1597. *in* 12.

1260 Les mêmes. *Paris*. 1599. *in* 12. 2 *vol.*

1261 Les Premieres Œuvres Poëtiques de Jean Grifel. *Rouen*. 1599. *in* 8.

1262 Les Loyales & Pudiques Amours de Scalion de Vilbluneau. *Paris*. 1599. *in* 12.

1263 Le Bonjour de R. de B. (Remy de Belleau,) en réponfe aux *Nihil. Nemo*. Quelque chofe, Tout, &c. *Paris*. 1599. *in* 8.

1264 La Nymphe Remoife , par Dorat. *Paris*. 1610. *in* 8.

1265 Heptameron de la Navaride, ou l'Hiftoire entiere du Royaume de Navarre, traduit en Vers par le Sieur de la Palme. *Paris*. 1552. *in* 16.

1266 Œuvres du Sieur de la Vallettrie. *Paris*. 1602 *in* 12.

1267 Les Rencontres des Mufes de France & d'Italie. *Lyon*. 1604. *in* 4.

1268 La Franciade de Pierre de Laudun. *Paris*. 1604. *in* 16.

1269 Les Effais Poëtiques de Nerveze. *Paris*. 1605. *in* 12.

1270 Amours de Catherine Scelles, & fon Tombeau. *in* 12.

1271 Les Premieres Œuvres de Philippe des Portes. *Paris*. 1600. *in* 12.

1272 Satyre Menippée ou Difcours fur les poignantes Traverfes & Incommodités du Mariage, par Thomas Sonnet , Sieur de Courval. *Paris*. 1608. *in* 8.

1273 Sidere, Paftorelle, par René Bouchet, Sieur d'Ambillon : plus, les Amours de Sidere, de Pasithée , & autres Poësies du même Auteur. *Paris*. 1609. *in* 12.

1275 Les Œuvres de la Roque. *Paris*. 1609. *in* 12.

1276 Œuvres de Nicolas Rapin. *Paris*. 1610. *in* 4.

1277 Imitations du Latin de Jean de Bonne-fons , par Gilles Durand. *Paris*. 1610. *in* 12.

1278 Les Œuvres Poëtiques de M. Bertault. *Paris*. 1620. *in* 8.

1279 Les mêmes. *Paris*. 1633. *in* 8.

1280 Recueil de diverses Poësies de G. de Peyrat. *Paris*. 1611. *in* 4.

1281 Les Satyres & autres Œuvres de Mathurin Regnier. *Paris*. 1616. *in* 8.

1282 Les mêmes. *Paris* 1645. *in* 8.

1283 Les mêmes. *Rouen*. 1667. *in* 12.

1284 Les mêmes. *Londres*. 1729. *in* 4.

1285 Recueil des Rimes & Proses d'Etienne Pasquier. *Paris*. 1555. *in* 8.

1286 Les Diverses Poësies du Sieur de la Fresnaye Vauquelin. *Caen*. 1612. *in* 8.

1287 Les Poëmes divers du Sieur de Lortigue. *Paris*. 1617. *in* 12.

1288 Les Changemens de la Bergere Iris , par J. de Lingendes. *Paris*. 1618. *in* 12.

1289 La Muse Champêtre du Sieur de la Char-naye. *Paris*. 1623. *in* 8.

1290 Le Sireine de M. Honoré d'Urfé. *Paris*. 1618. *in* 12.

1291 Les Larmes d'Aronthe , par P. Colas. 1620. *in* 12.

1292 Les Œuvres Satyriques de Thomas Sonnet, Sieur de Courval , deuxiéme édition , aug-mentée , *Paris*. 1622. *in* 12.

1293 L'Espadon Satyrique, par d'Esternod. *Lyon.* 1623. *in* 12.

1294 Les Œuvres de Jacques Poille, Sieur de Saint Gratien. *Paris.* 1623. *in* 8.

1295 Les Satyres du Sieur du Lorent. *Paris.* 1624. *in* 8.

1296 Les mêmes. *Paris.* 1646. *in* 4.

1297 Le Pantheon, & Temple des Oracles où préside Fortune, par Fr. d'Hervé. *Paris.* 1625. *in* 8.

1298 Les Œuvres de Theophile. *Paris.* 1661. *in* 12.

1299 Les mêmes. *Lyon.* 1668. *in* 12.

1300 Les Larmes de Theophile. *Paris.* 1624. *in* 8.

Poëtes François Modernes.

1301 Les Œuvres de François Malherbe. *Paris.* 1635. *in* 8.

1302 Les mêmes. *Paris.* 1638. *in* 4.

1303 Les mêmes, avec les Observations de G. Menage. *Paris.* 1666. *in* 8.

1304 Les mêmes. *Paris.* 1689. *in* 12.

1305 Poësies d'Elis, & le Paranymphe de la Cour. *Rouen.* 1628. *in* 8.

1306 Les Tragiques de d'Aubigné, donnés au Public par le Larcin de Promethée. *au Désert.* 1616. *in* 4.

1307 Les mêmes. *Paris.* *in* 8.

1308 Le Banquet des Muses, ou les Divers Satyres d'Auvray. *Rouen.* 1628. *in* 8.

1309 Tragi-Comedie Pastorale, ou les Amours d'Astrée & de Celadon, &c. par Rayssignier. *Paris.* 1630. *in* 8.

1310 Œuvres de Rayssiguier. *Paris.* 1631. *in* 8.

1311 Œuvres de Pichon. *Paris.* 1633. *in* 8.

1312 Les Joyeux Epigrammes de la Giraudiere. *Paris.* 1634. *in* 12.

1312 *Les Palmes du Juste: Poëme Historique, par le Hayer du Perron. *Paris.* 1635. *in* 4.

1313 { Sentimens Universels de Pierre Forget. *Paris.* 1636. *in* 4.
Recueil de Diverses Poësies Héroïques & Burlesques, par Tristan l'Hermite. *Paris.* 1652. *in* 4.

1314 Les Métamorphoses Françoises, recueillies par Regnault. *Paris.* 1641. *in* 12.

1315 Chansons de Gaultier Garguille. *Paris.* 1641. *in* 12.

1316 La Guirlande de Julie-Lucine d'Angennes, (M. de Rambouillet.) 1641. *in* 4.

1317 Les Œuvres Poëtiques de Beïs. *Paris.* 1652. *in* 4.

1318 La Musette d'Alibray, avec ses Vers Moraux, & ses Opuscules Chrétiens. *Paris.* 1646. *in* 8.

1319 La Miliade, Satyre. *Paris. in* 8.

1320 Les Divers Poësies de du Cros. *Paris.* 1647. *in* 4.

1321 La Beauté des plus Belles Dames de la Cour. Les Actions Héroïques des plus Vaillans Hommes de ce temps ; & plusieurs autres Pieces sur divers Sujets Gaillards & Sérieux, par Grillet. *Paris.* 1647. *in* 4.

1322 Poësies de Claude de Malleville. *Paris.* 1649. *in* 4.

1323 Les mêmes. *Paris.* 1651. *in* 4.

1324 Œuvres de Rotrou. *Paris.* 1635. *in* 8.

1325 Le Roman Céleste, ou les Amours du Soleil & de la Lune, par F. Servien. *Paris.* 1650. *in* 4.

H iiij

1326 Les Poësies de Salomon de Priezac. *Paris.* 1650. *in* 12.

1326 * Poëme sur la Grace, par M. le Moyne. *Paris.* 1654. *in* 4.

1327 Le Voyage de Mercure, Satyre. *Paris.* 1655. *in* 4.

1328 Les Amours de Tristan. *Paris.* 1638. *in* 4.

1328 * Vers Héroïques de Tristan l'Hermite. *Paris.* 1648. *in* 4.

1329 Poësies Galantes & Héroïques de Tristan l'Hermite. *Paris.* 1662. *in* 4.

1329 * La Lyre du Jeune Apollon, ou la Muse Naissante de François-Matthieu de Beau-Château. *Paris.* 1657. *in* 4.

1330 Les Divertissemens de Guillaume Colletet. *Paris.* 1631. *in* 8.

1331 Epigrammes du Sieur Colletet. *Paris.* 1653. *in* 12.

1332 Typhon, ou la Gigantomachie, Poëme Burlesque, par Paul Scarron. *Paris.* 1644. *in* 4.

1333 Les Œuvres de Poësies de Perrin. *Paris.* 1661. *in* 12.

1334 Les Œuvres Poëtiques de Saint-Amant. *Paris.* 1629 *in* 4.

1335 Les mêmes. *Rouen.* 1649. *in* 12.

1336 Les mêmes. *Orleans.* 1661. *in* 12.

1337 Moyse Sauvé, Idylle Héroïque, par le même. *Paris.* 1659. *in* 4.

1338 La Rome Ridicule, par le même. *Paris.* *in* 12.

1339 Le Vilebrequin de M. Adam, Menuisier de Nevers. *Paris.* 1663. *in* 12.

1340 Les Chevilles de M. Adam, Menuisier de Nevers. *Paris.* 1644. *in* 4.

1341 L'Ovide Bouffon, ou les Métamorphoses

travefties en Vers Burlefques. *Paris.* 1662. *in* 12.

1342 Les Poëfies Françoifes, par H. Picard. *Paris.* 1663. *in* 12.

1343 Les Poëfies de Jules de la Mefnardiere. *Paris.* 1656. *in* 4.

1344 La Mufe Hiftorique , ou Recueil de Lettres en Vers , contenant les Nouvelles du Temps, par Loret. *Paris.* 1658. *& 1665. in fol. 5. vol.*

1345 Œuvres Poëtiques de Gombault. *Paris.* 1656. *in* 12.

1346 Le Cabinet de M. de Scudery , & autres Œuvres. *Paris.* 1646. *in* 4.

1347 Œuvres de M. de Scudery. *Paris.* 1631. *in* 8.

1348 Alaric , ou Rome vaincue, Poëme Héroïque, par le même. *Paris.* 1654. *in* 4.

1349 Defcription de la Ville d'Amfterdam , en Vers Burlefques, par Pierre le Jolle. *Amfterdam.* 1666. *in* 24.

1350 Les Rimes Doubles de M. d'Affoucy. *Paris. in* 12.

1351 Les Bergeries d'Honorat de Beüil , Sieur de Racan. *Paris.* 1632. *in* 8.

1352 Les Œuvres du même. *Paris.* 1724. *in* 12. 2 *vol.*

1353 Saint Louis, ou la Sainte Couronne re-conquife , Poëme Héroïque , par P. le Moyne. *Paris.* 1658. *in* 12.

1354 De la Fortune , Lettre en Vers , par le même. *Paris.* 1660. *in* 4.

1355 Carte Nouvelle de la Cour, par le même. *Paris.* 1663. *in* 4.

1356 Entretiens & Lettres Poëtiques, par le même. *Paris.* 1665. *in* 12.

1357 Recueil des Pieces Galantes, par M. de la

Suze , & de M. Pelisson. *Paris.* 1698. *in* 12. 2 *vol.*

1358 Le même Recueil. *Trévoux.* 1725. *in* 12. 2 *vol.*

1359 Le Tableau de la Discorde , dans les Guerres Civiles de France. *in* 12.

1360 La Pucelle, Poëme Héroïque , par Chapelain. *Paris.* 1656. *in fol.*

1361 La même. *Paris.* 1656. *in* 12.

1362 Clovis , ou la France Chrétienne , Poëme Héroïque , par Desmarets. *Paris.* 1657. *in* 4.

1363 Le même. *Paris.* 1681. *in* 4.

1363 * Poësies Héroïques de Pinchesne. *Paris.* 1670. *in* 4.

1364 Poësies mêlées du même. *Paris.* 1672. *in* 4.

1364 * Les Préceptes Galans , par Ferrier. *Paris.* 1678. *in* 12.

1365 Abrégé de l'Histoire de France, en Vers, par de Berigny. *Paris.* 1679. *in* 12.

1366 Le Château de Richelieu , ou l'Histoire des Dieux & des Héros de l'Antiquité , par Vignier. *Saumur.* 1684. *in* 8.

1367 Poësies Diverses de Furetiere. *Paris.* 1664. *in* 12.

1368 L'Univers tiré du Néant, (en Vers François , par de Saint Martin.) *Paris.* 1695. *in* 8.

1369 Le Systême des Cieux , par le même. *Paris.* *ir* 8.

1370 Recueil d'Epîtres au Roi. *Amsterdam.* 1692. *in* 8.

1371 Poësies de M. des Houlieres. *Paris.* 1694. *in* 8.

1372 Fables Choisies , mises en Vers par M. de

la Fontaine , *avec fig. Anvers.* 1663.
in 12. 3. *vol.*

1373 Les mêmes. *La Haye.* 1700. *in* 8. 2 *vol.*

1374 Les mêmes. *Paris.* 1709. *in.* 12. 5 *vol.*

1375 Recueil des Contes de M. de la Fontaine. *Amsterdam.* 1669. *in* 12.

1376 Nouveaux Contes du même. *Mons.* 1674. *in* 12.

1377 Les mêmes Contes & Nouvelles en Vers du même , *avec fig. Amsterdam.* 1685. *in* 8.

1378 Les mêmes. *Amsterdam.* 1695. *in* 12. 1 *vol.*

1379 Recueil de Poësies Chrétiennes & diverses , recueillies par le même. *Paris. Le Petit.* 1675. *in* 12. 3 *vol.*

1380 Œuvres Diverses du même. *Paris.* 1729. *in* 8. 3 *vol.*

1381 Ouvrages de Profe & de Poësie de Maucroix & de la Fontaine. *Amsterdam.* 1688. *in* 12.

1382 Poësies de Chevreau. *Paris.* 1656. *in* 12.

1383 Diverses petites Poësies du Chevalier d'Aceilly. *Paris.* 1667. *in* 12.

1384 La Magdeleine au Defert de la Sainte Baume, Poëme, par le P. Pierre de Saint Louis. *Rouen. in* 8.

1385 Œuvres en Vers, de l'Abbé de Villiers. *La Haye.* 1717. *in* 12.

1386 Ode fur la Solitude. *Paris.* 1704. *in* 12.

1387 { Les Œuvres d'Etienne Pavillon , de l'Académie Françoise. *La Haye.* 1715. Recueil de Pieces d'Eloquence & de Poësie, préfentées à l'Académie des Jeux Floraux de Toulouze, pour l'année 1715. *in* 8.

1388 Les Œuvres diverses de Boileau Defpreaux. *Amsterdam.* 1697. *in* 12. 2 *vol.*

1389 Les mêmes. *Paris.* 1701. *in* 12. 2 *vol.*

1390 Les mêmes. *Amſterdam.* 1707. *in* 12. 2 *vol.*

1391 Les mêmes. *Amſterdam.* 1714. *in* 12. 2 *vol.*

1392 Les mêmes, recueillies par Claude Broſſette. *Amſterdam.* 1718. *in* 4. 2 *vol.*

1393 Les mêmes, *avec des Figures de Bernard Picart. Amſterdam.* 1718. *in fol.* 2 *vol.*

1394 Poëſies diverſes de M. Regnier Deſmarets. *La Haye.* 1716. *in* 12.

1395 Poëſies diverſes de M. de Saintonge. *Dijon.* 1714. *in* 12.

1396 Poëſies de M. de la Monnoye, de l'Académie Françoiſe. *La Haye.* 1716. *in* 8.

1397 Les Poëſies de M. l'Abbé de Chaulieu & de M. de la Farre. *Amſterdam.* 1724. *in* 8.

1398 Œuvres diverſes de M. l'Abbé de Chaulieu. *Amſterdam.* 1733. *in* 8.

1399 Le Poëte ſans Fard, contenant Satyres, Epîtres, & Epigrammes, &c. par Gâcon. *Abbeville.* 1698. *in* 12.

1400 Pieces Libres de M. Ferrand. *Londres.* 1738. *in* 12.

1401 Principes de la Philoſophie, par Claude-Charles Geneſt. *Paris.* 1716. *in* 8.

1402 Œuvres Mêlées de M. de R. B. *Amſterdam.* 1722. *in* 8.

1403 Œuvres diverſes du Sieur Vergier. *Amſterdam.* 1727. *in* 12. 2 *vol.*

1404 Les mêmés. *Amſterdam.* 1731. *in* 12. 2 *vol.*

1405 Recueil de Poëſies diverſes, par le P. du Cerceau. *Paris.* 1733. *in* 12. 2 *vol.*

1406 Œuvres Mêlées de M. de la Grange. *La Haye.* 1724. *in* 12.

1407 Odes de M. D. (de la Mothe) avec un Diſcours ſur la Poëſie en Général. *Paris.* 1707. *in* 12.

1408 Les mêmes. *Paris.* 1713. *in* 8.

1409 Fables Nouvelles par M. de la Mothe, *avec Figures*. *Paris*. 1709. *in* 4. *gr. pap.*

1410 Les mêmes. *Paris*. 1719. *in* 12.

1411 Les Œuvres du Sieur Rouſſeau. *Rotterdam*. 1712. *in* 12. 2 *vol.*

1412 Anti-Rouſſeau, par Gâcon. *Rotterdam*. 1712. *in* 12.

1413 Les Œuvres diverſes de M. Rouſſeau. *Amſterdam*. 1726. *in* 12. 3 *vol.*

1414 Les mêmes. *Londres*. 1731. *in* 12. 2 *vol.*

1415 Les mêmes, augmentées ſur les *MS*. de l'Auteur. *Bruxelles*. 1743. *in* 4. 3 *vol.*

1416 Ode à la Poſterité, par le même. *Maeſtrecht*. 1739. *in* 12.

1417 Epître, par le même. *Paris*. 1738. *in* 12.

1418 Ode Nouvelle, par le même. *in* 12.

1419 Epîtres Nouvelles du même. *Paris*. 1736. *in* 12.

1420 Copie de trois Lettres du même, ſur le Vert-Vert. 1736. *in* 12.

1421 Le Conſeil de Momus, & la Revüe de ſon Régiment; Poëme Calotin. *in* 8.

1422 Verités ſur les Mœurs. *Paris*. 1694. *in* 12.

1423 Satyres Nouvelles ſur les Travaux d'Apollon. *Paris*. 1695. *in* 12.

1424 Poëſies Paſtorales, par M. de Fontenelle. *Paris*. 1698. *in* 12.

1425 Les Vérités Plaiſantes, ou le Monde au Naturel. *Rouen*. 1702. *in* 12.

1426 Satyres ſur les Femmes Bourgeoiſes qui ſe font appeller Madame. *Paris*. *in* 8.

1427 L'Eleve de Terpſicore, ou le Nouriſſon de la Satyre. *Amſterdam*. 1718. *in* 12.

1428 Satyres Amoureuſes & Galantes par le Sieur B.*** *Amſterdam*. 1721. *in* 12.

1429 Hiſtoire des Amours, & des Infortunes

d'Abeilard, & d'Eloïse, mise en Vers Burlesques. Cologne. 1724. in 12.

1430 Les Variétés Ingénieules. Paris. 1725. in 12.

1431 Le Vice Puni, ou Cartouche, Poëme, par le Sieur Grandval. Anvers. 1725. in 8.

1432 La Religion, Poëme, par M. Racine. Paris. 1725. in 8.

1433 Clovis, Poëme. Paris. 1725. in 8.

1434 Poësies Mêlées de M. Gabrielle-Roze de Mitry. Cologne. 1725. in 12.

1435 Les Géans, Poëme Epique (par M. de Seré.) Paris. 1725. in 12.

1436 Œuvres diverses de M. Roy. Paris. 1727, in 8. 2 vol.

1437 Lettre de la Bourgogne, à M. le Comte de Tavannes, y tenant les Etats, en Vers. Paris. in 8.

1438 Œuvres de M. Chalamond de la Visclede. Paris. 1721. in 12.

1439 Œuvres diverses de Julien Scopon. La Haye. 1728. in 8.

1440 Poësies diverses de M. Boscheron. Paris. 1728. in 8.

1441 Essais sur la Critique, Poëme traduit de l'Anglois de Pope, par M. du Rennel. Paris. 1730. in 8.

1442 Œuvres Nouvelles de M. le Baron de Waleff. in 12. 5. vol.

1443 Apologie des Bêtes, Ouvrage en Vers, par M. Morfonace de Beaumont. Paris. 1732. in 12.

1444 Le Chiffonnier du Parnasse, ou Poësies Nouvelles de divers Auteurs. Amsterdam. 1732 in 12.

1445 La Chartreuse, Epître en Vers. 1735. in 12.

1446 Les Ombres. 1735. in 12.

1447 L'Ennui d'un Quart d'Heure. *Paris.* 1736. *in* 8.

1448 Ode sur la Paix, par M. Racine. 1736. *in* 8.

1449 Ode sur l'Harmonie, par le même. *Paris.* 1736. *in* 8.

1450 Epître de M. Gresset à sa Muse. *Paris.* 1736. *in* 12.

1451 Les Dieux Rivaux, Allégorie. *Amsterdam.* 1736. *in* 12.

1452 Epître à mes Dieux Penates (attribuée à M. l'Abbé de Bernis.) *Paris.* 1736. *in* 12.

1453 Minet, Poëme, (par Mad. l'Evêque) *Amsterdam.* 1736. *in* 12.

1454 Les Principes de la Morale, & du Goût, en deux Poëmes, traduits en Vers de l'Anglois de M. Pope, par M. du Rennel. *Paris.* 1737. *in* 8.

1455 Réponse au Vers de M. Gresset, sur les Tableaux exposés à l'Académie Royale de Peinture, au mois de Septembre 1737. *Paris.* 1737. *in* 12.

1456 Les Curieux Punis, Poëme Allégorique, par M. de Nesle. *Paris.* 1737. *in* 12.

1457 Etrennes d'une Jeune Muse au Public, par Pesselier. *Paris.* 1739. *in* 12.

1458 Poësies diverses par M. de Lisle (de la Dreirtiere.) *Paris.* 1739. *in* 12.

1458* Recueil de Piéces en Vers, par Scarron, dont Relation sur la Mort de Voiture. *Paris.* 1648. *in* 4.

1459 L'Amour de la Philosophie, Poëme à M. de Prémontval, par M... *Paris.* 1743. *in* 12.

1460 Le Passetems Poëtique, & Philosophique. *Paris.* 1743. *in* 8.

1461 Le Bâtiment de Saint Sulpice ; Ode de M. Piron. *Paris.* 1744. *in* 12.

1462 Le Temple de Mémoire, Poëme Allégorique de M. Piron, *Paris*. 1744. *in* 12.

1463 Poësies diverses par M. L. D. B. (l'Abbé de Bernis.) *Paris*. 1744. *in* 12.

1464 L'Art d'Aimer, Poëme Héroïque en quatre Chants. 1745. *in* 8.

1465 Les Talens du Théâtre, célébrés par les Muses, ou Eloges & Portraits en Vers des Acteurs, Actrices, Danseurs & Danseuses qui brillent aujourd'hui à Paris. (attribués à M. de Maisoncelles.) *Paris*. 1745. *in* 8.

1466 L'Art du Théâtre, ou le Parfait Comédien, Poëme en deux Chants. 1744. *in* 8.

1467 Didon, Poëme Héroïque, & autres Pieces diverses, par M. Saint-Ouën de la Douespe. *Paris*. 1745. *in* 12.

1468 Les Poësies de M. Greffet. *Blois*. 1734. *in* 12.

1469 Satyre des Femmes, par l'Auteur du Vert-Vert. *in* 12.

1470 Le Carême Impromptu, & le Lutrin Vivant, Poëme, par Greffet. *Amsterdam*. 1735. *in* 12.

1471 Vert-Vert, ou les Voyages du Perroquet de Nevers, Poëme Héroïque, par le même. *Amsterdam*. 1735. *in* 12.

1472 Manuscrit sur le petit Livre de la Chartreuse du Vert-Vert. *in* 8.

1473 Epître du même, écrite de sa Campagne, au Pere .... *Paris*. 1737. *in* 12.

1474 Les Œuvres de M. Greffet. *Genève*. 1744. *in* 12.

1475 Suite des Œuvres de M. de G. .. (Grecourt.) *Amsterdam*. 1745. *in* 8.

1476 Les deux Tonneaux, Poëme Allégorique, par M. Piron. *Paris*. 1744. *in* 12.

1477 Essai sur l'Art de Plaire, Poëme. 1746. *in* 8.

1478

1478 Pieces de Poëfie qui ont remporté le Prix à l'Académie Françoife, depuis 1671, jufqu'en 1747. *Paris.* 1747. *in* 12.

1479 Le Paradis Terreftre, Poëme imité de Milton, par Mad. du Bocage. *Londres.* 1748. *in* 8.

1480 Le Temple de la Renommée, traduit de M. Pope. *Londres.* 1749. *in* 8.

1481 Ariftée, Epifode, par M. le Chev. de Cogollin. *Paris.* 1750. *in* 8.

1482 Poëfies de Cottereau. *Paris.* 1750. *in* 8.

1483 Pieces Dérobées, par M. de Lataignan. *Amfterdam.* 1750. *in* 12. 2 *vol.*

1484 Œuvres diverfes de M. le Franc. *Paris.* 1750. *in* 12.

1485 La Mufe Normande. *Cologne. in* 12.

1486 { La Ligue, ou Henri le Grand, Poëme Epique, par M. de Voltaire. *Genève.* 1723. Premiere & deuxiéme Critiques fur ce Poëme. Epître en Vers fur le Livre de la Grace, de M. Racine. *in* 8.

1487 La Ligue, Poëme Epique, par M. de Voltaire. *Genève.* 1723. *in* 8.

1488 La Henriade du même, ornée de Figures. *Londres.* 1728. *in* 4.

1489 Le même Livre. *ibid.* 1730. *in* 8.

1490 Les Œuvres du même. *Amfterdam.* 1738. *in* 8. 6 *vol.*

1491 Œuvres mêlées du même, augmentées, & ornées de Figures. *Amfterdam.* (*Rouen.*) 1740. *in* 12. 4 *vol.*

1492 Recueil de Pieces Fugitives en Profe & en Vers, par le même. 1740. *in* 8.

1493 Apologie du même, adreffée à lui-même. *in* 8.

I

1494 Epître sur le Bonheur. Autre Epître. Epître
IIIᵉ de l'Envie, de la Modération en tout,
dans l'Etude, dans l'Ambition, dans les
Plaisirs, (par le même.) *Paris*. 1738.
in 8.

1495 La Henriade Travestie, en Vers Burlesques.
Berlin. 1745. *in* 12.

1496 Parallele de la Henriade, & du Lutrin,
avec des Réflexions sur le Remerciment de
M. de Voltaire, à l'Académie Françoise,
& une Dénonciation à la même Académie,
de l'Histoire de Louis XI. par M. du Clos.
1746. *in* 12.

1497 Recueil de Poësies Galantes du Chevalier
de.... & de quelques Pieces Fugitives de
l'Abbé de Chaulieu, & autres. *Au Par-
nasse*. 1744. *in* 8.

1498 Les Dégoûts du Theâtre, Epître en Vers à
M. *** 1746. *in* 8.

1499 Marguerittes Poëtiques, tirées des plus fa-
meux Poëtes François, selon l'Ordre al-
phabetique, par Esprit Aubert. *Lyon*.
1613. *in* 4.

1500 Le Parnasse des Poëtes François, par G. Cor-
rozet. *Paris*. 1571. *in* 12.

1501 Le même, par le même. *Lyon*. 1578.
in 18.

1502 Les Muses Françoises, ralliées de diverses
parts, par d'Espinelle. *Paris*. 1599. *in* 12.

1503 Les mêmes. *Lyon*. 1606. *in* 12.

1504 Les Fleurs des plus Excellens Poëtes de ce
temps. *Paris*. 1601. *in* 12.

1505 Recueil de Diverses Poësies, par Raphael
du Petit-Val. *Rouen*. 1604. *in* 12.

1506 Recueil de quelques Vers Amoureux. *Paris*.
1606. *in* 12.

Les Muses Gaillardes, par A. D. B. (Antoine de Breüil) *Paris*. 1609.

1507 Les Délices Satyriques, Recherches de divers Auteurs, par de Berthelet. *Paris*. 1620. *in* 12.

1508 La Muse Folâtre. *Rouen*. 1615. *in* 24.

1509 La Récréation & Passe-Temps des Tristes. *Rouen*. *in* 18.

1510 La Muse Coquette. *in* 12.

1511 L'Elite des Bouts-rimés de plusieurs Auteurs. 1651. *in* 18.

1512 Poësies Choisies, recueillies par Charles de Sercy. *Paris*. 1654. *in* 12. 5 *vol*.

1513 Recueil de Diverses Poësies des plus Célébres Auteurs de ce temps, par le même. 1655. *in* 8.

1514 Nouveau Cabinet des Muses. *Paris*. 1658. *in* 12.

1515 Recueil de quelques Pieces Nouvelles, dont Voyage de Bachaumont. *Cologne*. 1664. *in* 12. 2 *vol*.

1516 Proverbes en Rimes, ou Rimes en Proverbes, par M. le Duc. *Paris*. 1665. *in* 12.

1517 Les Doux Plaisirs de la Poësie, ou Recueil de divers Pieces en Vers, par M. Motery. *Lyon*. 1666. *in* 12.

1518 Recueil de diverses Poësies des plus célébres Auteurs. *Paris*. 1655. *in* 12.

1519 Les Poësies Gaillardes, Galantes, & Amoureuses de ce Temps. *in* 12.

1520 Les Poësies Gaillardes & Héroïques, augmentées du Poëme de Zaca-Christ, ou la Mort du Roi d'Ethiopie, & de plusieurs autres Pieces. *in* 12.

1521 Recueil de M. du Chastelier Barlot. *MS. in* 4.

1522 Recueil des plus Belles Pieces des Poëtes François, tant Anciens que Modernes, par d'Aulnoy. *Paris. (Amsterdam.)* 1691. *in* 12. 5 *vol.*

1523 La Muse Mousquetaire, Œuvres Posthumes de M. le Chevalier de Saint-Gilles. *Paris.* 1709. *in* 12.

1524 Les Divertissemens de Seaux. *Trevoux.* 1712. *in* 12.

1525 Recueil de Pieces Choisies, publiées par M. de la Monnoye. *La Haye.* 1714. *in* 12. 2 *vol.*

1526 Recueil des Enigmes de ce Temps, par Cottin. *Rouen.* 1655. *in* 12.

1527 Recueil des Enigmes les plus Curieuses. *Paris.* 1747. *in* 12.

1528 Nouveau Recueil d'Enigmes, dédié à M. le Prince de Conti. *Paris.* 1721. *in* 12.

1529 Nouveau Recueil d'Enigmes. *Paris.* 1741. *in* 12.

Poëtes Gascons, Provençaux & Bourguignons.

1530 Las Obras de Pierre Goudelin. *Toulouze.* 1647. *in* 4.

1531 Les mêmes. 1678. *in* 12.

1532 Recueil des Poëtes Gascons, contenant les Œuvres de P. Goudelin, de le Sage de Montpellier, & de Michel de Nismes. *Amsterdam.* 1700. *in* 12. 2 *vol.*

1533 Recueil des Poëtes Gascons, dont Œuvres de P. Goudelin. *Amsterdam.* 1700. *in* 12. 3 *vol.*

1534 Catechisme Provençal en Vers. *in* 12.

1535 Noei to novea composai en lai rue de lai Roulote, par M. de la Monnoye. *Dijon. in* 12.

Poëtes Dramatiques ; fçavoir, Théâtres, ou Tragédies, Comedies, &c.

1537 Idée des Spectacles Anciens & Nouveaux, par l'Abbé de Pure. *Paris.* 1668. *in* 12.

1538 L'Apologie du Théâtre, par M. Scudery. *Paris.* 1639. *in* 4.

1539 Differtation fur la Condamnation des Théâtres. *Paris.* 1666. *in* 12.

1540 La Pratique du Théâtre, par l'Abbé d'Aubignac. *Amfterdam.* 1715. 3 *tom. en* 1 *vol. in* 8.

1541 Lettres Hiftoriques fur tous les Spectacles de Paris. *Paris.* 1719. *in* 12.

1542 Le Comedien, Ouvrage divifé en deux Parties, par M. Remond de Sainte Albine. *Paris.* 1747. *in* 8.

1543 Le Code Lyrique, ou Reglement pour l'Opera de Paris. *Utopie.* 1743. *in* 12.

1544 Réflexions fur l'Opera. *La Haye.* 1741. *in* 12.

1545 Reflexions Hiftoriques & Critiques fur les différens Théâtres de l'Europe, par Louis Riccoboni. *Paris.* 1738. *in* 8.

1546 Bibliotheque des Théâtres, par M. Maupoin. *Paris.* 1733. *in* 8.

1547 Recherches fur les Théâtres de France, par P. Fr. Godard de Beauchamps. *Paris.* 1735. *in* 8. 3 *vol.*

1548 Hiftoire du Théâtre François, depuis fon Origine jufqu'à prefent, par MM. Parfait. *Paris.* 1734. *& fuiv. in* 12. 13 *vol.*

1549 Le Théâtre François. *Paris.* 1625. *in* 8.

1550 Théâtre de divers Auteurs. *Paris.* 1704. *in* 12.

1551 Théâtre François. *Paris.* 1705. *in* 12. 3 *vol.*

1552 Théâtre d'Abeille. *La Haye.* 1682. *in* 12.

1553 Théâtre de Jean Auvray. *Paris.* 1628. *in* 8.

1554 Théâtre de M. Barbier. *Paris.* 1707. *in* 12.

1555 Théâtre de Baro. *Paris.* 1629. *in* 4. 2 *vol.*

1555 * Recueil de six Pieces de Théâtre, par Baro. *in* 4.

1556 Théâtre de Claude de Baffecourt. *Anvers.* 1594. *in* 12.

1557 Théâtre de J. Behourt. *Rouen.* 1598. *in* 12.

1558 Théâtre de Ifaac Benferade. *Paris.* 1636. *in* 4.

1559 Théâtre de Ch. Beys. *Paris.* 1639. *in* 4.

1560 Théâtre de Claude de Courgenay. *Paris.* 1610. *in* 8.

1561 Théâtre de Boifrobert. *Paris.* 1642. & *Porte-Feuille in* 4. *contenant* 19 *Pieces tant in* 4. *qu'in* 12.

1562 Théâtre de M. de Boiffy. *Paris.* 1738. *in* 8. 5 *vol.*

1563 Théâtre de Borée. *Lyon.* 1627. *in* 8.

1564 Théâtre de Boufcal. *Lyon.* 1659. *in* 4. 3 *vol.*

1565 Théâtre de Bourfault. *Paris.* 1725. *in* 12. 3 *vol.*

1566 Théâtre de Brecourt. *Paris.* 1660. *in* 12.

1567 Théâtre de Briffet. *Tours.* 1590. *in* 4.

1568 Théâtre de Broffe. *Paris.* 1645. *in* 4.

1569 Théâtre de Brueys. *Paris.* 1735. *in* 12. 3 *vol.*

1570 Théâtre de la Calprenede. *Paris.* 1637. *in* 4. 3 *vol.*

1571 Théâtre de Campiftron. *Paris.* 1690. *in* 12.

1572 Le même. *Paris.* 1707. *in* 12.

1573 Le même. *Paris.* 1731. *in* 12. 2 *vol.*

1574 Théâtre de Chapoton. *Paris.* 1646. *in* 4.

1574 * Recueil de fept Pieces de Théâtre de Chevreau. *in* 4.

1575 Théâtre de Des Croix. *Paris.* 1608. *in* 12.

1576 Théâtre de P. & Th. Corneille. *Paris.* 1714. *in* 12. 10 *vol.*

1577 Recueil de Plusieurs Pieces sur le Cid de Corneille. *in* 12.

1578 Théâtre de P. & Th. Corneille. *Paris.* 1723. *in* 12. 10 *vol.*

1579 Théâtre de Crebillon. *La Haye.* 1712. *in* 12.

1580 Théâtre de Dancourt. *Paris.* 1729. *in* 12. 9 *vol.*

1581 Théâtre de Jean Desmarets. *Paris.* 1639. *in* 4. 2 *vol.*

1582 Théâtre de P. Du Ryer. *Paris.* 1630. *in* 4. 9 *vol.*

1682 * Recueil de onze Pieces de Théâtre de Desfontaines. *in* 4.

1583 Théâtre de la Fosse. *Paris.* 1713. *in* 12.

1584 Théâtre de Frenicle. *Paris.* 1632. *in* 8.

1585 Théâtre de l'Abbé Genest. *Paris.* 1682. *in* 8.

1586 Théâtre de Gilbert. *Paris.* 1664. *in* 12. 2 *vol.*

1587 Théâtre de Gillet de la Tessonerie. *Paris.* 1640. *in* 4. 3 *vol.*

1588 Théâtre de Jean de Gombault. *Paris.* 1631. *in* 8.

1589 Théâtre de Gougenot. *Paris.* 1633. *in* 8.

1590 Théâtre de la Grange Chancel. *Paris.* 1718. *in* 12.

1591 Théâtre de Jacques Grevin. *Paris.* 1562. *in* 8.

1592 Théâtre d'Alexandre Hardy. *Paris.* 1624. *in* 8. 8 *vol.*

1593 Théâtre de Nicolas l'Heritier. *Paris.* 1639. *in* 4.

1594 Théâtre de P. de Larivey. *Paris.* 1579. *in* 12. 4 *vol.*

1595 Théâtre de Magnon. *Paris.* 1645. *in* 4. 2 *vol.*

1596 Théâtre de Mairet. *Paris.* 1642. *in* 4. 4 *vol.*

1597 La Sylvandre de Mairet. *Paris.* 1631. *in* 4.

1598 Les Galanteries du Duc d'Offonne, par Mairet. *Paris.* 1636. *in* 4.

1599 Théâtre de Marefchal. *Paris.* 1638. *in* 4. 2 *vol.*

1600 Théâtre de Moliere. *Paris.* 1710. *in* 12. 8. *vol.*

1601 Le même. *Paris.* 1718. *in* 12. 8 *vol.*

1602 Le même. *Paris.* 1734. *in* 4. 6 *vol.*

1603 Théâtre de Montauban. *Paris.* 1654. *in* 12.

1604 Théâtre de Montfleury. *Paris.* 1705. *in* 12. 2 *vol.*

1605 Théâtre de la Motte. *Paris.* 1730. *in* 8. 3 *vol.*

1606 Théâtre de Nericault Deftouches. *Paris.* 1718. *in* 12. 2 *vol.*

1606 * Recueil de dix Pieces de Théâtre d'Ouville. *in* 4.

1607 Théâtre de Pechantré. *Paris.* 1708. *in* 12.

1608 Théâtre de Poiffon. *Paris.* 1687. *in* 12. 2 *vol.*

1609 Le même. *Paris.* 1743. *in* 12. 2 *vol.*

1610 Théâtre de Prade. *Paris.* 1666. *in* 4.

1611 Théâtre de Pradon. *Paris.* 1700.

1612 Théâtre de Jean Prevoft. *Poiɛtiers.* 1618. *in* 12.

1613 Théâtre de Racine. *Paris.* 1713. *in* 12. 2 *vol.*

1614 Le même. *Paris.* 1728. *in* 12. 2 *vol.*

1615 Remarques fur Racine, par M. l'Abbé d'Olivet. *Paris.* 1738. *in* 12.

1616 Théâtre de Rayffiguier. *Paris.* 1632. *in* 8. 3 *vol.*

1617 Théâtre de Regnard. *Paris.* 1714. *in* 12. 2 *vol.*

1618 Le même. *La Haye.* 1729. *in* 12. 2 *vol.*

1619 Théâtre de Du Rocher. *Paris.* 1636. *in* 8.

1620 Théâtre de Rotrou. *Paris.* 1631. *in* 4. 12 *vol.*

1621 Théâtre de le Sage. *Paris.* 1707. *in* 12. 2 *vol.*

1622 Théâtre de Sallebray. *Paris.* 1641. *in* 4.

1623 Théâtre de Scudery. *Paris.* 1631. *in* 4. 7 *vol.*

1624 Théâtre de la Taille. *in* 8.

1625 Théâtre de la Tournelle. *Paris.* 1730. *in* 12.

1626 Théâtre de Triſtan l'Hermite. *Paris.* 1637. *in* 4. 2 *vol.*

1627 Théâtre de la Tuillerie. *Paris.* 1680. *in* 12.

1628 Théâtre de le Vert. *Paris.* 1646. *in* 4.

1629 Théâtre de Mad. de Villedieu. *Paris.* 1720. *in* 12.

1630 Théâtre des cinq Auteurs. *Paris.* 1638. *in* 4.

1631 Recueil de 9 vol. in 4. de Pieces de Théâtre, au nombre de 49, tant Imprimées que *MS.* dont la premiere eſt Marie Stuart; & la derniere Clytemneſtre.

1632 Recueil de 15 Pieces de Théâtre en quatre vol. in 4. dont la premiere eſt, les Innocens Coupables, & la derniere, le Sac de Carthage.

1633 Recueil de 34 Pieces de Théâtre, toutes imprimées en 6 vol. in 4. dont la premiere eſt, le Mariage d'Orphée, & la derniere, Palene.

1634 Diſſertations ſur pluſieurs Pieces de Théâtre. *Paris.* 1663. *in* 12.

1635 Recueil de Diſſertations ſur pluſieurs Tragédies de Corneille & de Racine, avec des Réfléxions ſur les Ouvrages d'Eſprit. *Paris.* 1740. *in* 12. 2 *vol.*

1636 Théâtre Italien de Gherardi. *Paris.* 1700. *in* 12. 6 *vol.*

1637 Le même Théâtre Italien. *Amſterdam.* 1717. *in* 12. *6 vol.*

1638 Le Nouveau Théâtre Italien. *Paris.* 1729. *in* 12. *8 vol.*

1639 Lettre d'un Comedien François, au ſujet de l'Hiſtoire du Théâtre Italien, par Riccoboni. *Paris.* 1728. *in* 12.

1640 Mémoires pour ſervir à l'Hiſtoire des Spectacles de la Foire, par MM. Parfait. *Paris.* 1743. *in* 12. *2 vol.*

1641 Théâtre de la Foire, ou l'Opera Comique, par M. le Sage. *Paris.* 1721. *in* 12. *4. vol.*

1642 Théâtre Eſpagnol. *Paris.* 1738. *in* 12.

1643 Théâtre Anglois de Shakeſpeare, traduit en François, par M. de la Place. *Paris.* *in* 12. *6 vol.*

1644 Théâtre Danois, par Louis Holberg, traduit en François, par G. Furſman. *Copenhague.* 1746. *in* 12.

ETAT Alphabétique des Pieces de Théâtre détachées de différens Auteurs, in 4. in 8. & in 12.

A

1645 Abderites. Aben-Said. Abſalon. Académiſtes. Acajou. Achile. Acoubar. Acteurs Déplacés. Actrice Nouvelle. Adam & Eve. Adherbal. Adolphe. Agarite. Agimée. Adonis. Adraſte. Agrippa. Alceſte. Alcibiade. Alcione. Alexandre. Alfonſe. Alinde. Alizon. Alphonce & Aquitime. Alzire. Amalaric. Amant Douillet. Amant de ſa Femme. Amans Ignorans. Amans Infortunés. Amant qui ne flate point. Amans Réunis. Amaſis. Amis Parfaits. Amours de Calotin. Amour Caſtillan. Amour Deſplumé. Amour Imprévû. Amour Médecin. Amour Précepteur. Amour Tirannique. Amour Triomphant. Amſterdam Hydropique. Aminte. Andromaque. Andromire. Angelique & Medor. Antimoine purifié ſur la Sellette. Antiochus. Apoticaire dévalifé. Apparence Fauffe. Apparence Trompeufe. Après-Dînée des Dames. Arbre - Verd. Arcagambis. Argelie. Ariftodeme. Ariftomene. Arlequin Efprit Folet. Arlequin Mifantrope. Arlequin Bacchus. Arminius. Arface. Afdrubal. Aftrologue Feint. Athelette. Avantures Heureufes. Avantures de Nuit. l'Avare duppé. Avocat fans Etude. Aveugle Clair-Voyant.

B

1646 Bague de l'Oubli. Bajazet. Bal de Strasbourg. Balance d'Etat. Baltazar. Barbons Amoureux. Baron de la Craffe. Bafile. Belifaire. Belphegor. Berenice avec fa Critique. Bocages de la Charnays. Bourgeois Gentil-Homme. Boutades du Capitaine Matamord. Bouts-Rimés. Bradamante. Brute. Brutus : autre Brutus.

C

1647 Califte. Callifthene. Campagnard. Capitan. Captifs. Cardenio. Carline. Cartel de Guillot. Catilina & fa Critique. Caton d'Utique. Cercle des Femmes. Cefar d'Avalos. Champagne le Coeffeur. Charivary. Chafteté invincible. Chercheufe d'Efprit. Chevalier Joueur. Childeric. Chrifeide. Circé. Cleagenor. Cleopatre, par Olenix. Cleopatre, par la Chapelle. Climene, par la Croix, Climene par de la Serre. Cocq de Village. Cocu Imaginaire. Colin-Maillard, par Dancourt. Comédie de Chanfons. Autre Comédie de Chanfons. Comédie de la Comédie. Comédie des Comédies. Complaifant. Comte d'Effex. Les Contents. Comteffe Malade. Confentement Forcé. Coquette & Fauffe Prude. Coquette Fixée. Coquette fans le fçavoir. Coquette de Village. Coraline. Efprit Follet. Cofroes. Cofteaux. Coupe Enchantée. Coups de l'Amour & de la Fortune. Courtifan Parfait. Les Deux Coufines. Crifante. Crifpin Bel Efprit. Critique. Curieux de Compiegne. Curieux Impertinent. Cybelle Amoureufe. Cydippe. Cymynde. Cyrus. Cyrus Triomphant. Cythere Affiégée.

D

1648 Dalcmeon & Flore. Dame d'Intrigue. Danaïdes; Dédain Amoureux. Déguisément Paſtoral. Diable Boiteux. Didon. Diſſipateur. Diſtrait. Dorimene. Dueliſte Malheureux. Dupe Amoureuſe.

E

1649 Eaux de Bourbon. Eaux de Mille-Fleurs. Ecole des Amans. Ecole des Amis. Lettre ſur la Comédie de l'Ecole des Amis. Ecole des Amours Grivois. Ecole des Cœurs. Défenſe de l'Ecole des Femmes. Panégyrique de l'Ecole des Femmes. Ecole Galante. Ecole des Jaloux. Ecole des Meres. Lettre ſur l'Ecole des Meres. Ecole du Temps. Lettre ſur l'Ecolier de Salamanque. Edouard III. Effets du Hazard. Electre. Elomire Hypocondre. L'Embarras des Richeſſes. L'Enfant Prodigue. Epheſienne. Baptiſte ou la Calomnie. L'Epreuve. L'Epreuve Réciproque. Le Fidel Eſclave. L'Eſprit de Contradiction. Eſope. Eſope à la Cour. Eſope au Village. L'Eſprit Fort. Eſther. Europe.

F

1651 Les Fables d'Eſope. La Farce des Courtiſans de Pluton. La Fatalle. Le Fat puni. Le Favori. La Feinte ſuppoſée. La Femme Docteur. Critique de la Femme Docteur. La Femme Induſtrieuſe. La Femme Juge & Partie. Critique de la Femme Juge & Partie. Le Favori. La Femme pouſſée à bout. Les Femmes Sçavantes. La Femme têtue. La Fête d'Auteuil. Les Fêtes du Cours. La Fête de la Seine. Les Fêtes Sinceres. Le Feſtin de Pierre. Le Nouveau Feſtin de Pierre. Le Feſtin de Pierre ou le Fils Criminel. Obſervations ſur le Feſtin de Pierre. Lettre ſur ces Obſervations. La Fille à la mode. La Fille Arbitre. La Fille Inquiéte. La Fillis de Scire, par Pichon. La Fillis de Scire par du Cros. Le Fils Indocile. Le Flateur. Les Flateurs trompés. Le Fleuve d'Oubli. Le Fleuve Scamandre. La Foire de Beſons. La Foire S. Laurent. Les Folies Amoureuſes. La Folle Enchere. La Folie du

Jour. Les Folies de Cardenio. La Fontange. Le Fou de Qualité. Le Franc Bourgeois. Les Fri-Maçons.

G

1652 Gabinie. Le Galimatias. Les Galans ridicules. Le Garçon fans conduite. Genferic. Geta. Gillette. Le Glorieux. La Gouvernante. Les Graces. Le Grondeur. L'Opera du Gueux. La Guifiade. Giulio Cefare in Egitto. Guftave.

H

1653 Les Coups du Hazard. Hector. Herode. Herode & Mariamne. Critique de cette Piece. Le Faux Honnête Homme. Le Heros. Hypermneftre. Hyppolite.

J

1654 Le Jaloux trompé. D. Japhet. Ibrahim. Idomenée. Jephté. L'Illufion Grotefque. L'Illufion. Lettre fur l'Impofteur L'Impromptu des Acteurs. L'Impromptu de l'Hôtel de Condé. L'Impuiffance. L'Incefte fuppofé. L'Inconftance punie, par Dorimont. L'Inconftance punie, par la Croix. Le Faux Indifférent. L'Indifcret. Inès de Caftro. L'Infidelle Confidente. La Généreufe Ingratitude. L'Injuftice Punie. Les Innocens Coupables. Intrigues des Caroffes à cinq fols. L'Intrigue des Hôteliers. Les Intrigues des Filous. Jodelet. Le Joüeur. La Joye imprévûe. Iphigénie Remarques fur cette Piece. Iris. L'Irréfolu. Ifabelle. L'Ifle Sauvage. Judith. Julie. Les Jumeaux.

L

1655 Le Légataire Univerfel. La Loterie. Lucelle. Lyfimachus.

M

1656 Les Machabées. Le Magafin des Modernes. La Magie fans Magie. Mahomet II. Mahomet, par Voltaire. Lettre fur cette Tragédie. Manlius Capitolinus, par la Foffe. Manlius, par Mad. Desjardins. Marc-Antoine. Le Mariage de Cambife. Le Mariage Précipité. Le Mariage de Rien. Le Mariage fans

Mariage. Les Mariages Affortis. Mariane. Mariamne, par l'Abbé Nadal. Marius. Les Chaftes Martyrs. Maximien. Le Méchant. Lettre fur le Méchant. Le Médecin par Occafion. Lettre fur cette Piece. Le Médecin volant. Le Médecin dérobé. Les Mécontens. Medée. Le Médifant. Melanide. Meliffe. Melitte. Les Menechmes, par Rotrou. Les Menechmes, par Regnard. La Mere Confidente. La Mere Coquette. Merope, par Maffei. Merope de Voltaire. Critique & Lettres fur cette Piece. La Metempficofe. Le Miroir. Le Mifantrope. Mithridate. Moliere Comédien. Les Moines. Momus Fabulifte. Montefuma. Montmouth. Mort de Cefar, par Scudery. Autre Mort de Cefar, par M. Barbier; autre Mort de Cefar. Mort du Cid. Le Moulin de Javelle. Le Muet. Muftapha. Myrtil.

N

1658 Nanine. Les Neapolitaines. Nicandre. Nitetis de Desjardins. Nitetis de Dancher. Une Nuit de Paris. La Nymphe des Thuilleries.

O

1659 Œdipe, trois différens. Critique & Lettre fur cette Piece. L'Ombre de Moliere. L'Ombre de fon Rival. Les Avantures d'Omphale. L'Opera interrompu. Orante. Orefte. L'Orizelle. Oromafes. Oftorius. Ottone.

P

1660 Pamela. La Déroute de Pamela. Les Pamiers. Panthée, par Durval. Panthée, par Triftan. Les Paffions égarées. Le Pauvre Riche. Le Paftor Fido. La Peau de Bœuf. Le Pédagogue Amoureux. Pelopée. La Pelerine Amoureufe. Penelope : autre Penelope. La Perfeene. Perfelide. Pertharite. Les Pêcheurs Illuftres. Les Petits-Maîtres. Les Petits Maîtres d'Eté. Le Petit Maître de Campagne. Le Phantôme. Phaëton. Phanazar. Phedre & Hypolite. Differtation fur cette Piece. Philine. Philis de Scire. Le Philofophe Marié. Critique & Réflexions fur cette Piece. Phocion. Le Pot-Pourri. La Pierre Philofophale. Pigmalion. Les Pipeurs. Pirame & Thifbée.

Le Plagiaire. Les Plaintes du Palais. Polidore. Polixene. Mort de Pompée. Porus. La Porcie. Le Portrait. Le Préjugé à la Mode. Les Précieuses Ridicules. Pryam. La Princesse de Navarre. Comédie des Proverbes. Le Provincial à Paris. Psiché. La Pucelle d'Orleans : autre Pucelle d'Orleans. Pyrrhus ; autre Pyrrhus. Lettre sur cette Tragédie.

Q

1661 Le Quartier d'Hiver. Le Quiproquo.

R

1662 Rhadamiste. Les Ramonneurs. Ramonnet. La Rapiniere. Le Ravissement de Florise. Le Ravissement de Proserpine. Regulus. Renaud. Le Retour imprévû. La Rhodienne. La Rivale suivante. Les Rivales. Le Rival de lui-même. Les Trois Rivaux. Le Roman. Romulus. Critique de Romulus. La Roselie. Mort de Roxane. Roxelane.

S

1663 Le Sac de Carthage. Le Sage Etourdi. Le Sage Jaloux. Le Saint déniché. Le Salmigundis Comique. Samson. Sancho-Pança. Le Savetier Avocat. Scipion l'Africain. Seleucus. Selidore. Selim. Semiramis. Sertorius. Sethos. Sganarel. Sichem. Le Sicilien. Les Sinceres. Le Silphe. La Sœur Généreuse. Les Sœurs Jalouses. La Sœur Valeureuse. Le Soldat Poltron. Solyman. Le Somnambule. Les Souhaits. Apologie de Sophocle. La Sophonisbe. La Stratonice, par du Fayot. Stratonice de Quinault. Les Supposés. Surena. La Surprise de l'Amour. La Surprise de la Haine. Statira. La Sylvanire. La Sylvie.

T

1664 Les Tableaux. Les Talens déplacés. Tamerlan. Le Nouveau Tarquin. Critique du Tartufe. Le Temple du Goût. La Thebayde. Telephonte. Themistocle. Thesée. Thimon Misantrope. Thomas Morus. Le Thyeste. Timandre. Timoclée. Timoleon. Tite & Titus. Le Traître puni. Trigaudin. Le Triomphe

de l'Intérêt. La Troade. Les Trompeurs Trompés.
Le Tuteur. Les Tyndarides. Tyr & Sidon, par
d'Auchères. Tyr & Sidon, par Schelandre. Tyridate.

V U

1665 Vanda. La Juſte Vengeance. Les Nôces de Vaugi-
rard. Veniſe ſauvée. Les Viſionnaires. La Virginie
Romaine. Ulyſſe. Les Travaux d'Ulyſſe. La Mort
d'Ulyſſe. L'Union d'Amour. Le Volontaire. Uranie,
Les Urnes vivantes.

Y

1666 Les Yvrognes.

Z

1667 Zayde. Zelinde. Zeneïde. Zoantropie.

Poëtes, Philologues, & Polygraphes Italiens.

1668 Dante, con l'Eſpoſitione di Chriſtoforo Lan-
dino, & di Aleſſandro Velutello, ri-
veduto per Franc. Sanſovino. *Venet. Seſſa*
1564. in fol.

1669 La Comedie de Dante, de l'Enfer, du Pur-
gatoire & Paradis, miſe en rime, & com-
mentée par B. Grangier. *Paris. 1597.*
in 12. 3 vol.

1670 Il Poëta Cecho d'Aſcoli : nuovamente tro-
vato, con el Commento & emendato. *In*
Venetia. 1516. in 4.

1671 Il Petrarcha, con l'Eſpoſitione d'Aleſſandro
Velutello. *Vinegia. 1538. in 4.*

1672 Il medeſimo. *Lione, di Tournes, 1550.*
in 16.

1673 Il medeſimo. *Vinegia. 1541. in 8.*

1674 Il medeſimo, brevemente ſpoſte per Lod.
Caſtelvetro. *Baſil. 1582. in 4.*

1675

1675 Œuvres Vulgaires de François Petrarque , traduites du Thufcan en Vers François , par Vafquin Philieul. *Avignon.* 1555. *in* 8.

1676 La Vie , Sonnets & Chanfons du Poëte Petrarque. *in* 8.

1677 Petrarque , traduit en Vers François , par Philippe de Maldefghem. 1597. *in* 8.

1677 * { Amorofa Vifione , di Giovan. Boccaccio , nella quale fi contengono cinque Triumphi. *Venetia.* 1521.
Apologia di Gieron. Claricio contro Detrattori della Poëfia di Giovan. Boccaccio. *in* 4.

1678 La medefima Amorofa Vifione di Gio. Boccaccio. *In Venetia.* 1549. *in* 8.

1678 * Poefie Volgari , di Lorenzo de' Medici. *Vinegia, Aldo,* 1554. *in* 8.

1679 L'Opere d'Amore , di M. Antonio Tibaldeo. *Venetia.* 1534. *in* 8.

1680 { Opera nova d'Antonio Philaremo Fregofo, intitulata Cerva bianca. *Venetia.* 1525.
Opera nova del medefimo. *Venetia.* 1520.
Dialogo de Fortuna , del medefimo. *Vinegia.* 1525.
Opera nova del medefimo. *Vinegia.* 1528. *in* 8.

1681 Rime di P. Bembo. *Venetia.* 1547. *in* 8.

1682 Sonetti è Canzoni, del Sannazaro. *Aldo.* 1534. *in* 8.

1683 Orlando innamorato, compofto dal S. Matteo Maria Boiardo , & hora rifatto utto di nuovo da Franc. Berni. *Venetia , Giunta.* 1545. *in* 4.

1684 Orlando innamorato di Matteo Maria Boiardo , infieme col i tre libri di Nic.

K

de gli Agoſtini ; nuovamente riformato
per Lodovico Domenichi. *Venetia.* 1565.
in 4.

1685 Nouvelle Traduction de Roland l'Amou-
reux , de Matteo Maria Boiardo. *Paris.*
1717. *in* 12. 2 *vol.*

1686 Orlando furioſo di Lod. Arioſto , adornato
di figure da Girol. Porro. *Venetia. Fran-
ceſchi.* 1584. *in fol.*

1687 L'Arioſte François , de Jean de Boeſſieres
de Montferrand. *Lyon.* 1580. *in* 8.

1688 Le Roland Furieux de Louis Arioſte , tra-
duit par Gab. Chappuis. *Lyon.* 1582.
in 8. 2 *vol.*

1689 Le Divin Arioſte , ou Roland le Furieux,
traduit par Fr. de Roſſet. *Paris.* 1625.
in 4.

1690 Roland Furieux, Poëme Héroïque de l'A-
rioſte , traduction nouvelle. *La Haye.*
1741. *in* 12. 4 *vol.*

1691
{ Rime nuove amoroſe , di Giovanni Bruno.
1533.

Scilla , Tragedia di Ceſare de' Ceſari.
Vinegia. 1552.

La Progne , Tragedia di Girol. Paraboſco.
Vinegia. 1548.

Mandragora , Comedia facetiſſima di Lu-
cretia e Comilmaco , compoſta per Nic.
Machiavelli. 1533.

Orbecche , Tragedia di Gio. Batt. Giraldi
Cinthio , con l'aggionta di otto Tragedie
del iſteſſo Autore. *Vinegia.* 1583.

Altile , Tragedia del medeſimo Giraldi.
Venetia. 1583.

Didone , Tragedia del medeſimo. *Venetia.*
1583. *in* 8.

1692 Opere burlefche di Fr. Berni, di Gio. della Cafa, del Varchi, del Mauro, del Bino, del Molza, del Dolce, & del Firenzuola. *Firenze, Giunti.* 1552. & 1555. 2 *vol. in* 8.

1693 Stanze amorofe, fopra gli Horti delle Donne & in lode della Menta: & la Caccia d'amore, del Bernia. *Venetia.* 1574. *in* 12.

1694 Rime piacevoli del Berni, Cafa, Mauro, Varchi, Dolce, Copetta, Francefi, Bronzino, Martelli, Domenichi, Strafcino, Borgogna, Rufcelli, Sanfovino, Doni, Lafca, Remigio, Anguillara, & d'altri Auttori. *Vicenza.* 1609. *in* 12.

1695 Rime di Antonio Galli. *Londini.* 1609. *in* 12.

1696 Scelta nuova di Rime, de' più illuftri & excellenti Poeti dell'età noftra, da Girolamo Rufcelli. *Venetia.* 1573. *in* 8.

1697 Rime diverfe di molte eccellentiff. Auttori, nuovamente raccolte. *Venetia.* 1546. *in* 8.

1698 Rime di Aleffandro Lionardi. *Venetia.* 1547. *in* 8.

1699 Il primo & fecondo libro delle Satire alla Carlona, di Andrea da Bergamo. *Vinegia.* 1548. *in* 8.

1700 { Opera nova de Joan. Francefco Straparola da Laravazo, novamente ftampata, Sonnetti, Strambotti, Epiftole, Capitoli. *in* Venetia. 1508. *in* 8.

Sonetto, de Vincentio Calmeta.

Libro de Sonetti & Canzone di Chariteo intitulato Endimion à la Luna.

Strambotti, di Chariteo.

Canzone, li Chariteo de Lode del Sereniffimo Signor Principe de Capua.

Canzone, di Chariteo intitulata Aragonia.

1701 L'Amore di Troilo & Griseida, ove si tratta in buona parte la guerra di Troia ; di Angelo Leonico. *Venetia.* 1553. *in 8.*

1702 Opere Toscane, di Luigi Alamanni. *Lione. Seb. Gryphio.* 1531. *in 8. imprimé sur velin.*

1703 Capitoli di Pietro Aretino, Lod. Dolce, Fr. Sansovino, & di altri acutissimi Ingegni. *Vinegia.* 1540. *in 8.*

1704 Rime e Prose di Giovan. della Casa. *Venetia.* 1579. *in 12.*

1704 * Prose & Rime di Messer Giovanni della Casa. Editione riveduta, per Annibale Antonini. *in Parigi.* 1727. *in 8.*

1705 Le Terze Rime piacevoli di M. Giovanni della Casa con una scelta delle migliori Rime burlesche del Berni, Mauro, Dolce, & altri. *in Benevento.* 1727. *in 8.*

1706 Orlandino, per Limerno Pitocco da Mantoa (Teofilo Folengi) composto. *Vinegia.* 1550. *in 8.*

1707 Egloghe pescatorie del Bern. Rota. 1566. *in 8.*

1708 Sonetti & Canzoni di Bern. Rota. *Vinegia.* 1567.

1709 Le Nuove Fiamme, di Lod. Paterno. *Lyone.* 1568. *in 8.*

1710 Rime di Annibal Caro. *Venetia. Aldo.* 1569. *in 4.*

1711 La Caccia dell' ill. Sig. Erasmo di Valvasone, con le Annotationni di M. Olimpio Marcucci. *in Venetia.* 1602. *in 8.*

1712 La Alamanna, di Ant. Fr. Oliviero. *Venetia.* 1567. *in 4.*

1713 L'Ennia, Ragionamenti Pastorali nuovamente ritrovati trà gli antichi giovanili

Componimenti di Bernardino Pino da Cagli. *Venetia.* 1582. *in* 8.

1714 Componimenti Giovenili , di Nicolo Bellaufa. *Trevigi.* 1590. *in* 12.

1715 La Gierufalemme liberata, di Torquato Taffo, con le Annot. di Scipion Gentili , e di Giulio Guaftavini , & li Argomenti di Oratio Ariofti , & le figure del Caftello. *Genova.* 1617. *in fol.*

1716 Il Goffredo , ò vero Gierufalemme liberata di Torquato Taffo , adjuntavi V Canti del Camillo Camilli. *Amfterdam.* 1652. *in* 16. 2 *vol.*

1717 La Jerufalem délivrée , Poëme Héroïque du Taffe , traduit par M. de Mirabaud. *Paris.* 1724. *in* 12. 2. *vol.*

1718 L'Aminta del Taffo , con le Annotátioni di Egidio Menagio. *Parigi.* 1656. *in* 4.

1718 * La medefima. *Leida. Elzevier.* 1656. *in* 12.

1719 La medefima. *Parigi* 1656. *in* 4.

1720 Aminte , traduite en François , par G. Belliard. *Rouen.* 1598. *in* 12.

1721 L'Aminte du Taffe , traduite de l'Italien en François. *La Hâye.* 1679. *in* 12.

1722 Rime piacevoli di Cefare Caporali , del Mauro , & d'altri Auttori : accrefciute di molte Rime gravi , & burlefche , di Torquato Taffo & di diverfi Ingegni. *Venet.* 1588. *in* 12.

1723 Rime di Cefare Caporali , con l'Offervat. di Carlo Caporali , dal medefimo revifte & accrefciute. *Vinegia.* 1662. *in* 12.

724 Sogno Amorofo di Mutio Manfredi. *Milano.* 1604. *in* 8.

1725 Tela Cangiante di Annibal Guafco. *Milano.* 1605. *in* 8.

1726 Filli di Sciro, di Guidobaldo de' Bonarelli. *Amft.* 1678. *in* 24.

1727 La Filis de Scire du Sieur du Cros. *Paris.* 1630. *in* 8.

1728 La Filis de Scire, Comédie Paftorale, tirée de l'Italien, par le Sieur Pichou. *Paris.* 1631. *in* 8.

1729 La Filis de Scire, traduite en Vers François, par D. T. *Paris.* 1669. *in* 12.

1730 Teforo di Concetti Poëtici Scelti da piu illuftri Poëti Tofcani, da Giovanni Cifano. *Venetia.* 1610. *in* 12.

1731 Il Paftor fido, di Batt. Guarini, con la giunta d'altre cofe notabili del medefimo Guarini. *Venet.* 1602. *in* 4.

1732 Il Paftor Fido, en Italien avec le François à côté. *Rouen.* 1648. *in* 12.

1733 Il medefimo. 1654. *in* 16.

1734 Il medefimo. *Leida. Elzevir.* 1659. *in* 12.

1735 Le Berger Fidel, traduction Françoife. *Paris. in* 4.

1736 Il medefimo Paftor Fido. *Parigi. (Amfterd.)* 1678. *in* 24.

1737 Le Paftor Fido, traduit en Vers François. *Paris.* 1686. *in* 12.

1738 Le même. *Cologne.* 1686. *in* 12.

1739 Proginnafmi Poëtici di Udeno Nifieli. *Firenze.* 1620. *in* 4. 4 *vol.*

1740 La Venetia Edificata, Poëma Heroico di Guilio Strozzi, col Argomenti di Francifco Cortefi. *Venetia.* 1624. *in fol.*

1741 La Galeria del Cavalier Marino, diftinta in Pitture & Sculture. *Venetia.* 1616. *in* 12.

La Murtoleide fifchiate del Cavalier Marino; con la Marineide rifate del Murtola: aggiuntovi la Strigliate à Tomafo Stigliano di Robufto Pogommega : e l'innamorato di Pupulo, e la Pupola. *Norimb.* 1642.

Il Padre, del Marino, con le fue due Prigioni di Napoli & di Torino ; con un Sonetto fopra il Tebro, & tre Canzoni del medefimo. *Paris.* 1646.

1742 Capitoli burlefchi di Girol. Magagnati ; aggiontovi il Giardiniero di Cefare Orfino. *Norimb.* 1642.

La Merdeide, Stanze in lode delli Stronzi della real Villa di Madrid. *Ibid.* 1643. *in* 12.

1743 L'Adone, Poëma del Marino ; con gli argomenti di Fortuniano Sanvitale, e l'allegorie di Lor. Scoto. *Amft.* 1651. *in* 12. 2 *vol.*

1744 L'Adone, del Marino, *Amft. Elzevir.* 1678. *in* 24. 2 *vol.*

1745 Diporti Poëtici, di Cefare Orfino. *Venet.* 1630. *in* 8.

1746 La Sechia Rapita, di Taffoni, Franc. & Ital. *Paris.* 1678. *in* 12. 2 *vol.*

1747 Opere del Fulvio Tefti. *Venet.* 1656. *in* 12.

1748 Il Cimiterio, Epitafii giocofi, di Gio. Fr. Loredano, & di Pietro Michiele. 1645. *in* 12.

1749 Panegirici in ottava rima da Gio. Giacomo Pallemonio. *Venetia.* 1665. *in* 18.

1750 L'Arcadia in Brenta, overo la Melanconia Sbandita, di Ginnefio Gavardo Vacalerio. *In Bologna.* 1673. *in* 12.

1751 Infalta Mefcolanza di Carlo Gabr. d'Ogobbio, che contiene Favole, Effempi, Facetie & Motti di diverfi Auttori, ridotti in ottava rima. *In Roma.* 1621. *in* 4.

1752 Poëfie Lugubri de diverfi Autori. *MS. in* 4.

K iiij

Poëtes Italiens Dramatiques ;

ou

Tragédies & Comédies.

1753
- La Cofanaria, Comedia, di Francefco d'Ambra, *Firenze.* 1593.
- Il Furto, Comedia, di Fr. d'Ambra. *Fiorenza.* 1564.
- La Lena, Comedia, di Lod. Ariofto. *Vinegia.* 1535.
- Il Negromante, Comedia, di Lod. Ariofto. *Vinegia.* 1535.
- Calandra, Comedia, di Bern. da Bibiena. *Fiorenza.* 1558. in 8.

1754
- Il Negromante, Comedia, di Lod. Ariofto. *Vineg.* 1535.
- La Lena, Comedia, del medefimo. *Vineg.*
- La Caffaria, Comedia, del medefimo. *Vinegia.* 1546.
- Gli Suppofiti, Comedia, del medefimo. *Vineg.* 1526. in 8.

1755
- Orbecche, Tragedia, di Giraldi Cinthio. *Vinegia.* 1541.
- La Gelofia, Comedia. *Vinegia.* 1582.
- Las Spagnolas, Comedia. *Vinegia.* 1566.
- Le Due Cortegiane, Comedia. *Vineg.* 1567.
- Comedia di Meffer Vicenzo Fenice. *Vineg.* 1567. in 8.

1756
- Canace, Trag. di Sperone Speroni. *Fior.* 1546.
- Didone, Trag. di Lod. Dolce. *Vineg.* 1547.
- Giocafta, Trag. del medefimo. *Ibid.* 1549. in 8.

1757 Le Tragedie di Gio. Batt. Giraldi Cinthio, cioè: Orbecche, Altile, Didone, Cleopatra, Artenopia, Euphimia, Epitia, Selene. *Venetia.* 1583. *in* 8.

Giocafta, Tragedia di Lod. Dolce. *Vineg.* 1549.

Altea, Tragedia di Bongianni Gratarolo. *Vinegia.* 1556.

1758 Il Capitano, Comedia di Lod. Dolce. *Vineg.* 1547.

Didone, Tragedia di Lod. Dolce. *Vin.* 1547.

Stanze di Lod. Dolce nella Favola Dadone, *Vineg.* 1547. *in* 8.

1759 Tragedia di Fr. Negro, intitolata, Libero Arbitrio, edizione feconda, con accrefcimento. 1550. *in* 12.

1760 Ifigenia, Tragedia di Lod. Dolce. *Vinegia.* 1551. *in* 12.

1761 Scilla, Tragedia di Cefare de' Cefari. *Venet.* 1552. *in* 8.

1762 Comedie di Lod. Dolce, cioè, il Ragazzo, il Marito, il Capitano, la Fabritia, il Ruffiano. *Vineg.* 1560. *in* 12.

Le due Cortigiane, Comedia di Lod. Domenichi. *Fiorenza.* 1563.

La Gioia, Comedia di Gio. da Piftoia. *Venet.* 1586.

1763 Le Trajane, Tragedia di Lod. Dolce. *Venet.* 1593.

Marianna, Tragedia del medefimo. *Ibid.* 1593. *in* 8.

La Cortigiana, Comedia di Pietro Aretino. 1545.

Il Filofofo, Comedia del medefimo. *Vineg.* 1546.

Lo Hipocrito, Comedia del medefimo. 1542.

L'Horatia, del medefimo. *Vinegia*. 1546.

Il Marefcalco , Comedia del medefimo. 1536.

1764 { Talanta, Comedia del medefimo. *Vinegia*. 1542.

Ragionamento del medefimo , de le Corti del Mondo , e di quella del Cielo. 1541.

Dialogo del medefimo , del Gioco , con moralità piacevole. *Vinegia*. 1545.

Capitoli del medefimo Aretino , Lod. Dolce , Fr. Sanfovino & altri acutiffimi Ingegni , diretti à gran Signori foprà varie & diverfe materie delettevole. 1541. *in* 8.

1765 Quattro Comedie di Pietro Aretino : cioè, il Marefcalco , la Cortegiana , la Talanta, l'Hipocrito. 1588. *in* 12.

La Fantefca , Comedia di Girol. Parabofco. *Vinegia*. 1557.

La Cingana , Comedia di Gigio Arthemio Giancarli. *Vinegia*. 1550.

1766 { Il Marefcalco , Comedia di Pietro Aretino. *Vinegia*. 1537.

Celeftina , Tragicomedia de Callifto & Melibea. *Vinegia*. 1541.

Caffaria , Comedia di Lod. Ariofto. *Vineg*. 1536. *in* 8.

La Pinzochera , Comedia , d'Ant. Franc. Grazini. *Vinegia*. 1582.

La Sibilla , Comedia del medefimo. *Vineg*. 1582.

1767 { La Strega , Comedia del medefimo. *Vineg*. 1582.

I Parintadi , Comedia del medefimo. *Vinegia*. 1582.

La Spiritata , Comedia del medefimo. *Vinegia*. 1582.

1768
- I Parintadi, Comedia d'Anton. Franc. Grazini, detto il Lasca. *Venet.* 1582.
- Amor constante, Comedia di Stordito Intronato. *Venet.* 1595.
- I Lucidi, Comedia di Agnolo Firenzuola. *Firenze.* 1552.
- La Sporta, Comedia di Gio. Batt. Gelli. *Trivigi.* 1601.
- La Zecca, Comedia di Girolamo Razzi. *Vinegia.* 1602.
- Calandra, Comedia di Bern. da Bibiena. *Fiorenza.* 1558. *in* 8.

1769 Eustachia, Comedia di Nic. Guidani. *Vineg.* 1570.

1770 La Emilia, Comedia di Luigi Groto Cieco di Hadria. Emilie, Comedie nouvelle de Loys Groto Aveugle d'Hadria, traduite d'Italien. *Paris.* 1609. *in* 12.

1771
- I morti vivi, Comedia di Sforza d'Oddi. *Perugia.* 1576.
- Hippolito, Trag. di Ottaviano Zara. *Padoa.* 1558.
- Comedia intitolata, *Sine Nomine. Fiorenza.* 1574.
- Marc'Antonio e Cleopatra, Trag. di Celso Pistorelli. *Verona.* 1576.
- Opere di Nicol. da Corregia, intitulate, la Psyche, & la Aurora. *Venet.* 1515. *in* 8.

1772
- Rodopeia, Tragedia di Leonoro Verlato. *Venetia.* 1582.
- Danza di Venere, Pastorale, di Angelo Ingegneri. *Vicenza.* 1584.
- L'Amarille, Pastorale, di Christoforo Castelletti. *Venetia.* 1582. *in* 8.

1773 {
Il Furbo, Comedia di Christof. Castelletti. *Venet.* 1584.

Ameto, Comedia delle Ninfe Fiorentine, di Gio. Boccaccio. *Ibid.* 1592. *in* 12.

1774 Le Stravaganze d'Amore, Comedia di Christoforo Castelletti. *Vinegia.* 1597. *in* 12.

1775 {
Tullia feroce, Tragedia di P. Cresci. *Venet.* 1591.

La Gismonda, Tragedia di Torq. Tasso. *Par.* 1587.

Acripanda, Trag. di Ant. Decio da Horte. *Venet.* 1592.

Calestri, Tragedia di Carlo Turco. *Ibid.* 1585.

La Conversione di Santa Caterina, di G. B. Isabelli. *Ibid.* 1576.

Jephte, Trag. di Gironimo Giustiniano. *Parma.* 1583.

La Pace, Comed. di Marin. Negro. *Ibid.* 1592. *in* 8.

1776 La Face, Comedia di Marin. Negro. *Venet.* 1592.

1777 {
Roselmina, Favola tragisatiricomica, di Lauro Settizonio. *Venet.* 1595.

La Schiava, Comedia di Gio. Batt. Calderari. *Vicenza.* 1589.

I Fantasmi, Comedia d'Hercole Bentivoglio. *Vinegia.* 1544.

Moti di Fortuna, Comedia di Mariano Maniscalco. *Fiorenza.* 1569.

Polifila, Comedia piacevole e nuova. *Fiorenza.* 1556.

Jacob & Joseph, Comedia di Pandolpho Collenutio. *Vinegia.* 1547. *in* 8.

1778 La Cecca, Comedia di Girolamo Razzi. *Venetia.* 1596. *in* 12.

1779 La Falſa Riputatione della Fortuna di Gio:
Batt. Leoni. *In Venetia.* 1596. *in* 8.

1780
{
Alceo, Favola Peſcatoria, di Antonio On-
garo. 1582.

Lá Chori, Egloga Paſtorale, del Marcello
Ferro. 1598.

Gli Antivalomeni, Tragedia di Cinthio.
1583.

Orbecche, Tragedia, di Cinthio. 1541.

Afrodite Nova, Tragedia, di Adriano Va-
lerini. 1578.

Acripanda, Tragedia. 1592.

Opera Nova, de Meſſer Antonio Vinciguer-
ra. *Venet.* 1527. *in* 8.
}

1781
{
Il Paſtor Vedovo, Favola Boſcareccia, di
Dioniſio Rondinelli. *In Vicenza.* 1599.

J. Falſi Dei, Favola Paſtorale.

Tirci, Egloga Boſchereccia, Tragi-Comi-
ca, del Trapalini.

La Fraude, Comedia Nuova di Angelo
Balducchio. *Vinegia.* 1597. *in* 8.
}

1782 Honeſta Schiava, del Girolamo Pico. Co-
media. *Vinegia.* 1601. *in* 8.

1782 * Lo Errore, di Gio. Batiſta Gelli. *Firenze.*
1603. *in* 12.

1783 La Pazzia, Comedia di M. Criſtoforo Sici-
nio. *Venetia.* 1604. *in* 8.

1783 * Gli Amoroſi Inganni, Comedia piacevole
di Vincenzo Belando detto Cataldo. *Par.*
1609. *in* 12.

1784
{
Gli Amoroſi Inganni, Comedia di Vincenzo
Belando. *In Pariggi.* 1609.

Candelaio, Comedia del Bruno Nolano.
In Pariggi. 1582.

Il Cuore Amico di Don Pietro Paulo Oran-
giano. *In Lione.* 1640.
}

1784 *La Turca, Comedia Boscherecçia & Maritima di Gio. Batt. Andreini. *Venet.* 1620. *in* 8.

1685 {
Le tre Costanti, Comedia di Hercole Marliani. *Mantoua.* 1622.
La Pellegrina Constante, Dramma di Loreto Vittorii. *Roma.* 1647.
Il Medoro Incoronato, Traged. di Prospero Bonnarelli. *Roma.* 1645. *in* 8.
}

1785 *Le Dedain Amoureux, Pastorale traduite en François sur l'Italien de François Bracciolini. *Paris.* 1603. *in* 12.

1786 {
La Pellegrina Costante, Dramma, del Loreto Vittorii da Spoletti. *Roma.* 1647.
La Citta del Cataio. *in* 8.
}

1786 *L'Andromaca, Tragedia del Sig. Racine, transportata dal Francese in Versi Italiani. *Parigi.* 1725. *in* 8.

Mythologues Italiens.

1787 La Genealogia de gli Dei de Gentili, di Giov. Boccaccio; trad. per Gioseppe Betussi. *Venet.* 1569 *in* 4.

1788 Les Images des Dieux, contenant leurs Portraits, Coutumes & Cérémonies de la Religion des Payens, traduites de l'Italien de Vincent Cartari, par Ant. Du Verdier. *Lyon.* 1610. *in* 8.

1789 Vita di Esopo, tradotta dal Conte Giulio Landi. *In Venetia.* 1550. *in* 8.

1790 La medesima. *In Venetia.* 15-5. *in* 18.

1791 Il Targa, dove si contengono Favole tratte da diversi Autori Antichi, & ridotte in Versi da Cesare Pavesi. *Venetia.* 1575. *in* 8.

1792 Cento Favole de piu Illuſtri Antichi è Moderni Autori, Greci & Latini, Scelte da Gio. Mario Verdizotti. *In Venetia.* 1671, *in* 8.

1793 Fables diverſes, Italiennes & Françoiſes, par Louis Pompe. *Paris.* 1693. *in* 12.

Romans Italiens.

1794 Hiſtoria di Heliodoro, delle coſe Etiopiche, trad. di Greco in Toſcana Lingua da Leon. Glinci. *Venet.* 1623. *in* 8.

1795 Achille Tazio dell Amore di Clitofonte e Leucippe, trad. di Gr. in Toſcana Lingua da Ang. Fr. Coccio. *Fiorenza.* 1599. *in* 8.

1796
{ Amoroſi Ragionamenti, Dialogo nel quale ſi raconta un Compaſſionevole Amore di due amanti, Clytophonte & Leucippe, tradotte per Lod. Dolce. *Vinegia.* 1546.
Dialogo del medeſimo Dolce, della Inſtitutione delle Done ſecondo li tre Stati che cadano nella Vita Humana. *Vinegia.* 1545. *in* 8.

1737
{ Gli Amori d'Iſmenio, per Euſtathio, e di Greco tradot. per Lelio Carani. *Venetia.* 1560.
Hecatomphila, de L. Alberti, nella quale inſegna la ingenioſa Arte d'Amare. *Vinegia.* 1528. *in* 8.

1798 Apulegio, trad. da Matteo Maria Boiardo. *Vinegia.* 1544. *in* 8.

1799 La Pſiche, di Hercole Udine, con una breve Allegoria di Angelo Grillo. *Venetia.* 1599. *in* 8.

1800 Dell'opere magnanime de i due Triſtani

Cavalieri invitti della Tavola Ritonda. *Venetia.* 1555. *in* 8.

1801 L'Historia di Amadis di Grecia, Cavalier dell'ardente Spada. trad. dal Spagnuolo per Michele Tramezzino. *Venetia.* 1592. *in* 8.

1802 Il Cavallier del Sole, che con l'Arte militare dipinge la Peregrinatione della vita humana; trad. di Spagnuolo in Italiano, per P. Lauro. *Venetia.* 1620. *in* 8.

1803 La Celestina, Tragi-Comedia di Calisto e Melibea, tradotta per Alphonf. Hordorgnez. *Vinegia.* 1543. *in* 8.

1804 La Celestine, fidellement répurgée, par Lavardin. *Paris.* 1578. *in* 12.

1805 La Circé, traduit de l'Italien de B. Gelli, par du Parc. *Lyon* 1550. *in* 8.

1806 Le Philocope de Boccace, contenant l'Histoire de Fleury & de Blanche-Fleur, traduite de l'Italien, par Adrian Sevia. *Paris.* 1555. *in* 8.

1807 Le Caloandre Fidele, traduit de l'Italien, d'Ambroise Marini. *Amsterdam.* 1740. *in* 12. 3 *vol.*

1808 Les Désespéré, Histoire héroïque, traduite de l'italien de Jean-Ambroise Marini. *Paris.* 1732. *in* 12. 2 *vol.*

1809 La Rosalinda, del Cavalier Bernardo Morando. *Venetia.* 1688. *in* 8.

1810 La Rosalinde, imitée de l'Italien. *Paris.* 1730. *in* 4.

1811 Della famosissima Compagnia della Lesina Dialogo, Capitoli e Ragionamenti. *Venetia.* 1603. *in* 8.

1812 La Fameuse Compagnie de la Lesine, ou Aleine, trad. de l'Italien. *Paris.* 1618. *in* 12.

1813

1813 La Contre-Lefine, ou Difcours & Louange de la Libéralité, ou les Nopces d'Anti-Lefine, traduit de l'Italien. *Paris*. 1604. *in* 12.

Fictions, Nouvelles, Contes & Facéties
Italiennes.

1814 Decamerone di Giov. Boccaccio. *Venetia.* 1484. *in fol.*

1815 Il medefimo, per Antonio Brucioli. *in Venetia.* 1538. *in* 4.

1816 Il medefimo, per Girolamo Rufcelli. *in Venetia.* 1552. *in* 4.

1817 Il medefimo. *Lione.* 1555. *in* 16.

1818 Il medefimo, alle ftampe da gli Giunti l'anno 1527. *Amft.* 1665. *in* 12.

1819 Tre Difcorfi di Girol. Rufcelli ; l'uno intorno al Decamerone del Boccaccio, l'altro all'Offervat. della Lingua Volgare, & il terzo alla tradottione del' Ovidio. *Venetia.* 1553. *in* 4.

1820 Ragionamento da Cl. de Herbere, & da Aleffandro de gli Uberti, fopra alcuni Luoghi delle cento Novelle del Boccaccio. *Lione.* 1557. *in* 4.

1821 Le Decameron de Jean Boccace, traduit de l'Italien en François, par Antoine le Maçon. *Paris.* 1545. *in fol.*

1822 Porretane di Sabadino. *Vineg.* 1531. *in* 8.

1823 Novelle del Mafucio, intitolate, Il Novellino. *Venetia.* 1484. *in fol.*

1824 { Le medefime. *Vinegia.* 1535.
Laberinto d'Amore, di Gio. Boccaccio ; con una Epiftola a Meffer Pino di Roffi, del medefimo. *in* 8.

L

1825 Hiſtoires Tragiques, extraites des Œuvres de Bandel , & miſes en François , par Belleforeſt. *Paris & Lyon.* 1571. *in* 16. 7 *vol.*

1826 Hiſtoires Prodigieuſes, extraites de différens Auteurs , & recueillies par divers Auteurs. *Paris.* 1598. *in* 16.

1827 De gli Hecatommithi, di Giovan Batt. Giraldi Cinthio. *Monte-Regale.* 1565. *in* 8. 2 *vol.*

1828 Les Cent Nouvelles de J. Bapt. Giraldy, traduites par Gabriel Chappuys. *Paris.* 1584. *in* 8.

1829 Cento Novelle di Fr. Sanſovino. *Venetia.* 1566. *in* 4.

1830 Le Tredici piacevoli Notti , di Gio. Fr. Straparola. *Vinegia.* 1569. *in* 8.

1831 Le medeſime Tredici piacevoliſſime Notti, di Gio. Franc. Straparola. *Venetia.* 1608. *in* 8.

1832 Les Facétieuſes Nuits du Seigneur Straparole. *Paris.* 1726. *in* 12. 2 *vol.*

1833 Le Sei Giornate , di Sebaſtiano Erizzo, mandate in luce , da Lodovico Dolce. *Venetia.* 1567. *in* 8.

1834 Ducento Novelle , di Celio Maleſpini. *Venetia.* 1609. *in* 4. 2 *vol.*

1835 Le Otto Giornate del Fuggilozio de Tomaſo Coſto. *Venetia.* 1620. *in* 8.

1836 Cento Novelle amoroſe de i Academici Incogniti. *Venetia.* 1651. *in* 4.

1837 Facetie di Poggio. *Vinegia.* 1553. *in* 12.

1838 Facetie , Motti & Burle , di diverſi , raccolte per Lod. Domenichi, con aggiunta di Motti , raccolti da Th. Porcacchi. *Venetia.* 1568. *in* 8.

1839 Scelta di Facetie, Motti, Tratti, Buffonerie e Burle, cavati da diverſi Auttori. *Firenze.* 1579. *in* 8.

1840 {
Faceties & Mots Subtils d'aucuns Excellens Eſprits, en François & en Italien. *Lyon.* 1682.

Bonne Réponſe à tous Eſprits, & à tous Propos, traduction de l'Italien. *Lyon.* 1580. *in* 16.

1841 Commento di Ser Agreſto da Ficarvolo ſopra la prima Ficata del Padre Siceo; con la Diceria di Naſi. 1584. *in* 8.

1842 Ragionamento del Zoppino fatto Frate, e Lodovico Puttaniere, dove contienſi la Vita di tutte le Cortigiane. *Imp. per Fr. Marcolino.* 1539. *in* 8.

1845 La Camilletta di Guttierri Clugnieſe. *Parigi.* 1586. *in* 8.

1846 Trattenimenti di Scipione Barbagli, e alcune amoroſe Canzonette. *Vinegia.* 1587. *in* 8.

1847 Retorica delle Monache. 1672. *in* 12.

1848 Il P. Moderno, con il Parlatorio delle Monache. *in* 12.

1849 Le Songe de Boccace, traduit de l'Italien par de Bremond. *Paris.* 1705. *in* 12.

1850 Hypnerotomachia Poliphili. *Venetia.* 1500. *in fol.*

1851 Diſcours du Songe de Poliphile. *Paris.* 1561. *in fol.*

1852 Le Tableau des riches Inventions repréſentées dans le Songe de Poliphile, expoſées par Fr. Beroalde de Verville. *Paris.* 1600. *in* 4.

Philologues Italiens.

1853 Nymphale d'Ameto, di G. Boccaccio, con
      Laberintho d'amore del medesimo. *in* 8.

1854 {
Laberinto d'Amore, di Giov. Boccaccio.
      Milano. 1520.
Ameto, Comedia delle Nimphe Fiorenti-
      ne, Giov. Boccaccio. *Venegia.* 1534.
Hiftoria dilettevole, del medefimo. *Vine-
      gia.* 1526.
Urbano, Hiftoria, del medefimo. 1543.
      in 8.

1855 {
Ameto, Comedia delle Nimphe Fiorentine
      di Giov. Boccaccio. *in Vinegia.* 1545.
      in 8.
Specchio d'Amore, Dialogo di Bartolo-
      meo Gottifredi. *in Fiorenza* 1547.

1856 Labirinto d'Amore di Giov. Boccaccio,
      nomato il Corbaccio. *in* 12.

1857 Fiammetta. *Fiorenza.* 1524. *in* 8.

1857* La medefima Fiammetta del Boccaccio. *in
      Fiorenza.* 1533. *in* 8.

1858 La medefima, Ital. & Franç. *Paris.* 1609.
      in 12.

1859 Libro di G. Boccaccio delle Donne Illuf-
      tri, tradotto per Giufeppe Betufi. *Vene-
      tia.* 1545. *in* 12.

1860 Gli Afolani, di Pietro Bembo. *Vinegia.*
      1515. *in* 8.

1861 Les Azolains de Bembo, traduits par Jean
      Martin. *Paris.* 1553. *in* 12.

1862 Libro del Peregrino. *Vinegia.* 1527. *in* 8.

1863 {
La Zucca, del Doni. *in Vinegia.* 1550.
La Chiachiere della Zucca, del Doni
      1551.
Le Baïe della Zucca, del Doni. 1551. *in* 8.

1864 La Zucca, del Doni. *in Vinegia.* 1580. *in* 8.

1865 Mondi Celesti, Terrestri & Infernali, composti dal Doni. *Venetia.* 1583. *in* 8.

1866 Les Mondes Célestes, Terrestres & Infernaux : tirés des Œuvres de Doni, par Gabriel Chappuis. *Lyon.* 1580. *in* 8.

1867 Quattro libri de Dubbi con le Solutioni a ciascun Dubbio accommodate. *Vinegia.* 1556. *in* 8.

1868 La Sinagoga de gl'Ignoranti, da Thomaso Garzoni. *Venetia.* 1594. *in* 4.

1869
- L'Hospidale de Pazzi Incurabili, del Garzoni.
- Trattato delle Infelicita & Miserie delle Huomo, da Stephano Breventano. *Paris* 1575.
- Della Felicitate, opera di Fran. Stabile. *Turino.*
- La Vita de Cortigiani, di Luciano Interprete Giulio Roselli. *Vinegia.* 1542.
- Nova Prudentia & il Ragionamento ironico, contra la grand Schiera delle Suleraggini. 1546. *in* 8.

1870 Le Theâtre des Divers Cerveaux du Monde, traduit de l'Italien par G. C. D. T. *Paris.* 1586. *in* 12.

1871
- Lhoggidi, overo Gl' Ingegni non inferiori a' passati, da Secondo Lancelloti. *in Venetia.* 1632. *in* 8.
- Farfalloni de gli Antichi Historici, di Secondo Lancelloti. *in Venetia.* 1659. *in* 8.

1872 L'Hôpital des Fous Incurables, de Thomas Garzoni, trad. par Franç. de Clarieo. *Paris.* 1620. *in* 8.

1873
{
La Piazza universale di tutte le Professioni del Mondo , da Tomaso Garzoni. *Venetia.* 1610.

Il Theatro de varii é diversi Cervelli Mondani , del medesimo Garzoni. *Venetia.* 1617. *in* 4.
}

1874 Antipatia de' Francesi & Spagnuoli , trad. in Italiano da Clodio Vilopoggio. *in Milano.* 1635. *in* 12.

1875 La PazzescaPazzia de Gl' Huomini , e Donne di Corte innamorati , da Gabrieli Pascali. *Venetia.* 1608. *in* 8.

1876 La Galeria delle Donne Celebri , da Francesco Pona. *in Venetia.* 1657. *in* 12.

1877 I Donneschi diffetti , da Giuseppe Passi. *in Venetia.* 1602. *in* 4.

1878 La Messalina , da Fr. Pona. *Venetia.* 1633. *in* 12.

1879 La Lucerna di Eureta Misolcolo , da Franc. Pona , aggiuntovi la Messalina , del medesimo. *Parigi. in* 12.

1880 Raguagli Amorosi , di Luca Assarino. *Venetia.* 1642. *in* 12.

1881 La Taliclea , di Ferrante Pallavicino. *Venetia.* 1653. *in* 12.

1882 Le Rete di Vulcano , di Ferrante Pallavicino. *Venetia.* 1647.

1883 La Simplicita Ingannata , di Galerana Baratotti , (Archangelo Tarabotti.) *Leida.* 1654. *in* 12.

1884 La Gondola à tre Remi , di Girolamo Brussoni. *Venetia.* 1657. *in* 12.

1885 Bizarie Academice , di Giovanno Francesco Loredano. *Venetia.* 1662. *in* 8.

1886 La Doppia Impiccata. *Orbitello.* 1667. *in* 12.

1887 La Grillaia , di Scipio Glareano. *Napoli.* 1668. *in* 12.

1888 Lettere di Principi. *Venetia.* 1564. *in* 4. 3 *vol.*

1889 Epîtres des Princes, recueillies par Jerôme Ruscelli , & mises en François par de Belleforest. *Paris.* 1572. *in* 4.

1890 Il Terzo Libro de Lettere di Pietro Aretino. *in Vinegia.* 1546. *in* 8.

1891 Pistolotti Amorosi, del Doni, con altre Lettere d'Amore de diversi Autori. *Vinegia.* 1558. *in* 12.

1892 Lettere Amorose , di Alvise Pasqualigo. *Venetiis.* 1581. *in* 8.

1893 Lettere , facete & piacevoli di diversi grandi Huomini & chiari Ingegni , raccolte per Dion. Athanagi. *Venetia.* 1582. *in* 8.

1894 Lettres Subtiles de Cesar Rao , trad. de l'Italien , par Gabriel Chappuis. *Roüen.* 1609. *in* 12.

1895 Lettere del Cavalier Marino , con diverse Poesie del medesimo. *Venetia.* 1627. *in* 8.

1896 Lettere & Ragionamenti d'Isabella Andreini. *Torino.* 1616. *in* 12.

1897 Raccolta di Lettere scritte da Bentivoglio. *Venetia.* 1669. *in* 12.

1898 Les Lettres du même Cardinal Bentivoglio , traduites par de Veneroni. *Amsterdam.* 1696. *in* 12.

1899 Gli dilettevoli Dialogi , le facete Epistole di Luciano . *in Roma.* 1521. *In* 8.

1900 Ragionamenti overo Colloqui famigliari , di Desiderio Erasmo. *Vinegia.* 1649. *in* 8.

1901 {
Dialogo di Giovanni Stamlerno. *in Vineg.*

Tre Orationi di Ruzzante , con uno Ragionamento & una Lettera. *in Venetia.* 1565.

Due Dialoghi di Ruzzante , in lingua Rustica. *in Venetia.* 1565. *in* 8.

Rhodiana , Comedia , per il Ruzzante. *in Venetia.* 1565. *in* 8.

Moschetta , Comedia , per il Ruzzante. *in Venetia.* 1565. *in* 8.

Fiorina , Comedia , del Ruzzante. *in Venetia.* 1565.

Anconitana , Comedia , del Ruzzante. *in Venetia.* 1565.

Piovana , Comedia , di Ruzzante. *in Venetia.* 1565.

Las Spagnolas. Comedia di Andrea Calmo. *in Venetia* 1566.

Vaccaria , Comedia di Ruzzante. *in Venetia.* 1565.

1902 Dialogi Piacevoli , di Nic. Franco ; *Vinegia.* 1542. *in* 8.

1903 {
Dialogo della Bella Creanza delle Donne. 1540.

Proverbi , di Antonio Cornazano , Facetie & due Dialoghi. *Vinegia.* 1538. *in* 8.

1904 {
Il medesimo Dialogo , della Bella Creanza delle Donne. *Vinegia.* 1574.

Stanze Amorose sopra gli Horti delle Donne , & in Lode della Menta. *Venetia.* 1574. *in* 12.

1905 {
Dialoghi di Speron Speroni. *Vinegia.* 1546.

Dialoghi di Amore , composti per Leone Medico. *Vinegia.* 1545. *in* 8.

1905 * Dialogi Maritimi di Giovan. Jacobo Bottazzo, & Rime alcune di Nic. Franco, & d'Altri. *Mantua.* 1547. *in* 8.

1906 Dialogho dell' Imprese Militari & Amorose, di Paolo Jovio & Gabr. Simeoni. *Lione.* 1559 *in* 4.

1907 Dialogues & Discours Fantastiques de Justin Tonnelier, traduits de J. B. Gelli, par C. D. K. P. *Paris.* 1570. *in* 12.

1908 Dialogo de' Giuochi che nelle Vegghie Sanesi si usano di fare, del Materiale Intronato. *Venetia.* 1575. *in* 8.

1909 ⎰ Il medesimo Dialogo. *in Venetia.* 1581.
⎱ Comedie d'Anton. Grazini detto in Lasca, cioè, La Gelosia, &c. *in Venetia.* 1582.
L'Intrico, Comedia di Flaminio Guarnieri da Osimo. *in Rimini.* 1582. *in* 8.

1910 Diporti Notturni, Dialoghi familiari del Cap. Franc. Ferretti. *Anconi.* 1580. *in* 8.

1911 De Gl' Heroïci Furori, da Giordano Bruno. *Parigi.* 1585. *in* 12.

1912 Dialogho di Annibale Romei. *Ferrara.* 1587. *in* 8.

1913 Il Rinaldi, overo Dialogo del Paragone, tra il Verno, e la State. *Venetia.* 1589. *in* 8.

1914 Dialoghi piacevoli, di Stef. Guazzo. *Venet.* 1604. *in* 8.

1915 Quattro Dialoghi di Garnero, con alcune curiosita. *Geneva.* 1627. *in* 8.

1916 Il Divortio Celeste, da Ferrante Pallavicino. *in Villa Franca.* 1643. *in* 12.

1917 Il medesimo. *Regunea.* 1679. *in* 12.

1918 Le Divorce Celeste, traduit de l'Italien. *Villefranche.* 1644. *in* 12.

1919 Le Courier dévalifé, traduit de Ferrante Pallavicino. *Villefranche.* 1644. *in* 12.

1920 La Secretaria di Apollo, che fegue gli Ragguagli di Parnaffo di Boccalini. *Amftelodami.* 1653. *in* 32.

1921 Apologia de gli Academici dei Banchi di Roma, contra Lodovico Caftelvetro. 1558. *in* 4.

1922 Lezzioni, di Pietro-Francefco Giambullari. *in Firenze.* 1551. *in* 8.

1923 La Nobilta dell' Afino di Attabalippa dal Peru, aggiuntovi la nobile & honorata Compagnia delli Briganti dalla Baftina da Camil. Scaligeri. *Venetia.* 1599. *in* 4.

1924 L'Hore di Ricreatione di Lodovico Guicciardini. *Venetia.* 1579. *in* 32.

1925 Valerio Maffimo, dei Detti & Fatti memorabili, tradotti di Latino, da Giorgio Dati. *in Venetia.* 1551. *in* 8.

1926 Detti & Fatti piacevoli & gravi di diverfi Principi, Filofofi & Cortegiani, raccolti per Franc. Sanfovino. *Venetia.* 1581. *in* 8.

1927 Concetti di Hieronimo Garimberto & altri Autori. *in Venetia.* 1596. *in* 8.

1928 Sentenze é Proverbi Italiani, cavati da Giac. du Bois de Gomicourt. *Lione.* 1583. *in* 8.

1929 Theatro Morale de moderni Ingegni, dove fi fcorgono tante belle Sentenze, acute rifporte, raccolti per Cherubino Ghirardacci. *Vinegia.* 1587. *in* 12.

Polygraphes Italiens.

1930 Aquila volante, di Leonardo Aretino, tradotto, nel qual fi conticne molte digniffime Hiftorie & Favole. *in Venet.* 1539. *in* 8.

1931
{
Il Pimandro di Mercurio Trimegifto, tradotto da Tommafo Benci. *in Firenze.* 1549. *in* 8.

Profe, Ragionamenti, Novelle, Dialogi, &c. di M. Agnolo Firenzuola. *in Fiorenza.* 1552. *in* 8.
}

1932 La Selva di varia Lettione, di Pietro Meffia, tradotta per Mambrino da Fabriano. *In Venetia.* 1555. *in* 8.

1933 Les divers Leçons de Pierre Meffie, avec trois Dialogues, mifes en François par Claude Gruget; augmentées par Antoine Du Verdier. *Paris.* 1583. *in* 16.

1934 Les diverfes Leçons d'Antoine Du Verdier, fuivant celles de Pierre Meffie. *Paris.* 1584. *in* 16.

1935 Queftions diverfes, & Reponfes d'icelles, traduites du Tufcan en François. *Lyon.* 1558. *in* 8.

1936 Il Vago, e dilettevole Giardino, da Luigi Contarino. *In Vicenza.* 1597. *in* 4.

1937
{
Configli de gli Animali, cioè, Ragionamenti Civili di Agnolo Firenzuola. *In Venetia.* 1622. *in* 8.

Difcorfo fopra tutti li parlari, che fi fanno in Cielo, da Jeronimo Giovanni da Capugnano. *In Venetia.* 1622.

Dilettevoli Orationi, nella morte di diverfi Animali. *In Venetia.* 1622.
}

1938 Difcorfi di Nicolo Machiavelle. *Vinegia.* 1540. *in* 12.

1939 Les Œuvres de Machiavel, Nouvelle Traduction. *Amfterdam.* 1697. *in* 12. 6 *vol.*

1940 Les mêmes. *Paris. (Rouen.) in* 12. 2 *vol.*

1941 Opere Scelte, di Ferrante Pallavicino. *Villafranca.* 1673. *in* 12. 2 *vol.*

1942 Li Segreti di Stato de i Prencipi dell' Europa. *Bologna.* 1671. *in* 12.

Poëtes Anglois.

1943 Le Paradis perdu, traduit de l'Anglois de Milton, avec les Remarques de M. Adiſſon. *Paris.* 1729. *in* 12.

1944 Diſſertation Critique ſur le Paradis perdu de Milton, par M. Conſtantin de Magny. *Paris.* 1729. *in* 12.

1945 Le Paradis reconquis, traduit de l'Anglois du même Milton, avec quelques autres Pieces. *Paris.* 1730 *in* 12.

1946 Lettres Critiques à M. le Comte.... ſur le Paradis perdu & reconquis de Milton par R. *Paris.* 1731. *in* 12.

1947 La Dunciade, ou l'Angleterre Démaſquée, où l'on trouve des Anecdotes curieuſes, ſur l'Hiſtoire Civile & Littéraire de ce ſiecle. *La Haye.* 1744. *in* 8.

MYTHOLOGUES.

1948 Natalis Comitis, Mythologia, & de Venatione libri IV. *Pariſiis* 1605. *in* 8.

1949 Mythologie, ou Explications des Fables, extraite du Latin de Noël le Comte, par J. D. Mont-Lyard *Lyon.* 1597. *in fol.* 2 *vol.*

1950 La même. *Lyon.* 1612. *in* 4.

1951 La même, traduite par J. Baudouin. *Paris.* 1627. *in fol.*

1952 Mythographi Latini, ex editione Thomæ Munckeri. *Amſtelodami.* 1691. *in* 8.

1953 Autonini Liberalis, Transformationum Congeries , Interprete Guillelmo Xylandro & cum notis Thomæ Munckeri. *Amstelodami.* 1676. *in* 12.

1954 Explication Historique des Fables , par M. l'Abbé Banier. *Paris.* 1711. *in* 12. 2 *vol.*

1955 La Mythologie , & les Fables expliquées par l'Histoire , par M. l'Abbé Banier. *Paris.* 1738 & 1740. *in* 4. 3 *vol.*

1956 Apollodori Atheniensis , Bibliotheca. *in* 8.

1957 Les Images & Tableaux de Platte Peinture des deux Philostrates , & les Statues de Callistrate , mises en François par Blaise de Vigenere, avec des Epigrammes de Artus Thomas. *Paris.* 1614. *in fol.*

1958 Histoire Poëtique , pour l'Intelligence des Poëtes , & des Auteurs anciens , par le P. Gautruche. *Paris.* 1705. *in* 12.

1959 La même. *Paris.* 1738. *in* 12.

1960 Methode pour apprendre la Fable ou l'Histoire des Dieux , par D***. *Paris.* 1692. *in* 12.

1961 Dictionnaire abregé de la Fable , pour l'Intelligence des Poëtes. *Paris.* 1727. *in* 12.

1962 Dictionnaire abregé de la Fable , par Chompré. *Paris.* 1733. *in* 12.

1963 Æsopi Fabulæ & Vita. Item Fabulæ Laur. Abstemii. *Parisiis. Robert. Steph.* 1537. *in* 8.

1964 Æsopi Fabulæ , Græcè , Latinè & Gallicè , per Joannem Meslier. *Parisiis.* 1650. *in* 4.

1965 Fables & Vie d'Esope. *Troyes.* 1687. *in* 8.

1966 Les mêmes avec des Réflexions par Jean Baudoin. *Bruxelles.* 1700. *in* 12.

1967 Efope en belle Humeur , Traduction de
ſes Fables, en Profe & en Vers. *Bra-
xelles.* 1693. *in* 12.

1968 Gabrielis Faerni, Fabulæ ex antiquiſſimis
Autoribus delectæ. *Antverpiæ.* 1573.
in 16.

1969 Tanaq. Fabri, Fabulæ, ex Locmanis ver-
ſibus redditæ. *Salmurii.* 1673. *in* 12.

1970 Fables diverſes en quatre Vers, par M. Vau-
din. *Paris. in* 12.

1971 Fables Nouvelles, miſes en Vers, par M. Ri-
cher. *Paris.* 1729. *in* 8.

1972 Les mêmes. *Paris.* 1744. *in* 12.

1973 Les Amours de Pſiché , par la Fontaine.
Paris. 1669. *in* 8.

1974 Les mêmes. *Paris.* 1695. *in* 12.

1975 Les mêmes. *La Haye.* 1714. *in* 12.

1976 Fableaux, Contes & Nouvelles , copiées
fidelemént d'après le Manuſcrit du XIIIᵉ
Siécle , qui eſt dans la Bibliothéque de
Sainte Genevieve. *MS. in* 4. 4 *vol.*

ROMANS ET FICTIONS.

Introduction aux Romans.

1977 Traité de l'Origine des Romans par M.
Huet. *Paris.* 1693. *in* 12.

1978 De l'uſage des Romans, avec des Remar-
ques Critiques , par M. l'Abbé Langlet
du Freſnoy. *Amſterdam.* 1734. *in* 12.
2 *vol.*

1979 L'Hiſtoire Juſtifiée contre les Romans,
par M. l'Abbé Langlet du Freſnoy. *Am-
ſterdam.* 1735. *in* 12.

Romans Grecs.

1980
{
Parthenii Nicaenſis, Erotica, ſive de a toriis Affectionibus Liber. Gr. & Lat.

Cononis, Narrationes Quinquagenta Gr. & Lat.

Ptolomæi Hephæſtionis, novæ ad variam eruditionem Hiſtoriæ Libri VII. Gr. & Lat. *in* 8.
}

1981 Du Vrai & Parfait Amour, par Athena-goras, contenant les Amours honêtes de Theogene, & de Charide, de Pherecy-des, & de Melangenie. trad. du Grec. *Paris.* 1599. *in* 12.

1982 Heliodori Æthiopicorum Lib. X. Gr. & Lat. cum Animadverſionibus Joannis Bourde-lotii. *Pariſiis.* 1619. *in* 8.

1983 Les Amours de Theagenes & Chariclée, ou Hiſtoire Ethiopique d'Heliodore, traduite du Grec. *Paris.* 1614. *in* 12.

1984 Les mêmes. *Paris.* 1620. *in* 8.

1985 Les mêmes. *Paris.* 1727. *in* 12. *2 vol.*

1986 Achillis Tatii, de Clitophontis & Leucippis Amoribus Libri VIII. ex Editione Claudii Salmaſii. *Lugduni - Batavorum.* 1640. *in* 12.

1987 Les Amours de Leucippe & de Clitophon, traduits du Grec, avec des Notes Hiſtori-ques & Critiques. *Amſterdam.* 1733. *in* 12.

1988 Les Amours de Daphnis & Cloé, traduits du Grec de Longus, par Pierre de Marcaſſus. *Paris.* 1626. *in* 8.

1989 Les mêmes. Edition imprimées par les ordres de Monſeigneur le Duc d'Orleans, avec de belles Figures, gravées par Benoît Audran, sur les desseins de ce Prince. *Paris.* 1718. *in* 12.

1990 Les mêmes. *avec Figur. Paris.* 1722. *in* 12.

1991 Eustathius, de Ismeniæ & Ismenes Amoribus. *Lugduni-Batavorum.* 1644. *in* 32.

1992 Les Avantures Amoureuses d'Ismenes & d'Ismenias, traduit du Grec d'Eustathius, par Colletet. *Paris.* 1625. *in* 8.

1993 Les Amours d'Ismenes & d'Ismenias, par M. de Beauchamps. *Paris.* 1729. *in* 12.

1994 Theodori Prodromi, Rhodantes & Dosicles Amorum Lib. IX. Gr. & Lat. ex Editione Gilberti Gaulmini. *Parisiis.* 1625. *in* 8.

1995 Les Dyonisiaques, ou les Voyages, les Amours, & les Conquêtes de Bacchus aux Indes, traduits du Grec de Nonnus, par P. Boitet. *Paris.* 1625. *in* 8.

1996 Le Xenophon d'Ephese, ou Avantures d'Abrocomes & d'Anthie, traduit de l'Italien. *MS. in* 4.

1997 Les Ephesiaques de Xenophon, ou les Amours d'Anthie & d'Abrocomas. *Paris.* 1736. *in* 12.

1998 Les Amours d'Abrocome & d'Anthia, Histoire Ephesienne, traduite de Xenophon, par Jordan. 1748. *in* 8.

1999 Les Faveurs du Sommeil, Histoire traduite d'un Fragment Grec d'Aristenete. *Londres.* 1746. *in* 12.

Romans Latins.

2000 L. Apuleii Metamorphoseos Libri. *Venetiis.* 1521. *in* 8.

2001 Apuleii de Asino Aureo Lib. II. ex Editione Philippi Beroaldi. *Parisiis.* 1536. *in* 8.

2002 Les Metamorphoses, ou l'Asne d'Or de L. Apulée. *Paris.* 1631. *in* 8.

2003 Les mêmes, avec des Remarques, & le Demon de Socrate. *Paris.* 1767. *in* 12. 2 *vol.*

2004 Joannis Barclaii Argenis, cum Clave. *Lugduni-Batavorum.* 1630. *in* 12.

2005 L'Argenis de Jean Barclay; Traduction Nouvelle, enrichie de Figures. *Paris.* 1624. *in* 8.

2006 Le même, traduit par Marcassus. *Rouen.* 1632. *in* 8. 2 *vol.*

2007 Le même, traduit par M. l'Abbé Josse. *Chartres.* 1732. *in* 12. 3 *vol.*

2008 Le même. *Paris.* 1728. *in* 12. 2 *vol.*

Romans François.

Romans de Chevalerie.

2009 Histoire du Saint Greaal, qui est le premier Livre de la Table Ronde, & de Perceval, qui est le dernier. *Paris.* 1523. *in fol.*

2010 Gyron le Courtois, avec les Devises & les Armes de tous les Chevaliers de la Table Ronde. *Paris. in fol.*

2011 Histoire de Lancelot du Lac, des Chevaliers de la Table Ronde. *Par.* 1498. *in fol.* 2 *vol.*

2012 Le même. *Paris.* 1533. *in fol.*

2013 Tristan, Chevalier de la Table Ronde, Gothique, sur Velin, avec des Figures en Miniature, relié en Velours bleu, garni de Fermoirs & de Coins de Cuivre surdoré. *in fol.* 2 *vol.*

2014 Le Livre du nouveau Tristan, Prince de Leonnois, Chevalier de la Table Ronde, & de la Princesse d'Irlande, Reine de Cor-

M

nuaille, par Jean Maugin. *Lyon.* 1554. *in* 16. 2 *vol.*

2015 Guy de Warwich, Chevalier d'Angleterre. *Paris.* 1525. *in* 4.

2016 Gerileon d'Angleterre, par Etienne de Maifonneuve. *Paris.* 1586. *in* 8.

2016 * Hiftoire & Propheties de Merlin. *Paris.* 1528. *in* 4.

2017 Hiftoire du Preux vaillant Chevalier Gallien Reftauré, fils au Comte Olivier de Vienne, Pair de France. *Paris. in* 8.

2018 La même. *Troyes.* 1660. *in* 4.

2019 Les Prouesses & Faits du très Preux, Noble & Vaillant Huon de Bourdeaux, Pair de France. *Lyon.* 1586. *in* 4.

2020 Les mêmes. *Troyes.* 1727. *in* 4. 2 *vol.*

2021 Hiftoire du Preux Meurvin, fils d'Oger le Dannoys. *Paris.* 1539. *in* 8.

2022 Hiftoire de Très - Noble & Chevalereux Comte de Nevers & de Rethel, & de la très-vertueufe Princeffe Euriant de Savoye fa Mye. *Paris.* 1526. *in* 8.

2023 La même. *Paris.* 1727. *in* 8.

2024 Chriferionte de Gaule, Hiftoire trouvée en la Terre-Sainte, par de Sonan. *Lyon.* 1620. *in* 12.

2025 Amadis de Gaule, mis en François par le Seigneur des Effars, & Nicolas de Herberay. *Lyon.* 1577. & *fuiv. in* 18. 22 *vol.*

2026 Tréfor de tous les Livres d'Amadis de Gaule. *Lyon.* 1582. *in* 16.

2027 Hiftoire de Luzman, pour fervir de fuite à l'Amadis. *in* 18.

2028 { Amadis des Gaules, par M. de Lubert. *Amfterdam.* 1750. *in* 12. 4 *vol.*
     { Préface des Amadis, par M. de Lubert. *in* 12.

2029 L'admirable Hiftoire du Chevalier du Soleil, & de la Princeffe Claridiane, par François Roffet. *Paris.* 1620. & 1626. *in* 8. 8 *vol.*

2030 Le Roman des Romans, où l'on verra la Suite & la Conclufion de l'Hiftoire de Dom Belianis de Grece, du Chevalier du Soleil, & des Amadis, par du Verdier. *Paris. in* 8. 7 *vol*

2031 La Toifon d'Or, contenant les vertueux & magnanimes Faits des Maifons de France, Bourgogne, &c. par Guillaume Filaftre, Evêque de Tournay. *Paris.* 1515. *in fol.*

2032 Les Conquêtes de Grèce, faites par Philippe Madlien, dit le Chevalier de l'Efparvier Blanc. *Paris.* 1527. *in fol.*

2033 Hiftoire de Dom Flores de Grece, furnommé le Chevalier des Cignes, mife en François par Nicolas de Herberay. *Paris.* 1573. *in* 8.

2034 La Conquête du très puiffant Empire de Trebifonde, & de la fpacieufe Afie. *Paris. in* 4.

2035 Les Avantures de Flores & de Blanche-Fleur, par Mad. L. G. D. R. *Paris.* 1735. *in* 12.

2036 Roman de Clefmades & de Clarmondes. *MS. in* 4.

2037 Hiftoire & Chronique du Noble & Vaillant Clamadès, fils du Roi d'Efpagne, & de belle Clermondes. *Troyes. in* 8.

2038 Avantures de Clamadès & Clarmonde, par Mad. L. G. D. R. *Paris.* 1733. *in* 12.

2039 Le Livre de M. Cleriadus, fils au Comte d'Efture, & de Maljudice fille au Roi d'Angleterre. *Paris. in* 8.

2040 Hiftoire du Chevalier Tiran le Blanc. *Londres. in* 8. 2 *vol.*

2041 Les Faits & Proüesses du Noble & Vaillant Chevalier Jourdain de Blaves , fils de Richard de Blaves. *Paris.* 1520. *in* 4.

2042 La Très Plaisante Histoire de Maugist d'Aigremont , & de Dievan son frere, &c. *Paris.* 1525. *in* 8.

2043 Chroniques & Histoires du Chevalier Mabrien , Roi de Hierusalem. *Paris. in* 8.

2044 Histoire des Quatre-Fils Aymon. *Troyes.* 1730. *in* 4.

2045 Histoire & Ancienne Chronique de Gerard d'Euphrate , Duc de Bourgogne. *Paris.* 1549. *in fol.*

2046 La même. *Lyon.* 1581. *in* 18.

2047 Les Augustes & Fideles Amours du Haut & Puissant Chevalier le Fort-Louis , avec la belle , riche & noble Rochelle. *Fontenay.* 1625. *in* 12.

2048 L'Histoire des Faits, Gestes, Triomphes & Proüesses du très pieux & vaillant Chelier Guerin Mesquin , fils de Millon de Bourgogne. *Troyes.* 1629. *in* 4.

2049 Théâtre d'Histoires du Chevalier Polimantes. 1635. *in* 4.

2050 Histoire & Chronique du noble & vaillant Baudouin Comte de Flandres. *Lyon.* 1502. *in* 4.

2051 Les Nobles Faits d'Armes du vaillant Roi Meladius. *Paris.* 1517. *in fol.*

2052 Histoire du très-noble Perce-Forest. *Paris.* 1526. & 1532. *in fol.* 3 *vol.*

2053 Histoire du Chevalier Theseus de Coulogne, & de son Fils Gadifer. *Paris.* 1534. *in fol.*

2054 Histoire Palladienne des Gestes & généreux Faits d'Armes & d'Amours de Palladien fils du Roi Milanor d'Angleterre & de la belle Selerine sœur du Roi de Portugal, par Claude Colet. *Paris.* 1573. *in* 8.

2055 Histoires Merveilleuses & Notables de très excellens & très renommés Fils de Rois, de France, d'Angleterre & d'Ecosse, qui firent de grandes Prouësses. *Lyon.* 1579. *in* 4.

2056 Le Roman d'Anacrine. *Paris.* 1613. *in* 12.

2057 Histoire de Primaleon de Grece, traduite par G. Chappuis. *Lyon.* 1618. *in* 12. 4 *vol.*

2058 Histoire & Plaisante Chronique de Petit-Jean de Saintré. *Paris.* 1724. *in* 12. 3 *vol.*

2059 Vida y hechos del Cavallero Dom Quixote de la Mancha por Miguel Cervantes Saavedra. *en Amberes.* 1673. *in* 8. 2 *vol.*

2060 Histoire de l'Admirable Dom Quichotte de la Manche. *Paris.* (*Amsterdam.*) 1696. *in* 12. 5 *vol.*

2061 Le même. *Paris.* 1700. *in* 12. 5 *vol.*

2062 Le Désespoir Amoureux, avec les Nouvelles Visions de Dom Quichotte. *Amsterdam.* 1715. *in* 12.

2063 Le Roman de Chevalerie de la Gloire, &c. par Rosset. *Paris.* 1612. *in* 4.

Romans divers, sous des Noms empruntés de la Fable, ou de l'Histoire.

2064 Alector, Histoire Fabuleuse, traduite en François. *Lyon.* 1560. *in* 8.

2065 Les Ames Rivales, Histoire Fabuleuse. *Londres.* 1738. *in* 12.

M iij

2066 Les Vrais Plaisirs, ou Amours de Venus &
& d'Adonis. *Paphos.* 1748. *in* 12.

2067 L'Ariane, par Defmarets. *Paris.* 1724.
in 12. 3 *vol.*

2068 Les Avantures de Calliope, par M. L. B.
Paris. 1720. *in* 12.

2069 Les Délices de la Vie Paftorale de l'Arca-
die, traduction de Lopez de Vega, par
L. S. L. *Lyon.* 1624. *in* 8.

2070 L'Arcadie de la Comteffe de Pembrok, par
Philippe Sidney, mife en François par
J. Baudoüin. *Paris.* 1624. & 1625. *in* 8.
3 *vol.*

2071 Les Voyages de Cyrus, avec un Difcours
fur la Mythologie, par M. de Ramfay.
Paris. 1727. *in* 8.

2072 Le Repos de Cyrus, ou l'Hiftoire de fa
Vie. *Paris.* 1732. *in* 8.

2073 Suite de la Nouvelle Cyropedie, ou Réflé-
xions de Cyrus fur fes Voyages. *Amfter-
dam.* 1728. *in* 8.

2074 Artamene, ou le Grand Cyrus, par Magde-
leine de Scudery. *Paris.* 1653. & 1654.
in 8. 10 *vol.*

2075 Amofis, Prince Egyptien, par M. de la
Serre. *Paris.* 1727. *in* 12.

2076 Sethos, Hiftoire, ou fa Vie tirée des Mo-
numens de l'Ancienne Egypte. *Paris.*
1731 *in* 12. 3 *vol.*

2077 Philadelphe, Nouvelle Egyptienne, par
le Sieur Girault de Sainville. *Paris.* 1687.
in 12.

2078 Berenice. *Paris.* 1648. & 1650. *in* 8.
4 *vol.*

2079 La Cléopatre. *Paris.* 1647. & 1658. *in* 8.
12 *vol.*

2080 Les Amours d'Antiochus, Prince de Syrie, & de la Reine Stratonique, par le Fevre. *Paris.* 1679. *in* 12.

2081 Les Amazones revoltées, Roman Moderne, par Louis le Maingre de Boucicault. *Rotterdam.* (*Rouen.*) 1730. *in* 12.

2082 Recueil des Histoires de Troyes, composé par Vénérable Homme Raoul le Fevre. *Paris.* 1504. *in fol.*

2083 Turlubleu, Histoire Grecque, tirée du Manuscrit Gris-de-lin, trouvé dans les Cendres de Troyes. *Amsterdam.* 1745. *in* 12.

2084 Cassandre, par de la Calprenede, & Georges Scudery. *Paris.* 1653. & 1654. *in* 8. 10 *vol.*

2085 Les Divertissemens de Cassandre & de Diane. *Paris.* 1683. *in* 12. 2 *vol.*

2086 Les Avantures de Neoptoleme Fils d'Achille, par Chansierges. *Paris.* 1718. *in* 12.

2087 Le Triomphe des Dames, ou les Avantures & Fortunées Amours de Pandion & d'Yonice, par J. Herembert. *Rouen.* 1599. *in* 12.

2088 Mithridate. *Paris.* *in* 8. 4 *vol.*

2089 Agiatis, Reine de Sparte : ou les Guerres Civiles des Lacédémoniens. *Paris.* 1685. *in* 12.

2090 Anecdotes Politiques & Galantes de Samos & de Lacédémone. *La Haye.* 1744. *in* 12.

2091 La Félicité Couronnée, Histoire de Parmenide, Prince de Macédoine. *Bruxelles.* 1707. *in* 12.

2092 Histoire & les Amours de Sapho de Mytilene. *Paris.* 1724. *in* 12.

2093 Les Bains de Termopyles, à la Princesse

de Milet, par M. de Scudery. *Paris.*
1732. *in* 12.

2094 La Fidélité trahie, ou l'Art de Triompher
du Deftin , Hiftoire Teffalonique , par
de la Motte de Broquart. *Paris.* 1645.
in 8.

2095 Les Veillées de Theffalie , augmentées de
trois Veillées par M. de la Serre, &
M. de Luffan. *Paris.* 1741. *in* 12. 4. *vol.*

2096 Cytheride, Hiftoire galante , traduite du
Grec. 1743. *in* 12.

2097 Hiftoire d'une Grecque moderne. *Amfter-
dam.* 1740. *in* 12.

2098 Lycoris , ou la Courtifane Grecque. *Am-
fterdam.* 1746. *in* 12.

2099 Ariovifte, Hiftoire Romaine. *Paris.* 1674.
in 12. 2 *vol.*

2100 Hiftoire de Tullie, Fille de Cicerón , par
une Dame Illuftre. *Paris.* 1726. *in* 12.

2101 Les Avantures de Jules Céfar, & de Mur-
cie dans les Gaules. *Paris.* 1695. *in* 12.

2102 Les Amours d'Horace. *Cologne.* 1728.
in 12.

2103 Les Exilés de la Cour d'Augufte , par
M. de Villedieu. *Utreckt.* 1684. *in* 12.

2104 Anecdotes Galantes & Tragiques de la
Cour de Neron, par M. l'Abbé Des-
fontaines. *Paris.* 1735. *in* 12.

2105 Irene, Princeffe de Conftantinople, par
Des Barres. *Paris.* 1678. *in* 12.

2106 Scanderberg , par Chevreau. *Paris.* 1644.
in 8. 2 *vol.*

2107 Le même. *Paris.* 1732. *in* 12. 2 *vol.*

2108 Le Berceau de la France. *La Hayé.* 1744.
in 12.

2109 Hiftoire Celtique, où fous les noms d'Ar-

mindorix , & de Celanire , font com-
prifes les principales actions de nos Rois,
Paris. 1634. *in* 8. 2 *vol.*

2110 Henri , Duc des Vandales , avec un Extrait
des Hiftoires de Blandel , &c. par l'Au-
teur des Belles Grecques. *Paris.* 1714.
in fol.

2111 Faramond , ou l'Hiftoire de France , par
de la Calprenede. *Paris.* (*Amfterdam.*)
1664. *in* 8. 6 *vol.*

2112 Les Anecdotes de la Cour de Childeric Roi
de France. *Paris. in* 12.

2113 Anecdotes de la Cour de Philippe Augufte.
Paris. 1733. & 1738. *in* 12. 6 *vol.*

2114 Anecdotes de la Cour de François I. par
M. de Luffan. *Londres.* 1748. *in* 12. 3 *vol.*

2115 Hiftoire de M. de Luz, Anecdotes du Regne
d'Henri IV. *La Haye.* 1741. *in* 12.

2116 Letrre de M. de . . . à M. la Marquife
de . . . fur l'Hiftoire de M. de Luz. *La
Haye.* 1740. *in* 12.

2117 Hiftoire de la Cour, par Humbert. *Paris.*
1629. *in* 8.

2118 Les Fortunes diverfes de Chryfomire & de
Kalinde, par le même. *Paris.* 1635. *in* 8.

2119 Mémoires, & Avantures Singulieres de la
Cour de France , par M. d'Aunoy. *La
Haye.* 1692. *in* 12.

2120 Mémoires Secrets de M. L. D. D. O. ou les
Avantures Comiques de plufieurs Grands
Princes de la Cour de France , par la
même. *Paris.* 1696. *in* 12.

2121 Hiftoire de Jean de Bourbon Prince de Ca-
rency, par la même. *Paris.* 1729. *in* 12.
2 *vol.*

2122 Le Prince de Condé. *Paris.* 1683. *in* 12.

2123 Nouvelles Hiftoriques , contenant Gafton Phebus , Comte de Foix : la Prédiction accomplie : les deux Fortunes imprévües. *La Haye.* 1691. *in* 12.

2124 Gafton de Foix, Nouvelle Hiftorique , par M. de Voltaire. *Paris.* 1741. *in* 12. 2 *vol.*

2125 Anne de Montmorency , Connetable de France, Nouvelle Hiftorique. *Paris.* 1697. *in* 12.

2126 Le Sire d'Aubigny , Nouvelle Hiftorique , (par M. le Noble.) *Paris.* 1698. *in* 12.

2127 Le Marefchal de Boucicault , Nouvelle Hiftorique. *Paris.* 1714. *in* 12.

2128 Alix de France, Nouvelle Hiftorique. *Liege.* 1687. *in* 12.

2129 Hiftoire de Rofalie d'Auffen , Princeffe de Bretagne. *La Haye.* 1746. *in* 12.

2130 L'Héroïne Moufquetaire , Hiftoire véritable. *Paris.* 1672. *in* 12.

2131 Mademoifelle de Tournon , par C. C. *Paris.* 1680. *in* 12.

2132 Mademoifelle de Jarnac. *Paris.* 1685. *in* 12. 3 *vol.*

2133 La Comteffe de Château-Briant. *Paris.* 1724. *in* 12.

2134 Mémoires de la Vie de M. Desfoffes. *Paris.* 1695. *in* 12.

2135 Hiftoire de la Dragone , dit le Chevalier Baltazard. *Paris.* 1703. *in* 12.

2141 Hiftoire des Favorites , contenant ce qui s'eft paffé fous plufieurs Regnes , par M. D. *Amfterdam.* 1697. *in* 12. 2 *tom. en un vol*

2145 Hiftoire Amoureufe & Tragique des Princeffes de Bourgogne. *La Haye.* 1720. *in* 12. 2 *tom. en un vol.*

2146 Hiſtoire d'Adelaïde de Bourgogne. *Amſter-
dam*. 1685.

2147 Les Amours d'Abeilard & d'Heloïſe. *Am-
ſterdam*. 1695. *in* 12.

2148 Nouveau Recueil contenant la Vie, les
Amours, les Infortunes & les Lettres
d'Abeilard & d'Heloïſe. *Bruxelles*. 1714.
in 12.

2149 Les Avantures du Baron de Fœneſte, en
quatre parties. *au Déſert*. 1630. *in* 8.

2150 Le Maréchal de Boufflers, Priſonnier dans
le Château de Namur. *Liege*. 1696.
in 12.

2151 Le Chevalier Bordelois, ou les Avantures
du Chevalier Membrot. *Amſterdam*. 1711.
in 12.

2152 Avantures Galantes. *La Haye*. 1736. *in* 12.
2 *vol*.

2153 Le Siege de Calais, Nouvelle Hiſtorique.
La Haye. 1739. *in* 12.

2154 Le Chevalier de R..... Anecdote du Siege
de Tournay. *Tournay*. 1745. *in* 12.

2155 Hiſtoire du Prince Charles, & de l'Impé-
ratrice Douairiere. *Cologne*. 1676. *in* 12.

2156 Hiſtoire Tragique de Pandolphe, Roy de
Bohème, & de Cellaria ſa femme. *Paris*.
1622. *in* 12.

2157 La Vie & les Amours de Charles - Louis,
Electeur Palatin. *Amſterdam*. 1697. *in* 12.

2158 La Princeſſe de Clèves. *Paris*. 1678. *in* 12.
2 *vol*.

2159 Lettre à M. la Marquiſe D *** ſur le
ſujet de la Princeſſe de Cleves. *Paris*. 1678.
in 12.

2160 Hiſtoire des Princeſſes de Boheme, par
Madame ***. *La Haye*. 1749. *in* 12.

2161 La Belle Allemande, ou les Galanteries de Therese. *in* 12.

2162 Berenger, ou les Avantures du Comte de la Marck. *Paris.* 1647. *&* 1648. *in* 8. 4 *vol.*

2163 Hiftoire de Lideric I. Comte de Flandres. Nouvelle Hiftorique & Galante. *Paris.* 1737. *in* 12. 2 *vol.*

2164 Nouvelles Galantes & Avantures du tems. *Paris.* 1680. *&* 1697. *in* 12. 2 *tom.* *en un vol.*

2165 L'Avanturier Hollandois, ou la Vie & les Avantures divertiffantes & extraordinaires d'un Hollandois. *Amfterdam.* 1729. *in* 12. 2 *vol.*

2166 Le Hollandois raifonnable, ou fort digne d'envie, par M. de Saint Quenain. *Amfterdam.* 1741. *in* 12. 3 *vol.*

2167 L'Heroïne incomparable de notre Siecle. Hiftoire Galante de la Belle Hollandoife. *La Haye.* 1713. *in* 12.

2168 L'Infortunée Hollandoife. *La Haye.* 1739. *in* 12. 2 *tom.* *en un vol.*

2169 Hiftoire du Roi de Campanie, & de la Princeffe Parfaite. *Paris.* 1736. *in* 12.

2170 Epicaris, fuite des Hiftoires fecrettes des plus fameufes Confpirations des Pazzi & Medicis, par le Noble. *Paris.* 1698. *in* 12.

2171 Avantures de Dom Antonio de Buffalis, Hiftoire Italienne. *Paris.* 1724. *in* 12.

2172 L'Epoufe Infortunée, Hiftoire Galante & Tragique, par M. D. P. P. *Paris.* 1733. *in* 12.

2173 Mémoires & Avantures de M. de . . . . . traduits de l'Italien par lui-même. *Paris.* 1735. *&* 1736. *in* 12. 2 *vol.*

2174 Les Caprices de l'Amour & de la Fortune, par M. d'Argens. *La Haye.* 1737. *in* 12. 3 *part.*

2175 Thereſa, Hiſtoire Italienne, avec un Diſ-cours ſur le Roman. *La Haye.* 1745. *in* 12. 2 *part.*

2176 Mémoires de Gaudentio di Lucca. 1746. *in* 12.

2177 Mémoires de Rantzi. *La Haye.* 1747. *in* 12.

2178 Les Amours de Charles de Gonzague, Duc de Mantouë, & de Marguerite Comteſſe de Nevers. *Amſterdam.* 1666. *in* 12.

2179 L'Illuſtre Genoiſe, Nouvelle Galante. *Paris.* 1685. *in* 12.

2180 Anecdotes Venitiennes & Turques, ou les Mémoires du Comte de Bonneval, par M. de Mirone. *Londres.* (*Paris.*) 1740. *in* 12.

2181 Hiſtoire des Amours de Valerie, & du Noble Vénitien Barbarigo, par M. J. Galli de Bibiena. *Genève.* 1741. *in* 12.

2182 Les Avantures de l'Infortuné Florentin, ou l'Hiſtoire de Marco Mario Bufalini. *Amſterdam.* 1729. *in* 12. 2 *vol.*

2183 La Catanoiſe, ou Hiſtoire Secrette des Mouvemens arrivés au Royaume de Na-ples. *Paris.* 1731. *in* 12.

2184 Hiſtoire des Amours Tragiques & Etranges d'Hypolite & Iſabelle Neapolitains, par Meſlier. *Paris.* 1599. *in* 12.

2185 Le Napolitain, ou le Défenſeur de ſa Maî-treſſe. *Paris.* 1690. *in* 12.

2186 Federic de Sicile, Nouvelle Galante. *Lyon.* 1680. *in* 12. 3 *vol.*

2187 Le même. *Paris.* 1735. *in* 12.

2188 Yolande de Sicile, par de Prechac. *Paris.* 1678. *in* 12.

2189 Agathon & Tryphine, Histoire Sicilienne. *Nancy.* 1711. *in* 12.

2190 La Vertueuse Sicilienne, ou Mémoires de la Marquise d'Albelini. *La Haye.* 1743. *in* 12.

2191 Adelaïde de Messine, Histoire Galante & Tragique, par M. de la Roche-Guillain. *Amsterdam.* 1722. *in* 12.

2192 La Hardie Messinoise. *Cracovie.* 1680. *in* 12.

2193 Caritée, ou la Cyprienne Amoureuse. *Toulouse.* 1621. *in* 8.

2194 Cleothée, ou les Chastes Avantures d'un Candien & d'une jeune Natolienne, par J. G. *Paris.* 1624. *in* 8.

2195 Mémoires pour servir à l'Histoire de Malthe, ou l'Histoire de la Jeunesse du Commandeur D.... par M. Prevost. *Amsterdam.* 1741.

2196 Histoire de la Comtesse de Savoye. 1726. *in* 12.

2197 Relation Historique & Galante de l'Invasion d'Espagne par les Maures. *Amsterdam.* 1722. *in* 12.

2198 Histoire Secrette d'Henri IV. Roi de Castille. *Paris.* 1695. *in* 12.

2199 Germaine de Foix, Reine d'Espagne, Nouvelle Historique. *Paris.* 1701. *in* 12.

2200 Histoire Secrette de la Conquête de Grenade, par Mad. de Gomez. *Paris.* 1719. *in* 12.

2201 L'Ambitieuse Grenadine, Histoire Galante. *Paris.* 1678. *in* 12.

2202 Marie d'Anjou, Reine de Mayorque. *Paris.* 1682. *in* 12. 2 *vol.*

2203 La Diana de George de Montemayor. *Alcala.* 1564. *in* 8.

2204 La Diane de Georges de Montemayor, traduite de l'Espagnol, par N. Colin. *Paris.* 1587. *in* 12.

2205 La même, traduite de l'Espagnol. *Paris.* 1623. *in* 8. 2 *vol.*

2206 La même, par A. Remy. *Paris.* 1625. *in* 8.

2207 Diane de Castro. *Paris.* 1728. *in* 12.

2208 Histoire Espagnole, ou Dom Amador de Cardonne. *Paris.* 1672. *in* 12.

2209 Zaïde Histoire Espagnole, par M. de Segrais, avec un Traité de l'Origine des Romans. *Paris.* 1699. *in* 12. 2 *vol.*

2210 Les Jeux & Mathilde d'Aguilar, Histoire Espagnole & Françoise, par M. Scudery. *Villefranche.* 1704. *in* 8.

2211 L'Amour Vainqueur de la Haine, Histoire Espagnole. *Paris.* 1712. *in* 12.

2212 Les Freres Jumeaux, Nouvelle Historique, tirée de l'Espagnol. *La Haye.* 1730. *in* 12.

2213 Histoire d'Hippolite Comte de Duglas, par Mad. d'Aunoy. *Paris.* 1726. *in* 12. 2 *tom.* en 1 *vol.*

2214 Hyacinthe, ou le Marquis de Celtas Dirorgo. *Desbordes.* 1731. *in* 12. 2 *vol.*

2215 Histoire du Marquis D*** & d'Eleonore, Nouvelle Espagnole. *Paris.* 1740. *in* 12.

2216 Aurore & Phœbus, Histoire Espagnole. *Paris.* 1732. *in* 12.

2217 Les Avantures de Dom Ramire de Roxas, & de Donna Leonore de Mendoce, tirées de l'Espagnol, par M. L. G. D. R. *Paris.* 1737. *in* 12. 2 *vol.*

2218 La Vie de Chimene de Spinelli, par le

Chevalier de Mouhy. *Paris.* 1737. *in* 12. 2 *vol.*

2219 Vitæ humanæ Proscenium , sub persona Gusmanni Alfaracii. *Dantisci.* 1652. *in* 12.

2220 La Vie de Gusman d'Alfarache. *Paris.* 1696. *in* 12. 3 *vol.*

2221 La Vie & les Avantures de Lazarille de Tormes, écrites par lui-même, traduites de l'Espagnol. *Bruxelles.* 1698. *in* 12. 2 *tom.*

2222 La Fouyne de Séville, ou l'Hameçon des Bourses , traduites de l'Espagnol de D. Alonço de Castillo Savorçano. *Paris.* 1661. *in* 8.

2223 Histoire & Avantures de Dona Rufine , fameuse Courtisanne de Seville, traduite de l'Espagnol. *Amsterdam.* 1723. *in* 12. 2 *vol.*

2224 Les Avantures du Voyageur Aërien , Histoire Espagnolle, avec les Paniers, ou la Vieille Précieuse, Comedie, par M. D ... *Paris.* 1724. *in* 12.

2225 Relation de la Découverte du Tombeau de l'Enchanteresse Orcavelle, avec l'Histoire de ses Amours , traduite de l'Espagnol. *La Haye.* (*Paris.*) 1730. *in* 12.

2226 Histoire d'Estevanille Gonzalez, surnommé le Garçon de Bonne-Humeur , tirée de l'Espagnol, par M. le Sage. *Paris.* 1734. *in* 12. 2 *tom. en un vol.*

2227 Histoire de Gilblas de Santillane, par le Sage. *Paris.* 1735. *in* 12. 4 *vol.*

2228 Le Bachelier de Salamanque, ou les Mémoires de D. Cherubin de la Ronda , traduit de l'Espagnol par M. le Sage. *Paris.* 1736. *in* 12.

2229

2229 Daumalinde , Reine de Lufitanie. *Paris.* 1681. *in* 12.

2230 Anecdotes de la Cour de Dom Jean, Roi de Navarre. *Amsterdam.* 1744. *in* 12.

2231 Édouard , Hiftoire d'Angleterre. *Paris.* 1696. *in* 12. 2 *vol.*

2232 Alfrede, Reine d'Angleterre, Nouvelle hiftorique. *Paris.* 1678. *in* 12.

2233 Hiftoire de Margueritte d'Anjou , Reine d'Angleterre , par M. l'Abbé Prevoft. *Amsterdam.* (*Paris.*) 1740. *in* 12. 2 *vol.*

2234 Marie Stuard, Reine d'Ecoffe. *Paris.* 1675. *in* 12.

2235 Perkin, Faux Duc d'York, par le Sieur la Paix de Lizancour. *Paris.* 1732. *in* 12.

2236 La Comteffe de Salifbury , ou l'Ordre de la Jarretiere. *Paris.* 1682. *in* 12.

2237 Hiftoire Secrette de la Reine Zarah , ou la Ducheffe de Malbourough démafquée. *Oxfort.* 1712. *in* 12.

2238 Hiftoire d'Henriette d'Angleterre , par M. la Fayette. *Amsterdam.* (*Lyon.*) 1721. *in* 12.

2239 Les Illuftres Angloifes, Hiftoires Galantes. *La Haye.* 1735. *in* 12.

2240 Le Doyen de Killerine , Hiftoire Morale compofée fur les Mémoires d'une Illuftre Famille d'Irlande, par M. l'Abbé Prevoft. *Paris.* 1735. & 1740. *in* 12. 3 *vol.*

2241 Le Philofophe Anglois , ou Hiftoire de M. Cleveland, par le même. *Paris.* 1731. & 1739. *in* 12. 8 *vol.*

2242 Arboflede , Hiftoire Angloife. *La Haye.* 1741. *in* 12.

2243 L'Orpheline Angloife, ou l'Hiftoire de Nency Buthler , écrite par elle-même. *La Haye.* 1741. *in* 12.

N

2244 Mémoires de M. de Berneveldt (par l'Abbé Desfontaines.) *Paris*. 1732. *in* 12. 2 *vol.*

2245 Mémoires de Mylord, traduits de l'Anglois, par M. D. L. P. *Paris*. 1737. *in* 12.

2246 Mémoires de Willame Nortingham, ou le Faux Lord Kington. *La Haye*. 1741. *in* 12.

2247 Les Avantures du Jeune Comte de Lancaftel. *Paris*. 1728. *in* 12.

2248 Le Solitaire Anglois, ou Avantures merveilleufes de Philippe Quarll, par M. Dorington, traduit de l'Anglois. *Paris*. 1729. *in* 12.

2249 Les Avantures de Jofeph Andrews, par M. Fielding, & traduites en François. *Londres*. 1743. *in* 12. 2 *vol.*

2250 Oronoko, traduit de l'Anglois de Madame Benh, par D. L * * * *Amfterdam*. 1745. *in* 12.

2251 Mylord Stanley, ou le Criminel Vertueux, par L. Chevalier D. L. M*** *Cadix*. 1747. *in* 12.

2252 Le Véritable Ami, ou la Vie de David fimple, traduit de l'Anglois. *Amfterdam*. (*Rouen*.) 1749. *in* 12.

2253 Hiftoire de Tom Jones ou l'Enfant trouvé, traduct. de l'Anglois de M. Fielding, par M. de la Place. *Londres*. 1750. *in* 12. 4 *vol.*

2254 Guftave Vaza, Hiftoire de Suede. *Paris*. 1698. *in* 12. 2 *vol.*

2255 Hiftoire des intrigues Galantes de la Reine Chriftine de Suede, pendant fon féjour à Rome. *Amfterdam*. 1697. *in* 12.

2256 La Saxe Galante. *Amfterdam* 1734. *in* 12.

2257 Le Beau Polonois. *Paris*. 1681. *in* 12.

2258 Hiftoire & les Avantures de Kemiski Geor-
gienne , par Mad. d'Aunoy. *Bruxelles.*
1697. *in* 12.

2259 Rethyma , ou la Belle Georgienne. *Paris.*
1736. *in* 12. 2 *vol.*

2260 Les Travaux de Perfiles , & de Sigifmonde,
fous les noms de Periandre & d'Aureftele,
traduits de l'Efpagnol en François , par
d'Audiguier. *Paris.* 1618. *in* 8.

2261 Le même , par Mad. de Richebourg. *Paris.*
1738. *in* 12. 4 *vol.*

2262 Memoires de Selim frere de Mahomet II.
traduits du Turc. *Paris.* 1735. *in* 12.

2163 Hiftoire des Sultanes Favorites de l'Empe-
reur Mahomet IV. *in* 12.

2264 Abramulé , ou l'Hiftoire du Détrônement
de Mahomet IV. par le Noble. *Paris.*
1696. *in* 12.

2265 Hiftoire d'Ofman I. du nom XIX. Empe-
reur des Turcs , & de l'Imperatrice Al-
phendina Ashada , par Mad. de Gomez.
Paris. 1734. *in* 12. 2 *vol.*

2266 Le Prince Turc , Nouvelle Hiftorique ,
Galante & Tragique , par L. C. D. V.
Paris. 1724. *in* 12.

2267 Cara Muftapha, Grand Vifir, Hiftoire. *Paris.*
1684. *in* 12.

2268 Ibrahim , ou l'Illuftre Baffa , par M. Scudery.
Paris. in 8. 4 *vol.*

2269 Abenmuflu , ou les Vrais Amis , Hiftoire
Turque. *Paris.* 1737. *in* 12.

2270 Le Coufin de Mahomet , & la Folie Salu-
taire. *Leyde.* (*Paris.*) 1742. *in* 12.
2 *vol.*

2271 Mémoires Turcs , Hiftoire Galante. *La
Haye.* 1743. *in* 12. 3 *vol.*

N ij

2272 Anecdotes de l'Ambaſſade Turque. 1703. *in* 12.

2273 Hiſtoire Aſiatique de Cerinthe, de Calian-the & d'Artemie, par Gerzan. *Paris.* 1634. *in* 8.

2274 Sapor, Roi de Perſe, par M. du Perret. *Paris.* 1730. *in* 12. 3 *vol.*

2275 La Sibille de Perſe, Hiſtoire de notre tems, par du Verdier. *Paris.* 1633. *in* 8.

2276 Les Eſclaves, ou l'Hiſtoire de Perſe, par du Verdier. *Paris.* 1628. *in* 8.

2277 Syroës & Mirame, Hiſtoire Perſanne. *Paris.* 1692. *in* 12. 2 *vol.*

2278 Anecdotes Perſannes, par Mad. de Gomez. *Paris.* 1727. *in* 12. 2 *vol.*

2278 * Meliſthene, ou l'Illuſtre Perſan. *in* 12.

2279 Le Prince Kouchimen, Hiſtoire Tartare; & Dom Alvar, Hiſtoire Napolitaine. *Paris.* 1710. *in* 12.

2280 Le Roman Tartare, ou Hiſtoire Galante. *Amſterdam.* 1725. *in* 12.

2281 Les Avantures d'Abdalla, fils d'Hanif, par M. Sandiſſon. *Paris.* 1723. *in* 12.

2282 La Princeſſe Coqued'œuf, & le Prince Bonbon, Hiſtoire traduite de l'Arabe par M. Degbacobub. *La Haye.* 1745. *in* 12.

2283 Naziraddolé & Zelica, ou la Conſtance aiſée, Hiſtoire traduite de l'Arabe. *Amſterdam.* 1746. *in* 12.

2284 Mah-moud le Gaſnevide, Hiſtoire Orien-tale, Fragment traduit de l'Arabe, avec des Notes, par M. Melon. *Rotterdam.* 1729. *in* 8.

2285 Crementine, Reine de Sanga, Hiſtoire Indienne, par Madame de Gomez. *Paris.* 1727. *in* 12. 2 *vol.*

2286 Lindamire, Histoire Indienne, tirée de l'Espagnol par Baudoüin. *Paris.* 1638. *in* 8.

2287 Angola, Histoire Indienne, (par M. le Chevalier de la Morliere). *Agra.* 1726. *in* 12.

2288 Anecdotes Secretes pour servir à l'Histoire Galante de la Cour de Pekin. *Pekin.* 1746. *in* 12.

2289 Le Fameux Chinois, par du Bail. *Paris.* 1642. *in* 8.

2290 Bibi, Conte traduit du Chinois, par un François. *à Mazuli-Khi-lo-Khula. in* 12.

2291 Zelinga, Histoire Chinoise, (par M. Palissot). *Marseille.* 1749. *in* 12.

2292 Mirima, Impératrice du Japon, par l'Auteur du Cousin de Mahomet. *La Haye.* 1745. *in* 12.

2293 Tanzaï & Néadarné, Histoire Japonoise, (par M. Crebillon le fils) *Paris.* 1734. *in* 12. 2 *vol.*

2294 Grigri, Histoire véritable, traduite du Japonois en Portuguais, & du Portuguais en François par l'Abbé de **** *Nangazaki.* 59749. *in* 12.

2295 Les Avantures de Zelim & de Damasine, Histoire Afriquaine. *La Haye.* 1735. *in* 12.

2296 La Princesse de Fez, par Prechac. *Paris.* 1681. *in* 12.

2297 Le Zombi du grand Perou, ou la Comtesse de Cocagne. 1697. *in* 12.

2298 Le Théâtre des Paſſions & de la Fortune, Hiſtoire Auſtrale par le Sieur de Caſtera. *Paris*. 1731. *in* 12.

2299 Hiſtoire de Madame de Bagneux. *Paris.* 1696. *in* 12.

2300 Hiſtoire de la Marquiſe de Barneville. *Paris.* 1723. *in* 12.

2301 Hiſtoire de la Comteſſe de Gondez , par M. de Luſſan. *Paris.* 1727. *in* 12. 2 *vol.*

2302 Hiſtoire de Madame de Muci , par M. de. *Amſterdam*. 1731. *in* 12.

2303 Hiſtoire de Mad. la Comteſſe des Barres. *Bruxelles*. 1736. *in* 12.

2304 Hiſtoire de la Vie du Marquis d'Ozanne. *Amſterdam*. 1740. *in* 12. 2 *vol.*

2305 Hiſtoire de Mad. de Salens. *La Haye*. 1740. *in* 12. 2 *vol.*

2306 Hiſtoire de la Vie & Mœurs de Mad. Cronel. *La Haye.* (*Paris*). 1739. *in* 12.

2307 La même, écrite par elle-même. *La Haye.* 1743. *in* 12.

2308 Hiſtoire & Avantures du Chevalier de*** par Godard d'Aucourt. 1744. *in* 12.

2309 Les Epoux Malheureux , ou l'Hiſtoire de M. & de Mad. de la B. écrite par un Amy. *Avignon.* 1745 *in* 12.

2310 Hiſtoire de M..... par Mad. de ***. *La Haye.* 1745. *in* 12.

2311 Mémoires de la Vie de Mad. de Ravezan. *Paris.* 1677. *in* 12. 4 *vol.*

2312 Mémoires de la Vie d'Henriette Sylvie de Moliere. *Toulouze.* 1701. *in* 12.

2313 Mémoires de la Comteſſe de Tournemir, avec diverſes autres Hiſtoires. *Amſterdam.* 1708. *in* 12.

2314 Mémoires de M. le Marquis d'Argens, avec

quelques Lettres sur divers sujets. *Londres.*
1735. *in* 12.

2315 Mémoires du Comte de Cominges. *La Haye.*
1735. *in* 12.

2316 Mémoires du Comte de Comminville, par
M. d'Aubigny. *Paris.* 1735. *in* 12.

2317 Mémoires de M. le Marquis de Fieux, par
le Chev. de Mouchy. *Paris* 1735. *in* 12.

2318 { Mémoires de Madem. de Mainville, ou le
Feint Chevalier, par M. d'Argens. *La
Haye.* 1736.
Mémoires de la Comtesse de Tirol, par le
même. *La Haye.* 1736. *in* 12.

2319 Mémoires de M. le Marquis de Vaudreville,
par le même. *La Haye.* 1737. *in* 12.

2320 Mémoires & Avantures du Baron de P.
écrits par lui-même. *La Haye.* 1737. *in* 12.

2321 Mémoires du Comte de Vaxere, ou le Faux
Rabin, par M. d'Argens. *Amsterdam.*
1737. *in* 12.

2322 Les Egaremens du Cœur & de l'Esprit, ou
les Mémoires de M. de Meilcour. *Paris.*
1733. *in* 12.

2323 Mémoires de M. le Comte de Claize, par
M. Catalde. *Amsterdam.* 1738. *in* 12.

2324 Mémoires de Mademoiselle de Bonneval.
Amsterdam. 1738. *in* 12.

2325 Mémoires de Mademoiselle de Bontems, ou
de la Comtesse de Marlou; redigés par
M. Gueullette. *Amsterdam.* 1738. *in* 12.

2326 La Famille infortunée, ou les Mémoires de
Mad. la Marquise de la Feuille-Belu, par
M. le Chevalier de la Neuville de Monta-
dor. *Londres.* 1738. *in* 12.

2327 Mémoires de la Comtesse d'Horneville, par
Simon. *Amsterdam.* 1739. *in* 12. 2 *vol.*

N iiij

2328 { Mémoires Anecdotes pour fervir à l'Hiftoire de M. du Lis, & la fuite de fes Avantures. *Londres.* 1739.
Triomphe de l'Intérêt, Comédie. *in* 12.

2329 Mémoires d'Anne-Marie de M. Comteffe de C. *La Haye.* 1739. *in* 12. 2 *vol.*

2330 Mémoires ou Avantures de M. le Comte de Kermalec, par M. G. D. L. B. *La Haye.* 1740. *in* 12.

2331 Campagnes Philofophiques, ou Mémoires de M. de Montcal. *Paris.* 1741. *in* 12. 2 *vol.*

2332 Mémoires de Monville, par Jourdan. *Utrecht.* 1742. *in* 12.

2333 Mémoires de Madame de S. écrits par elle-même, & donnés au Public par M. D. V***. *Londres.* 1745. *in* 12.

2334 Mémoires de M. de V. ou l'Amour Volage & Puni. *La Haye.* 1746. *in* 12.

2335 La Comteffe de Candale. *Paris.* 1672. *in* 12.

2336 Le Marquis de Chavigny. *Paris.* 1675. *in* 12.

2337 Les Malheurs de l'Amour, ou Eleonor d'Yvrée, par Madem. Bernard. *Paris.* 1687. *in* 12.

2338 L'Illuftre Malheureufe, ou la Comteffe de Janiffanta. *Amfterdam.* (*Rouen.*) 1722. *in* 12.

2339 La Comteffe de Vergy, par M. de Vignacourt. *Paris.* 1722. *in* 12.

2340 Edele de Ponthieu, par le même. *Paris.* 1723. *in* 12.

2341 Les Amours des Grands Hommes, par Mad. de Villedieu. *Amfterdam.* 1692. *in* 12.

2342 Les Avantures de M. de Mairac, Hiftoire véritable, ornée de Figures. *La Haye.* (*Paris*) 1713. *in* 12.

2343 Le Payſan Gentihomme, ou Avantures de M. Ranzau, avec ſon Voyage aux Indes Jumelles, par M. de Catalde. *Paris.* 1737. *in* 12.

2344 Les Avantures du Comte de Roſimond. *Amſterdam.* 1737. *in* 12. 2 *vol.*

2345 Le Triomphe de la Vertu, ou Voyage ſur Mer, & Avantures de la Comteſſe de Breſſol. *La Haye.* 1741. *in* 12. 2 *vol.*

2346 La Mouche, ou les Avantures de M. Bigand, traduites de l'Italien, par le Chevalier de Mouhy. *Paris.* 1736. & 1742. *in* 12. 4 *vol.*

2347 Semelion, Hiſtoire véritable. *Amſterdam. in* 12.

2348 Hiſtoire de Cleomede & de Sophoniſbe, par Gerſan. *Paris.* 1628. *in* 8. 3 *vol.*

2349 Climador, ou l'Hiſtoire des Princes. *Paris.* 1628. *in* 8.

2350 L'Anti-Roman, ou Hiſtoire du Berger Lyſis, par Jean de la Lande. *Paris.* 1633. & 1634. *in* 8. 4 *vol.*

2351 Hiſtoire de Cauſihuarca, de Glanguis & de Philamon, par de Norſegue. *Paris.* 1662. *in* 8.

2352 Hiſtoire de Celimaure & de Feliſmene, par R. *Paris.* 1665. *in* 8. 2 *vol.*

2353 Concluſion de l'Hiſtoire d'Alcidalis, & de Zelide, par Desbarres. *Paris.* 1668. *in* 12.

2354 Hiſtoire de la Princeſſe Eſtime. *Paris.* 1709. *in* 12.

2355 Les Victoires de l'Amour, ou Hiſtoires de Zaïde, de Leonor, & de la Marquiſe de Vico. *Amſterdam.* 1714. *in* 12.

2356 Hiſtoire du Grand & Véritable Chevalier Caiſſant. *Verſailles,* 1714. *in* 12.

2357 Hiftoire Galante & Véritable de Celife, ou l'Amante Fidelle. *Amfterdam.* 1716. *in* 12.

2358 La Fauffe Clelie, Hiftoire Françoife & Galante. *Amfterdam.* 1718. *in* 12.

2359 Evandre & Fulvie, Hiftoire Tragique. *Paris.* 1728. *in* 12.

2360 Hiftoire d'Emilie, ou les Amours de Mad. de . . . par Mad. Meheult. *Paris.* 1732. *in* 12.

2361 La Retraite de la Marquife de Gozanne, contenant diverfes Hiftoires Galantes. *Paris.* 1734. *in* 12.

2362 Hiftoire du Prince Titi, A. R. *Paris.* 1736. *in* 12. 2 *vol.*

2363 Hiftoire de D. Ranucio d'Alètès, écrite par lui-même. *Venife.* 1736. *in* 12.

2364 Hiftoire de Gogo. *La Haye.* (*Paris*). 1739. *in* 12.

2365 Hiftoire du Prince Soly, & de la Princeffe Felée, par M. Saint-Yacinthe. *Amfterdam.* (*Paris.*) 1740.) *in* 12.

2366 Hiftoire de la Princeffe Macarie. 1747. *in* 12.

2367 Memoires Galans, ou les Avantures Amou-reufes d'une Perfonne de qualité, par le Sieur Bremond. *Amfterdam.* 1680. *in* 12.

2368 Mémoires de la Vie du Comte D . . . avant fa Retraite, redigés par M. de Saint-Evre-mont. *Amfterdam.* 1696. *in* 12. 2 *vol.*

2369 Mémoires & Avantures d'un Homme de qualité qui s'eft retiré du Monde, par M. Prevoft. *Paris.* 1728. & 1733. *in* 12. 5 *vol.*

2370 Mémoires & Avantures d'une Fille de qua-lité. 1742. *in* 12. 2 *vol.*

2371 Mémoires de la Comtesse D . . . *Paris.* 1698. *in* 12. 2 *vol.*

2372 Mémoires du Chevalier de . . . par M. Meheuſt. *Paris.* 1734. *in* 12.

2373 Mémoires de la Baronne de . . . écrits par elle-même, ou la Nouvelle Marianne. *La Haye.* 1740. *in* 12. 2 *vol.*

2374 Les Mémoires & Avantures de M. de P . . . écrits par lui - même. *Paris.* 1736. *in* 12.

2375 Mémoires du Chevalier de T . . . *La Haye.* 1738. *in* 12.

2376 Le Guerrier Philoſophe , ou Mémoires de M. le Duc de *** par M. Jourdan. *La Haye.* 1744. *in* 12. 2 *vol.*

2377 Mémoires de M. la Comteſſe de . . . écrits par elle-même. *La Haye.* 1744. *in* 12. 2 *vol.*

2378 Mémoires d'un Honnête Homme. *Amſterdam.* 1745. *in* 12.

2379 Les Infortunes & Chaſtes Amours de Filizis, & Iſſolia, par Deshuteaux. *Saumur.* 1601. *in* 12.

2380 Les Généreuſes Amours de Philopiſte & & Mizophille , par Jacques Vitelli. *Langres.* 1603. *in* 12.

2381 Le Lit d'Honneur de Chariclée, ou Amours du Comte de Meliſſe , par Jean d'Intras. *Paris.* 1609. *in* 12.

2382 Le Martyre de la Fidélité, par Jean d'Intras de Baſaz. *Paris.* 1609. *in* 12.

2383 Les Amours de Floris & Cleonthe , par du Parc. *Paris.* 1613. *in* 12.

2384 Les Bergeries de Veſper , ou les Amours d'Antonin Florelle , &c. par Guillaume Coſte. *Paris.* 1618. *in* 12.

2385 Les Amours de Melyanthe, & de Cleonice.
Paris. 1619. *in* 8.

2386 La Semaine Amoureuse de François de
Maliere, Sieur Deffertines. *Paris*. 1620.
in 8.

2387 Les Amours d'Amifidore & Chryfolite,
par du Bail. *Paris*. 1623. *in* 8.

2388 L'Inconftance de Clitie, enfemble les Amours
de Cleante & de Cleonie, par P. D. G. C.
Paris. 1624. *in* 8.

2389 Les Amours d'Ariftandre & de Cleonice,
par d'Audiguier. *Paris*. 1626. *in* 8.

2390 La Princeffe Amoureufe, fous le nom de
Palmenie, par du Bail. *Paris*. 1628. *in* 8.

2391 Les Amours de Climandre d'Ariftée, &c.
par de Sainte - Suzanne. *Paris*. 1636.
in 8.

2392 Les Amours & Avantures d'Ircandre &
& Sophonie, par Humbert. *Paris*. 1636.
in 8.

2393 Les Amours de Cloriarque & d'Ilis. *Paris*.
1637. *in* 8.

2394 Le Jugement d'Archidiane, par Broquart.
Paris. 1641. *in* 8.

2395 Hiftoire des Amours de Lyfandre & de
Califte. *Amfterdam*. 1679. *in* 12.

2396 Hiftoire des Amours du Duc d'Arione &
de la Comteffe Victoria. *La Haye*. 1694.
in 12.

2397 Hiftoire des Amours de Cleante & Belife.
1696. *in* 12.

2398 Les Amours du Comte de C.... *Amfter-
dam*. 1743. *in* 12.

2399 Les Amours de Sylvie, Hiftoire Galante,
à *Cythere*. 1747. *in* 24.

2400 L'Infante Déterminée. *Rouen*. 1601. *in* 12.

2401 Le Portrait de la Vraye Amante. *Paris*.1609. *in* 12.

2402 Les Diverses Fortunes de Panfile. *Paris*. 1614. *in* 8.

2403 L'Uranie du Sieur de Montagathe. *Paris*. 1625. *in* 8.

2404 Les Avantures de Melindor, & d'Amafie. *Paris*. 1635. *in* 8.

2405 Les Avantures d'Ariftée & de Telafie. *Paris*. 1731. *in* 12.

2406 Les Avantures du Prince Jakaïa. *Paris*. 1732. *in* 12.

2407 La Vie de Marianne, ou les Avantures de Mad. la Comteffe de... par M. Marivaux. *Paris*. 1731. & 1742. *in* 12. 3 *vol.*

2408 L'Aftrée, d'Honoré d'Urfé. *Paris*. *in* 8. 6 *vol.*

2409 Sophronime. 6 *vol*. *in* 12.

2410 Les Traverfes, Hazards de Clidion & Armirie, par des Efcuteaux. *Paris*. 1612. *in* 12.

2411 Les Fortunes d'Alminte, par des Efcuteaux. *Saumur*. 1623. *in* 12.

2412 La Mariane du Filomene. *Paris*.1596. *in* 12.

2413 La Carithée, par Marin le Roy de Gomberville. *Paris*. 1621. *in* 8.

2414 Le Palais d'Angelie, par de Marzilly. *Paris*. 1622. *in* 8. 2 *vol.*

2415 La Diane Françoife, par Du Verdier. *Paris*. 1624. *in* 8.

2416 L'Endimion, par Gombaud. *Paris*. 1626. *in* 8.

2417 L'Orphize de Chryfante, par Sorel. *Paris*. 1626. *in* 8.

2418 La Diane des Bois, par de Prefontaine. *Paris*. 1628. *in* 8.

2419 Lyfigerafte, ou les Dédains de Lyfide, par MM. Turpin. *Paris.* 1628. *in* 8.

2420 Anaxandre & Orazie, par Boifrobert. *Paris.* 1629. *in* 8.

2421 Le Dorifandre du Sieur Viard. *Paris.* 1631. *in* 8.

2422 La Nouvelle Amarante, par de la Haye. *Paris.* 1633. *in* 8.

2423 L'Eromene traduite de l'Italien, par le Cavalier Biondi. *Paris.* 1633. *in* 8.

2424 L'Amelinte, par de Clairville. *Paris.* 1635. *in* 8.

2425 La Karifmene agitée, par le Sieur D. C. A. *Paris.* 1635. *in* 8.

2426 L'Olympe, ou la Princeffe Inconnue, par Du Bail. *Poris.* 1635. *in* 8.

2427 Les Heureufes Infortunes de Céliante, & Marilinde, Veuves Pucelles, par le S. D. F. *Paris.* 1636. *in* 8.

2428 La Cefalie, par M. Du Bail. *Paris.* 1637. *in* 8.

2429 Le Selitandre, du même. *Paris.* 1638. *in* 8.

2430 Polexandre, revû & augmenté par de Gomberville. *Paris.* 1638. *in* 8. 5 *vol.*

2431 Roxane, par Defmarets. *Paris.* 1639. *in* 8.

2432 La Stratonice. *Paris.* 1641. *in* 8.

2433 La Dianée. *Paris.* 1642. *in* 8.

2434 Periftandre, ou l'Illuftre Captif, par de Moreaux. 1642. *in* 8. 2 *vol.*

2435 Belifaire, ou le Conquerant, &c. L'Affrique domptée, par de Grenaille. *Paris.* 1643. *in* 8.

2436 La Cretidée. *Paris.* 1643. *in* 8.

2437 La Praximene. *Paris.* 1643. *in* 8. 2 *vol.*

2438 L'Antiope, par Guerin. *Paris.* 1644. *in* 8. 2 *vol.*

2439 L'Illuftre Amalazonthe, par Desfontaines. *Paris.* 1645. *in* 8.

2440 L'Alcide. *Paris.* 1647. *in* 8.

2441 Axiane. *Paris.* 1647. *in* 8.

2442 La Diane déguifée, par de Laufire. *Paris.* 1647. *in* 8.

2443 Florigenie, ou l'Illuftre Victorieufe, par de la Motte du Broquart. *Paris.* 1647. *in* 8.

2444 Hermiogene, par Chevreau. *Paris.* 1648. 2 *tom en un vol. in* 8.

2445 Afterie. *Paris.* 1651. *in* 8.

2446 La Jeune Alcidiane, par Gomberville. *Paris.* 1651. *in* 8.

2447 Rozimire, ou Rozemire, ou l'Europe délivrée. *Paris.* 1657. *in* 8.

2448 Laodiffée, par de Pelifferi. *Paris.* 1660. *in* 8.

2449 Almahide, ou l'Efclave Reine, par de Scudery. *Paris.* 1660 & 1663. *in* 8. 8 *vol.*

2450 Tarfis & Zelie, par Roland le Vayer de Boutigny. *Paris.* 1666 & 1669. *in* 8. 6 *vol.*

2451 Celanire, par de Scudery. *Paris.* 1671. *in* 12.

2452 Roman Heroïque, ou Macarife, par François Hedelin d'Aubignac. *Paris.* 1673. *in* 8. 2 *vol.*

2453 Les Intrigues amoureufes de M. de M ... & de Madame fon Epoufe. *Dombes.* 1690. *in* 12.

2454 Les Amufemens de la Princeffe Altilde. *Paris.* 1697. *in* 12 2 *vol.*

2455 Celife, ou l'Amante Fidele, par M. D. *Paris.* 1713 *in* 12.

2456 La Nouvelle Aftrée. *Paris.* 1713. *in* 12.

2457 Atlantis, par Mad. Manley, traduit de l'Anglois. *Londres.* (*Rouen*). 1714. *in* 12. 2 *vol.*

2458 Le Prince des Aigues Marines, Hiftoire. *Paris.* 1722. *in* 12.

2459 Rhadamifte & Ozalie , Roman Heroïque. *Paris.* 1729. *in* 12.

2460 La Jeune Alcidiane, par Mad. de Gomez. *Paris.* 1733. *in* 12. 3 *vol.*

2461 Pâris, ou le Mentor à la mode, par M. le Chevalier de Mouhy. *Paris.* 1733 & 1737. *in* 12. 3. *vol.*

2462 Le Payfan Parvenu , ou les Mémoires de M . . . par M. Marivaux. *Paris* 1734 & 1735. *in* 12.

2463 La Payfanne Parvenue , ou les Mémoires de Mad. la Marquife de L. V. par le Chevalier de Mouhy. *Paris.* 1735. & *fuiv. in* 12. 3 *vol.*

2464 Démêlé furvenu à l'Opera, entre le Payfan Parvenu & la Payfanne Parvenue. *Paris.* 1735. *in* 12.

2465 Jeanette Seconde, ou la Nouvelle Payfanne Parvenue , par M. G. *Amfterdam.* 1744. *in* 12.

2466 Mizirida , Princeffe de Firando , tirée de l'Efpagnol. *Paris.* 1738. *in* 12. 6 *vol.*

2467 Les Confeffions du Comte D. . . . écrites par lui - même. *Amfterdam.* (*Paris*). 1741. *in* 12.

2468 L'Examen des Confeffions du Comte D... *Paris.* 1742. *in* 12.

2469 Pamela, ou la Vertu Récompenfée , traduite de l'Anglois. *Londres.* (*Paris*). 1741. *in* 12. 2 *vol.*

2470 Antipamela, ou Mémoires de M. D. *Londres.* (*Paris.*) 1742. *in* 12.

2471.

2471 Lettre à Mad. de . . . fur l'Anti-Pamela. Lon-
dres. (Paris.) 1742. in 12.

2472 Les Mémoires de Pamela, écrits par elle-
même. Londres. 1744. in 12.

2473 Les Confeffions de la Baronne de . . . écrites
par elle-même, & redigées par M. le C. D.
Amfterdam. (Paris.) 1743. in 12.

2474 Les deux Coufines, ou le Mariage du Chev.
de . . . Paris. 1743. in 12.

2475 Silvie. (Londres.) 1743. in 12.

2476 Themidore. La Haye. 1744. in 12.

2477 Le Noviciat du Marquis D . . . ou l'Apprentif
devenu Maître. Cythere. 1746. in 12.

2478 Le Sultan Mifapouf, & la Princeffe Grife-
mine. Londres. 1746. in 12.

2479 Zenfoli & Bellina, ou le Triomphe de la
Nature. La Haye. 1746. in 12.

2480 Les Confidences reciproques, ou Anecdotes
de la Societé de Mad. la Comteffe de B . . .
à Berg-op-Zoom. 1747. in 12.

2481 Les Confeffions d'un Fat, par M. le Cheva-
lier de la B***. 1749. in 12.

2482 Le Printemps d'Hyver, contenant cinq Hi-
ftoires difcourues par cinq Journées, &c.
par Jacques Yver. Paris. 1588. in 16.

2483 Les Serées de Guillaume Bouchet. Rouen.
1615. in 12. 2 vol.

2484 Les Soirées du Bois de Boulogne, ou Nou-
velles Françoifes & Angloifes, par M. le
Comte de . . . . . La Haye. 1742. in 12.
2 vol.

2485 Les Soirées Amufantes. 1746. in 12.

2486 La Veillée Galante, Nouvelle, par Mad.lle
de L***. La Haye. 1747. in 12.

2487 Le Gris de Lin, Hiftoire Galante, par Pre-
chac. Paris. 1680.

O

2488 Les Desordres de la Bassette, Histoire Galante. *Lyon.* 1682. *in* 12.

2489 Les Sœurs Rivales, Histoire Galante. *Paris.* 1695. *in* 12.

2490 La Reine Bergere, par M. Pallu de Doublainville. *Paris.* 1700. *in* 16.

2491 Histoires Galantes de diverses Personnes qui se sont rendues Illustres par leur sçavoir, & leur bravoure. *Amsterdam.* 1709. *in* 12.

2492 La Beauté Triomphante, ou les Caprices de la Fortune, Histoire Galante. 1720. *in* 12.

2493 Le Phœnix d'Amour, ou la Maîtresse Fidelle, Histoire Nouvelle. *Paris.* 1724. *in* 12.

2494 Académie Galante, contenant diverses Histoires très-curieuses. *Amsterdam.* 1732. *in* 12.

2495 Amusemens Historiques. *Paris.* 1735. *in* 12. 2 vol.

2496 Lettre à Mad...... contenant deux Histoires Galantes Françoises. *La Haye.* 1739. *in* 12.

2497 Amusemens des Dames, ou Recueil d'Histoires Galantes. *La Haye.* 1740. *in* 12. 2 vol.

2498 Le Cabaliste Amoureux & trompé, Histoire véritable & recente. *Amsterdam.* 1743. *in* 12.

2499 Histoire du Cœur Humain, ou Mémoires du Marquis de .... *La Haye.* 1743. *in* 12.

2500 Amours diverses, divisées en dix Histoires, par de Nerveze. *Paris.* 1611. *in* 12.

2501 Le Desesperé Contentement d'Amour, par S. D. *Paris.* 1613. *in* 12.

2502 L'Amour Avantureux, par Du Verdier. *Paris.* 1623. *in* 8.

2503 Les Amours infideles, par de Claireville. *Paris.* 1625. *in* 8.

2504 Les Amours Libres des deux Freres, Histoire Galante. *Cologne.* 1701. *in* 12.

2505 Les Amours Traversées, *La Haye.* 1741. *in* 12.

2506 Les Illustres Infortunés, ou les Avantures Galantes des plus Grands Héros de l'Antiquité. *Cologne.* 1695. *in* 12.

2507 L'Esclave Religieux, & ses Avantures. *Paris.* 1690. *in* 12.

2508 Avantures de M. Le Noble : Sçavoir, l'Avare Généreux : le Mort Marié, & le Fameux Rapt. *Paris.* 1700. *in* 12.

2509 Les Avantures de . . . ou les Effets Surprenans de la Simpathie, par M. Marivaux. (*Paris.*) 1713. *in* 12. 5 *vol.*

2510 Avantures Choisies, contenant l'Amour Innocent persécuté : l'Esprit Follet, ou le Sylphe Amoureux, le Cœur-Volant, & la Belle Avanturiere. *Paris.* 1714. *in* 12.

2511 La Voiture Embourbée, Avantures. *Paris.* 1714. *in* 12.

2512 Les Plaisirs & les Chagrins de l'Amour, où on voit des Avantures Surprenantes. *Amsterdam.* 1722. *in* 12.

2513 Le Monophile, par Etienne Pasquier. *Paris.* 1554. *in* 8.

2514 Les Relations de Marc d'Obregon, traduites par d'Audiguier. *Paris.* 1618. *in* 8.

2515 Les Deux Déesses, de Arion Mont-Agathe. *Paris.* 1625. *in* 8.

2516 Le Berger Extravagant, par Jean de la Lande. *Rouen.* 1627. *in* 8. 3 *vol.*

2517 Le Chevalier Hypocondriaque, par Du Verdier. *Paris.* 1632. *in* 12.

2518 La Chrysolite, ou le Secret des Romans, par Marechal. *Paris.* 1634. *in* 8.

2519 Le Prince Amoureux, par Beauregard. *Paris. 1635. in 8.*

2520 Les Amantes Infidelles trompées. *Paris. 1638. in 8.*

2521 L'Incefte Innocent, par Desfontaines. *Paris. 1638. in 8.*

2522 Le Page Difgracié, par Triftan. *Paris.* 1643. *in 8. 2 vol.*

2523 La Précieufe, ou le Myftere de la Ruelle, par Gelafire. *Paris.* 1660. *in 8. 2 vol.*

2524 Roman des Lettres, Entretiens, & Converfations Galantes, par Arifte. *Paris.* 1670. *in 8.*

2525 Recueil de Pieces Galantes : Sçavoir , les Amans Trompés : Le Praticien Amoureux : Le Poëte Extravagant : L'Affemblée des Filoux & des Filles de Joie : L'Affemblée des Maîtres d'Hôtel à la Mi-Carême : Le Cavalier Grotefque, & l'Apoticaire Empoifonné. *Paris.* 1670. *in* 12. *3 vol.*

2526 Le Praticien Amoureux. *in* 12.

2527 La Medaille Curieufe, nouvelle maniere de Roman. *Paris.* 1672. *in* 12.

2528 La Promenade de Livry. *Paris.* 1678. *in* 12.

2529 Le Courier d'Amour. *Paris.* 1679. *in* 12.

2530 Le Secret. *Paris.* 1683. *in* 12.

2531 Les Intrigues Découvertes, ou le Caractere de divers Efprits ; ou la Valife ouverte, par Prechac. *Paris.* 1686. *in* 12.

2532 Les Princes Rivaux. *Paris.* 1698. *in* 12.

2533 Le Journal Amoureux, par Mad. de Villedieu. *Paris.* 1701. *in* 12.

2534 Le Diable Boiteux, par M. le Sage. *Paris.* 1705. *in* 12.

2535 Le Roman Bourgeois, par Antoine Furetiere. *Amfterdam.* 1709. *in* 12.

2536 Le Théâtre de l'Amour, & de la Fortune, par Madem. Barbier. *Paris*. 1713. *in* 12.

2537 Le Bilboquet. *Paris*. 1714. *in* 12.

2538 Promenade de M. de Clairanville, par M. D. *Cologne*. 1723. *in* 12.

2539 L'Art d'Aimer à la Mode. *Paris*. 1725. *in* 12.

2540 Le Temple de Gnide, par M. de Montesquieu. *Paris*. 1725. *in* 12.

2541 Le Geomyler, traduit de l'Arabe. *Paris*. 1729. *in* 12.

2542 La Religieuse Intéressée & Amoureuse, avec l'Histoire du Comte de Clare. *Cologne*. 1732. *in* 12.

2543 La Constance des prompts Amours, avec le Joüet de l'Amour. *Paris*. 1733. *in* 12.

2544 Le Nouvelliste Aërien, ou le Silphe Amoureux. *Amsterdam*. 1734. *in* 12.

2545 Melchu-Kina, ou Anecdotes Secrettes & Historiques. *Amsterdam*. 1736. *in* 12.

2546 Les Saturnales Françoises, par M...... *Paris*. 1736. *in* 12.

2547 Les Dames Galantes, ou la Confidence reciproque. *Amsterdam*. 1737. *in* 12.

2548 La Promenade de Versailles, ou Entretiens de Six Coquettes. *La Haye*. 1737. *in* 12.

2549 Amusemens des Eaux de Schuvalsbach. *Liege*. (*Amsterdam*.) 1739. *in* 12.

2550 Etrennes de l'Amour & de l'Amitié. *Paris*. *in* 12.

2551 Les Incommodités réciproques du Premier Jour de l'An. *Paris*. 1742. *in* 8.

2552 Les Belles Solitaires, par Mad. de V.... *Amsterdam*. 1745. *in* 12.

2553 Caprices Romanesques. *Amsterdam*. 1745. *in* 12.

2554 L'Académie Militaire, ou les Héros Subalternes, par P..... 1745. *in* 12.

2555 Le Petit Toutou, par de Bibiena. *Amsterdam.* 1746. *in* 12.

2556 Les Trois Voluptés. 1746. *in* 12.

2557 Les Malheurs de l'Amour, par M. Bernard. *Paris.* 1687. *in* 12.

2558 Les Bijoux Indiscrets. *au Monomotapa.* 1748. *in* 12.

2559 La Force de l'Exemple, par de Bibiena. *La Haye.* 1748. *in* 12.

2560 La Pudeur, Histoire Allégorique & Morale, par M. le Chevalier de Neufville de Montador. *Paris.* 1739. *in* 12.

2561 Atalzaïde, Ouvrage Allégorique, imprimé où l'on a pû. 1745. *in* 12.

2562 Cleodamis & Lelex, ou l'Illustre Esclave, Histoire Allégorique. *La Haye.* 1746. *in* 12.

2564 Epigone, Histoire du Siécle. *Paris.* 1659. *in* 8.

2565 Le Mentor Cavalier, ou les Illustres Infortunés de notre Siecle, par M. le Marquis d'Argens. *Londres.* 1736. *in* 12.

2566 Le Siecle, ou les Mémoires du Comte de S. par Mad. L...... *Londres.* 1736. *in* 12.

2567 Le Siecle, ou les Mémoires du Sieur Comte de Solinville, par Madame L. C. *La Haye.* 1741. *in* 12.

2568 Les Occupations du Siecle, par M... *Amsterdam.* 1739. *in* 12.

2569 Histoire Tragi-Comique de notre temps, sous les noms de Lysandre & de Caliste, par d'Audiguier. *Paris.* 1620. *in* 8.

2570 Le Mélanthe du St Videl, Amoureuse Avanture de temps. *Paris.* 1624. *in* 8.

2571 Histoire & Roman de Cloriande, où plusieurs Histoires de notre temps sont représentées, &c. *Paris.* 1630. *in* 12.

2572 Les Intrigues de notre temps, divisées en treize Histoires, par de Rosset & d'Audiguier. *Paris.* 1635. *in* 8.

2573 Artémise, Histoire de ce temps. *Paris.* 1644. *in* 8.

2574 La Prison sans Chagrin, Histoire Comique du temps. *Paris.* 1669. *in* 12.

2575 Nouvelles de l'Amérique, où le Mercure Américain. *Rouen.* 1678. *in* 12.

2576 Le Phœnix Conjugal, Nouvelle du temps. *Paris.* 1734. *in* 12.

2577 Anecdotes Historiques, Galantes & Littéraires du temps présent. *La Haye.* 1737. *in* 12.

2578 Recueil de plusieurs Histoires Secrettes & Avantures du temps. *La Haye.* 1746. *in* 12.

Romans Mystiques.

2579 Roselis, ou l'Histoire de Sainte-Suzanne, par Jean-Pierre le Camus, Evêque du Belley. *Paris.* 1723. *in* 8.

2580 Elise, ou l'Innocence Coupable, par le même. *Paris.* 1621. *in* 8.

2581 L'Alexis, par le même. *Paris.* 1622. *&* 1623. *in* 8. 5 *vol.*

2582 Hermiante ou les Deux Hermites contraires, par le même. *Lyon.* 1623. *in* 8.

2583 Alcine, par le même. *Paris.* 1625. *in* 12.

2584 L'Iphigenie, par le même. *Lyon.* 1625. *in* 12. 2 *vol.*

O iiij

2585 Daphnide, ou l'Intégrité Victorieuse, par le même. *Lyon.* 1625. *in* 22.

2586 Diotrephe, Histoire Valentine, par le même. *Lyon.* 1626. *in* 12.

2587 Le Cleoreste, Histoire Françoise Espagnole, par le même. *Lyon.* 1626. *in* 8. 2 *vol.*

2588 L'Hiacinthe, Histoire Catalane, par le même. *Paris.* 1627. *in* 8.

2589 Hellemin, & son Heureux Malheur, par le même. *Lyon.* 1628. *in* 8.

2590 Honorat & Aurelio, par le même. *Rouen.* 1628. *in* 12.

2591 Varietés Historiques, par le même. *Paris.* 1630. *in* 8.

2592 Le Pentagore Historique, par le même. *Paris.* 1631. *in* 8.

2593 La Tour des Miroirs, Ouvrage Historique, par le même. *Paris.* 1631. *in* 8.

2594 Petronille, par le même. *Paris.* 1632. *in* 8.

2595 Les Spectacles d'Horreur, par le même. *Paris.* 1633. *in* 8.

2596 Relations Morales par le même. *Rouen.* 1638. *in* 8.

2597 Bouquet d'Histoires Agréables, par le même. *Paris.* 1639. *in* 8.

2598 Agathonphilè, ou les Martirs Siciliens, Agathon Philargiryppe, par le même. *Lyon.* 1641. *in* 8.

2599 La Pieuse Julie, Histoire Parisienne, par le même. *Rouen.* 1641. *in* 8.

2600 Rencontres Funestes, par le même. *Paris.* 1644. *in* 8.

2601 Les Evénemens Singuliers, par le même. *Rouen.* 1643. *in* 8.

2602 Les Tapisseries Historiques, par le même. *Paris.* 1644. *in* 8.

Romans Politiques, Comiques, Satyriques, &c.

2603 Avantures de Telemaque, par M. l'Archevêque de Cambray. *Paris.* 1717. *in* 12. 2 *vol.*

2604 Les mêmes. *Paris.* 1730. *in* 4.

2605 La Telemacomanie, ou la Censure & Critique de Telemaque, &c. *à Eleuterople.* 1700. *in* 12.

2606 Le Telemaque travesti, par M. Marivaux. *Amsterdam.* (*Paris.*) 1736. *in* 12.

2607 Le Nouveau Telemaque, par M. Prevost. *La Haye.* 1741. *in* 12. 3 *vol.*

2608 La Vraïe Histoire Comique de Francion, par Ch. Sorel. *Paris.* 1632. *in* 8.

2609 Polyandre, Histoire Comique. *Paris.* 1648. *in* 8. 2 *vol.*

2610 Histoires Françoises, Galantes & Comiques. *Amsterdam.* 1722. *in* 12.

Romans Satyriques.

2611 Le Roman Satyrique, par Jean de Lannel. *Paris.* 1624. *in* 8.

2612 Recueil de Romans Historiques. *Londres.* 1746. *in* 12. 8 *vol.*

2613 Les Amusemens de la Campagne, ou Récréations Historiques, contenant Zulima, Milord Courtenay, Ildegerte, la Comtesse d'Isambert, Mahomet & le Voyage de Falaize, par le Noble. *in* 12. 6 *vol.*

2614 { Almanzaïde, Nouvelle. *Lyon.* 1674. Le Prince Esclave, Nouvelle. *Paris.* 1688. Zulima, Nouvelle Historique, par le Noble. *Paris.* 1695. *in* 12.

2615 {
Ildegerte, Reine de Norwege, par le Noble. *Paris.* 1694.

Donna Hortence, Nouvelle Espagnole. *Paris.* 1698.

Zulima, ou l'Amour pur, par le Noble. *Paris.* 1694.

Ines de Cordouë, Nouvelle Espagnole, par le Noble. *Paris.* 1696. *in* 12.
}

2616 Histoires Curieuses & Galantes, ou dernieres Œuvres de Mad. de la Roche-Guilhen. *Amsterdam.* 1709. 2 tom. *en un vol. in* 12.

2617 Histoires Tragiques & Galantes. *Amsterdam.* 1715. *in* 12. 2 *vol.*

2618 {
Hipalque, Prince Scyte, par de la Serre. *Paris.* 1727.

Entretiens des Ombres aux Champs Elisées. *Amsterdam.* 1722. *in* 12.
}

2619 {
Lilia, ou Histoire de Carthage. *Amsterdam.* 1736.

Histoire d'Alburcide. *Paris.* 1736. *in* 12.
}

2620 {
Amitiés malheureuses, Histoire de Sparte. *Paris.* 1690.

Histoire de la Duchesse de Châtillon. *Cologne.* (*Rouen*). 1699.

Galanteries Monacales, ou Conversations Familieres des Moines & Moinesses. *Neufchatel. in* 12.
}

2621 {
Le Comte d'Amboise. *Paris.* 1689.

Amanzolide, Nouvelle Historique & Galante. *La Haye.* 1716. *in* 12.
}

2622 {
Le Triomphe de la Déesse Monas. *Amsterdam.* 1698.

L'Illustre Mousquetaire. *La Haye.* 1716.

La Religieuse Esclave. *Leipsick.* 1697. *in* 12.
}

2623 {
L'Illustre Parisienne, &c. *Lyon.* 1679.
Le Grand Sophi, Nouvelle Allegorique. *Paris.* 1685.
La Duchesse de Milan. *Paris* 1681.
Le Mousquetaire Amant, ou les Disgra-ces de l'Amour. *Paris.* 1687. *in* 12.

2624 {
L'Illustre Parisienne, Histoire Galante & Véritable. *Paris.* (*Amsterdam.*) 1714.
Voyage de l'Isle d'Amour, ou la Clef des Cœurs. *La Haye.* 1713. *in* 12.

2625 {
Les Amours de Cornelie & d'Alphonse d'Est, Duc de Ferrare. *Amsterdam* 1707.
La Reine d'Ethiopie, Historiette Comi-que. *Paris.* 1670.
Eraste, Nouvelles, ou sont décrites plu-sieurs Avantures Amoureuses. *Paris.* 1664. *in* 12.

2626 {
Le Comte de Cardonne, ou la Constan-ce Victorieuse, par Mad. d'Aunoy. *Pa-ris.* 1702.
La Comtesse de Château-Briand, ou les Effets de la Jalousie. *Paris.* 1695. *in* 12.

2627 {
Histoire de la Comtesse de Savoye. *Pa-ris.* 1723.
Histoire de Melisthene, Roi de Perse. *Paris.* 1723. *in* 12.

2628 {
Les Avantures Grenadines, par Mad. D... *Amsterdam* 1710.
Le Prince Kouchimene. *Paris.* 1710. *in* 12.

2629 {
Milord Courtenay, par le Noble. *Paris.* 1697.
Le Prince de Longueville & Anne de Bre-tagne. *Paris.* 1697. *in* 12.

Le Comte d'Essex. *Paris.* 1701.

2630 { Raymond, Comte de Barcelonne, Nouvelle Galante. *Amsterdam.* 1698.

Matilde, ou les Amours du Duc de . . . . Histoire Espagnole. *Liege.* 1702. *in* 12.

2631 { Histoire du Comte d'Oxfort, par Mad. d'Aunoy. *Paris.* 1737.

La Princesse Laponoise, Histoire Héroïque. *Londres.* 1738. *in* 12.

2632 { Mémoires du Chevalier Hazard, traduits de l'Anglois. *Cologne.* 1705.

Amours de l'Empereur de Maroc, par le Comte D. . . *Cologne.* 1707.

Les Coups Imprévus de l'Amour, du Hazard & de la Fortune. *Cologne.* 1709. *in* 12.

2633 { Histoire du Tems, ou Journal Galant.

La Violette, ou le Faux Comte de Brion. Histoire de Mad. de Kerouet.

Histoire du Baron de Mezarque, & de la Belle Egyptienne.

Histoire de Mad. de Sanigla & d'Orbesson.

Histoire des Jaloux.

Histoire de Mad. de Serin & du Comte Tekely.

Histoire de Mad. de la B.

Histoire de la Vallade & de la Belle Marchande, & l'Histoire du Comte de Cabroles. *in* 12.

2634 { Roman Royal, ou l'Histoire de notre Tems, avec l'Olympe & le Parnasse. *Paris.* 1621.

Histoire Pitoyable du Prince Erastus. *Paris.* 1639. *in* 8.

2635
- Amelonde, Histoire de notre Tems. *Paris*. 1669.
- Celie, ou Melicerte. *Paris*. 1664.
- Le Siécle d'Or de Cupidon, ou les heureuses Avantures d'Amour. *Cologne*. 1712. *in* 12.

2636
- Histoire des Amours de Criniton, & Lydie, par Olenix du Mont-Sacré.
- La Tragédie de Cleopatre, par le même. *Lyon*. 1595. *in* 12.

2637
- Les Véritables Amours de Messieurs de Grandlieu, & de Mad. de Beauval. *Paris*. 1604.
- Histoire Secrette de la Reine Zara & des Zaraziens. 1708.
- Histoire Secrette des Reines Jeanne Premiere, & Jeanne Seconde. *Paris*. 1700. *in* 12.

2638
- Les Amours d'Archidiane, & d'Almoncidas, par de la Motte. *Paris*. 1642.
- La Diane Déguisée, par de Lausire. *Paris*. 1647. *in* 8.

2639
- Les Amours d'Eumene & de Flora. *Cologne*. 1707.
- Philadelphe, Nouvelle Egyptienne, par Girard de Santville. *Paris*. 1687. *in* 12.

2640
- Les Avantures de Leonidas, & de Sophronie. *Paris*. 1722.
- Le Prince Turc, Nouvelle Historique. *Paris*. 1724. *in* 12.

2641
- L'Angelique du S. D. R.
- L'Amant Resuscité, Nouvelle de M. A. Ancelin. *Paris*. 1658. *in* 8.

2642
- La Duchesse d'Estramene. *Paris*. 1682.
- La Princesse Agathonice. *Paris*. 1693. *in* 12.

Araspe & Simandre, Nouvelle. *Paris.* 1672.

2643 Annales Galantes de Grece , par M. de Villedieu. *Paris.* 1687. *in* 12.

L'Amour à la Mode , Satyre Historique. *Paris.* 1695.

2644 Le Gris de Lin , Histoire Galante , par Prechac. *Paris.* 1680.

Le Mari Jaloux, Nouvelle. *Paris.* 1688. *in* 12.

Les Morts Ressuscités , Nouvelles Galantes & Véritables. *Cologne.* 1699.

Nouvelles Lettres écrittes des Champs-Elisées. *Cologne.* 1697. *in* 12.

2645 L'Heureux Chanoine de Rome , Nouvelle Galante. 1707.

Le Duc de Montmouth , Nouvelle. *Cologne.* 1706. *in* 12.

L'Heureux Esclave , Nouvelle. *La Haye.* 1708.

2646 Cara Mustapha Grand Visir , Histoire. *Paris.* 1684.

Le Comte de Tiliedate , par Mad. la Marquise de P. *Paris.* 1703. *in* 12.

Les Amusemens de la Campagne , Nouvelle Galante & Comique. 1724.

2647 Histoire de Dom Juan de Portugal, Fils de Dom Pedre , & d'Ines de Castro. *Paris.* 1724. *in* 12.

Le Pouvoir de la Beauté , Nouvelle toute Nouvelle. 1740.

2648 Le Prince d'Ethiopie.

Le Fourbe Puni , ou le Duel des Rivales. 1740. *in* 12.

La Fausse Abbesse , ou l'Amoureux Dupé, Histoire Nouvelle. *La Haye.* 1681.

2649 L'Interêt & l'Université d'Amour. *Paris.* 1662. *in* 12.

2650 { Histoire Galante d'un double Cocu. *Amsterdam*. 1705.
Les Amans Heureux.
Les Amans Trompés.
Les Amans Malheureux. *Amsterdam*. 1707. *in* 12.

2651 { L'Amour en Fureur, ou les Excès de la Jalousie. *Cologne*. 1715.
Le Triomphe de la Raison, ou les Avantures de Chrysophile, par Maulnoury. *Amsterdam*. 1716.
Les Amans Malheureux. *Amsterdam*. 1703.
Nouvelles Diverses du Temps; ou la Princesse de Pretantailles, par D. C. *Paris*. 1702.
Le Barbon, par Balzac. *Paris*. 1663. *in* 12.

2652 { Histoires Galantes, Nouvelles & Véritables, par le Chevalier de R. C. D. S. *Amsterdam*. 1720.
Les Entretiens de la Grille, ou le Moine au Parloir. *Cologne*. 1721. *in* 12.

2653 { La Soirée du Labyrinthe, Débauche d'Esprit, suivie du Porte-Feuille Galant, par M. C... *Amsteraam*. (*Paris*.) 1732.
Le Solitaire de Tertafton, par Mad. de.... *Paris*. 1733. *in* 12.

2654 { Le Songe d'Alcibiade, traduit du Grec. *Paris*. 1735.
Histoire des deux Appariés, Femmes Illustres de la Grece. *Paris*. 1736. *in* 12.

2655 L'Homme dans la Lune, ou le Voyage Chimérique de Dominique Gonzales, traduit par Jean Baudouin. *Paris*. 1654. *in* 8.

Voyages Imaginaires.

2655 *Le Fameux Voyageur, par Prechac. *Paris.*
1682. *in* 12.

2656 Lamekis, ou les Voyages extraordinaires
d'un Egyptien, par le Chevalier de Mouhi.
Paris. 1735. *in* 12. 2 *vol.*

2657 Voyage de deux Sœurs, Colombelle & Vo-
lontairette, par Boece de Bolſwert. *Liege.*
1734. *in* 12.

2658 Voyage de Campagne, par Mad. la Comteſſe
d'Aunoy. *Paris.* 1699. *in* 12. 2 *vol.*

2659 Voyage Interrompu. *Paris.* 1737. *in* 12.

2660 Deſcription Galante de la Ville de Soiſſons.
La Haye. 1729. *in* 8.

2661 Relation de l'Iſle Imaginaire, & l'Hiſtoire
de la Princeſſe de Paphagonie. 1659. *in* 8.

2662 Les Femmes Militaires, Relation hiſtorique
& galante d'une Iſle nouvellement décou-
verte. *Paris.* 1735. *in* 12.

2663 Le Sylphe, ou Songe de Mad. de R. *Paris.*
1730. *in* 12.

2664 Les Viſions de Dom Franceſco de Quevedo
Villegas, traduites par de la Geneſte. *Co-*
logne. 1682. *in* 12.

Nouvelles & Contes.

2665 Hieron. Morlini Novellæ, Fabulæ & Come-
dia. *Neapoli.* 1520. *in* 4.

2666 L'Heptameron des Nouvelles de Marguerite
de Valois, Reine de Navarre. 1560. *in* 16.

2667 L'Heptameron, ou Hiſtoire des Amans For-
tunés, &c. revû par Claude Gruget. *Paris.*
1614. *in* 12.

2668

2668 Le même, ou les Amans Fortunés. *Paris.* (*Hollande.*) 1698. *in* 12. 2 *vol.*

2669 Contes & Nouvelles de Marguerite de Valois, Reine de Navarre, mis en nouveau Langage. *Amsterdam.* 1700. *in* 12. 2 *vol.*

2670 Nouvelles Françoises, sçavoir, le Pauvre Généreux, les mal Mariés, la Sœur Jalouse, les trois Amans, & la reconnoissance d'un Fils. *Paris.* 1623. *in* 8.

2671 Les Nouvelles Françoises, ou les Divertissemens de la Princesse Aurelie, par M. de Segrais. *Paris.* 1657. *in* 8. 2 *vol.*

1672 Nouvelles Choisies, contenant les Amours hors de Saison, l'Heureuse Reconnoissance, la Vertu récompensée, les divers Amans, la Jalouse Cruelle, le Mariage mal assorti, & les Respects nuisibles. *Paris.* 1645. *in* 8.

2673 Nouvelles Nouvelles. *Paris.* 1663. *in* 12.

2674 Aristandre, ou Histoire interrompue, Nouvelles; par M. H. A. D. A. *Paris.* 1664. *in* 12.

2675 Le Chien de Boulogne, ou l'Amant Fidele, Nouvelle Galante. *Paris.* 1668. *in* 12.

2676 Julie, Nouvelle Galante & Amoureuse. *Paris.* 1671. *in* 12.

2677 Monsieur de Kervault, Nouvelle Comi-Galante. *Paris.* 1678. *in* 12.

2678 Les Vendanges de Bretigny, Nouvelle Galante. *Paris.* 1731. *in* 12.

2679 La Duchesse de Medo, Nouvelle Historique & Galante. 1692. *in* 12. 2 *vol.*

2680 L'Esprit Malin, Nouvelle Historique & Galante. *Paris.* 1710. *in* 12.

2681 Les Lutins du Château de Kernosy, Nouvelle Historique. *Paris.* 1710. *in* 12.

2682 La Pierre Philosophale des Dames, ou les

P

Caprices de l'Amour & du Deſtin, Nou-
velle Hiſtorique. *in* 12.

2683 La Conformité des Deſtinées, & Axiamire,
ou la Princeſſe infortunée, Nouvelles Hi-
ſtoriques. *Bruxelles.* 1736. *in* 12.

2684 Les Cent Nouvelles nouvelles (compoſées
par l'ordre de Louis XI.) contenant cent
Hiſtoires. *Cologne.* 1701. *in* 8. 2 *vol.*

2685 Les mêmes. *Cologne. in* 12. 2 *vol.*

2686 Cent Nouvelles, de Mad. de Gomez. *Paris;*
1732. *in* 12. 18 *vol.*

2687 Novelas Exemplares de Miguel de Cervan-
tes. *en Pamplona.* 1614. *in* 8.

2688 Succeſſos y Prodigios de Amor, en ocho
Novelas exemplares, por Juan Perez de
Montalvan. *en Barcelona.* 1640. *in* 8.

2689 Les Nouvelles de Lancelot, tirées des plus
célébres Auteurs Eſpagnols. *Rouen.* 1641.
in 8.

2690 Les Nouvelles Amoureuſes, compoſées en
Eſpagnol, par Dona Maria de Zayas y Soto
Major, traduites par Antoine de Methel.
Paris. 1658. *in* 8.

2691 L'Amant Oiſif, contenant cinquante Nou-
velles Eſpagnolles. *Paris.* 1671. *in* 12.

2692 Nouvelles Eſpagnoles, par Mad. d'Aunoy.
La Haye. 1693. *in* 12.

2693 L'Horoſcope accompli, ou Dom Ramire,
Nouvelle Eſpagnole. *Paris.* 1714. *in* 12.

2694 Contes & Diſcours d'Eutrapel, par Noel
du Fail. *Rennes.* 1597. *in* 8.

2695 Les mêmes. *Paris.* 1732. *in* 12. 3 *vol.*

2696 Les Contes & Diſcours bigarrés du Sieur
de Cholieres. *Paris.* 1610. *in* 8.

2697 Les Contes d'Ouville, nouvelle édition,
augmentée. *Amſterdam. in* 12. 2 *vol.*

2698 Les Contes des Contes, par M. de...
Paris. 1698. *in* 12. 2 *vol.*

2699 Les Contes de M. Perrault, avec des Moralités. *Paris.* 1724. *in* 12.

2700 Les Quatre Facardins, Conte par M. Hamilton. *Paris.* 1730. *in* 12.

2701 Le Belier, Conte par le même. *Paris.* 1730.
in 12.

2702 Le Comte Roger, Conte. *Paris.* 1733.
in 12.

2703 Le Sopha, Conte - Morale. *Paris.* 1741.
in 12. 2 *vol.*

2704 La Princeffe Couleur de Roze, & le Prince
Celadon, Conte par M. de Lubert. *La
Haye.* 1743. *in* 12.

2705 La Princeffe Lionette, & le Prince Coquerico, Conte . par la même. *La Haye.*
1743. *in* 12.

2706 Le Prince Glacé, & la Princeffe étincellante, Conte, par la même. *La Haye.*
1743. *in* 12.

2707 La Princeffe Senfible, & le Prince Typhon.
Conte. *La Haye.* 1743. *in* 12.

2708 { Acajou & Zirphile, Conte par M. Du Clos.
Minutie. 1744. *in* 4.
Reponfe du Public à l'Auteur d'Acajou.
in 4.

2709 Le Loup Galleux, & la Jeune Vieille,
Contes, par M. de V * * * *Leide.* 1744.
in 12.

2710 Zulmis & Zelmaïde, Conte. *Amfterdam.*
1745. *in* 12.

2711 Gaudriole, Conte. *La Haye.* 1746. *in* 12.

2712 Le Genie Ombre, & la Salagno - Silph-
Udine Chimbomraço, Conte Phyfique,
Chimerie. 1746. *in* 12.

2713 Neraïr & Melhoé, Conte ou Hiſtoire, *in* 12. 2 *vol.*

2714 Nocrion, Conte Allobroge. 1747. *in* 12.

2715 Conte Nouveau dans la Fameuſe Vallée de Tempé, &c. *M S. in* 4.

2716 Les Contes & les Fables Indiennes de Bid-Paï, & de Lokman, traduits par Galland. *Paris.* 1724. *in* 12. 2 *vol.*

2717 Contes Orientaux, tirés des Manuſcrits de la Bibliotheque du Roi de France. *La Haye.* 1743. *in* 12. 2 *vol.*

2718 Les mille & une Nuits, Contes Arabes, traduits par Galland. *Paris.* 1705. *&* 1726. *in* 12. 12 *vol.*

2719 Les mille & un Jours, Contes Perſans, par Petis de la Croix. *Paris.* 1711. *in* 12. 5 *vol.*

2720 Les mille & un Quarts d'Heures, Contes Tartares. *Paris.* 1723. *in* 12. 3 *vol.*

2721 Les mille & une Heures, Contes Peruviens. *Amſterdam.* 1703. *in* 12. 2 *vol.*

2722 Les mille & une Faveurs, ou Avantures de Zeloïde & d'Amanzarifdine, Contes Indiens. *Paris.* 1718. *in* 12.

2723 Les mille & une Faveurs, Contes de Cour, publiés par le Ch. de Mouhy. *Londres.* 1740. *in* 12. 4 *vol.*

2724 Les mille & une Fadaiſes, Contes à dormir debout. *Baillon.* 1742. *in* 12.

2725 Hiſtoire de la Sultane de Perſe, & des Viſirs, Contes Turcs. *Paris.* 1707. *in* 12.

2726 Les Sultanes de Guzaratte, ou les Songes des Hommes Eveillés, Contes Mogols, par Mad. de Goméz. *Paris.* 1732. *in* 12. 3 *vol.*

2727 Contes Choiſis, ou les Avantures du Man-

darin Fum-Hoam. *Paris*. 1723. *in* 12.
2 *vol.*

2728 La Jeune Amériquaine, & les Contes Marins, par Mad. Levêque. *La Haye*. 1740.
in 12. 2 *vol.*

2729 La Patte du Chat, Conte Zinzimois. *Tillobalaa*. 1741. *in* 12.

2730 La Tour Ténébreuſe, & les Jours Lumineux, Contes Anglois, par Mad^lle L'Heritier. *Paris*. 1705. *in* 12.

2731 Les Petits Soupers de l'Eté, avec l'Original des Fées, par Mad. Durand. *Paris*. 1733.
in 12.

2732 Les Contes des Fées, par Mad. de M ***
Paris. 1698. *in* 12.

2733 Les Contes des Fées, par Mad. d'Aunoy.
Paris. 1698. *in* 12. 4 *vol.*

2734 Contes Nouveaux, ou des Fées à la Mode, par la même. *Paris*. 1725. *in* 12. 3 *vol.*

2735 Trois Nouveaux Contes des Fées, par la même. *Paris*. 1735. *in* 12.

2736 Les Nouveaux Contes des Fées. *Paris*. 1731.
in 12.

2737 Nouveaux Contes des Fées Allégoriques.
Paris. 1735. *in* 12.

2738 Féeries Nouvelles, Contes. 1741. *in* 12.
2 *vol.*

2739 Deux Contes de cette année: (l'Homme des Bois, & Bink-Binet, & la Gageure des Fées,) par Mad. l'Eyêque. *Amſterdam*. 1743. *in* 12. 2 *vol.*

2740 Cinq Contes des Fées, dont trois n'ont point encore paru, & deux ſont à la troiſiéme Edition. 1745. *in* 12.

2741 Nouveaux Contes des Fées. *Amſterdam*.
1745. *in* 8.

2742 Contes moins Contes que les autres, sans Parangon, & la Reine des Fées. *Paris.* 1724. *in* 12.

2743 Les Voyages de Zulma dans le Pays des Fées. *Amſterdam.* 1734. *in* 12.

Faceties, Jeux, Pieces Burleſques.

2744 Poggii Facetiæ. *Vetus Editio.* Laurentii Vallenſis Facetiæ Morales. *Vetus Editio.* *in* 4.

2745 Poggii Hiſtoriæ Convivales, Orationes, Invectivæ, Epiſtolæ, Deſcriptiones quædam & Facetiarum Liber. *Pariſiis.* 1511. *in* 4.

2746 Bebeliana Opuſcula nova, Librique Facetiarum. *Pariſiis.* 1506. *in* 4.

2747 H. Bebelii Facetiæ, Poggii Facetiæ, & Alphonſi, Arragonum Regis, Facetiæ. *Tubingæ.* 1550. *in* 8.

2748 L. Domitii Brûſonii, Facetiarum Exemplorumque Libri VII. *Baſileæ.* 1559. *in* 4.

2749 Facetiæ Facetiarum, hoc eſt Joco ſeriorum Faſciculus. *Pathopoli.* 1645. *in* 12.

2750 Areſta Amorum, cum erudita Benedicti Curtii Symphoriani Explanatione. *Lugduni.* 1533. *in* 4.

2751 Eadem. *Pariſiis.* 1566. *in* 16.

2752 Les Arrêts d'Amour, avec l'Amant rendu Cordelier à l'Obſervance d'Amour, par Martial d'Auvergne, avec les Commentaires de Benoît de Court. *Amſterdam.* 1731. *in* 12. 2 *vol.*

2752* Formulaire de tous Contrats, Donations, Teſtamens, Codiciles & autres Actes qui ſont faits & paſſés par-devant Notaires ;

fait par Bredin, le Cocu, Notaire, & Controlleur des baffes Marches au Royaume d'Utopie. *Lyon.* 1618. *in* 16.

2753 { Ottomari Lufcinii Joci ac Sales Feftivi. *Augufte-Vindelicorum.* 1524.
Stoboei Sententiæ. *Antuerpiæ.* 1529. *in* 8.

2754 Guill. du Vair, Joci. *Parifiis. in* 12.

2754* Matth. Delrio, de arte jocandi Lib. IV. *Amfterdami.* 1637. *in* 12.

2755 Differtationum Ludicrarum & Amœnitatum Scriptores varii. *Lugduni-Batavorum.* 1638. *in* 12.

2755* Variorum Autorum, Practica Artis Amandi, & Philippi Beroaldi Declamationes cum aliis Facetiis. *Lugduni-Batavorum.* 1648. *in* 12.

2756 Tractatus Varii de Pulicibus. *Utopiæ. in* 12.

2756* La Plaifante & Joyeufe Hiftoire du Grand Géant Gargantua, par François Rabelais. *Valence.* 1547. *in* 16.

2757 Les Songes Drolatiques de Pantagruel, où font contenues plufieurs Figures de Maître François Rabelais. *Paris.* 1565. *in* 8.

2757* Les Œuvres de M. François Rabelais. *Bruxelles.* 1659. *in* 12. 2 *vol.*

2758 Les mêmes. 1691. *in* 12. 2 *vol.*

2759 Les mêmes, avec des Remarques, par Mrs de la Monnoye & du Chat. *Amfterdam.* 1711. *in* 12. 5 *vol.*

2759* Prologues, tant Sérieux, que Facetieux, avec plufieurs Galimatias, par le Sieur de L. *Paris.* 1610. *in* 12.

2760 Hiftoires Facetieufes & Morales, par J. N. D. R. (de Radimon.) *Leide.* 1668. *in* 12.

2760 *Les Bigarrures & Touches du Seigneur des Accords. *Paris.* 1662. *in* 12.

2761 Difcours des Gracieufes Amours de Pierre Dupuis, & de la Groffe Guillemette, avec leur Portrait. *in* 8.

2762 Les Fantaifies de Brufcambile, *Paris.* 1615. *in* 8.

2763 Recueil général des Caquets de l'Accouchée. 1624. *in* 8.

2764 La Narquoife Juftine. *Paris.* 1636. *in* 8.

2765 L'Art de plumer la Poulle, fans crier. *Cologne.* 1710. *in* 12.

2766 Les Libertins en Campagne. *Rouen.* 1710. *in* 12.

2767 Amufemens Sérieux & Comiques. *Paris.* 1723. *in* 12.

2768 Les mêmes. *Paris.* 1739. *in* 12.

2769 Le Journalifte Amufant, ou le Monde Sérieux & Comique. *Paris. in* 12.

2770 Les Amufemens de la Hollande. *La Haye.* 1739. *in* 12. 2 *vol.*

2771 Les Chats, par M. de Montcrif. *Paris.* 1727. *in* 8.

2772 Lettre d'un Rat Calotin, à Citron Barbet. *Ratapolis.* 1727. *in* 12.

2773 Hiftoire des Rats. *Ratapolis.* 1737. *in* 8.

2774 Roger Bon-Tems en belle humeur. *Cologne.* 1732. *in* 12.

2775 Pharfamon, ou les nouvelles Folies Romanefques, par M. de Marivaux. *Paris.* 1737. *in* 12. 2 *vol.*

2776 { Tecferion, par M. de S. 1737.
     { Funeftine. *Paris.* 1737.

2777 Hiftoire des Cocus. *La Haye.* 1746. *in* 12.

2778 Les Avantures incroyables, toutefois véri-

tables, ou Mital, par Bordelon. *Paris.*
1708. *in* 12.

2779 L'Histoire des Imaginations extravagantes
de M. Oufle, par le même. *Amsterdam.*
1710. *in* 12.

2780 Gomgam, ou l'Homme Prodigieux trans-
porté dans l'air, sur la Terre & sous les
Eaux, &c. par le même. *Paris.* 1713.
in 12. 2 *vol.*

2781 Les Tours de Mᶜ Gomin, par le même.
Amsterdam. 1713. *in* 12. 2 *vol.*

2782 Le Supplément de Tasse Rouzi-Friou-Ti-
tave, par le même. *Paris.* 1723. *in* 12.

2783 Les Ecosseuses, ou les Oeufs de Pâques.
Troyes, 1739. *in* 12.

2784 Les Etrennes de la Saint Jean. *Troyes.*
in 12.

2785 Les mêmes, deuxième Edition augmentée.
Troyes. 1742. *in* 12.

2786 Histoires Nouvelles & Mémoires ramassés.
Londres. 1745. *in* 12.

2787 Miseys, ou le Visage qui prédit, Histoire.
Troyes. 1745. *in* 12.

2788 Recueil de ces Messieurs. *Amsterdam.*
1745. *in* 12.

2789 Recueil de ces Dames. *Bruxelles.* 1745.
in 12.

2790 Quelques Avantures des Bals de Bois.
1745. *in* 12.

2791 Les Fêtes Roulantes, & les Regrets des
petites Rues. 1747. *in* 12.

2792 Mémoires de l'Académie des Colporteurs,
à l'Imprimerie ordinaire de l'Académie.
1748. *in* 12.

2793 Collection de différens petits Ouvrages sur
toutes sortes de Sujets singuliers, princi-

palement de *Romans*, Faceties , &c. en
Livrets & Brochures, imprimées , tant à
Troyes , chez Oudot , qu'à *Rouen* & à
Paris , & appellés communément *la Bi-*
bliotheque Bleue , contenant environ soi-
xante Pieces. *in 4. in 8. in 12.* &c.

P H I L O L O G U E S.

C R I T I Q U E S.

Critiques Latins.

2794 Auli Gellii , Noctes atticæ , cum Annota-
tionibus Henrici Stephani. *Parisiis.* 1585.
in 8.

2795 Eædem. *Lugduni - Batavorum.* 1644.
in 12.

2796 Macrobii Opera. *Lugduni.* 1550. *in 8.*

2797 { Justi Lipsii , Quæstionum Libri V. in qui-
bus ad varios scriptores , pleræque ad
Titum Livium Notæ. *Antuerpiæ.* 1577.
Ejusdem Electorum Liber. *Antuerpiæ.*
1580. *in 8.*

2798 Isaaci Vossii Observationum Liber. *Londini.*
1685. *in 4.*

2799 Marci Antonii Mureti , Variæ Lectiones.
Parisiis. 1586. *in 8.*

2800 Petri Criniti de honesta Disciplina Libri
XXV. de Poëtis Latinis Libri V. & Poë-
maton Libri II. *Lugduni.* 1543.

2801 Jacobi Tollii , Fortuita , in quibus Critica
nonnulla. *Amstelodami.* 1687. *in 8.*

{ Gasparis Scioppii , Verisimilium Lib. IV. in
quibus multa veterum Scriptorum Loca
maxime emendantur & Illustrantur. *Am-*
stelodami. 1662.

Ejuſdem, Conſultationes de ſcholarum & ſtudiorum Ratione. *Amſtelodami.* 1665.

Ejuſdem, Tractatus de arte Critica. *Amſtelodami.* 1662.

2802 { Franciſci Robortelli, de arte Critica Diſputatio.

Gaſparis Scioppii Grammatica Philoſophica. *Amſtelodami.* 1664.

Franciſcus Silburgius, de veterum Romanorum Scriptura.

Gaſparis Scioppii ſuſpectarum Lectionum, Lib. V. *Amſtelodami. in* 8.

2803 { Gaſparis Scioppii, Symbola Critica. *Amſtelodami.* 1664.

Franciſci Sanctii, Grammatica Latina. *Amſtelodami.* 1664.

Priapeia, ſive diverſorum Poëtarum in Priapum Luſus, cum Comment. Gaſparis Scioppii, & Comment. Joſephi Scaligeri in Priapeia. *Patavii.* 1664. *in* 8.

2804 Iſaaci Caſauboni ad Frontonem Ducæum Epiſtola. *Pariſiis.* 1611. *in* 8.

2805 { Jo. Burch. Menckenii, de Charlataneria Eruditorum declamationes duæ, cum notis Variorum. *Amſtelodami.* 1716.

Mathanaſius. *La Haye.* 1714. *in* 12.

2806 Le Triomphe de la Charlatanerie, dédié au Grand Thomas. *Paris.* 1730. *in* 12.

Critiques François.

2807 Traité de la Critique, par l'Abbé de Saint-Réal. *Utreckt.* 1693. *in* 12.

2808 Théâtre Critique, ou Diſcours différens ſur toute ſorte de matieres, traduit de l'Eſpagnol de Jerôme Feijo. *Paris.* 1743. *in* 12.

2809 La Grand Nef des Fous du Monde. 1530. *in* 4.

2810 Dendrologie, ou la Forêt de Dodonne, avec la Clef, par Jacques Houvel. *Paris.* 1641. *in* 4.

2811 Les Lauriers des trois Nymphes, avec les Plaidoyers & Harangues d'icelles, par de Raynaud. *Paris.* 1607. *in* 12.

2812 Les Visions de Pasquille ; le Jugement d'Icelui, ou Pasquille Prisonnier ; avec le Dialogue de Probus. 1547. *in* 8.

2813 Le Misault, ou Haineux de Cour, qui démontre l'Etat des Courtisans. *Paris.* 1585. *in* 12.

2814 Le Cabinet de Minerve, auquel sont plusieurs singularités, par Beroalde de Verville. *Paris.* 1596. *in* 12.

2815 Histoire du Siége des Muses, ou sont mêlées plusieurs belles & curieuses Sciences, par Antoine de Mairon. *Lyon.* 1610. *in* 8.

2816 Les quinze Joyes du Mariage, ou la Nasse dans laquelle sont détenues plusieurs personnes, par François Rosset. *Paris.* 1620. *in* 12.

2817 Le même Livre, où l'on a ajouté le Blason des folles Amours ; le Triomphe des Muses contre l'Amour ; le Loyer des fausses Amours. *La Haye.* 1734. *in* 12.

2818 Paradoxes, ou les Opinions renversées de la plûpart des hommes. *Rouen.* 1638. *in* 12.

2819 Les Occurrences remarquables de M. du Belley. *Paris.* 1628. *in* 8.

2820 Les Tapisseries Historiques, par le même. *Paris.* 1644. *in* 8.

2821 Avis à M. Menage sur son Eglogue intitulée Christine, &c. *Paris.* 1657. *in* 12.

2822 Hipparque ou le Religieux Marchand, par René de la Vallée. 1645. *in* 8.

2823 La Guerre des Auteurs Anciens & Modernes, par Gueret. *La Haye.* 1671. *in* 12.

2824 { L'Onguent à la Brulure, & plusieurs autres Pieces, par Barbier Daucourt. 1670.
Le Calvaire Profané, ou le Mont-Valerien Usurpé, par le même Auteur. 1670. *in* 12.

2825 Le Camouflet des Auteurs, c'est-à-dire, les Plaisirs des Personnes de Cabinet, dans la Lecture & Critique raisonnée, par J. D. C. de Richesource. *Paris.* 1680. *in* 12.

2826 Mémoires pour servir à l'Histoire de la Calotte. *Moscopolis.* 1725. *in* 12.

2827 Histoire du Diable, traduite de l'Anglois. *Amsterdam.* 1730. *in* 12. 2 *vol.*

2828 La Bagatelle ou Discours Ironiques. *Amsterdam.* 1723. *in* 12. 3 *vol.*

2829 Les Coudées Franches. *Paris.* 1712. *in* 12. 2 *tom. en un vol.*

2830 Le Chef d'Œuvre d'un Inconnu, avec des Remarques, par M. le Docteur Mathanasius, & une Lettre à M. le Duc D. *La Haye.* 1714. *in* 12.

2831 Relation de ce qui s'est passé au sujet de la Réception de Mathanasius à l'Académie Françoise. 1727. *in* 12.

2832 Chanson d'un Inconnu, avec des Remarques, par le Docteur Mathanasius. *Turin.* 1737. *in* 12.

2833 Le Je ne Sçay-Quoi, par M. Carteci de Sainte-Philippe. *Utrecht.* 1730. *in* 12. 2. *vol.*

2834 Diſſertation ſur l'Antiquité de Chaillot. *Paris.* 1736. *in* 8.

2835 Le Docteur Gelaon, ou les Ridiculités anciennes & modernes. *Londres.* 1737. *in* 12.

2836 Les Partiſans Démaſqués. *Cologne.* 1710. *in* 12. 2 *vol.*

2837 Comparaiſon de la Muſique Italienne & de la Muſique Françoiſe. *Bruxell.* 1704. *in* 12.

2838 L'Eſprit du Siécle. *Amſterdam.* 1746. *in* 12.

2839 Réflexions ſur la Curioſité, le goût de la Campagne, &c. *in* 12.

Epiſtolaires.

Epiſtolaires Latins.

2840 C. Plinii ſecundi, Epiſtolæ : accedit Ejuſdem Panegyricus Trajano dictus : cum commentariis Joannis Mariæ Catanaei. *Paulus-Stephanus.* 1601. *in* 4.

2841 Ejuſdem Plinii Epiſtolæ & Panegyricus Trajano dictus. *Lugduni-Batavorum. Elzevir.* 1640. *in* 12.

2842 Les Lettres de Pline, le jeune, traduites par M. de Sacy. *Paris.* 1700. *in* 12. 3 *vol.*

2843 Franciſci Philelphi, Epiſtolarum Libri. *Editio Veſtuſtiſſima. in* 4.

2844 Epiſtolæ Sanctiſſimorum Patrum. *Pariſiis. Badius.* 1516. *in* 4.

2845 Illuſtrium Virorum Epiſtolæ, ab Angelo Politiano, partim ſcriptæ, partim collectæ. *Pariſiis. Badius.* 1520.

2846 Epiſtolæ Obſcurorum Virorum ; quibus acceſſere alii Tractatus. *Francofurti.* 1643. *in* 12.

2847 Eædem , quibus acceſſere Epiſtola Benedicti Paſſevantii ad Petrum Lyſetum : & la Complainte de Pierre Lizet ſur le Trépas de ſon feu Nez. *Londres.* 1710. *in* 12.

2848 Erici Puteani , Epiſtolarum Centuria. *Lovanii.* 1612.

2849 Huberti Langueti, Epiſtolæ. *Lugduni-Batavorum. Elzevir.* 1646. *in* 12.

2850 Jacobi Bongarſii Epiſtolæ. *Lugduni-Batavorum.* 1647. *in* 16.

2851 A. Giſleni Busbequii Epiſtolæ. *Lugduni-Batavorum. Elzevir.* 1633. *in* 32.

2852 Dominici Baudii , Epiſtolæ. *Lugduni-Batavorum.* 1659. *in* 12.

2853 Jacobi Tollii , Epiſtolæ Itinerariæ, recenſitæ, & digeſtæ , cum annotationibus Henrici Chriſtoph. Hennii. *Hagæ-Comitum.* 1699. *in* 4.

Epiſtolaires François.

2854 Les Lettres de François Rabelais , avec des Obſervations de Meſſieurs de Sainte-Marthe. *Paris.* 1651. *in* 8.

2855 Les mêmes Lettres. *Bruxelles.* 1710. *in* 12.

2856 Les Lettres d'Etienne Paſquier. *Paris.* 1586. *in* 4.

2857 Les mêmes. *Lyon.* 1597. *in* 16.

2858 Les Lettres du Cardinal d'Oſſat, par M. Amelot de la Houſſaye. *Amſterdam.* 1714. *in* 12. 5 *vol.*

2859 Nouvelles Œuvres de Theophile, ou Lettres Françoises & Latines. *Paris.* 1642. *in* 8.

2860 Lettres & Discours de Samuel de Sorbiere. *Paris.* 1660. *in* 4.

2861 Lettres Familieres de M. Balzac à M. Chapelain. *Amsterdam. Elzevir.* 1661. *in* 12.

2862 Lettres de feu M. de Balzac à M. Conrart. *Amsterdam. Elzevir.* 1664. *in* 12.

2863 Lettres Choisies de Guy Patin. *Paris.* 1672. *in* 12. 2 *vol.*

2864 Lettres de Respect, d'Obligation & d'Amour, par Boursault. *Paris.* 1683. *in* 12.

2865 Lettres Critiques de R. Simon. *Basle.* 1699.

2866 Lettres Choisies de R. Simon, où l'on trouve un grand nombre de Faits, Anecdotes de Littérature. *Amsterdam.* 1705. *in* 12. 3 *vol.*

2867 Lettres de M. Flechier, Evêque de Nismes, sur divers sujets. *Paris.* 1711. *in* 12.

2868 Les Lettres de Filtz Moritz, par Garnesai. *Paris.* 1718. *in* 12.

2869 Lettres de Critique, de Littérature, d'Histoire, &c. écrites à divers Savans de l'Europe, par Gilbert Cuper. *Amsterdam.* 1743. *in* 4.

2870 Lettres Choisies de P. Bayle, avec des Remarques. *Rotterdam.* 1714. *in* 12. 3 *vol.*

2871 Nouvelles Lettres & Œuvres Galantes, par M. S. D. *Paris.* 1724. *in* 12.

2872 Lettres de Marie Rabutin Chantal, Marquise de Sevigné, à Madame la Comtesse de Grignan sa fille. *Paris.* 1726. *in* 12.

2873 Les mêmes. *Paris.* 1737. *in* 12. 6 *vol.*

2874 Lettres sur les Anglois & les François,
&

& fur les Voyages. *Paris.* 1726. *in* 12.
2 *vol.*

2875 Nouvelles Lettres Curieufes & Galantes, fur divers fujets, par M.... *Amfterdam.* 1727. *in* 12. 2 *vol.*

2876 Lettres Hiftoriques de M. Peliffon. *Paris.* 1729. *in* 12. 3 *vol.*

2877 Lettres de Mad. la Marquife de M.... au Comte de R.... *Paris.* 1732. *in* 12.

2878 Lettres fur la Profeffion d'Avocat. *Londres.* 1733. *in* 8.

2879 { Lettres Philofophiques, par M. de V. *Amfterdam.* 1734.
Lettres fervant de Réponfes aufdites Lettres. *in* 12.

2880 Réponfe, ou Critique des Lettres Philofophiques. *Bafle.* 1735. *in* 12.

2881 Lettres Galantes & Philofophiques, par Mad. de.... *La Haye.* 1737. *in* 12.

2882 Lettres Hiftoriques & Galantes, par Mad. de C. (Defnoyers) *Londres.* 1739. *in* 12. 6 *vol.*

2883 Lettres Infernales fur les Tifons & fur les Enfers. *Paris.* 1740. *in* 12.

2884 Lettres fur la Robbe. *Douay.* 1742. *in* 12.

2885 Lettres Amufantes & Critiques fur les Romans. *Paris.* 1743. *in* 12.

2886 Lettres d'un François, par l'Abbé le Blanc. *La Haye.* 1745. *in* 12. 3 *vol.*

2887 Lettre fur le Luxe. *Francfort.* 1745. *in* 8.

2888 Lettres fur le Livre du P. Norbert. 1745. *in* 12.

2892 Lettres de M. Rouffeau fur différens Sujets de Littérature. *Genève.* 1750. *in* 12. 5 *vol.*

2893 Lettres Edifiantes & Curieufes des Miffions Étrangeres de la Chine. *Paris. in* 12.

Q

2894 Lettres Perſannes. *Cologne*. 1721. *in* 12.

2895 Lettres d'une Turque à ſa Sœur, au Sérail. *Amſterdam*. 1730. *in* 12.

2896 Lettres Juives, par le Marquis d'Argens. *La Haye*. *in* 12. *3 vol.*

2897 Lettres Saxonnes. *Berlin*. 1738. *in* 12. 2 *tom. en un vol.*

2898 Lettres Chinoiſes, par l'Auteur des Lettres Juives. *La Haye*. 1740. *iu* 12. *5 vol.*

2899 Lettres d'une Peruvienne. *Peine*. 1748. *in* 12.

2900 Lettres d'Aza ou d'un Peruvien, Concluſion des Lettres Peruviennes. 1749. *in* 12.

2601 Epîtres Dorées d'Antoine de Guevare, traduites de l'Eſpagnol, par J. de Guttery. *Paris*. 1566. *in* 8.

Dialogues, Entretiens, &c.

2902 Deſiderii Eraſmi, Colloquia. *Lugduni-Batavorum. Elzevir.* 1643. *in* 12.

2903 Les Entretiens Familiers d'Eraſme. 1669. *in* 12. 2 *vol.*

2904 Dialogus Feſtivus, quo Julius II. P. M. poſt mortem Cœli fores pulſando, ab Janitore illo D. Petro intromitti nequiverit. *in* 12.

2905 Cymbalum Mundi, ou Dialogues Satyriques ſur différens Sujets, publié par Proſper Marchand. *Amſterdam*. 1732. *in* 12.

2906 Les Dialogues de Loys le Caron, Pariſien. *Paris*. 1556. *in* 8.

2907 Notables Diſcours en forme de Dialogue, touchant la vraye & parfaite Amitié. *Lyon*. 1577. *in* 12.

1908 Dialogues de Jacques Tahureau, avec quelques Poëſies du même. *Rouen*. 1585. *in* 16.

2909 Quatre Dialogues faits à l'imitation des Anciens, par Oratius Tubero, (par la Motte le Vayer.) *Francfort.* 1506. *in* 4.

2910 Les mêmes, par le même. *Francfort.* 1716. *in* 12. 2 *vol.*

2911 Hexameron rustique, ou les Six Journées passées à la Campagne, par le même. *Cologne.* 1698. *in* 12.

2912 Les Entretiens de Jean-Louis Guez de Balzac, publiés par Girard. *Leide. Elzevir.* 1659. *in* 12.

2913 Rome pleurante, ou Entretiens du Tibre de Rome, traduits de l'Italien. 1666. *in* 12.

2914 L'Entretien des Illustres Bergers & de la Fidelle Bergere, par Frenicle. *Paris. in* 8.

2915 Les Entretiens d'Ariste & d'Eugene, par le P. Dominique Bouhours. *Paris.* 1683. *in* 12.

2916 La Maniere de bien Penser dans les Ouvrages d'Esprit, en Dialogues, par le même. *Paris.* 1687. *in* 4.

2917 Dialogues des Morts anciens & modernes, par M. François de Salignac la Mothe Fenelon. *Paris.* 1725. *in* 12. 2 *vol.*

2918 Nouveaux Dialogues des Morts, par M. de Fontenelle. *Amsterdam.* 1694. *in* 12.

2919 Entretiens sur la Pluralité des Mondes, par le même. *Paris.* 1698. *in* 12.

2920 Nouveaux Dialogues des Dieux, ou Réflexions sur les Passions, par M. Remond. *Amsterdam.* 1711. *in* 12.

2921 Dialogues Critiques & Philosophiques, par M. l'Abbé de Charte-Livry. *Amsterdam.* 1730 *in* 12.

2922 Dialogue sur la Musique des Anciens. *Paris.* 1735. *in* 12.

2923 Entretiens Littéraires & Galans, avec les Avantures de Dom Palmerin & de Thamire, par M. du Perron de Castera. *Amsterdam.* 1738. *in* 12. 2 *vol.*

Satyres, Invectives, &c.

2924 Traité de la Satyre, par l'Abbé de Villiers. *Paris.* 1695. *in* 12.

2925 Petronii Satyricon, cum Commentariis Josephi-Antonii Gonsalvi de Salas. *Francofurti.* 1629. *in* 4.

2926 Petronii Satyricon, cum Commentariis & Notis Variorum, ex editione Michaelis Hadrianides. *Amstelodami.* 1669. *in* 8.

2927 La Satyre de Petrone, traduite en François, avec le Texte Latin, & des Remarques, par Fr. Nodot. *Cologne.* 1694. *in* 12. 2 *vol.*

2928 La même. *Amsterdam.* 1698. *in* 8. 2 *vol.*

2929 La Contre-Critique de Petrone, ou Réponse aux Observations sur les Fragmens trouvés à Belgrade en 1688. *Paris.* 1700. *in* 8.

2930 Le Petrone en Vers, trad. par M. L. D. B. *Paris.* 1667. *in* 12.

2931 Euphormionis Lusinini sive Joannis Barclaii, Satyricon, cum Clave. *Lugduni-Batavorum. Elzevir.* 1637. *in* 12.

2932 La Satyre de l'Euphormion de Jean Barclay, traduite par Jean Berault. *Paris.* 1640. *in* 8.

2933 Les Avantures d'Euphormion, Histoire Satyrique. *Lyon.* 1713. *in* 12.

2934 {
Nicolai Rigaltii, Funus Parafiticum, Jufti Lipfii, Satyra Menippea, Somnium; Petri Cunæi, Sardi Venales. *Lugduni - Batavorum.* 1620.

Huldrici Hutteni, Satyra, Nemo, de ineptis fui fæculi Studiis, & veræ Eruditionis Contemptu. *Lugduni-Batavorum.* 1622. *in* 12.
}

2935 Elegantiores Præftantium Virorum Satyræ. *Lugduni-Batavorum.* 1655. *in* 12. 2 *vol.*

2936 Frederici Dedekindi, Ludus Satyricus, de morum fimplicitate feu rufticitate, vulgò dictus, Grobianus. *Lugduni-Batavorum.* 1631. *in* 12.

2937 Satyra Diaetetes, five Arbiter rerum, per Joannem de Manibus. *Parifiis.* 1614. *in* 12.

2938 Satyræ duæ : Hercules tuam fidem, five Munfterus Hypobolimæus, & Virgula divina. *Lugduni-Batavorum.*1617.*in* 12.

2939 Satyres du Prince Cantemir, traduites du Ruffe en François, avec l'Hiftoire de fa Vie. *Londres.* 1750. *in* 12. 2 *vol.*

Eloges, Apologies, Défenfes, &c.

2940 Defiderii Erafmi, Stultitiæ Laus, cum Commentariis Germ. Liftri, & figuris Joannis Holbenii. *Bafileæ.* 1676. *in* 8.

2941 Eloge de la Folie, par Erafme de Rotterdam, traduit par de Gueudeville. *Leide.* 1713. *in* 12.

2942 Laus Afini : Cras Credo, Hodie nihil, & alia quædam. *Lugduni-Batavorum. Elzevir.* 1629. *in* 24.

2943 Apologie pour Herodote, ou Introduction

au Traité de la Conformité des Merveilles anciennes avec les modernes, par Henri Etienne. 1579. *in* 8.

2944 Apologie pour tous les Grands Hommes, foupçonnés de Magie, par Gabriel Naudé. *Paris.* 1625. *in* 8.

2945 La même, par le même. *Paris.* 1669. *in* 12. *2 vol.*

2946 La même, par le même, avec quelques Remarques. *Amfterdam.* 1712. *in* 12.

2947 {Les Yeux, Ouvrage Curieux & Galant, par J. P. N. du C. *Amfterdam.* 1716. Le Nez, Ouvrage Curieux & Galant, par le même. 1717. *in* 12.

2948 Apologie des Dames, appuyée fur l'Hiftoire. *Paris.* 1737. *in* 12.

2949 La même. *Paris.* 1748. *in* 12.

2950 Défenfe ou Eloge des Femmes. *Paris.* 1743. *in* 12.

2951 Eloges de la Goute, de l'Afne, de l'Air, de Rien, du Menfonge, de la Méchante Femme, de Car, de l'Amour, des Payfans & des Normans, par M. Cocquier. *Paris.* 1727. *& fuiv. in* 12.

Allégories, Paraboles, &c.

2952 Nouvelle Allégorique, ou Hiftoire des derniers Troubles arrivés au Royaume d'Eloquence, par Antoine Furetiere. *Paris.* 1659. *in* 12.

Hierogliphes, Emblêmes, Symboles, Devifes, &c.

2953 Joannis Pierii Valeriani, Hieroglyphica. *Lugduni.* 1595. *in fol.*

2954 Difcours des Hierogliphes Egyptiens, Emblêmes, Devifes, &c. par P. Langlois, Sr de Beleftat. *Paris.* 1583. *in* 4.

2955 Cinq Livres des Hierogliphiques, par P. Dinet. *Paris.* 1614. *in* 4.

2956 Horatii Emblemata, Imaginibus in ære incifis Notifque illuftrata, per Othonem Vænium. *Antverpiæ.* 1607.

2957 ⎰ Andreæ Alciati Emblemata. *Lugduni.* 1551.
⎱ Joannis Sambuci, Emblemata. *Antverpiæ.* 1564. *in* 8.

2958 Ejufdem Alciati Emblemata, cum Commentariis Cl. Minois, & aliorum. *Patavii.* 1621. *in* 4.

2959 Livre des Emblêmes d'André Alciat, mis en rime Françoife, par Jehan le Fevre. *Paris.* 1536. *in* 12.

2960 Emblêmes d'Alciat, tranflatés en François. *Lyon.* 1549. *in* 4.

2961 Joan. Sambuci, Emblemata & aliquot Nummi antiqui. *Antverpiæ.* 1569. *in* 12.

2962 Florentii Schoonhovii Emblemata, accedunt & alia quædam Poëmata. *Amftelodami.* 1648. *in* 4.

2963 Les Emblêmes d'amour divin, & humain expliqués. *Paris.* 1631. *in* 12.

2964 Silveftri de Petra Sancta, de Symbolis Heroïcis Libri IX. *Antverpiæ.* 1634. *in* 4.

2965 Jacobi Typotii Symbola divina & humana. 1666. *in* 12.

2966 L'Art des Emblêmes, par Claude Meneftrier. *Lyon.* 1662. *in* 8.

2967 La Devife du Roi Juftifiée, par Claude-François Meneftrier, avec un Recueil de cinq cent Devifes. *Paris.* 1679. *in* 4.

2968 Devises & Emblêmes d'amour, expliqués en sept sortes de Langues, par M. Pallavigini. *Amsterdam.* 1696. *in 4.*

2969 Traité des Tournois, Jouxtes & Carrousels, & autres Spectacles publics, par le Pere Menestrier. *Lyon. Mayer.* 1674. *in 4.*

2970 La Brillante Journée, ou le Carrousel des Galants Maures, par le même. *Paris.* 1685. *in 4.*

2971 Essay d'un Dictionnaire, contenant la Connoissance du Monde, & particulierement celle des Médailles, des Passions, représentées par des Figures Hieroglifiques. *Wessel.* 1700. *in 4.*

Apophtegmes, Proverbes, Sentences, Bons Mots & Livres en Ana.

2972 Sentences gravées & illustrées avec de belles autorités de plusieurs Sages Princes, Rois, & Philosophes Grecs & Latins. *Paris. in 16.*

2973 Desiderii Erasmi, Adagia, cum Henrici Stephani Animadversionibus. *Robertus Stephanus.* 1558. *in fol.*

2974 Ejusdem, Apophtegmata, ex optimis utriusque linguæ Scriptoribus collecta. *Amstelodami.* 1671. *in 12.*

2975 Les Apophtegmes, c'est-à-dire, prompts, subtils & sentencieux Dits de plusieurs Personnages, tant Grecs que Latins, traduits par Antoine Macaud. *Paris.* 1543. *in 16.*

2976 Les Apophtegmes, ou Bons Mots des An-

ciens, traduits par Nicolas Perrot, Sieur
d'Ablancourt. *Paris.* 1694. *in* 12.

2977 Claudii Prati, Pratum, continens Antholo-
giam Epistolarum, Orationum, Senten-
tiarum, Apophtegmatorum, quæ num-
quam hactenus in lucem prodierant. *Pa-
risiis* 1614. *in* 8.

2978 Propos Mémorables des Nobles & Il-
lustres Hommes de la Chrétienté. *Paris.*
1573. *in* 18.

2979 Chevræana, ou les Pensées recueillies,
par Urb. Chevreau. *Paris.* 1697. *in* 12.

2980 Huetiana, ou Pensées diverses de M. Huet.
Paris. 1722. *in* 12.

2981 Menagiana, ou les Bons Mots & les Re-
marques Critiques de Gilles Menage,
avec les Augmentations de (M. de la
Monnoye.) *Paris.* 1517. *in* 12. 4 *vol.*

2982 Parrhasiana, ou Pensées diverses sur des
Matieres Critiques d'histoire, &c. par
Théodore Parrhase (M. le Clerc.) *Amster-
dam.* 1699. *in* 12. 2 *vol.*

2983 Perroniana, sive Excerpta ex ore Card.
Perronii, per F. F. P. *Geneve.* 1669.
in 12.

2984 Saint-Evremoniana, ou Recueil de di-
verses Pieces curieuses & des Pensées ju-
dicieuses, de M. de Saint-Evremont.
Paris. 1700. *in* 12.

2985 Prima Scaligeriana, cum Præfatione Tana-
quilli Fabri, & altera Scaligeriana, cum
notis Anonimi. *Groningæ.* 1669. *in* 12.

2986 Prima Scaligeriana, Editio altera emenda-
tior. *Ustrajecti. Elzevir.* 1671. *in* 12.

2987 Scaligeriana, sive Excerpta ex ore Josephi
Scaligeri, per FF. PP. *Geneva.* 1666.

2988 Sorberiana, ou les Penſées recueillies par M. Sorbiere, publiées par François Graverol. *Toulouze.* 1691. *in* 12.

2989 Les Ana, ou Bigarures Calotines. *Paris.* 1730. *in* 12.

2990 Polliſſoniana, ou Recueil de Turlupinades, Quolibets, Rebus, Jeux de Mots, &c. *Amſterdam.* 1725. *in* 12.

2991 Elite de Bons Mots, Penſées choiſies, Hiſtoires ſingulieres, & autres petites Pieces. *Amſterdam.* 1745. *in* 12. 2 *vol.*

2992 Livre ſans nom. *Paris.* 1695. *in* 12.

2993 Les Malades de belle Humeur, ou Lettres divertiſſantes, remplies de Bons Mots. *Paris.* 1698. *in* 12.

2994 { Diverſités Curieuſes, ou Livre à la mode, pour ſervir de Récréation de l'Eſprit. L'Eloge de l'Yvreſſe. *La Haye.* 1715. *in* 12. 3 *vol.*

2995 Le Paſſe-Tems agréable, ou nouveau Choix de Bons Mots, de Penſées ingénieuſes, &c. *Rotterdam.* 1715. *in* 12.

2996 Nouveau Recueil de Bons Mots, & de Penſées choiſies, tant en Proſe, qu'en Vers. *Rouen. in* 12.

2997 Les Saillies d'Eſprit, ou Choix de Traits utiles & agréables pour la Converſation. *Amſterdam.* (*Paris.*) 1626. *in* 12. 2 *vol.*

2998 L'Art d'orner l'Eſprit en l'amuſant, ou nouveau choix de Traits vifs, Saillans & Legers, par M. Gayot de Pitaval. *Paris.* 1728. *in* 12. 2 *vol.*

POLYGRAPHES.

POLYGRAPHES GRECS ET LATINS.

2999 Luciani Opera, Gr. & Lat. ex Editione Joannis Benedicti. *Salmurii.* 1619. *in* 8. 2 *vol.*

3000 Luciani, de morte Peregrini Libellus, Gr. & Lat. cum Notis Tanaquilli Fabri. *Parisiis.* 1653. *in* 4.

3001 Les Œuvres de Lucian, traduites par Filbert Bretin. *Paris.* 1583. *in fol.*

3002 Lucien, traduit par Nicolas Perrot d'Ablancourt. *Paris.* 1674. *in* 12. 3 *vol.*

3003 Les mêmes Œuvres de Lucien, traduites par le même. *Amsterdam.* 1697. *in* 12. 2 *vol.*

3005 Desiderii Erasmi, Opuscula varia. *Lugd. Batavorum.* 1642. *in* 16. 3 *vol.*

3006 Ægidii Menagii, Miscellanea. *Parisiis.* 1652. *in* 4.

POLYGRAPHES FRANÇOIS.

3007 Les Essais de Michel de Montaigne. *Paris.* 1588. *in* 4.

3008 Les Essais de Michel de Montaigne. *Paris.* 1632. *in fol.*

3009 Les mêmes. *Amsterdam.* 1659. *in* 12. 3 *vol.*

3010 Les mêmes, augmentés, avec des Notes, par Pierre Coste. *La Haye.* 1727. *in* 12. 5 *vol.*

3011 Les Œuvres de Guillaume du Vair, Garde

des Sceaux de France. *Paris.* 1625. *in fol.*

3012 Les Œuvres de François la Mothe le Vayer. *Paris.* 1662. *in fol.* 2 *vol.*

3013 Les mêmes, augmentées de plusieurs nouveaux Traités. *Paris.* 1669. *in* 12. 18 *vol.*

3014 Les Œuvres diverses de Jean-Louis Guez de Balzac, augmentées de plusieurs Pieces nouvelles. *Amsterdam. Elzevir.* 1664. *in* 12.

3015 Les Œuvres de Vincent de Voiture, mêlées de Lettres, avec la Défense. *Paris.* 1650. *in* 4. 2 *vol.*

3016 Les mêmes. *Paris.* 1678. *in* 12. 2 *vol.*

3017 Les mêmes, nouvelle Edition. *Bruxelles.* 1687. *in* 12.

3018 Les mêmes. *Paris.* 1691. *in* 12.

3019 Les Œuvres de Sarrazin. *Paris.* 1656. *in* 4.

3020 Les mêmes. *Paris.* 1685. *in* 12.

3021 Les mêmes. *Paris.* 1696. *in* 12.

3022 Les Œuvres & Lettres de Montreuil. *Paris.* 1671. *in* 12.

3023 Les Œuvres diverses de M. le C***. contenant le Poëte, Satyre, le Parnasse pillé, la République des Lettres. *Rouen.* 1673. *in* 12.

3023* Extraits de tous les beaux endroits des Ouvrages des plus célébres Auteurs de ce tems, par le Sieur Corbinelli. *Amsterd.* 1681. *in* 12. 3 *vol.*

3024 Les Œuvres diverses de M. Patru. *Paris.* (*Amsterdam.*) 1692. *in* 12. 2 *vol.*

3025 Les Œuvres de Scarron. *Paris.* (*Amsterd.*) 1668. & 1675. *in* 12. 9 *vol.*

3026 Les mêmes. *Amsterdam.* 1695. *in* 12. 2 *vol.*

3027 Les mêmes. *Paris.* 1715. *in* 12. 9 *vol.*

3028 Les Œuvres mêlées de M. Chevreau. *La Haye.* 1697. *in* 12. 2 *vol.*

3029 Les Œuvres du P. Rapin, Jéſuite. *Amſterd.* 1695. *in* 12. 3 *vol.*

3029* Œuvres de Mad. de Villedieu. *Paris.* 1702. *in* 12. 10 *vol.*

3030 Les mêmes. *Paris.* 1721. *in* 12. 13 *vol.*

3030* Recueil de Pieces Galantes en Proſe & en Vers, de Madame de la Suze & de M. Peliſſon, augmenté de pluſieurs Pieces nouvelles. *Paris.* 1698. *in* 12. 2 *vol.*

3031 Les Œuvres mêlées de Charles Marquerel de Saint Denis de Saint Evremont. *Paris.* 1692. *in* 4. 2 *vol.*

3032 Les mêmes, augmentées. *Amſterd.* (*Paris.*) 1706. *in* 12. 7 *vol.*

3033 Les Œuvres poſthumes de M. Flechier, Evêque de Niſmes, contenant ſes Harangues, Complimens, Diſcours, Poëſies, &c. *Paris.* 1712. *in* 12. 2 *vol.*

3034 Les Œuvres mêlées de M. R. B. contenant diverſes Pieces en Proſe & en Vers. *Amſterdam.* 1722. *in* 12.

3035 Les Œuvres de M. l'Abbé de Saint-Real. *La Haye.* (*Paris.*) 1722. *in* 12. 5 *vol.*

3035* Œuvres du Sieur de la Chapelle. *Paris.* 1700. *in* 12. 2 *vol.*

3036 Les Œuvres mêlées de M. le Chevalier de S. J. (de S. Jorry.) *Amſterdam.* (*Paris.*) 1735. *in* 12. 2 *vol.*

3036* Productions d'Eſprit, contenant tout ce que les Arts & les Sciences ont de rare & de merveilleux, par le Docteur Swift, traduit en François par M. * * *. *Paris.* 1736. *in* 12. 2 *vol.*

3037 Nouveaux Amuſemens du Cœur & de

l'Efprit. *La Haye.* 1737. *in* 12. *6 vol.*

3037 * Œuvres du Comte Antoine Hamilton. *Paris* 1749. *in* 12. *6 vol.*

3038 Les Œuvres de M. l'Abbé de Pons. *Paris.* 1738. *in* 12.

3039 Les Œuvres mêlées de Guillaume Temple, traduites de l'Anglois. *Utrecht.* 1693. *in* 12. 2 *vol.*

3040 Les Œuvres mêlées de M. le Noble. *Paris.* 1727. *in* 12. 19 *vol.*

3041 Les Œuvres mêlées de Madame de Gomez. *Paris.* 1724. *in* 12.

3042 Réponfes aux Queftions d'un Provincial, (par P. Bayle.) *Rotterdam.* 1707. *in* 12. 7 *vol.*

3043 Œuvres diverfes de M. l'Abbé Gedoyn, de l'Académie Françoife. *Paris.* 1745. *in* 12.

3044 Œuvres de Madame la Marquife de Lambert, avec un Abregé de fa Vie. *Paris.* 1748. *in* 12. 2 *vol.*

3045 Les Œuvres de M. de Fontenelle, de l'Académie des Sciences. *Londres.* (*Rouen.*) 1714. *in* 12. 2 *vol.*

3046 L'Efprit de Fontenelle, ou Recueil de Penfées, tirées de fes Ouvrages. *La Haye.* 1744. *in* 12.

3047 Le Porte-Feuille de M. L. D. F. (*Furetiere.*) *Carpentras.* 1694. *in* 12.

3048 La Nouvelle Pandore, ou les Femmes Illuftres du fiécle de Louis le Grand; Recueil de Pieces Académiques en Profe & en Vers, par de Vertron. *Paris.* 1698. *in* 12. 2 *vol.*

3049 Bibliotheque Volante, ou Elite de Pieces Fugitives, par le Sieur J. G. J. D. M. *Amfterdam.* 1700. *in* 12.

3050 Voyage de MM. Bachaumont & la Chapelle. *Amsterdam.* (*Paris.*) 1728. in 12.

3051 Nouveautés dédiées à toutes sortes d'Etats, depuis le Sceptre jusqu'à la Charruë. (*Paris*) 1724. *in* 12. 2 *vol.*

3051* Caprices d'Imagination, ou Lettres sur différens sujets d'Histoire, de Morale & de Critique. *Paris.* 1740 *in* 12.

3052 Le Recueil du Parnasse, ou nouveau Choix de Pieces en Prose & en Vers. *Paris.* 1743. *in* 12. 2 *vol.*

3053 Recueil de Pieces en Prose & en Vers, prononcées dans l'Assemblée publique tenue à Montauban. *Toulouze.* 1743. *in* 12.

HISTOIRE.

INTRODUCTION A L'HISTOIRE.

3054 INSTRUCTIONS pour l'Histoire , par Rapin. *Paris.* 1677. *in* 12.

3054* Méthode pour Etudier l'Histoire, par M. Nicolas Lenglet du Fresnoy. *Paris.* 1713. *in* 12. 2 *vol.*

3055 La même Méthode. , par le même Auteur. *Paris.* 1729. *in* 4. 4 *vol.*

GÉOGRAPHIE.

INTRODUCTION A LA GÉOGRAPHIE.

3056 Philippi Cluverii , Introductio in universam Geographiam. *Lugduni.* 1636. *in* 24.

3057 La Géographie Royale , par le P. Labbe, Jésuite. *Paris.* 1662. *in* 12.

3058 Introduction à la Géographie, par le Sieur Sanson. *Paris.* 1690. *in* 12.

3059 Traité de Géographie, par P. Duval, revû & corrigé par le P. Placide. *Paris.* 1704. *in* 12.

3060 Méthode Abrégée pour apprendre la Géographie. *Paris.* 1705. *in* 12.

3061

3061 Elémens de Géographie, par M. D. S. H. Paris. 1750. *in* 8.

GÉOGRAPHIE ANCIENNE.

3062 La Géographie ancienne, moderne & histo-rique, avec les Cartes enluminées, par d'Audifret. *Paris.* 1689. & 1691. *in* 4. 2 *vol.*

3063 Traité de la Situation du Paradis Terreftre, par Daniel Huet. *Paris.* 1691. *in* 12.

GÉOGRAPHIE NOUVELLE.

3064 Le Tableau Méthodique de la Géographie, par le P. Labbe Jéfuite. *Paris.* 1646. *in fol.*

Tables Géographiques.

3065 Tables de la Géographie Ancienne & Nou-velle, par les Sieurs Sanfon. *Paris.* 1667. *in fol.*

3066 Nic. Sanfonii, Tabulæ totam Geographiam veterem in fuas partes defcriptam exhi-bentes. *Argentorati.* 1672. *in fol.*

Cartes Géographiques.

Théâtres, Atlas & Recueils de Cartes.

3067 Theatrum Orbis Terrarum Abrahami Or-telii. *Antverpiæ.* 1601. *in fol.*

3068 Le Nouveau Théâtre du Monde, ou la Géographie Royale, par Guudeville. *Leyde.* 1713. *in fol.*

3069 Le Grand Atlas, contenant l'Europe, l'Afie,

R

l'Afrique & l'Amérique, avec les Cartes
enluminées. *Amsterdam.* 1667. *in fol.*
12 *vol.*

Cartes Générales de toute la Terre.

3070 Nouvelle Introduction à la Géographie,
avec les Cartes enluminées, par Jaillot.
Paris. 1698. *in fol.*

3071 Cartes de Géographie, qui marquent les
Bornes des Etats selon les derniers Trai-
tés de Paix, par P. Duval. *Paris.* 1688.
in fol.

3072 Divisions de la France, l'Espagne, l'Italie,
l'Allemagne, les Isles Britanniques & la
Terre-Sainte. Discours expliqués de toutes
ces Parties, par Sanson, tome premier.
Paris. 1651. *in fol.*

3073 Cartes Générales de la Géographie Ancienne
& Nouvelle, ou les Etats de toutes les
Parties du Monde, par les Sieurs Sanson.
Paris. 1676. *in fol.* 2 *vol.*

3073 * Recueil des principales Cartes Géographi-
ques, Générales & Particulieres pour l'usa-
ge de toutes sortes de Personnes. *Paris.*
1697. *in* 4.

3074 Orbis Terrarum nova & accuratissima Ta-
bula, Autore Nicolao Visscher. *in fol.*

3075 Cartes Géographiques dressées pour bien
entendre les Historiens, pour connoître
les anciennes Monarchies, par Duval.
Paris. 1677. *in* 4.

Cartes Particulieres de différentes Parties de la Terre.

3076 Nic. Sanfon, Romani utriufque Imperii Orientis, & Occidentis, Defcriptio Geographica. *Parifiis.* 1638. *in fol.*

3077 L'Europe en plufieurs Cartes, & en divers Traités de Géographie & d'Hiftoire, avec les Cartes, par N. Sanfon. *Paris.* 1683. *in 4.*

3078 Cartes de Géographie de l'Allemagne & de fes environs. *Paris.* 1663. *in fol.*

3079 Cartes Géographiques du Duché de Gueldres & Comté de Zutphen. *Arnem.* 1672. *in fol.*

3080 Atlas portatif, ou de poche, contenant les Cartes Générales & Particulieres de la Flandre, du Brabant, &c. *in 4.*

3081 Theatrum Magnæ Britanniæ; Anglicè confcriptum, à Philemone Hollando Latinitate donatum. *Londini.* 1616. *in fol.*

3082 Théâtre des Cités, ou Recueil de plufieurs Villes, dont les noms fuivent par Ordre Alphabétique, par Jean Boiffeau. *Paris.* 1648. *in fol.*

Cartes Maritimes.

3083 Le Grand & Nouveau Miroir, ou le Flambeau de la Mer, traduit par Paul Yvonet. *Amfterdam.* 1667. *in fol.*

3084 L'Atlas de Mer, ou Monde Aquatique, contenant toutes les Côtes de la Mer connues de l'Univers. *Amfterdam.* 1668. *in fol.*

3085 Le Neptune François , ou Recueil des
Cartes Marines levées & gravées par
ordre du Roi , & une Inftruction pour
l'intelligence de ce Recueil. *in fol.*

3086 La Carte Générale , & les Cartes Particu-
lieres des Côtes de la Mër Méditerranée ,
par P. Duval. 1664. *in 4.*

3087 Le Poftulant de la Mer Méditerranée ,
ou le Vrai Guide des Pilotes , Coftiers ,
par Henri Michelot. *Amfterdam.* 1719.
in 4.

Dictionnaires Géographiques.

3088 Philippi Ferrarii , Lexicon Geographicum ,
cum emendationibus Mich. Baudrand ,
accefferunt Appendices Domin. Magri.
Ifenaii. 1677. *in fol.*

3089 Mich. Baudrand , Lexicon Geographicum.
Parifiis. 1682. *in fol.*

3090 Dictionnaire Géographique Univerfel , par
Baudrand , revû & augmenté par Maty.
Amfterdam. 1701. *in 4.*

3091 Dictionnaire Univerfel Géographique &
Hiftorique , par Thomas-Corneille. *Pa-
ris.* 1708. *in fol. 3 vol.*

3092 Le Grand Dictionnaire Hiftorique , Géo-
graphique & Critique , par M. Bruzen la
Martiniere. *La Haye.* 1726. & 1738.
in fol. 9 vol.

3093 Dictionnaire Géographique portatif , par
M. Vofgien. *Paris.* 1747. *in 8.*

COSMOGRAPHIE.

3094 Pauli G. F. P. N. Merulæ, Cosmographiæ generalis Libri III. Item Geographiæ particularis Libri IV. *Amsterdami.* 1636. *in* 12. 6 *vol.*

3095 Cosmographie universelle de tout le Monde, par Sebastien Munster, mise en François par François de Belleforest. *Paris.* 1575. *in fol.* 2 *vol.*

3096 La Cosmographie universelle d'André Thevet, *Paris.* 1575. *in fol.* 2 *vol.*

3097 Les Etats, Empires, Royaumes Principaux du Monde, par Davity. *Paris.* 1643. *in fol.*

3097* Les mêmes. *Paris.* 1661. *in fol.* 2 *vol.*

3098 Le Monde, ou la description générale de ses quatre Parties, par Pierre Davity. *Paris.* 1660. *in fol.* 6 *vol.*

VOYAGES.

Introduction aux Voyages.

3099 De l'Utilité des Voyages, par M. Baudelot de Dairval. *Paris.* 1686. *in* 12. 2 *vol.*

Collections de divers Voyages.

3100 Histoire générale des Voyages par M. l'Abbé Prevost. *Paris.* 1746. *in* 4. 4 *vol.*

3101 Collectiones Peregrinationum in Indiis XXV. partibus comprehensæ, cum figuris fratrum de Bry & Meriani. *Francof.* 1598. & seq. *in fol.* 5. *vol.*

3102
{
Navigatio ac Itinerarium Joannis Linfco-
tani in Orientalem Indiam. *Hagæ - Co-
mitis.* 1599. *in fol.*

Defcriptio totius Guinæiæ, Congi, An-
golæ, & Monomotapæ, &c. *Hagæ - Co-
mitis.* 1599.
}

3103 Hiftoire de la Navigation de Jean Hugùes
Linfchot. *Amfterdam.* 1610. *in fol.*

3104 La même. *Amfterdam.* 1638. *in fol.*

3105
{
Hiftoire de la Navigation aux Indes Orien-
tales, par les Hollandois, par G. M. A.
W. L. *Amfterdam.* 1609. *in fol.*

Appendice vocabulaire des mots Javans &
Malayts. 1609. *in fol.*

Defcription du pénible Voyage fait au
tour de l'Univers, par le Sieur Olivier
du Nord d'Utrecht. *Amfterdam.* 1610.
in fol.

Defcription de trois Voyages de Mer,
faits en trois ans par les Navires d'Hol-
lande & Zelande, au Nord, par Girard
le Ver. *Amfterdam.* 1604. *in fol.*
}

3106 Divers Voyages traduits de divers Voya-
geurs, par Thevenot. *Paris.* 1666. *in fol.*

Voyages autour du Monde.

3107 Le Voyage Curieux autour du Monde,
en forme d'Entretiens, par le Sieur le B.
Paris. 1664. *in 4.*

3108 Voyage autour du Monde, depuis 1701
jufqu'en 1711, par Wodes Roger,
traduit de l'Anglois. 1716. *in 12.* 2 *vol.*

3109 Nouveau Voyage autour du Monde, par
Guillaume Dampier. *Paris.* (*Rouen.*)
1715. *in 12.* 5 *vol.*

3110 Voyage autour du Monde, fait dans les années 1740, 1741, 1742, 1743 & 1744, par le Lord George Anson, traduit de l'Anglois (par l'Abbé de Gua de Malves) *Amfterdam.* (*Paris.*) 1749. *in* 4.

Voyages dans différentes Parties du Monde.

3111 Les Voyages fameux du Sieur Vincent le Blanc. *Paris.* 1649. *in* 4.

3112 Voyages de M. Dumont en France, en Italie, en Allemagne, à Malthe, & en Turquie, enrichis de Figures. *La Haye.* 1699. *in* 12. 4 *vol.*

3113 Journal des Voyages de M. de Monconis, en Portugal, Provence, Egypte, Syrie, Conftantinople, Angleterre, Pays-Bas, Allemagne, &c. *Lyon* 1665. & 1666. *in* 4. 3 *vol.*

3114 Voyage de Dalmatie, Grece & du Levant, par M. Georges Wheler. *Amfterdam.* 1689. *in* 12. 2. *vol.*

3115 Viaggi di Pietro della Valle. *Roma.* 1658, 1662 & 1663. *in* 4. 4 *vol.*

3116 Viaggi di medefimo della Valle, in Lettere Famigliari al erudito fuo amico Mario Scipano. *Venetia.* 1667. *in* 12. 4 *vol.*

3117 Relation du Voyage d'Adam Olearius, en Mofcovie, Tartarie & Perfe, avec celui de J. A. de Mandeflo, aux Indes Orientales, traduit de l'Allemand, par A. de Wicquefort. *Paris.* 1666. *in fol.* 2 vol.

3118 Les Voyages de Jean Struys, en Mofcovie, en Tartarie, en Perfe, aux Indes,

& en plufieurs autres Pays Etrangers, publié par M. Glanius. *Amſterdam.* 1681. *in* 4.

3119 Les mêmes Voyages du même Struys, avec Figures. *Amſterdam.* (*Rouen.*) 1724. *in* 12. 3 *vol.*

3120 Voyage du Sieur de la Motraye, en Europe, en Aſie, & en Afrique, *La Haye.* 1727. & 1732. *in fol.* 3 *vol.*

3121 Les Voyages du Capitaine Robert Lade, en différentes parties de l'Afrique, l'Aſie, & l'Amérique, traduits de l'Anglois. *Paris.* 1744. *in* 12. 2 *vol.*

3122 Recueil de diverſes Voyages faits en Afrique & Amérique, &c. *Paris.* 1674. *in* 4.

3123 Relation d'un Voyage fait en 1695, 1696 & 1697, en Afrique, Brezil, Iſles Cayennes, par une Eſcadre des Vaiſſeaux du Roi, commandée par M. de Gennes. *Paris.* 1698. *in* 12.

3124 Les Voyages & Avantures du Capitaine Boyle, en Afrique & en Amérique, avec la Relation du Voyage, du Naufrage, & de la Conſervation Miraculeuſe du Sieur Caſtelman, &c. traduits de l'Anglois. *Amſterdam.* 1730. *in* 12. 2 *tom. en un vol.*

Voyages dans chacune des quatre Parties du Monde.

En Europe.

3125 Recueil des Voyages faits en Europe. *Rotterdam.* 1705. *in* 12. 8 *vol.*

3126 Voyage Historique du Duc de Rohan, fait en 1600, en Italie, Allemagne, Pays-Bas-Unis, Angleterre & Ecosse. *Amsterdam.* 1646. *in* 12.

3127 Relation de Voyages en Allemagne, Angleterre, Hollande, Bohême, &c. par Charles Patin. *Amsterdam.* 1695. *in* 12.

3128 Histoire d'un Voyage Litteraire, fait en 1733, en France, Angleterre & Hollande, & Réfléxions sur les Miracles. *La Haye.* 1735. *in* 12.

3129 Voyage du tour de la France, par feu M. Henri de Rouvière. *Paris.* 1713. *in* 12.

3130 Journal Historique du Voyage de S. A. S. Mad^{lle} de Clermont, depuis Paris, jusqu'à Strasbourg, & du Voyage de la Reine, depuis Strasbourg, jusqu'à Fontainebleau, &c. par M. le Chevalier Daudet. *Chaalons.* 1725. *in* 12.

3131 Mémoires & Voyage d'Italie, par Maximilien Misson. *La Haye.* 1694. *in* 12. 2. *vol.*

3132 Nouveau Voyage d'Italie fait en l'année 1688, par Maximilien Misson. *La Haye.* 1691. *in* 12. 2 *vol.*

3133 Le même. *La Haye.* 1702. *in* 12. 2 *vol.*

3134 Voyage fait de l'Italie en Espagne, en 1654. *MS. in* 4.

3135 Relation d'un Voyage d'Espagne, par Mad.
d'Aulnoy. *La Haye.* 1693. *in* 12. 2 *tom.
en un vol.*

3136 Mémoires d'un Voyage en Angleterre,
avec une Description de ce qu'il y a de
plus Curieux en la Ville de Londres,
par le Sieur Maximilien Misson. *La
Haye.* 1698. *in* 12.

3137 Nouveau Voyage fait au Nord. *Amster-
dam. in* 12.

3138 Relation du Groenland, par Isaac la Pey-
rere. *Paris* 1647. *in* 8.

3139 La Vie, les Avantures, & le Voyage de
Groenland, du R. P. Pierre de Mes-
ange, Cordelier, avec une Relation bien
circonstanciée de l'Origine de l'Histoire
des Mœurs, & du Paradis des Habitans
du Pol Arctique. *Amsterdam.* 1701 &
1720. *in* 12. 2 *vol.*

En Asie.

3140 Voyages du Sieur Jean Thevenot. Rela-
tion d'un Voyage fait au Levant, où il
est traité des Etats du Grand Seigneur,
de l'Archipel, Terre Sainte, Egypte,
Arabie, la Mecque, & autres lieux de
l'Asie; plusieurs Remarques sur l'Egypte,
Syrie, de l'Euphrate, & du Tigre, de-
puis 1652, jusques en 1667. *Paris.*
(*Amsterdam.*) 1689. *in* 12. 5 *vol.*

3141 Suite du Voyage du Levant, avec des
Remarques singulieres, &c. & des An-
tiquités de Tchehelminer & autres lieux,
&c. par M. Thevenot. *Paris.*

3142 Voyage au Levant, c'eft-à-dire, dans les principaux Endroits de l'Afie Mineure, dans les Ifles de Chio, Rhodes & Chypre, &c. par Corneille le Brun. *Paris.* (*Amfterdam.*) 1714. *in fol.*

3143 Relation d'un Voyage du Levant, fait par ordre du Roi, par M. de Tournefort. *Paris.* 1717. *in 4.* 2 *vol.*

3144 Mémoires & Avantures Secrettes & Curieufes d'un Voyage du Levant, par M. de Saumery. *Liege.* 1732. *in* 12.

3145 Voyage de Gautier Schouten, aux Indes Orientales, commencé en 1658, & fini l'an 1665, traduit du Hollandois, avec les Voyages qui ont fervi d'Etabliffement à la Compagnie des Indes Orientales. *Rouen* 1725. *in* 12. 12 *vol.*

3146 Voyage de François Pyrard de Laval, contenant la Navigation aux Indes Orientales, &c. avec une Defcription exacte des Mœurs, Loix, &c. avec des Obfervations par le Sieur Duval. *Paris.* 1679. *in* 4.

3147 Journal d'un Voyage fait aux Indes Orientales, par une Efcadre de fix Vaiffeaux, &c. par du Quefne. *Rouen.* 1724. *in* 12. 3 *vol.*

3148 Voyage & Avantures de François Leguat & fes Compagnons, en deux Ifles défertes des Indes Orientales, avec des Obfervations de ce qu'ils ont remarqué dans l'Ifle Saint - Maurice, & Batavia, &c. *Londres.* (*Rouen*) 1708. *in* 12. 2 *vol.*

3149 Les Voyages de Glantzby, dans les Mers Orientales de la Tartarie. *Paris.* 1729. *in* 12.

3150 Histoire de l'Isle de Ceylan, écrite par le Capitaine J. Ribeyra, traduite du Portugais en François. *Trevoux.* 1701. *in* 12.

3151 Relation ou Voyage de l'Isle de Ceylan dans les Indes Orientales, par Robert Knox, traduit de l'Anglois. *Amsterdam.* 1693. *in* 12. 2 *vol.*

3152 Voyage d'Innigo Portugais, à la Côte de Malabar, Batavia, & autres lieux des Indes Orientales. *Paris.* 1736. 2 *tom. en un vol. in* 12.

3153 Voyage & Pelerinage d'Outre-Mer au Saint Sepulchre de la Cité Sainte de Hierusalem, traduit du Latin de Breydenback, par Jean de Hersin. 1489. *in* 4.

3154 Les Passages de Outre-Mer du Noble Godefroi de Bouillon, qui fut Roi de Jerusalem, du bon Roi Saint Louis & de plusieurs vertueux Princes. *Paris.* 1497. *in* 8.

3155 Le Bouquet Sacré, ou le Voyage de la Terre-Sainte, fait en 1610, composé des Roses du Calvaire, des Lys de Bethléem, & des Hyacinthes d'Olivet, par le P. Jean Boucher. *Rouen.* 1633. *in* 12.

3156 La Terre-Sainte, ou Description Topographique, &c. L'Histoire de la Vie & Mort de l'Emir Fachreddin, Prince des Drus, & une Relation véritable de Zaga-Christ, &c. par F. Eugene Roger, Recollet. *Paris.* 1664. *in* 4.

3157 Les étranges Evenemens du Voyage de Son Altesse Sérénissime Prince Zaga-Christ d'Etiopie, par Rechac. *Paris.* 1635. *in* 4.

3158 Voyage de Syrie & du Mont-Liban, par M. de la Roque. *Paris.* 1722. *in* 12. 2 *vol.*

3159 Le Navigationi & Viaggi nella Turchia, di

Nicolo de Nicolai, trad. di Francese da Francesco Flori da Lilla. *Anversa.* 1577. *in* 4.

3160 Relation Nouvelle d'un Voyage de Constantinople. *Paris.* 1681. *in* 12.

3161 Les Voyages de Jean-Baptiste Tavernier en Turquie, en Perse, & aux Indes, la Persécution des Chrétiens au Japon, les Négociations faites pour l'Etablissement du Commerce en Perse, & pour celui des Indes Orientales, & une Relation du Royaume de Tunquin, & de l'Intérieur du Serail. *Paris.* (*Amsterdam.*) 1692. *in* 12. 4 *vol.*

3162 Voyage en Turquie & en Perse, avec une Relation des Expéditions de Thamas Kouli-Kham, par M. Otter. *Paris.* 1728. *in* 12. 2 *vol.*

3163 Journal du Voyage du Chevalier Chardin, en Perse & aux Indes Orientales, par la Mer Noire, & par la Colchide, avec le Voyage de Paris à Ispahan. *Londres.* 1686. *in* 4.

3164 Les mêmes. *Amsterdam.* 1711. *in* 4. 3 *vol.*

3165 Voyage de François Bernier, contenant la Description des Etats du Grand Mogol. *Amsterdam.* 1699. *in* 12. 2 *vol.*

3166 Journal du Voyage de Siam, fait par M. l'Abbé de Choisy en 1685. *Paris.* 1687. *in* 4.

3167 Voyage du Royaume de Siam, par M. de la Loubere. *Amsterdam.* 1691. *in* 12. 2 *vol.*

3168 Voyage des Peres Jésuites à Siam, envoyés par le Roi aux Indes, à la Chine, avec leurs Observations, (publiées par le Pere Tachard.) *Amsterdam.* 1689. *in* 12. 3 *vol.*

En Afrique.

3169 Relation d'un Voyage fait en Egypte, par
le Sieur Granger (Tournechot.) *Paris.*
1745. *in* 12.

3170 Voyage du Chevalier des Marchais en Gui-
née, Isles voisines, & à Cayenne, fait en
1725, 1726, 1727. &c. par le P. Labat.
Paris. 1730. *in* 12. 4 *vol.*

3171 Véritable Relation de tout ce qui s'est passé
au Voyage que M. de Bretigny fit à l'Amé-
rique Occidentale, par Paul Boyer. *Paris.*
1654. *in* 8.

En Amérique.

3172 Voyage aux Isles de l'Amérique, par le P. J.
B. Labat. *Paris.* 1722. *in* 12. 6 *vol.*

3173 Voyage de l'Amérique, contenant ce qui
s'est passé de plus remarquable dans l'Amé-
rique Septentrionale, depuis 1534, jusqu'à
présent. *Amsterdam.* (*Rouen.*) 1723. *in* 12.
4 *vol.*

3174 Nouveau Voyage de M. le Baron de la Hon-
tan, dans l'Amérique Septentrionale, &c.
La Haye. (*Rouen.*) 1704. *in* 12. 2 *vol.*

3175 Avantures du Sieur le Beau, Avocat en Par-
lement, ou Voyage curieux & nouveau de
l'Amérique Septentrionale. *Amsterdam.*
1738. *in* 12. 2 *vol.*

3176 Histoire Générale des Voyages & Conquêtes
des Castillans dans les Isles & Terres-Fer-
mes des Indes Occidentales, traduite de
l'Espagnol d'Antoine d'Herrera, par de la
Coste. *Paris.* 1660. *in* 4. 3 *vol.*

3177 Relation des Découvertes & Voyages que les Espagnols ont faits dans les Indes Occidentales. *Amsterdam.* 1708. *in* 12.

3178 Voyage de François Coreal aux Indes Occidentales, traduit de l'Espagnol, avec une Relation de la Guyane, traduite de l'Anglois. *Amsterdam.* 1722. *in* 12. 3 *vol.*

3179 Journal Historique du dernier Voyage que feu M. de la Salle fit dans le Golfe du Mexique, pour trouver l'Embouchure, & le cours du Missisipi. *Paris.* 1713. *in* 12.

3180 Nouvelle Découverte d'un grand Pays situé dans l'Amérique, entre le nouveau Mexique & la Mer Glaciale, par le R. P. Louis Hennepin. *Utrecht.* 1697. *in* 12.

3181 Le même. *Amsterdam.* 1712. *in* 12.

3182 Voyages de Thomas Gage, dans la Nouvelle Espagne. *Amsterdam.* 1695. *in* 12. 2 *vol.*

Voyages sur Mer, & Expéditions Militaires.

3183 Histoire des Avanturiers Boucaniers, & de de la Chambre des Comptes établie dans les Indes. *Paris.* 1688. *in* 12. 2 *vol.*

3184 Histoires des Avanturiers Flibustiers qui se sont signalés dans les Indes, par le Sieur Alexandre Olivier Œxmelin. *Paris.* 1699. *in* 12. 2 *vol.*

3185 Les Avantures de M. Robert, Chevalier dit de Beauchesne, Capitaine des Flibustiers, dans la Nouvelle France, redigées par M. le Sage. *Paris.* 1732. *in* 12. 2 *vol.*

3186 Mémoires de M. le Comte de Forbin, Chef

d'Eſcadre, Chevalier de Saint Louis. *Am-
ſterdam. (Rouen.)* 1730. *in* 12. 2 *vol.*

3187 Mémoires de M. du Guai-Troüin, Chef d'Eſ-
cadre. *Amſterdam.* 1730. *in* 12.

3188 Relation de l'Expédition de Rio-Janeiro,
par une Eſcadre des Vaiſſeaux du Roi, que
commandoit M. du Guay-Troüin en 1711.
Paris. 1712.

3189 Relation de l'Expédition de Moka en 1737,
ſous les ordres de M. de la Garde-Jazier.
Paris. 1739. *in* 12.

3190 Hiſtoire de l'Expédition de Trois Vaiſſeaux
envoyés par la Compagnie des Indes
Occidentales des Provinces - Unies aux
Terres Auſtrales, en 1739, par M. de
B... *La Haye.* 1739. 2 *tom.* en un *vol.*
in 12.

Voyages Imaginaires, Fabuleux & Romaneſques.

3191 Le Voyage Avantureux de Fernand Mendez
Pinto, traduit du Portugais. *Paris.* 1645.
in 4.

3192 Les Avantures & Voyage de la Terre Auſ-
trale, (par Jacques Sadeur.) *Paris.* 1692.
in 12.

3193 Idée d'un Regne Doux & Heureux, ou Re-
lation du Voyage du Prince de Mont-
Beraud, dans l'Iſle de Naudely. *A Ca-
ſeres.* 1703. *in* 12.

3194 Voyage & Avantures de Jacques Maſſé.
Bordeaux. 1710. *in* 12.

3195 Hiſtoire des Sevarambes. *Amſterdam.* 1715.
2 *tom.* en un *vol. in* 12.

3196 Relation du Voyage de l'Iſle d'Utopie.
Delpht. 1716. *in* 12.

3197

3197 {
La Vie & les Avantures de Robinson
Crusoé, pendant son séjour de 28 ans
en Amérique, traduit de l'Anglois. Am-
sterdam. 1720. in 12. 2 vol.
Réfléxions sérieuses & importantes sur la
Vie & les Avantures dudit Robinson.
Amsterdam. in 12.
}

3198 Voyage de Gulliver ; par l'Abbé des Fon-
taines. Paris. 1727. in 12. 1 vol.

3199 Nouveau Voyage de Gulliver , traduit
de l'Anglois. Paris. 1730. in 12. 2 vol.

3200 La Découverte de l'Empire de Cantahar.
Paris. 1730. in 12.

3201 Relation du Royaume de Candaira, dédiée
au Général du Régiment de la Calotte.
Paris. 1731. in 12.

3202 Voyage Merveilleux du Prince Fan-Férédin
dans la Romancie. Paris. 1735. in 12.

3203 Voyages & Avantures du Comte de *** &
de son Fils. Amsterdam. 1745. in 12.
3 vol.

CHRONOLOGIE.

3204 Demonstrationes Chronologicæ. Parisiis.
1637. in 8. 2 vol.

3205 Dionysii Petavii è S. J. Rationarium tem-
porum. Parisiis. 1636. in 8. 2 vol.

3206 Abrégé Chronologique de l'Histoire Uni-
verselle , traduite du P. Petau Jésuite ,
par M. de Maucroix , jusqu'en 1632. Paris.
1683. in 12. 2 vol.

3207 Chronica que dicitur Fasciculus temporum ,
emendata per Henricum Wirzburg de Vach,
anno 1481. in fol.

3207* Les Fleurs & Manieres des Tems passés , &

S

des Faits Merveilleux de Dieu , tant en
l'Ancien comme au Nouveau Teſtament,
& des premiers Seigneurs , Princes &
Gouverneurs Temporels en ceſt-uy Mon-
de ; de leurs Geſtes & Gouvernemens,
juſques au préſent. *in* 4.

3208 Chronica Chronicarum, Sebaldi Schreyer &
Sebaſtiani Kamermaiſter. *Nurimberga.*
1493. *in fol.*

3209 Les Faſtes des Anciens Hébreux , Grecs &
Romains, avec un Traité de l'An & des
Mois, par Nicolas Vignier. *Paris.* 1588.
in 4.

3210 Bibliotheque Hiſtoriale de Nicolas Vignier,
contenant la Diſpoſition des Temps , des
Hiſtoires & des Hiſtoriographes. *Paris.*
1588. *in fol.* 4 *vol.*

3211 Le Théâtre d'Honneur de pluſieurs Princes
anciens & modernes , avec leurs Vies &
Faits, en abrégé. Ce Livre ſe nomme la
Chronologie Collée , par C. de Valles.
Paris. 1618. *in fol.*

3212 Tréſor Chronologique & Hiſtorique , depuis
la Creation du Monde , juſqu'en 1642,
par le P. Dom Pierre de Saint Romuald.
Paris. 1642. & 1647. *in fol.* 3 *vol.*

3213 Abrégé Chronologique de l'Hiſtoire Sacrée
& Prophane , par le P. Philippe Labbe.
Paris. 1649. 2 *vol.*

3214 Le même. *Paris.* 1666. *in* 12. 5 *vol.*

3215 La Chronologie des Anciens Royaumes,
à laquelle on a joint une Chronique Abré-
gée , qui contient ce qui s'eſt paſſé an-
ciennement en Europe, juſqu'à la Conquête
de la Perſe, traduite de l'Anglois de M. Iſaac
Newton. *Paris.* 1728. *in* 4.

HISTOIRE UNIVERSELLE.

INTRODUCTION A L'HISTOIRE UNIVERSELLE.

3216 Pratique de la Mémoire Artificielle pour apprendre & retenir aifément la Chronologie & l'Hiftoire Univerfelle, par le P. Buffier. *Paris*. 1711. *& 1712. in 12. 3 vol.*

3217 Introduction à l'Hiftoire des Principaux Etats tels qu'ils font aujourd'hui dans l'Europe, traduite de l'Allemand de Samuel Puffendorf, par Claude Rouxel. *Utrecht. 1687. in 12. 4 vol.*

3218 La même Introduction, traduite avec des Notes Hiftoriques & Géographiques. *Amfterdam. 1722. in 12. 7 vol.*

HISTOIRE UNIVERSELLE.

3219 Juftini Hiftoriarum ex Trogo Pompeio Epitome. *Amftelodami. 1626. in 24.*

3220 Juftinus, ex recenfione & cum Notis Tanaquilli Fabri. *Salmurii. 1689. in 12.*

3221 L'Hiftoire Univerfelle de Trogue Pompée, réduite en abrégé par Juftin, & traduite en François par François de Colomby, revûe & corrigée par le Fevre. *Saumur. 1671. in 12.*

3222 Joannis Cluverii Hiftoriarum totius Mundi Epitome. *Lugduni - Batavorum. 1641. in 8.*

3223 Breviarium fæculare Univerfæ Hiftoriæ Difticorum Serie & ordine digeftum ; à Joanne de la Faye. *Parifiis. 1672. in 8.*

3224 La Mer des Hiftoires tant du Vieux que du Nouveau Teftament, depuis la Création du Monde, jufqu'en 1543, compofée en Latin par Jean Columna, & traduite en François par Bouchart. *Paris.* 1543. *in fol.*

3225 Hiftoire Univerfelle de toutes Nations, & fpécialement des Gaulois ou François, par Jacques de Charron. *Paris.* 1621. *in fol.*

3226 Difcours fur l'Hiftoire Univerfelle, depuis le commencement du Monde jufqu'à l'Empire de Charlemagne, par M. Jacques Benigne Boffuet. *Paris.* 1691. *in* 12.

3227 Hiftoire du Monde, de la République des Hébreux, des Rois d'Affyrie, des Rois des Medes, de Perfe, des Romains, &c. avec des Remarques Chronologiques, par Urbain Chevreau. *La Haye.* 1687. *in* 12. 4 *vol.*

3228 La même. *La Haye.* 1698. *in* 12. 5 *vol.*

3229 Hiftoire Profane depuis fon commencement jufqu'à préfent, par M. Elies Dupin. *Paris.* 1714. & 1716. *in* 12. 6 *vol.*

3230 Le Grand Théâtre Hiftorique, ou nouvelle Hiftoire Univerfelle tant Sacrée que Profane, depuis la Création du Monde, jufqu'au commencement du dix-huitiéme Siécle, traduit de l'Allemand de Imhof. *Leide.* 1703. *in fol.*

3231. Abrégé de l'Hiftoire Univerfelle, depuis la Création du Monde, &c. par feu M. Claude de l'Ifle. *Paris.* 1731. *in* 12. 7 *vol.*

HISTOIRE ECCLÉSIASTIQUE.

3232 Tablettes Chronologiques, contenant l'Etat de l'Eglise en Orient & Occident : les Conciles, les Autheurs Ecclésiastiques, &c. par Guillaume Marcel. *Paris.* 1682. *in* 8.

Histoire Ecclésiastique Générale,

ou

Histoire de l'Eglise sous l'Ancien & sous le Nouveau Testament ; c'est-à-dire de l'Eglise Juive, & de l'Eglise Chrétienne.

3233 D. Haymonis Halberstattensis, Historiæ Sacræ Epitome. *Coloniæ.* 1573. *in* 32.

3234 Historia Ecclesiastica, Eusebii, Socratis, Sozomeni, Theodoreti & Evagrii, edita ab Henrico Valesio. *Parisiis.* 1677.

3235 Histoire de l'Eglise, écrite par Eusebe, Socrate, Sozomene, Theodoret, & Evagre, traduite en François, par Cousin. *Paris.* 1675. & 1676. *in* 4. 4 *vol.*

3236 La même. *Paris.* 1686. *in* 12. 5 *vol.*

3237 Abrégé des Annales de Baronius, traduites en François, par Chaumer. *Paris.* 1673. *in* 12. 12 *vol.*

3238 Mémoires pour servir à l'Histoire Ecclésiastique, par Sebastien le Nain de Tillemont. *Paris.* 1693. & *seq.* 16 *vol.*

3239 Justification des Discours & de l'Histoire Ecclésiastique de M. l'Abbé Fleury. *Nancy.* 1736. & 1738. *in* 12. 2 *vol.*

3240 Histoire de l'Eglise en Abrégé, par Demandes & Reponses, depuis le Commen-

cement du Monde jufqu'à prefent, (par
Louis-Elies Dupin.) *Paris.* 1712. *in* 12.
4 *vol.*

3241 Hiftoire du Peuple de Dieu, depuis fon Ori-
gine, jufqu'à la Naiffance du Meffie, tirée
des feuls Livres Saints, où le Texte Sacré
du Livre de l'Ancien Teftament, reduit en
un Corps d'Hiftoire, par le P. Ifaac-Jofeph
Berruyer, Jéfuite. *Paris.* 1728. *& fuiv.*
in 4. 8 *vol.*

3242 Hiftoire Générale de tous les Siécles de la
Nouvelle Loi, par le P. F. David l'Enfant.
Paris. 1683. *in* 12. 6 *vol.*

3243 Abrégé de l'Hiftoire des SS. Peres de l'Eglife;
Hiftoire abrégée des Empereurs Romains,
depuis Jules Céfar jufqu'à Conftantin le
Grand, *Paris.* 1732. *in* 12.

Hiftoire Ecclésiaftique particuliere,
ou
Hiftoire de l'Eglife, par ordre des Nations.

3244 Hiftoria Ecclefiæ Noachicæ, ftudio Baltaza-
ris Bebelii. *Argentorati.* 1706. *in* 4.

3245 {
Joan. Fechtii, Difquifitio de Judaïca Eccle-
fia in qua Facies Ecclefiæ qualis hodie eft
& Hiftoria per omnium fæculorum æta-
tem, & parallefifmus cum Ecclefiis exhi-
bitur. *Argentorati.* 1670.

Ecclefia Græcanica, ab Elia Vegelio. *Ar-*
gentorati. 1666.

Ecclefia Æthiopica, à Joanne Ulrico Wild-
tio. *Argentorati.* 1672.

Religio Mofcovitarum, à M. Mich. Von
Oppenbufch. 1667.
}

Ecclesia Mahammedana, à M. Samuele Schulteto. 1668.

Ecclesia Waludensium, à Joachimo Hesterberg. 1668.

Colluvies Guackerorum, à Joanne Conrado Dannhawero. *Argentorati.* 1664. *in* 4.

3246 Histoire Critique de la Créance & des Coûtumes des Nations du Levant, par le Sieur Moni (Simon.) *Francfort.* 1684. *in* 12.

3247 Antiquitates Ecclesiæ Orientalis, Clarissimorum Virorum Card. Barberini, Leonis Allatii, Luc. Holstenii, Joannis Morini, Abrahami Ecchellensis, Nicolai Peyrescii, Petri à Valle, Joannis Buxtorfii, Henrici Hottingeri, &c. Dissertationibus Epistolicis enucleatæ. *Londini.* 1682. *in* 8.

3248 Histoire de l'Eglise d'Alexandrie, par le Pere J. M. Vansleb. *Paris.* 1677. *in* 12.

3249 Histoire de l'Etat présent de l'Eglise Grecque & de l'Eglise Armenienne, par M. le Chevalier Ricault, traduite de l'Anglois, par M. de Rosemond. *Meidelbourg.* 1692. *in* 12.

3250 Etat présent de l'Eglise Romaine dans toutes les Parties du Monde, écrit pour l'usage du Pape Innocent XI. par M. Urbano Cerri, & une Epître au Pape Clement XI. contenant l'Etat de la Religion en Angleterre. *Amsterdam.* 1716. *in* 12.

3251 Acta Ecclesiæ Mediolanensis, sive Sancti Caroli Borromæi Instructiones & Decreta. *Parisiis.* 1645. *in fol.*

3252 Antiquitates Germaniæ primæ & in hac Argentoratensis Ecclesiæ Evangelicæ è variis impressis & manu exaratis Monu-

mentis congeftæ & explicatæ, à Baltazare
Bebelio. *Argentorati.* 1669. *in* 4.

3253 Francifcus Guillimannus, de Epifcopis Ar-
gentinenfibus. 1608. *in* 4.

3254 Monafticum Anglicanum, five Pandectæ
Cœnobiorum Benedictinorum, Clunia-
cenfium, Cifterienfium, Carthufianorum,
Collectoribus, Rogero Dodfworth, &
Guillielmo Dugdale. *Londini.* 1655. *in fol.*
4 *vol.*

3255 Hiftoriæ Huffitarum Libri XII. per Joannem
Cochlœum Canon. Vratiflavienfem, qui-
bus adjuncti funt duo de feptem Sacramen-
tis & de Ceremoniis Ecclefiæ Tractatus
duorum Bohemorum, Joannis Rokyzanæ
& Joannis Pizybriam, cum Philippica fep-
tima Joannis Cochlœi de publica Caroli
Imperat. V. ord. quæ vulgo *interim* dici-
tur. 1549. *in* 4.

3256 Hiftoire Générale des Eglifes Vaudoifes des
Vallées de Piémont, par Jean Leger. 1669.
in fol.

3257 Hiftoire Eccléfiaftique des Eglifes Réfor-
mées en France, depuis 1520, jufqu'en
1563. *Genève.* 1580. *in* 8. 3 *vol.*

Hiftoire Générale des Conciles.

3258 Hiftoire en abregé des quatre premiers
Conciles Généraux. *Paris.* 1676. *in* 12.

3259 Hiftoire des Conciles, & l'Abregé Chro-
nologique de la Vie des Papes, par M.
Hermant. *Rouen.* 1715. *in* 12. 4 *vol.*

Histoire Particuliere des Conciles.

3260 Histoire du Concile de Pise, & de ce qui s'est passé de plus considérable depuis ce Concile, jusqu'au Concile de Constance, par le Sieur Jacques Lenfant. *Amsterd.* 1724. *in* 4. 2 *tom. en un vol.*

3261 Histoire du Concile de Constance, tirée principalement des Auteurs qui ont assisté à ce Concile, avec leurs Portraits, par le Sieur Jacques Lenfant. *Amsterd.* 1714. *in* 4. 2 *tom. en un vol.*

3262 Istoria del Concilio Tridentino, di Pietro Soave Polano (Paolo Sarpi.) *Londra.* 1619. *in fol.*

3263 Histoire du Concile de Trente, traduite de l'Italien de Paolo Sarpi, par Abraham-Nicolas Amelot de la Houssaye, avec des Remarques & des Notes Critiques. *Amsterdam.* 1683. *in* 4.

3264 Istoria del Concilio Tridentino, Scritta del Padre Sforza Pallavicino, della Compagnia di Jesu. *Roma.* 1656. & 1657. *in fol.* 2 *vol.*

3265 Les Nouvelles Lumieres Politiques, pour le Gouvernement de l'Eglise, ou l'Evangile nouveau du Cardinal Pallavicin, révélées par lui dans son Histoire du Concile de Trente, par Jean le Noir. *Amst.* 1676. *in* 12.

3266 Abregé de l'Histoire du Concile de Trente, par le Sieur P. Jurieu. *Amsterdam.* 1683. *in* 12. 2 *vol.*

3267 Instructions & Missives des Rois de France, & de leurs Ambassadeurs, & autres

Pieces concernant le Concile de Trente, pris fur les Originaux, par P. Dupuy. 1608. *in* 8.

3268 Les mêmes. *Paris.* 1654. *in* 4.

3269 Lettres & Mémoires de François de Vargas, & de quelques Evêques d'Efpagne, fur le Concile de Trente, traduits de l'Efpagnol, avec des Remarques par Michel le Vaffor. *Amfterdam.* 1699. *in* 8.

3270 Journal Hiftorique du Concile d'Embrun. 1727. *in* 12.

Hiftoire Générale des Papes.

3271 Chroniche delle Vite dè Pontefici & Imperatori Romani, per Fr. Petrarcha. *Venetia.* 1533. *in* 8.

3272 Platina, de Vitis Pontificum Romanorum à Domino Jefu ufque ad Paulum II. cum Annotationibus Onuphrii Panvinii, & Ejufdem continuatio ufque ad Pium. V. *Coloniæ.* 1568. *in fol.*

3273 Vies des Papes, par Platine. *Paris.* 1519. *in* 4.

3274 Acta Romanorum Pontificum à difperfione Difcipulorum Chrifti, ufque ad tempora Pauli IV. ex Joannis Balei Catalogo Anglicorum fcriptorum defumpta. *Francofurti.* 1567. *in* 8.

3275 Hiftoire des Papes, depuis Saint Pierre, jufqu'à Paul V. par le Sieur André Duchefne. *Paris.* 1645. *in* 4.

3276 Vitæ Paparum Avenionenfium; hoc eft Hiftoria Pontificum Romanorum qui in Gallia fedem ab anno 1305, ufque ad annum 1394, tenuerunt, à Stephano Baluzio. *Parifiis.* 1693. *in* 4. 2 *vol.*

3277 Remarques fur les Souverains Pontifes, depuis Céleftin, jufqu'à maintenant, avec leurs Armes, Blafon, au fujet de la Prophetie de Malachie, par Michel Gorgeu d'Abbeville. 1659. *in* 4.

3278 De la Primauté & Principauté de Saint Pierre, & des Succeffeurs, Traité Chronographique, par J. P. le Camus. *Paris.* 1630. *in* 8.

3279 Hiftoire Dogmatique du Saint Siége, par Jean-Claude Sommier. *Nancy.* 1716. *in* 12. 2 *vol.*

Hiftoire Particuliere des Papes.

3280 Le Myftere d'iniquité, ou l'Hiftoire de la Papauté, par Philippe de Mornay. *Saumur.* 1611. *in fol.*

3281 Anecdotes Eccléfiaftiques, contenant la Police de l'Eglife Chrétienne, depuis fon Etabliffement jufqu'au XIe fiécle. *Amfterdam.* 1738. *in* 12.

3282 {
Trattato del Interdetto di Papa Paolo V. *Venetia.* 1606.
Difefa della Potefta & Immunita Eccle-fiaftica, fopra il breve di Cenfure, di Papa Paulo V. publicate contro li Signori Venetiani. *Bologna.* 1606. *in* 8.
}

3283 Hiftoria Arcana, five de Vita Alexandri VI. Papæ, feu Excerpta ex Diario Jo. Burchardi, edita à God. Guillielmo Leibnitio. *Hanoviæ.* 1697. *in* 4.

3284 Il Sindicato di Aleffandro VII. con il fuo Vi ggo nel 'altro Mondo. 1668. *in* 12.

3285 Vita di Sixto Quinto, da Gregorio Leti. *Amftelodami.* 1686. *in* 12. 2 *vol.*

3286 L'Hiſtoire de la Vie du Pape Sixte V, tra-
duite de l'Italien de Gregorio Leti. *Paris.*
(*Amſterdam.*) 1698. *in* 12. 2 *vol.*

3288 Erreur Populaire de la Papeſſe Jeanne,
par Florimond de Raymond. *Lyon.* 1595.
in 8.

3289 L'Anti-Chriſt & l'Anti-Papeſſe, par le
même. *Paris.* 1607. *in* 8.

3290 Error Popularis, ſeu Fabula Joannæ quæ
Pontificis Romani ſedem occupaſſe falſo
credita eſt : interprete Joanne Carolo
Florimundo Remundi Filio. *Colonia.*
1614. *in* 8.

3291 Examen Quæſtionis de Papa Fœmina. *in* 12.

3292 Eclairciſſement de la Queſtion, ſi une femme
a été aſſiſe au Siége Papal de Rome, par
David Blondel. *Amſterdam.* 1647. *in* 12.

3293 Traité contre l'Eclairciſſement donné par
Blondel ſur la Papeſſe Jeanne, par
Congnard. *Saumur.* 1655. *in* 8.

3294 Hiſtoire de la Papeſſe Jeanne, tirée de la
Diſſertation Latine de M. Spanheim. *La
Haye.* 1720. *in* 12. 2 *vol.*

3295 Il Nipotiſmo di Roma. 1667. *in* 12. 2 *vol.*

3296 La Vie du Pape Alexandre V I. & de ſon
Fils Ceſar Borgia, par Alexandre Gordon.
Amſterdam. 1751. *in* 12.

3296* La Paix de l'Egliſe ſous Clement IX. *Cham-
berry.* 1700. *in* 12.

3297 Caractere de la Sainteté du Bienheureux
Pape Benoît XI. *Touloufe.* 1739. *in* 12.

Hiſtoire des Cardinaux, &c.

3298 Traité de l'Origine des Cardinaux du Saint
Siege, & particulierement des François,

avec deux Traités des Légats *à Latere*,
& le Traité de Pise. *Cologne.* 1669.
in 12.

3299 Le même. *Cologne.* 1670. *in* 12.

3300 { Histoire des Cardinaux François, avec leurs Blasons, & leurs Portraits, par F. Duchesne, Fils d'André. *Paris.* 1660.
Histoire des Chanceliers & Gardes des Sceaux de France, par le même. *Paris.* 1680. *in fol.*

3301 Il Cardinalismo di Santa Chiesa, da Gregorio Leti. 1668. *in* 12.

3302 Numerus & Tituli Cardinalium, Archiepiscoporum & Episcoporum Christianorum : accedunt Taxæ Beneficiorum Regni Galliæ, cum Taxis Cancellariæ Apostolicæ. *Parisiis.* 1625. *in* 12.

3303 La Giusta Statera de Porporati dove s'intende la Vita, Richezze, Officii, le Dignita de Porporati. *Genevra.* 1650. *in* 12.

3304 La Juste Balance des Cardinaux, traduite de l'Italien. *Avignon.* 1652. *in* 12.

3305 Vie du Cardinal Jean-François Commendon, par M. Flechier. *Paris.* (*Amsterdam.*) 1694. *in* 12.

3306 Recherches sur les Cérémonies qui s'observent à l'Exaltation du Pape, & sur l'Origine des Cardinaux. *Paris.* 1740. *in* 12.

3307 Conclavi de Pontifici Romani. *Amstelodami.* 1668. *in* 12.

3308 Conclave nel quale fù eletto Chiggi, detto Alessandro VII. 1664. *in* 12.

3309 Relatione overo Conclave per la Morte di Clemente IX. Sommo Pontifice. 1672. *in* 12.

3310 Relation de l'Etat de la Cour de Rome, sous le Pontificat de Clement IX. traduite de l'Italien. *in* 12.

Histoire Ecclésiastique des Ordres Religieux, &c.

3311 Histoire de l'Institution des Ordres Religieux, par Odoart Fialetti. *Paris.* 1655. *in* 4.

3312 Histoire des Ordres Religieux de l'un & de l'autre Sexe. *Amsterdam.* 1700. *in* 12. 3 *vol.*

3313 Histoire des Ordres Monastiques, Religieux & Militaires, & des Congrégations Séculieres, par le P. Helyot. *Paris.* 1714. &c. *in* 4. 8 *vol.*

3314 Dissertation sur l'Hemine de Vin & sur la Livre de Pain de Saint Benoist, par Claude Lancelot. *Paris.* 1667. *in* 12.

3315 La Historia Romoaldina, overo Eremetica, del Ordine Camaldolese, del P. D. Luca, tradotta da Giulio Premuda. *Venetia.* 1590. *in* 8.

3316 Legende Dorée, ou Sommaire de l'Histoire des Freres Mendians de l'Ordre de Saint Dominique & de Saint François. 1734. *in* 12.

3317 Monumenta Conventus Tolosani, autore Joanne-Jacobo Percin. *Tolosa.* 1693. *in fol.*

3318 Historia Jesuitica, hoc est de Origine, Regulis, Constitutionibus, Privilegiis, Incrementis, Progressu, & Propagatione Ordinis Jesuitarum, authore Rodolpho Hospiniano. *Tiguri.* 1619. *in fol.*

3319 Hiftoria Societátis Jefu , five Ignatius , aurore Nicolao Orlandino. *Antverpiæ.* 1620. & Lainius ad annum 1564. autore Fr. Sacchino , S. J. 1620. *in fol.*

3320 Hiftoria Societatis Jefu , Pars V. Tomus pofterior , ab anno Chrifti 1591. ad 1616. autore Jofepho Juvencio. *Romæ.* 1710. *in fol.*

3321 Lettres écrites à M. le Procureur Général du Parlement , au fujet du Livre du Pere Jouvency. *MS. in* 4. 2 *vol.*

3322 Recueil de Pieces touchant l'Hiftoire de la Compagnie de Jefus , compofée par le P. Jouvency , Jefuite. *Liege.* 1713. *in* 12.

Traités & diverfes Pie es concernhant les Jefuites.

3323 Anti - Coton , ou Réfutation de la Lettre Déclaratoire du P. Coton , par P. Céfar de Plaix. 1610. *in* 8.

3324 Réponfe Apologétique à l'Anti - Coton & à ceux de fa fuite. *Paris.* 1610. *in* 8.

3325 La véritable Réponfe à l'Anti - Coton , mife en forme de Dialogue , par S. D. L. N. *Nantes.* 1611. *in* 8.

3326 Seconde Apologie pour l'Univerfité de Paris , contre le Livre intitulé , Réponfe à la premiere Apologie. *Paris.* 1643. *in* 8.

3327 Réponfe au Livre intitulé , Apologie pour l'Univerfité de Paris. *Paris.* 1643. *in* 8.

3328 Requêtes , Procès - Verbaux & Avertiffemens faits à la diligence de M. le Recteur. 1644. *in* 8.

3329 Troifiéme Requête de l'Univerfité de Paris , préfentée à la Cour de Parlement ,

contre l'Apologie du P. Cauffin. 1644.
in 8.

3330 Mémorial pour la défense de Bernardino de Cardenas, Evêque de Paraguay, traduit de l'Espagnol. 1662. in 12.

Histoire de l'Eglise de la Chine, de son Culte, de ses Cérémonies, & des Disputes à ce sujet.

3331 Historia Cultus Sinensium. *Coloniæ.* 1700. in 12. 2 vol.

3332 Continuatio Historiæ Cultus Sinensium. *Coloniæ.* 1700. in 12.

3333 De Ritibus Sinensium erga Confucium Philosophum adversùs Librum inscriptum : Historia Cultus Sinensium. *Leodii.* 1700. in 12.

3334 De Sinensium Ritibus politicis. *Parisiis* 1700. in 12. 2 vol.

3335 Relations des Missions & des Voyages des Evêques, Vicaires Apostoliques, ès années 1676 & 1677. *Paris.* 1680. in 8.

3336 Défense des nouveaux Chrétiens, Missionnaires de la Chine, du Japon, & des Indes, par le P. le Tellier. *Paris.* 1688. in 12.

3337 Apologie des Dominicains Missionnaires à la Chine, ou Réponse au Livre du Pere le Tellier. *Cologne.* 1699. in 12.

3338 Conformité des Cérémonies Chinoises avec l'Idolatrie Grecque & Romaine, par Brisacier. *Cologne.* 1700. in 12.

3339 Mémorie Istoriche della Controversia de Cultu Chinensi. *Coloniæ.* 1700. in 12.

3340 La Morale de Confucius, Philosophe de la Chine. *Amsterdam.* in 12.

3341

3341 Anciens Mémoires de la Chine, touchant les honneurs que les Chinois rendent à Confucius & aux Morts. *Paris*. 1700. *in* 12.

3342 L'Etat préfent de l'Eglife de la Chine, adreffé à un Evêque. *in* 12.

3343 Lettres à MM. des Miffions Etrangeres, fur ce qu'ils accufent les Jefuites de ne s'être pas foumis entierement au Decret touchant les Affaires de la Chine. *in* 12.

3344 Lettre de MM. des Miffions Etrangeres au Pape, fur les Idolatries & les Superfitions Chinoifes. *Bruxelles*. 1700. *in* 12.

3345 Réponfe à la Lettre de MM. des Miffions Etrangeres au Pape, fur les Cérémonies Chinoifes. *in* 12.

3346 Lettre d'un Docteur de l'Ordre de Saint Dominique, fur les Cérémonies de la Chine, au P. le Comte. *Cologne*. 1700. *in* 12.

3347 Lettres de M. l'Abbé de Lionne, à M. Charmotte, Directeur des Miffions Etrangeres. 1700. *in* 12.

3348 Six Lettres d'un Docteur, ou Relation des Affemblées de la Faculté de Théologie de Paris, touchant le Culte & la Morale des Chinois. *Cologne*. 1701. *in* 12.

3349 Relation abregée de la Nouvelle Perfécution de la Chine, traduite de l'Italien, par François Gonzagues de Saint-Pierre. *in* 12.

3350 Défenfe de la Cenfure de la Faculté de Paris, contre les propofitions des Livres intitulés, Nouveaux Mémoires fur l'Etat préfent de la Chine, &c. par Louis-Elies Dupin. *Paris*. 1701. *in* 12.

T

3351 Journal Hiſtorique des Aſſemblées tenues en Sorbonne, pour condamner les Mémoires de la Chine. 1701. *in* 12.

3352 Réponſe aux nouveaux Ecrits de MM. des Miſſions Etrangeres. 1711. *in* 12.

3353 Mémoire pour Rome ſur l'Etat de la Religion Chrétienne dans la Chine. 1709, *in* 12. 2 *vol.*

3354 Réponſe de MM. des Miſſions Etrangeres, à la Proteſtation & aux Réflexions des Jeſuites. 1710. *in* 12.

3355 Examen des choſes ſur le Culte des Chinois, avancées par le P. Jouvancy, traduit du Latin par Minorilli. 1714. *in* 12.

3356 Pluſieurs autres petits Traités, concernant les mêmes Affaires de la Chine. *in* 12. 3 *vol.*

3357 Les différens Habits des Chanoines Reguliers, avec un Diſcours ſur les Habits anciens & modernes des Chanoines, par le P. du Moulinet. *Paris.* 1666. *in* 4.

3358 Hiſtoire de la Congrégation des Filles de l'Enfance de Notre-Seigneur Jeſus-Chriſt, établie à Touloufe. *Amſterdam.* 1734. *in* 12. 2 *vol.*

3359 La même. *Toulouſe.* 1733. *in* 12.

3360 Examen & Diſcuſſion Critique de l'Hiſtoire des Diables de Loudun. *Liege.* 1749. *in* 12.

3361 Hiſtoire de tous les Ordres Militaires & de Chevalerie, avec leurs Vêtemens, gravés par Schoonebeeck. *Amſterdam.* 1699. *in* 8. 2 *vol.*

3362 Nicolai Gurtleri, Hiſtoria Templariorum. *Amſtelodami.* 1703. *in* 8.

3363 Priviléges accordés à l'Ordre de Malthe de Saint Jean de Jéruſalem, par des Clozeaulx. *Paris.* 1649. *in fol.*

3364 Priviléges des Papes, Empereurs, Rois & Princes de la Chrétienté, accordés à l'Ordre de Saint Jean de Jérusalem, recueillis par le même. *Paris.* 1700. *in fol.*

3365 Histoire des Chevaliers de l'Ordre de Saint Jean de Jérusalem, par Jean Baudouin. 1620. *in fol.*

3366 Histoire de l'Ordre des Chevaliers de Saint Jean de Jérusalem, appellés depuis, les Chevaliers de Malthe, composée par de Vertot. *Paris.* 1726. *in 4. 4 vol.*

3367 Martyrologium Romanum, Autore Cæsare Baronio. *Parisiis.* 1607. *in fol.*

Histoire Sacrée.

Martyrologes & Vies des Saints.

3368 Legenda Sanctorum. *Lugduni.* 1504. *in 4.*

3369 Legenda Sanctorum, ex Editione Claudii de Rota. *Lugduni.* 1531. *in fol.*

3370 Il perfetto Leggendario della Vita, e Fatti di N. S. Giesu Christo e di tutti i Santi. *in Venetia.* 1683. *in 4.*

3371 Vies des Saints, sur ce qui nous est resté de plus autentique & de plus assuré dans leurs Histoires, par Adrien Baillet. *Paris.* 1704. *in fol. 4 vol.*

3372 Recueil de Lettres Critiques sur les Vies des Saints, par Baillet. *in 12.*

3373 La Vie des Peres, tant d'Egypte que de Syrie & de plusieurs autres Pays, composée par Saint Jérôme. *Paris. in fol.*

3374 Vies des Saints Peres des Déserts & des Solitaires d'Orient & d'Occident. *Paris.* 1706. *in 12. 2 vol.*

3375 Vies de plufieurs Saints Illuftres de divers
fiécles, choifies & traduites par M. Arnauld
d'Andilly. *Paris.* 1664. *in fol.*

3376 Hiftoire de Moïfe, tirée de la Sainte Ecriture
& des Saints Peres. *Luxembourg.* 1699.
in 8.

3377
⎧ La Vérité de l'Hiftoire de Judith, par le
P. Bernard de Mont-Faucon. *Paris.*1691.
in 12.
Differtation fur l'Hiftoire de Judith, dans
laquelle on prouve que cette Hiftoire n'eft
arrivée qu'après la Captivité de Babylone.
Paris. 1739. *in* 8.

3378 Differtation touchant l'Année de la Naiffance
de Jefus-Chrift, par Euftache le Noble.
Paris. 1693. *in* 12.

3379 Monarchia del Noftro Signor Jefu-Chrifto,
di Giov. Antonio Panthera. *Vinegia.* 1545.
in 8.

3380 Vita Chrifti. *Tolofæ.* 1664. *in* 12.

3381 Stygmata Jefu-Chrifti, ab Alphonfo Palæo-
to, Archiep. Bononiæ, Explicata. *cum*
figuris. Venetiis. 1606. *in* 4.

3382 La Vie de Saint Ambroife, par Hermant.
Paris. 1679. *in* 4.

3383 La Vie de Saint Benoît, par Saint Gregoire
le Grand, par Dom Jofeph Mege. *Paris.*
1690. *in* 4.

3384 Hiftoire des Albigeois, contenant la Vie de
Saint Dominique, Patriarche des Peres
Prédicateurs, par le P. Benoît. *Toulouze.*
1693. *in* 12.

3385 Vita Sancti Thomæ Aquinatis. *cum figuris.*
Antverpiæ. 1610. *in fol.*

3386 La Vie de Dom Barthelemy des Martirs, de

l'Ordre de Saint Dominique. *Paris.* 1664.
in 4.

3387 La Vie de Saint Norbert, Fondateur des Prémontrés. *Luxembourg.* 1704. *in fol.*

3388 Vita & Fioreti di San Francifco, compilata per Sancto Bonaventura. *Milano, per Joanne Angelo Seinzenzeter.* 1503. *in* 4.

3389 Barthol. de Pifis, Liber Conformitatum Vitæ Beati Francifci ad Vitam Domini Noftri Jefu-Chrifti. *Mediolani.* 1513. *in fol.*

3390 Gloriofus Francifcus Redivivus, feu Chronica Obfervantiæ Strictioris, Autore Francifco Mariano. *Ingolftadii.* 1625. *in* 4.

3391 Divæ Catharinæ Senenfis, fimul & Philippi Beroaldi Bononienfis Vita, per Joannem Pinum. *Bononiæ.* 1505. *in* 4.

3392 Acta Primorum Martyrum Sincera & Selecta, Studio Theodori Ruinard. *Parifiis.* 1689. *in* 4.

3393 Antonii Gallonii, Liber de Sanctorum Martyrum Cruciatibus. *cum figuris. Romæ.* 1594. *in* 4.

Vies particulieres de différentes Perfonnes.

3394 Eloges des Evêques Illuftres qui ont fleuri en Doctrine & en Sainteté, par M. Antoine Godeau. *Paris.* 1665. *in* 4.

3395 Vie de M. Nicolas Pavillon, Evêque d'Alet. *à Saint Miel.* 1738. *in* 12. 3 *vol.*

3396 La Vie de Jacques Gallemand, Supérieur des Carmelites, par Gallemand. *Paris.* 1653. *in* 4.

3397 Vie de Charles Favre, Abbé de Sainte Genevieve de Paris, où l'on voit l'Hiftoire des Chanoines Réguliers de la Congré-

T iij

gation de France. *Paris.* 1698. *in* 4.

3398 La Vie de Marie Alacoque, Religieuse de la Visitation Sainte Marie, par M. Jean-Joseph Languet, Evêque de Soiffons. *Paris.* 1729. *in* 4.

Hiftoire des Religions des différens Peuples, & des Héréfies.

3399 Traité des Religions, par Amyrault. *Saumur.* 1631. *in* 8.

3400 Les Religions du Monde, ou Démonftration de toutes les Religions & Héréfies, écrites par Alexandre Roff, & traduites par Thomas la Grue. *Amfterd.* 1666. *in* 4.

3401 Les mêmes. *Amfterdam.* 1686. *in* 12, 3 *vol. fig.*

3402 Hiftoire de la Naiffance, Progrès & Décadence de l'Héréfie de ce Siécle, par Florimond de Remond. *Paris.* 1605. *in* 4.

3403 Dictionnaire Chronologique, Hiftorique, Critique, fur l'Origine de l'Idolâtrie des Sectes, des Juifs & des Héréfies, par Barthélemy Pinchinat. *Paris.* 1736. *in* 4.

3404 Hiftoire des Révolutions arrivées dans l'Europe en matiere de Religion, par Varillas. *Paris.* 1686. *in* 4. 6 *vol.*

3405 Hiftoire des Révolutions arrivées dans l'Europe en matiere de Religion, par Antoine de Varillas. *Paris.* 1687. *in* 12. 2 *vol.*

3406 Critique de l'Hiftoire de M. de Varillas, où il traite des Révolutions arrivées en Angleterre, en matiere de Religion, traduit de l'Anglois de Burnet. *Amfterdam.* 1686. *in* 12.

2407 Défense de la Critique de l'Histoire de M. de Varillas, par Burnet, traduite de l'Anglois. *Amsterdam*. 1688. *in* 12.

3408 Réponse de M. de Varillas à la Critique de Burnet, sur les deux premiers tomes de l'Histoire des Révolutions. *Paris*. 1687. *in* 12.

3409 Relation de l'Etat de la Religion, traduite de l'Anglois d'Edwin Sandis. *Genève*. 1626. *in* 8.

3410 Histoire Critique des Dogmes & des Cultes qui ont été dans l'Eglise, depuis Adam jusqu'à Jesus-Christ, par Jurieu. *Amsterdam*. 1704. *in* 4. 2 *vol*.

3411 Theodori Althusi, Historia Eutichiana. *Lipsiæ*. 1659. *in* 4.

3412 Histoire des Anabaptistes, contenant leur Doctrine, &c. *Amsterdam*. 1699. *in* 12.

3413 Jac. Boileau, Historia Flagellantium, de recto & perverso Flagrorum Usu. *Parisiis*. 1700. *in* 12.

3414 Histoire des Flagellans, où l'on fait voir le bon & le mauvais usage des Flagellations parmi les Chrétiens, traduite du Latin de Jacques Boileau. *Amsterdam*. 1701. *in* 12.

3415 Histoire de la Naissance & du Progrés du Kouakerisme, avec celles de ses Dogmes. *Cologne*. 1692. *in* 12.

3416 La Religion des Kouakres, en Angleterre. *Paris*. 1699. *in* 12.

3417 Histoire des Edits de Pacification, contenant ce qui s'est passé de plus remarquable depuis la naissance de Calvin, jusqu'à présent, par Soulier. *Paris*. (*Amsterdam*.) 1682. *in* 12.

T iiij

3418 Recueil de tout ce qui s'eft fait & paffé pour & contre les Proteftans, particuliérement en France, par le Fevre. *Paris.* 1686. *in* 4.

3419 Hiftoire des Variations des Eglifes Proteftantes, par M. Benigne Boffuet, Evêque de Meaux. *Paris.* 1688. *in* 4. 2 *vol.*

3420 Hiftoire de l'Héréfie des Iconoclaftes, par le P. Maimbourg. *Paris.* 1683. *in* 4. 2 *vol.*

3421 Hiftoire de l'Arianifme, des Iconoclaftes, du Schifme des Grecs, des Croifades, de l'Empire d'Occident, du Lutheranifme, du Calvinifme, de la Décadence de l'Empire, de la Ligue, & le Traité Hiftorique des Prérogatives de Rome, par le P. Maimbourg. *Paris.* 1686. *in* 4. 12 *vol.*

3422 Critique Générale de l'Hiftoire du Calvinifme de M. Maimbourg, par Pierre Bayle. *Villefranche.* 1684. *in* 12. 2 *vol.*

3423 Nouvelles Lettres du même, contre la même Hiftoire du Calvinifme, par le même Maimbourg. *Villefranche.* 1685. *in* 12. 2 *vol.*

3424 Hiftoire du Calvinifme & celle du Papifme, ou Apologie pour les Réformés, par P. Bayle. *Rotterdam.* 1645. *in* 12. 4 *vol.*

3425 Réponfe à l'Apologie pour la Réformation, pour les Réformateurs & pour les Réformés, où il eft traité des matieres de Religion, par Ferrand. *Paris.* 1685. *in* 12.

3426 La Religion ancienne & moderne des Mofcovites. *Cologne.* 1698. *in* 12.

3427 La même. *Cologne.* 1705. *in* 12.

3428 Adriani Relandi, de Religione Mohammedica Libri duo. *Ultrajecti.* 1705. *in* 8.

3429 Livre de Prieres des Turcs, en Arabe, trouvé fur un Turc à la Bataille de Belgrade. 1717. *MS. in* 12.

3430 Le Théâtre de l'Idolâtrie, ou fa Porte Ouverte pour parvenir au Paganifme, & la Vie des Bramines, par Abraham Roger. *Amfterdam.* 1670. *in* 4.

3431 Hiftoire de la Religion des Banjans, traduite de l'Anglois d'Henri de Lord. *Paris.* 1667. *in* 12.

3432 Hiftoire de l'Inquifition de Goa. *Amfterdam.* 1697. *in* 12.

HISTOIRE PROFANE.

HISTOIRE ANCIENNE.

Hiftoire des Monarchies Anciennes.

3433 Chrift. Matthiæ, Theatrum Hiftoricum Theoretico-Praticum, in quo quatuor Monarchiæ. *Amftelodami.* 1656. *in* 4.

3434 Hiftoire Ancienne des Egyptiens, des Carthaginois, des Affyriens, &c: par M. Rollin. *Paris.* 1730. *& fuiv. in* 12. 14 *vol.*

3435 Lettre à M. Hardion, fur les premiers Dieux ou Rois d'Egypte. *Paris.* 1733. *in* 12.

3436 Hiftoire des Empires & des Républiques, depuis le Déluge jufqu'à Jefus-Chrift, par l'Abbé Guyon. *Paris.* 1733. *in* 12. 6 *vol.*

3437 La même. *Paris.* 1736. *in* 12. 11 *vol.*

3438 Réfléxions Critiques fur les Hiftoires des Anciens Peuples, par de Fourmont. *Paris.* 1735. *in* 4. 2 *vol.*

Histoire des Juifs.

3439 Les Sept Livres de Flavius Josephus, de la Guerre & Captivité des Juifs, traduits en François par N. Herberay, Seigneur des Essars. *Paris.* 1553 *in fol.*

3440 Histoire des Juifs, écrite par Flavius Joseph, traduite par Robert - Arnauld d'Andilly. *Amsterdam.* 1681. *in fol.*

3441 La même. *Amsterdam.* 1700. *in fol.* 2 *vol.*

3442 Histoire & la Religion des Juifs, depuis Jesus-Christ jusqu'à présent, par Basnage. *Rotterdam.* 1707. *in* 12. 4 *vol.*

3443 La même. *La Haye.* 1716. *in* 12. 15 *vol.*

3444 Histoire du Monde, Sacrée & Profane, depuis la Création du Monde, jusqu'à la Décadence des Royaumes de Juda & d'Israël, pour servir d'Introduction à l'Histoire des Juifs, de Prideaux, par Samuel Shuckford, &c. traduite par J. P. Bernard. *Leide.* 1738. *in* 12. 2 *vol.*

3445 Histoire des Juifs & des Peuples voisins, depuis la Décadence des Royaumes d'Israël & de Juda, jusqu'à la mort de Jesus-Christ, par Prideaux, traduite de l'Anglois. *Amsterdam.* 1722. *in* 12. 5 *vol.*

3446 La même. *Paris.* 1726. *in* 12. 7 *vol.*

3447 Petri Cunæi, Liber de Republica Hebræorum. *Amstelodami.* 1666. *in* 24.

3448 La République des Hebreux, où l'on voit l'origine de ce Peuple, &c. *Amsterdam.* 1705. *in* 8. 3 *vol.*

Histoire Grecque.

3449 Dictis Cretensis & Daretis Phrigii, de Bello Trojano Historia. *Lugduni.* 1552. *in* 16.

3450 Dictis Cretensis & Dares Phrigius de Bello Trajano : cum Interpretatione Annæ Daceriæ, & in usum Delphini. *Amstelodami.* 1702. *in* 8.

3451 Les Neuf Livres des Histoires de Herodote. *Paris.* 1556. *in fol.*

3452 Les Histoires d'Herodote, mises en François, par Pierre du Ryer. *Paris.* 1645. *in fol.*

3453 Histoire de Thucydide, Athenien, mise en François par Claude de Seyssel. *Paris.* 1555. *in* 8.

3454 La même Histoire par le même. *Paris.* 1559. *in fol.*

3455 L'Histoire de Thucydide, de la Guerre du Peloponese, traduite par Nicolas Perrot d'Ablancourt. *Paris.* 1662. *in fol.*

3456 La même. *Amsterdam.* 1662. *in* 12. 2 *vol.*

3457 La Cyropædie, ou l'Histoire de Cyrus, traduite en François, par Charpentier. *Paris.* 1660. *in fol.*

3458 La même. *Amsterdam.* 1661. *in* 12.

3459 Histoires de Diodore, Sicilien, traduites de Grec en François, par Jacques Amyot. *Paris.* 1554. *in fol.*

3460 Histoire Universelle de Diodore de Sicile, traduite par M. l'Abbé Terrasson. *Paris.* 1737. *in* 12. 2 *vol*

3461 Quinti Curtii Historiarum Libri. *Parisiis,* 1710, *in* 24.

3462 Quinte-Curce de la Vie d'Alexandre le Grand, traduit par Vaugelas, & du Ryer. *Paris.* 1657. *in* 4.

3463 La Vie de Callisthene, Philosophe à la Cour d'Alexandre le Grand. *Paris.* 1730. *in* 8.

3464 Procopii Cæsariensis, Anecdota, Gr. & Lat. ex Editione & cum Notis Alemanni. *Lugduni.* 1623. *in* 4.

3465 Histoire Grecque, par Pierre Marcassus. *Paris.* 1647. *in fol.*

3466 Græcorum Respublicæ, ab Ubbone Emmio descriptæ. *Lugduni-Batavorum.* 1632. *in* 24. 2 *vol.*

3467 Histoire des Sages de la Grece, par Is. de Larrey. *Amsterd.* 1713. *in* 8.

3468 La même, avec la suite, par le même. *Amsterdam.* 1714. *in* 12. 2 *vol.*

3469 P. Gyllii de Bosphoro Thracio, Libri tres. *Lugduni-Batavorum.* 1632. *in* 24.

3470 Les Mœurs & les Usages des Grecs, par M. Mesnard. *Lyon.* 1743. *in* 12.

3471 Traité Historique sur les Amazones, par Pierre Petit. *Leyde.* 1718. *in* 12. 2 *vol.*

Histoire Romaine.

Introduction à l'Histoire Romaine.

3472 Méthode pour apprendre l'Histoire Romaine. *Bruxelles.* 1694. *in* 12.

3473 Antiquités Romaines de Denys d'Halicarnasse, traduites du Grec, par le Pere Gabriel le Jay, avec des Notes. *Paris.* 1722. *in* 4. 2 *vol.*

Hiftoire Romaine générale.

3474 Titi-Livii Hiftoriarum Libri, ex recenfio-
ne J. F. Gronovii. *Lugduni-Batavo-*
rum. Elzevir. 1644. *in* 12. 4 *vol.*

3475 Titi-Livii Hiftoriarum Libri. *Amfteloda-*
mi. Janfon. 1661. *in* 12.

3476 Les Décades qui fe trouvent de Tite-Live,
mifes en François, par Blaife de Vige-
nere. *Paris.* 1583. *in fol.* 3 *vol.*

3477 Les Décades de Tite-Live, avec les Sup-
plémens de Freinshemius, mifes en Fran-
çois, par P. du Ryer. *Amfterd.* 1696.
in 12. 8 *vol.*

3478 Lucius Florus, Patavini Epitome Titi-Livii.
Apud Aldum. in 8.

3479 L. Annaeus Florus ; ex Editione Salma-
fii. *Lugduni-Batavorum. Elzevir.* 1657.
in 12.

3480 Epitome de l'Hiftoire Romaine, par Lu-
cius Florus, mis en François fur les Tra-
ductions de Monfieur, Frere unique du
Roi. *Paris.* 1670. *in* 12.

3481 Eutropii de Geftis Romanorum Libri de-
cem. *Parifiis.* 1542. *in* 8.

3482 Aurelius Victor, cum Commentariis Di-
verforum, ex recenfione Samuelis Pitifci.
Trajecti ad Rhenum. 1696 *in* 8.

3483 Polibii Hiftoriarum Libri V. Latinè, Nico-
lao Peroto Interprete. *Venetiis.* 1521.
in 8.

3484 Hiftoire de Polybe, traduite par P. du
Ryer. *Paris.* 1665. *in fol.*

3485 Appian Alexandrin, des Guerres des Ro-
mains, Livre XI. traduits en François,

par Claude de Seyffel. *Paris.* 1580. *in. fol.*

3486 Le même, traduit par Odet Philippe. *Paris.* 1659. *in fol.*

3487 Appiano Aleffandrino, tradotto da Aleffandro Braccio. *Vinegia.* 1545. *in* 8.

3488 Saluftius, cum Variis Lectionibus. *Parifiis.* 1544. *in* 8.

3489 Julii Cæfaris Commentatorium de Bello Gallico Libri VIII. de Bello Civili, &c. *Venetiis.* 1513. *in* 12.

3490 Iidem. *Lugduni-Batavorum. Elzevir.* 1635. *in* 12.

3491 Les Commentaires de Cefar, traduits par N. Perrot d'Ablancourt. *Paris.* 1678. *in* 12.

3492 Le Parfait Capitaine, tiré des Commentaires de Cefar, par M. de Rohan. *Rouen.* 1667. *in* 12.

3493 Commentarii de Caio Giulio Cefare, tradotti in volgar per Agöftino Ortica de la Porta. *in Vinegia.* 1530. *in* 8.

3494 Gli Medefimi, tradotti da Andrea Palladio. *con figure. Venetia.* 1575. *in* 4.

3495 Gli Medefimi, *in Venetia.* 1619. *in* 4.

3496 Cornelii Taciti Opera, ex recenfione & cum Commentariis Jufti Lipfii. *Antverpiæ.* 1599. *in* 4.

3497 Cornelii Taciti & Velleii Paterculi Scripta quæ extant. *Parifiis.* 1608. *in fol.* 2 *vol.*

3498 Caii Cornelii Taciti, Annales & Hiftoriæ. *Parifiis.* 1712. *in* 18.

3499 Les Œuvres de Tacite, trad. par L. le Maître. *Paris.* 1636. *in fol.*

3500 Les mêmes, trad. par N. Perrot, Sieur d'Ablancourt. *Paris.* 1670. *in* 12. 3 *vol.*

3501 Les mêmes, trad. avec des Notes critiques & hiftoriques, par Amelot de la Houffaye. *La Haye.* 1692. *in* 12. 2 *vol.*

3502 C. Suetonii Tranquilli, XII. Cæfares, ex Def. Erafmi recognitione. *Parifiis.* 1527. *in* 8.

3503 Idem, cum Annotationibus Diverforum. *Amftelodami.* 1645. *in* 16.

3504 Idem, ex Editione Joannis Schildii. *Lugduni-Batavorum.* 1667. *in* 8.

3505 Idem, cum Commentariis Samuelis Pitifci. *Ultrajecti* 1690. *in* 8. 2 *vol.*

3506 Suetone, de la Vie des Douze Cefars, traduit par George de la Boutiere. *Lyon.* 1556. *in* 4.

3507 Suetone, de la Vie des douze Cefars, traduit par Bernard du Teil. *Amfterdam.* 1699. *in* 12.

3508 Hiftoire de Dion Caffius de Nicée, traduite en François, par de B. G . . . *Paris.* 1674. *in* 12.

3509 Hiftoire d'Hérodian, traduite par Jacques des Comtes de Vintimille. *Lyon.* 1554. *in fol.*

3510 Hiftoriæ Auguftæ Scriptores Sex, ex recenfione, & cum Notis Ifaaci Cafauboni. *Parifiis.* 1605. *in* 4.

3511 Hiftoriæ Auguftæ Scriptores Latini Minores. *Lugduni Batavorum.* 1632. *in* 16. 4 *vol.*

3512 Gefta Romanorum, cum Applicationibus Moralifatis ac Myfticis. *Parifiis.* 1513. *in* 12.

3513 Hiftoriæ ex Libris Ciceronis deprompta. *Parifiis.* 1713. *in* 24.

3514 Hiftoire Romaine, écrite par Xiphilin, par

Zonare , & par Zozime , traduite par Cousin. *Paris.* 1678. *in* 4.

3515 Histoire Romaine , par François - Nicolas Coeffeteau. *Paris.* 1646. *in fol.*

3516 Abregé Chronologique de l'Histoire Romaine , par du Verdier. *Paris.* 1670. *in* 12. *6 vol.*

3517 Histoire Romaine, par les PP. Catrou, & Roüillé, Jésuites. *Paris.* 1725. 20 *vol.*

3518 Histoire Romaine , traduite de l'Anglois de Laurent Echard , par Larroque, & l'Abbé des Fontaines. *Paris.* 1728. *in* 12. 16 *vol.*

3519 Histoire Romaine depuis la Fondation de Rome, jusqu'à la fin de la Republique , par M. Rollin. *Paris.* 1738. *in* 12. 14. *vol.*

Histoire Romaine Particuliere.

3520 Histoire des deux Triumvirats, avec l'Histoire d'Auguste, par de Larrey. *Amsterdam.* 1715. *in* 12. 2 *vol.*

3521 L'Histoire d'Auguste. *Rotterdam.* 1690. *in* 8.

3522 Histoire des Revolutions arrivées dans la Republique Romaine, par l'Abbé de Vertot. *Paris.* 1719. *in* 12. 3 *vol.*

3523 Chroniques & Gestes admirables des Empereurs, mis en François par Guillaume Gueroult. *Lyon.* 1552. *in* 8.

3524 Histoire des Empereurs, par le Nain de Tillemont. *Paris.* 1738. *in* 4. 6 *vol.*

3525 Histoire de Theodose le Grand, par Esprit Flechier. *Paris.* 1679. *in* 4.

3526 Julien l'Apostat , ou Abrégé de sa Vie , traduit de l'Anglois. 1688. *in* 12.

3527 Vie de l'Empereur Julien. *Paris.* 1735. *in* 12.

3528 Les Femmes des douze Cesars, par M. de Serviez. *Paris.* 1720. *in* 12. 2 *vol.*

3529 Histoire des Vestalles, avec un Traité du Luxe des Dames Romaines, par l'Abbé Nadal. *Paris.* 1725. *in* 12.

3530 Confideration fur les Caufes de la Grandeur des Romains, & de leur Décadence. *Amfterdam.* 1734. *in* 12.

3531 Blondi Flavii, Forlivienfis, Hiftoriarum ab inclinatione Romanorum Libri XXXI. *Bafileæ.* 1559. *in fol.* 2 *vol.*

3532 Hiftoire des Grands Chemins de l'Empire Romain, par Nicolas Bergier. *Bruxelles.* 1728. *in* 4. 2 *vol.*

Hiftoire Byzantine.

3533 Hiftorie di Giov. Zonara, tradotto da Lododovico Dolce & migliorata da Agoftino Ferentilli. *Venetia.* 1571. *in* 4.

3534 Hiftoria Byzantina illuftrata, cum Numifmatibus, autore Carolo Dufrefne Domino du Cange. *Lutetiæ Parifiorum.* 1681. *in fol.*

3535 Hiftoire de l'Empire de Conftantinople, par Geoffroy de Villehardouin, avec la fuite, tirée du *MS.* de Phil Mouskes, avec les Obfervations du même Sieur du Cange. *Paris. de l'Imprimerie Royale.* 1657. *in fol.*

3536 Hiftoire de Conftantinople depuis le Regne de l'Ancien Juftin, jufqu'à la fin de l'Empire, par Louis Coufin. *Paris.* 1672. *in* 4. 8 *vol.*

V

3537 La même. *Paris.* (*Hollande.*) 1685. *in* 12. 11 *vol.*

3538 P. Gyllii, Conftantinopoleos Topographiæ Libri IV. *Lugduni-Batav.* 1632. *in* 24.

3539 Petri d'Outremanni, Conftantinopolis Belgica, five de Rebus Geftis à Balduino & Henrico Impp. Conftantinopolitanis Libri V. *Tornaci.* 1643. *in* 4.

3540 Hiftoire des Revolutions de l'Empire de Conftantinople, depuis la Fondation de cette Ville, jufqu'à l'an 1453, par de Burigny. *Paris.* 1750. *in* 12. 3 *vol.*

HISTOIRE MODERNE,

ou

HISTOIRE DES NOUVELLES MONARCHIES.

Hiftoire des Monarchies de l'Europe.

Hiftoire de quelques Siècles & Journaux Hiftoriques.

3541 Hiftoire Générale, Civile, Naturelle, Politique & Religieufe de tous les Peuples du Monde, particulierement de l'Europe, par M. l'Abbé Lambert. *Paris.* 1750. *in* 12. 15 *vol.*

3542 Sommaire de l'Hiftoire de Jean Sleidan, difpofé par Tables. *Strafbourg.* 1558. *in* 8.

3543 Adolphi Brachelii, Hiftoria fui Temporis rerum Bello & Pace per Europam & Imperium Romanum Geftarum, ab anno 1618. ad hæc ufque tempora. *Coloniæ.* 1652. *in* 8.

3544 Christiani Adolphi Tuldeni, Historia nostri temporis, ab anno Christi 1652, ad 1660. *Coloniæ.* 1657. *in* 8. 4 *vol.*

3545 Histoire des Papes, des Empereurs & des Rois, qui ont Regné en Europe depuis la Naissance de Jesus-Christ. *Paris.* 1684. *in* 12.

3546 Abrégé de l'Histoire de ce Siécle de Fer, par J. N. de Parival. *Leyde.* 1653. *in* 12.

3547 L'Europe vivante, ou Relation Nouvelle, Historique & Politique de tous ses Etats, par Chappuseau. *Génève.* 1667. *in* 4.

3548 Les Entretiens Familiers des Animaux parlans, où sont découverts les Secrets de l'Europe, avec la Clef. *Amsterdam.* 1672. *in* 12.

3549 Mémoires sur l'Origine des Guerres qui travaillent l'Europe depuis cinquante ans, par P. Linage de Vauciennes. *Cologne.* 1678. *in* 12.

3550 Mémoires de ce qui s'est passé dans la Chrétienté, depuis le commencement de la Guerre en 1672, jusqu'à la paix en 1679, par le Chevalier Temple, traduits de l'Anglois. *La Haye.* 1692. *in* 12.

3551 L'Espion dans les Cours des Princes Chrétiens. *Cologne.* 1710. *in* 12. 6 *vol.*

3552 Il Mercurio, overo Historia de correnti Tempi, da Vittorio Siri. *In Casale.* 1644. *in* 4. 7 *vol.*

3553 Le Mercure Postillon de l'un à l'autre Monde, traduit de l'Italien. *Liege.* 1667. *in* 12.

3554 L'Europa Gelosa, overo la Gelosia de' Principati dell' Europa. *In Colonia.* 1622. *in* 12. 2 *vol.*

3555 Mercure Hollandois, contenant les années 1672, 1673, 1674, 1675, 1676 & 1677. *Amsterdam.* 1673, *&c. in* 12. 10. *vol.*

3556 Le Mercure Galant, avec les Extraordinaires, Siéges, Batailles, Mariages, Fêtes, Réjouissances, &c. & les Supplémens qui ont été donnés depuis 1672. jusqu'en 1750, composé par divers Auteurs MM. de Vizé, Corneille, la Roque, & autres. *Paris. in* 12. *environ* 900 *vol.*

3557 Mercure Historique & Politique, contenant l'Etat présent de l'Europe ; ce qui se passe dans toutes les Cours, avec des Réflexions Politiques, depuis 1686, jusqu'à 1741. *Parmes.* 1686. *in* 12. 133. *vol.*

3558 L'Esprit des Cours de l'Europe, où l'on voit ce qui s'est passé de plus important touchant la Politique, depuis 1699, jusqu'à 1710. *La Haye.* 1699. *in* 12. 19 *vol.*

3559 Journal de Verdun, ou Journal Historique sur les Matieres du tems, depuis 1697, jusques & compris 1729. *Verdun. in* 8. 53. *vol.*

3560 Mémoires pour servir à l'Histoire Universelle de l'Europe, depuis 1600, jusqu'en 1716, avec des Remarques. *Paris.* 1725. *in* 12. 4 *vol.*

3561 Histoire Chronologique du dernier siécle, par le P. Buffier. *Paris.* 1715. *in* 12.

3562 Mémoires de Charles-Louis Baron de Polnits, contenant les Observations qu'il a faites sur les principales Cours de l'Europe. *Amsterdam.* 1735. *in* 12. 2 *vol.*

3562 * Mémoires pour servir à l'Histoire de l'Europe, depuis 1740, jusqu'en 1748. *Amsterdam.* 1749. *in* 12. 4 *vol.*

Histoire d'Italie.

Introduction à l'Histoire d'Italie.

3563 Les Délices de l'Italie, contenant une Description exacte du Pays. *Paris.* 1707. *in* 12. 4 *vol.*

3564 Itinerario d'Italia, di Francesco Scotto. *Padova.* 1642. *in* 8. 2 *vol.*

3565 Itinerario medesimo, aggiuntovi la Descrittion dell' Isole di Sicilia & di Malta. *Padova.* 1654. *in* 8.

3566 Andreæ Schotti, Itinerarium Italiæ. *Amstelodami.* 1665. *in* 12.

3567 Tractatus Varii de Principatibus Italiæ. *Lugduni-Batavorum.* 1631. *in* 24.

Histoire Générale & Particuliere d'Italie.

3568 Caroli Sigonii Historiarum de Regno Italiæ Libri XX. *Francofurti.* 1591. *in fol.*

3569 Epitome del Regno d'Italia sotto i Barbari, del Conte D. Emmanuel Tesauro, con le Annotationi del Abbate Castiglione. *Torino.* 1664. *in fol.*

3570 Delle Guerre è Successi d'Italia, descritti da Assarini. *Torino.* 1663. *in fol.*

3571 Historia d'Italia, di Francesco Guicciardini. *In Venetia.* 1590. *in* 4.

3572 La Medesima. *Trevizi.* 1604. *in* 4.

3573 Histoire d'Italie de François Guicchardin, traduite de l'Italien en François, par Jer. Chomedey. *Paris.* 1568. *in fol.*

V iij

3574 La même. *Paris.* 1577. *in fol.*

3575 La même, nouvellement traduite de l'Italien. *Londres.* 1738. *in 4.* 3 *vol.*

3576 Historia del suo tempo, di Paolo Giovio, tradotta per Lud. Domenichi. *Venetia.* 1555. 2 *vol.*

3577 Mémorie o vero Diario del Card. Bentivoglio. *In Amstelodami.* 1648. *in 8.*

3578 Origine de la Grandeur de la Cour de Rome, par l'Abbé de Vertot. *La Haye.* 1737. *in 12.*

3579 Itinerario della Corte di Roma, overo Teatro Historico della Sede Apostolica, da Gregorio Leti. *Bizauzone.* 1674. *in 12.* 2 *vol.*

3580 Mémoires des Intrigues de la Cour de Rome, depuis 1669, jusqu'en 1676. *Paris.* 1676. *in 12.*

3581 Trattato Nuovo delle Cose Maravigliose della Citta di Roma, da Pietro Martire. *Roma.* 1615. *in 8.*

3582 L'Ancienne Rome, avec toutes ses Magnificences, exactement décritte depuis sa Fondation, &c. par François de Seine. *Leyde.* 1713. *in 12.* 4 *vol.*

3583 Rome Moderne, où est décrit tout ce qu'il y a de plus remarquable, par le même. *Leyde.* 1713. *in 12.* 6 *vol.*

3584 Histoire de Nicolas Rienzy, Chevalier Tribun de Rome, par M. de Bois-Preaux. *Paris.* 1743. *in 12.*

Histoire de la Savoye, du Piemont, & de la Suisse.

3585 Théâtre des Etats de M. le Duc de Savoye, contenant le Piemont, la Ville de Turin,

& les lieux voisins, orné de Cartes & de Figures. *La Haye.* 1700. *in fol.* 2 *vol.*

3586 Respublica & Historia Sabaudiæ. *Lugduni-Batavorum.* 1634. *in* 24.

3587 Apologie pour la Maison de Savoye, contre la premiere & seconde Savoisiennes. *Chamberry.* 1631. *in* 12.

3588 Histoire d'Emmanuel Philibert, Duc de Savoye, par de Mompleinchamp. *Amsterdam.* 1682. *in* 12.

3589 Mémoires de M. D. F. L. sur ce qui s'est passé en Italie entre Victor Amedée II, Duc de Savoye, & le Roi T. C. durant le cours de cette Guerre. *Aix-la-Chapelle.* 1697. *in* 12.

3590 Anecdotes de l'Abdication du Roi de Sardaigne, Victor Amedée II. 1703. *in* 8.

3591 Josiæ Simleri, Descriptio Vallesiæ & Alpium. *Lugduni-Batavorum.* 1633. *in* 24.

3592 Discours sur l'Affaire de la Valteline, & des Grisons, traduit de l'Italien. *Paris.* 1625. *in* 8.

3593 La Valteline, ou Mémoires, Discours, Traités, & autres Négociations sur le sujet des Troubles en la Valteline & Pays des Grisons, depuis l'Invasion en 1620, jusqu'en 1629. *Genève.* 1635. *in* 8.

Histoire des Duchés de Milan, de Mantoue, de Parme, de Plaisance, de Florence, &c.

3594 Joannis Simonetæ, Historia rerum gestarum Francisci Sphortiæ Mediolanensis Ducis, ab anno 1421, ad annum 1466. *Mediolani.* 1479. *in fol.*

3595 { Inveſtiture du Duché de Milan , & autres Lieux. *Cologne.* 1701.
Mouvement Général de la Rebellion. *Tour-non.* 1622. *in* 12.

3596 Hiſtoire des Mouvemens ſurvenus dans les Etats des Duchés de Mantoüe & de Mont-ferrat en 1628. *MS. in fol.*

3597 Divers Mémoires concernant les dernieres Guerres d'Italie, avec pluſieurs autres Trai-tés, par De Silhon. *Paris.* 1681. *in* 12. 2 *vol.*

3597 * Etat ancien & moderne des Duchés de Florence, Modene, Mantoüe & Parme. *Utrecht.* 1711. *in* 12.

3598 Hiſtoire d'Alexandre Farneze, Duc de Parme & de Plaiſançe, par D. M. *Amſterdam.* 1692. *in* 12.

3598 * Delle Hiſtorie Fiorentine, di Nicolo Ma-chiavelli. *in Venetia.* 1541. *in* 8.

3599 Les Anecdotes de Florence, par De Varillas. *MS. in* 4.

3600 Les mêmes Anecdotes de Florence, ou l'Hi-ſtoire Secrete de la Maiſon de Médicis, par le même. *La Haye.* 1686. *in* 12.

3601 Hiſtoire de la Conjuration des Pazzi, con-tre les Medicis, par le Noble. *Paris.* 1698. *in* 12.

3602 Hiſtoire de la République de Gennes, par le Chevalier de Mailly. *Paris.* 1696. *in* 12. 3 *vol.*

3603 Hiſtoire des Révolutions de Gennes, depuis ſon Etabliſſement juſqu'à la Concluſion de la Paix de 1748. *Paris.* 1750. *in* 12. 3 *vol.*

3604 Hiſtoire des Rois de Chypre, & les Guerres qu'ils ont eues contre les Sarraſins & les

Gennois, traduite de l'Italien du Chevalier
Henri Giblet Cypriot. *Paris.* 1732. *in* 12.
2 *vol.*

Histoire des Royaumes de Naples & de Sicile.

3605 Historia della Citta & Regno di Napoli, da
Pandolpho Collenutio. *Venetia.* 1539.
in 8.

3606 Compendio delle Historie del Regno di
Napoli, di Giovanni Antonio Summonte.
1602. *in* 4. 2 *vol.*

3607 Histoire de Naples & de Sicile, par Turpin.
Paris. 1630. *in fol.*

3608 Histoire Civile du Royaume de Naples, tra-
duite de l'Italien de Pierre Giannone. *La
Haye.* 1742. *in* 4. 4 *vol.*

3609 Le Revolutioni di Napoli descritti da Alef-
sandro Giraffi. *Genova.* 1647. *in* 8.

3610 Histoire des Révolutions de la Ville & du
Royaume de Naples, par le Comte de
Modene. *Paris.* 1668. *in* 12. 3 *vol.*

3611 { Mémoires de Henri de Lorraine Duc de
Guise, contenant son Entreprise sur le
Royaume de Naples. *Paris.* 1666. *in* 12.
Suite desdits Mémoires, ou Relation de ce
qui s'est passé au Voyage de Naples. *Paris.*
1687. *in* 12.

3612 Le Mémorie della S. P. M. M. Colonna,
Contestabilessa del Regno di Napoli. *in
Colonia.* 1678. *in* 12.

3613 { Histoire de la derniere Conjuration de Na-
ples en 1701. *Paris.* 1706.
Apologie du Cardinal de Bouillon. *Cologne.*
1706. *in* 12.

3614 Notitie Historiche della Citta d'Ancona, di
Giulano Saracini. *Roma.* 1675. *in* 4.

3615 Histoire du Mont Vesuve, traduite de l'Italien, par M. du Perron de Castera. *Paris.* 1741. *in* 12.

3616 Philippi Cluverii, Sicilia Antiqua, Sardinia & Corsica, Tabulis Geographicis Illustratæ. *Lugduni-Batavorum. Elzevir.* 1619. *in fol.*

3617 Défense de la Monarchie de Sicile contre les Entreprises de la Cour de Rome. 1716. *in* 12.

Histoire de la République de Venise.

3618 Gasp. Contareni, de Magistratibus & Republica Venetorum Libri quinque. *Parisiis.* 1543. *in* 4.

3619 Idem. *Lugduni-Batavorum. Elzevir.* 1628. *in* 24.

3620 La République de Venise, traduite de l'Italien de Bapt. Nani, par M. l'Abbé Tallemant. *Paris.* 1679. *in* 12. 4 *vol.*

3621 La même. *Cologne.* 1682. *in* 8. 2 *vol.*

3622 Nouvelle Relation de la République de Venise. *Utrecht.* 1709. *in* 12.

3623 Examen de la Liberté Originaire de Venise, traduit de l'Italien, par Amelot de la Houssaye. *Ratisbonne.* 1677. *in* 12.

3624 Histoire du Gouvernement de Venise, par le même. *Paris.* 1677. *in* 8.

3625 La même. *Amsterdam.* 1705. *in* 12. 3 *vol.*

3626 Histoire des Uscoques, trad. de l'Italien, par Amelot de la Houssaye. *Paris.* 1682. *in* 12.

3627 Différend du Pape Paul V. & de la République de Venise, ès années 1604, 1606 & 1607, traduit de l'Italien. *Paris.* 1688. *in* 12.

3628 Hiftoria della Venutà à Venetia di Papa Aleſſandro III. *in Roma.* 1577. *in 4.*

3629 Hiftoire des Conquêtes des Vénitiens, depuis 1684 juſqu'à préſent. *Bruxelles.* 1688. *in 12.*

3630 Le Coſe Notabili & Maraviglioſe della Citta di Venetia, ampliate da Zuanno Zittlo. *Venetia.* 1655. *in 12.*

Hiftoire des Familles d'Italie.

3631 Della Origine & de Fatti delle Famiglie Illuftri d'Italia, di Franceſco Sanſovino. *Vinegia.* 1609. *in 4.*

3632 Corona della Nobilta d'Italia, overo Compendio hiftorico delle Famiglie Illuftri, da Giov. Pietro de Creſcenzi. *Bologna.* 1639. & 1642. *in 4.* 2 *vol.*

3633 Hiftoire des Hommes Illuftres de la Maiſon de Medicis, par Jean Neſtor. *Paris.* 1564. *in 4.*

3634 Le Brillant de la Reine, ou la Vie des Hommes Illuftres du nom de Medicis. *Lyon.* 1613. *in 8.*

3635 Hiftoria del Comte Galeazzo Gualdo Priorato, &c. *in Venetia.* 1641. *in 4.* 2 *vol.*

3636 Hiftoire de Donna Olimpia Maldachini, traduite de l'Italien de l'Abbé Gualdi. *Leide.* 1666. *in 12.*

Hiftoire de France.

3637 Car. le Cointe, Annales Eccleſiaſtici Francorum. *Pariſiis.* 1665. & 1670. *in fol.* 4 *vol.*

3638 Ger. du Bois, Hiftoria Eccleſiæ Pariſienſis. *Pariſiis.* 1690. *in fol.*

3639 Guil. Marlot, Metropolis Rhemenſis Hiſ-
toria. *Inſulis.* 1666. *in fol.* 2 *vol.*

3640 Hiſtoire Eccléſiaſtique de la Cour, ou Re-
cherches & Antiquités de la Chapelle &
Oratoire des Rois de France, par Guil-
laume du Peyrat. *Paris.* 1645. *in fol.*

3641
{
Pouillé des Bénéfices des Archevêchés de
France. *Paris.* 1648. *in* 4. 8 *vol.*
Pouillé Royal, contenant les Bénéfices à
la Nomination du Roi, avec les Annates
qui ſe payent en Cour de Rome. *Paris.*
1648. *in* 8.
}

3642 Recueil Général de tous les Bénéfices &
Commanderies de France, avec la Taxe
des Bulles, par Jacques le Pelletier. *Paris.*
1690. *in* 12.

3643 Mémoires ſur l'Etat du Clergé & de la
Nobleſſe de Bretagne, par le P. Touſſaint
de Saint Luc. *Paris.* 1691. *in* 8.

3644 Pouillé Eccléſiaſtique & Civil du Diocèſe
de Toul. *Toul.* 1711. *in* 8. 2 *vol.*

Hiſtoire Politique & Civile de France.

Introduction à l'Hiſtoire de France.

3645 Bibliotheque des Auteurs qui ont écrit l'Hiſ-
toire de la France. *Paris.* 1617. *in* 8.

3646 Bibliotheque Hiſtorique de la France, con-
tenant le Catalogue de tous les Ouvrages
qui traitent de l'Hiſtoire de ce Royaume,
avec des Notes, par Jacques le Long.
Paris. 1719. *in fol.*

3647 La Guide des Chemins de France, augmentée
des Fleuves de ce Royaume. *Paris.* 1553.
in 12.

3648 Les Rivieres de France , ou Description Géographique & Histoire du Cours & Débordement des Fleuves, Rivieres, &c. par Coulon. *Paris.* 1644. *in* 8. 2 *vol.*

3649 Description Historique & Géographique de la France Ancienne & Moderne, par M. l'Abbé de Longuerue. *Paris.* 1719. *in fol.*

3650 Gallia, five de Francorum Regis Dominiis & Opibus Commentarius. *Lugduni-Batavorum. Elzevir.* 1629. *in* 24.

3651 Respublica, five Status Regni Galliæ, diverforum Authorum. *Lugduni - Batavorum. Elzevir.* 1626. *in* 24.

3652 Joannis Limnæi Notitia Regni Franciæ. *Argentorati.* 1655. *in* 4. 2 *vol.*

3653 Traité de l'Origine, Progrès & Excellence du Royaume de France , par Charles du Moulin. *Paris.* 1561. *in* 8.

3654 Histoire de l'Origine & des Progrès de la Monarchie Françoise, par Guillaume Marcel. *Paris.* 1686. *in* 12. 2 *vol.*

3655 Histoire Critique de l'Etabliffement de la Monarchie Françoise dans les Gaules , par l'Abbé du Bos. *Paris.* 1734. *in* 4. 3 *vol.*

3656 Les Illustrations de Gaule , & Singularités de Troyes , par Jean le Maire. *Paris.* 1524. *in* 4.

3657 Les mêmes. *Paris.* 1533. *in fol.*

3658 Les mêmes. *Paris.* 1549. *in fol.*

3659 Les mêmes. *Paris.* 1531. *in fol.*

3660 Les Annales d'Acquitaine , Faits & Geftes des Rois de France & d'Angleterre, Pays de Naples & de Milan , &c. par Jean Bouchet. *Paris.* 1537. *in fol.*

3661 Epitome de l'Antiquité des Gaules & de

France, par Guillaume du Bellay. *Paris.*
1556. in 4.

3662 Les Œuvres de Claude Fauchet, contenant
les Antiquités Gauloises & Françoises.
Paris. 1610. in 4. 2 vol.

3663 Les mêmes. *Genève. 1611. in 4.*

3664 Mémoires & Recherches de Jean du Tillet,
contenant plusieurs choses mémorables
pour l'intelligence de l'État des Affaires
de France. *Rouen. 1578. in fol.*

3665 Recueil des Rois de France, leurs Cou-
ronne & Maison, &c. par Jean du Tillet.
Paris. 1580. in fol.

3666 Le même. *Paris. 1607. in 4.*

3667 Les Recherches de la France, par Etienne
Pasquier. *Paris. 1596. in fol.*

3668 Les mêmes. *Paris. 1611. in fol.*

3669 Les mêmes. *Paris. 1617. in 4.*

3670 Les mêmes. *Paris. (Orleans.)* 1665.
in fol.

3671 Les Monumens de la Monarchie Françoise,
par le P. Bernard de Montfaucon. *Paris.*
1729. & 1723. in fol. 5 vol.

3672 Histoire des Celtes, & particulierement des
Gaulois & des Germains. par Simon Pel-
loutier. *Paris. 1741. in 12. 2 vol.*

3673 Aimoin Monachi Benedictini, de Regum
Procerumque Francorum Origine, usque
ad Philippum Augustum libri V. 1514.
in fol.

3674 Roberti Gaguini, de Gestis Francorum Re-
gum libri XI. *Parisiis. 1514. in 8.*

3675 La Mer des Chroniques, & Miroir Histo-
rial de France, trad. du Latin de Robert
Gaguin. *in fol.*

3676 Les Chroniques de France, par Gaguin,

traduites du Latin en François. *Paris*. 1515.
in 4.

3677 Chroniques & Histoires faites & composées par M. Turpin, Archevêque de Reims, contenant les Prouesses de Charles le Grand, & de son Neveu Rolland. *Paris*. 1527. *in* 4.

3678 Les Chroniques & Annales de France, dites les Chroniques de Saint Denis, depuis Pharamond, jusqu'à Henri II. *in fol.*

3679 Pauli Æmilii, de Rebus Gestis Francorum libri V. &c. *Parisiis*. 1555. *in* 8.

3680 La Grande Monarchie de France, composée par Claude de Seyssel, avec la Loi Salique. *Paris*. 1557. *in* 8.

3681 Gli Sei Libri de gli Reali de Francia. *Vénétia* 1582. *in* 8.

3682 Le Trésor de l'Histoire de France, par Gilles Corrozet. *Paris*. 1639. *in* 8.

3683 Instruction sur l'Histoire de France & Romaine, par le Ragois. *Paris*. 1705. *in* 12.

3684 Les Commencemens de la France Chrétienne, sous Saint Remi, par René Ceriziers. *Reims*. 1633. *in* 4.

3685 Nouvelle Dissertation, où on fait voir que la Religion Chrétienne a été établie dans les Gaules, dans le second Siécle, par Abbadie. *Toulouze*. 1703. *in* 12.

3686 Barth. Germon, de veteribus Regum Francorum Diplomatibus. *Parisiis*. 1703. *in* 12.

3687 Essai sur la Noblesse de France, contenant une Dissertation sur son Origine & Abaissement, par le Comte de Boulainvilliers, avec des Notes Historiques. *Amsterdam*. 1732. *in* 12.

Hiſtoire générale de France.

3688 Abregé de l'Hiſtoire de France, & des Rois, avec les Effigies depuis Phara-mond, juſqu'à Louis XIII. *Rouen.* 1613. *in* 8.

3689 Le même. *Paris.* 1617. *in fol.*

3690 Abregé de l'Hiſtoire de France, par le Sieur du Verdier. *Paris.* 1655. *in* 12. 2 *vol.*

3691 Abregé Chronologique, ou Extrait de l'Hiſtoire de France, par de Mezeray. *Paris.* 1668. *in* 4. 3 *vol.*

3692 Le même Abregé de l'Hiſtoire de France, par le même. *Amſterdam. in* 12. 6 *vol.*

3693 Le même. *Amſterdam.* 1696. *in* 12. 6 *vol.*

3694 Le même. *Amſterdam.* 1712. *in* 12. 7 *vol.*

3695 Réflexions ſur l'Hiſtoire de France, par M. le Comte de Boulainvilliers. *M S. in* 4.

3696 Abregé Chronologique de l'Hiſtoire de France, par M. le Comte de Boulain-villiers. *La Haye.* 1733. *in* 12. 3 *vol.*

3697 Nouvel Abregé Chronologique de l'Hiſ-toire de France, contenant les Evéne-mens de notre Hiſtoire, depuis Clovis juſqu'à la mort de Louis XIV. par M. le Préſident Henault. *Paris.* 1744. *in* 8.

3698 Le même Livre, ſeconde Edition. *Paris.* 1746. *in* 8.

3699 Le même Livre, troiſiéme Edition, aug-mentée & ornée de très belles Eſtampes, Vignettes, &c. gravées par M. Cochin. *Paris.* 1749. On y a joint les Portraits des Rois, & autres Figures. *in* 4.

3700

3700 Les Généalogies, Epitaphes, & Effigies de tous les Rois de France, par Jean Boucher. 1527. *in* 8.

3701 Sommaire de l'Histoire de France, par Nicolas Vignier. *Paris.* 1579. *in fol.*

3702 Inventaire général de l'Histoire de France, par Jean de Serres. *Paris.* 1631. *in fol.*

3703 Histoire de France, depuis l'Establissement de la Monarchie Françoise dans les Gaules, par le P. Daniel. *Paris.* 1713. *in fol.*

3704 Histoire de France, depuis l'Establissement de la Monarchie Françoise dans les Gaules, par le P. Daniel. *Amsterd.* 1720. *in* 4. *6 vol.*

3705 La même. *Paris.* 1722. *in* 4. *7 vol.*

3706 Réflexions sur l'Histoire de France, tant sur celle composée par de Mezeray, que celle faite par le P. Daniel. *MS. in* 4.

3707 Histoire de France, par le Sr Chaalons de l'Oratoire. *Paris.* 1720. *in* 12. *3 vol.*

3708 Journal Historique de la France, par chaque jour du mois, par l'Abbé de Valerot. *Paris.* 1722. *in* 8.

3709 La France Metallique, contenant les actions Célébres des Rois & des Reines, par Jacques de Bie. *Paris.* 1636. *in fol.* 2 vol.

3710 Portraits des Rois de France, depuis Pharamond, avec ceux des Princes, Princesses de France, Princes de Lorraine, Ducs & Pairs de France, Archevêques, & Evêques, & Ministres, & d'autres Rois, Princes & Princesses Etrangeres. *Paris.* 1679. *in* 4.

X

3711 Les Vrays Portraits des Rois de France, par Jacques de Bié. *Paris.* 1636. *in fol.*

3712 Portraits de toutes les Reines de France, jufques & compris Marie-Thérefe d'Autriche, Epoufe de Loüis XIV. *in 4.*

3713 Mémoires Hiftoriques & Critiques fur divers points de l'Hiftoire de France, par de Mezeray. *Amfterdam.* 1732. *in 12.*

Hiftoire Particuliere de France.

Hiftoires des Regnes & de chaque Roi en particulier.

Regnes des Rois de la premiere & de la deuxiéme Race.

3714 Mémoires Hiftoriques fur le Regne des trois Dagobert. *Strafbourg.* 1717. *in 8.*

3715 Antonii Dadini Alteferræ Notæ in X. Libros Hiftoriæ Francorum Gregorii Turonenfis. *Tolonæ.* 1679. *in 4.*

3716 Hiftoire des premieres Expéditions de Charlemagne, pour l'Inftruction de Louis le Debonnaire. *Amfterdam.* 1741. *in 8.*

3717 Hiftoire du Regne de Charlemagne, par M. de la Bruere. *Paris.* 1745. *in 12. 2 vol.*

Regnes des Rois de la troifiéme Race.

3718 Gefta Dei per Francos, ex Editione Jacobi Bongarfii. *Hanoviæ.* 1611. *in fol.*

3719 Hiftoire de Geoffroy de Villehardouin de la Conquête de Conftantinople, par les Barons François, traduite par Blaife de Vigenere. *Paris.* 1585. *in 4.*

Regne de Philippe Auguste, 1179, jufqu'en 1223.

3720 L'Hiftoire de Guyenne, ou l'Hiftoire d'Eleonore, femme de Louis VII. *Rotterdam.* 1691. *in* 8.

3721 Anecdotes de la Cour de Philippe Augufte. *Paris,* 1733. *in* 12. 3 *vol.*

Regne de Saint Louis IX. 1226, jufqu'en 1270.

3722 Blanche, Infante de Caftille, Mere de Saint Louis, Reine de France. *Paris.* 1544. *in* 4ª

3723 La Minorité de Saint Louis, avec l'Hiftoire du Roi Louis XI. & celle de Henri II. par Antoine de Varillas. *La Haye.* 1687. *in* 12.

3724 Hiftoire & Chronique de Saint Louis, écrite par le Sieur de Joinville, mife en Lumiere par Antoine-Pierre de Rieux. *Poictiers. in* 8.

3725 Hiftoire de Saint Louis, par de Joinville, avec les Obfervations de Charles Dufrefne du Cange. *Paris.* 1668. *in fol.*

3726 Mémoires de Jean Sire de Joinville, témoin oculaire de la Vie de Saint Louis. *Paris.* 1666. *in* 12.

3727 Hiftoire de la Vie de Louis III. Duc de Bourbon. *Paris.* 1612. *in* 8.

Regne de Philippe-le-Bel IV. 1314.

3728 Hiftoire du différent entre le Pape Boniface VIII. & le Roi Philippe-le-Bel. *Paris.* 1655. *in fol.*

X ij

3729 Hiſtoire des Démélés du Pape Boniface VIII. avec Philippe - le - Bel , Roi de France, par Adrien Baillet. *Paris.* 1718. *in* 12.

2730 Traités concernant l'Hiſtoire de France, la Condamnation des Templiers, &c. par M. Dupuy. *Paris.* 1654. *in* 4.

3731 La même. *Bruxelles.* 1713. *in* 12. 2 *vol.*

Regne de Charles VI. 1380. juſqu'en 1422.

3732 Hiſtoire de Charles VI. par le Sieur Juvenal des Urſins, augmentée par Denis Godefroy. *Paris.* 1613. *in fol.*

3733 Joan. Hordal Joannæ Darc Catharingiæ, vulgo Aurelianenſis puellæ Hiſtoria. *Pontimuſſi.* 1612. *in* 4.

3734 Les Paſſages de Outre-Mer du Noble Godefroy de Bullion, du Roi Saint Louis, & de pluſieurs autres. *Paris.* 1492. *in* 8.

3735 Hiſtoire d'Artus III. Duc de Bretagne, & Connétable de France , par Théodore Godefroy. *Paris.* 1622. *in* 4.

3736 Les Œuvres d'Alain Chartier , Edition augmentée par André Ducheſne. *Paris.* 1617. *in* 4.

Regne de Charles VII. 1422. juſqu'en 1461.

3737 Hiſtoire de Charles VII. par Jean Chartier, revue & angmentée par Denis Godefroy. *Paris.* 1661. *in fol.*

3738 Hiſtoire de Charles VII. par Baudot de Juilly. *Paris.* 1697. *in* 12. 2 *vol.*

3739 Journal de Paris ſous les Regnes de Char-

les VI. & Charles VII. par M. la Barre.
Paris. 1729. *in* 4.

3740 Mémoires Secrets de la Cour de Charles
VII. Roi de France, par Mad. D.....
Paris. 1734. *in* 12.

3741 Les Chroniques d'Enguerrant de Monftre-
let. *Paris.* 1595. *in fol.*

3742 {
Remontrances faites au Roi Louis XI.
fur les Priviléges de l'Eglife Gallicane,
par le Parlement.

Oraifon au Pape Leon X. par l'Evêque
de Modrufie, Ambaffadeur vers Sa Sain-
teté.

Inftitution & Ordonnances de l'Ordre de
Saint Michel, par le Roi Louis XI.

Ordre des Etats tenus fous Charles VIII.
1561. *in* 8.
}

Regne de Louis XI. 1461. *jufqu'en* 1483.

3743 Les Chroniques du Roi Louis XI. dites la
Chronique fcandaleufe. *Paris.* 1558. *in* 8.

3744 Les mêmes Chroniques. 1611. *in* 8.

3745 Hiftoire de Louis XI. par Antoine de Va-
rillas. *Paris.* 1689. *in* 12. 4 *vol.*

3746 Hiftoire de Louis XI. par M. Duclos.
Paris. 1745. *in* 12. 4 *vol.*

3747 Mémoires de Philippe de Comines, fur
les principaux faits & geftes de Louis XI.
& de Charles VIII. revûs & corrigés par
Denis Sauvage de Fontenailles. *Paris.*
1605. *in fol.*

3748 Les mêmes. *Leide. Elzevir.* 1648. *in* 12.

3749 Les mémes, revûs & corrigés par Denis
Godefroy. *Paris. de l'Imprimerie Roya-
le.* 1649. *in fol.*

X iij

3750 Les mêmes, augmentés, avec la Chroni-
nique scandaleuse. *Bruxelles.* (*Paris.*)
1714. *in* 8. 4 *vol.*

3751 Hiſtorie di Marco Guazzo, ove ſi conten-
gon la Venuta & Partita d'Italia di Car-
lo VIII. Rè di Franza, & come acquiſtò
è laſcio il regno di Napoli. *in Venetia.*
1547. *in* 8.

Regne de Charles VIII. 1483. *juſqu'en* 1498.

3752 Hiſtoire de Charles VIII. Roi de France, par
Antoine de Varillas. *Paris.* 1691. *in* 12.
3 *vol.*

3753 La même, *La Haye.* 1691. *in* 8.

3754 Mémoires d'Olivier de la Marche. *Gand.*
1567. *in* 4.

3755 La Vie du Cardinal d'Amboiſe premier
Miniſtre de Louis XII. par le Gendre.
Amſterdam. 1726. *in* 12. 2 *vol.*

3756 Hiſtoire & Chroniques de M. Jean Froiſ-
ſard, revues par Denis Sauvage. *Lyon.*
1559. *in fol.* 2 *vol.*

3757 Lettres du Roi Louis XII. & du Cardinal
d'Amboiſe. *Bruxelles.* 1712. *in* 12. 4 *vol.*

Regne de Louis XII. 1498. *juſqu'en* 1515.

3758 Hiſtoire de Louis XII. Roi de France,
par Antoine de Varillas. *Paris.* 1688.
in 12. 6 *vol.*

3759 La même. *Bruxelles.* 1710. *in* 12. 4 *tom.*
en deux *vol.*

3760 { Mémoires de Martin du Bellay, publié
par René du Bellay. *Paris.* 1569.
Mémoires de Montluc. *Bordeaux.* 1591.
in 4.

Regne de François I. 1515. jusqu'en 1547.

3761 Histoire de François I, par Antoine de Varillas. *Paris.* 1585. *in* 12. 4 *vol.*

3762 Histoire de Marguerite de Valois, Reine de Navarre. *Paris.* 1720. *in* 12. 4 *vol.*

3763 La même, nouvelle Edition. *Amsterdam.* 1745. *in* 12. 2 *vol.*

3764 Histoire de notre Tems, par Guillaume Paradin. *Lyon.* 1550. & 1556. *in fol.*

3765 Continuation de l'Histoire de notre Tems, par Guillaume Paradin. *Lyon.* 1556. *in fol.*

3766 Discours sur la Rupture de Treve en 1556, par Charles de Marillac. *Paris.* 1557. *in* 8.

3767 Commentaires sur le Fait des dernieres Guerres en la Cour Belgique, par Fr. de Rabutin. *Paris.* 1574. *in* 8.

3768 Mémoires de Gaspard de Coligny, sur le Siége de Saint-Quentin, en 1557 & 1558. *Paris.* 1665. *in* 12.

3769 La Vie de Gaspard de Coligny, Seigneur de Châtillon. *Cologne.* 1691. *in* 12.

Regne de Henri II. 1547, jusqu'en 1559.

3770 Histoire de Henri II. & François II. par Antoine de Varillas. *Paris.* 1692. *in* 12. 4 *vol.*

Regne de François II. 1559, 1560.

3771 Histoire de l'Etat de la France, tant de la République que de la Religion, sous le Regne de François II. par Louis Regnier, Sieur de la Planche. 1576. *in* 8.

3772 Nouveau Théâtre François, ou François II. Roi de France, en cinq Actes, par Monsieur le Président Henault. *Paris.* 1747. *in* 8.

Regne de Charles IX. 1560, *jusqu'en* 1574.

3773 Mémoires du Sieur François de Boyvin, Baron de Villars, sur les Guerres en Piemont, depuis 1550, jusqu'en 1559. *Lyon.* 1610. *in* 8.

3774 Lettres & Mémoires d'Etat sous François I, Henri II, & François II, recueillis par Guillaume Ribier, donnés au Public par Michel Belot. *Blois.* 1666. *in fol.* 2 *vol.*

3775 Déclaration faite par M. le Prince de Condé, avec la Protestation & autres Pieces. 1562. *in* 4.

3776 Sommaire Recueil des Choses Mémorables que le Prince de Condé a protestées & faites, contre les Auteurs des Troubles avenus depuis 1564, jusques à présent. *in* 16.

3777 Commentaires de l'Etat de la Religion & République sous les Rois Henri II. & Charles IX. par de la Place. *Strasbourg.* 1565. & 1566. *in* 8. 2 *vol.*

3778 Mémoires du Prince de Condé, ou Recueil pour servir à l'Histoire de France, sous François II. & Charles IX. *Londres.* (*Paris.*) 1740. *in* 12. 6 *vol.*

3779 Les mêmes. *La Haye.* (*Paris.*) 1743. *in* 4. 6 *vol.*

3780 Ordonnances du Roi Charles IX. faites à Moulins. *Lyon.* 1580. *in* 8.

3781 Avertissement à tous bons Sujets du Roi,

fur l'Entreprife machinée contre Sa Majefté. *Paris*. 1567. *in* 8.

3782 Tableaux ou Hiftoires diverfes , touchant les Guerres , Maffacres & Troubles de France, avec des Explications depuis 1559, jufqu'en 1570, en figures en bois. *in fol.*

3783 Commentaires de Blaife de Montluc , Maréchal de France. *Bourdeaux*. 1593. *in* 8.

3784 Mémoires de Gafpard de Saulx , Maréchal de Tavannes, depuis 1530, jufqu'en 1573. *in fol.*

3785 Narratio de Furoribus Gallicis & Cæde Admiralii Caftillionii , autore Ervefto Eremundo Frifio. *Edimburgi*. 1573. *in* 4.

3786 { Lo Stratagema di Carlo IX. Re di Francia contro gli Ugonotti di Dio & Suoi : defcritto da Camillo Capilupi. La Tradottione Francefe. 1574. *in* 8.

3787 Le Reveil-Matin des François & de leurs Voifins, compofé par Eufebe Philadelphe Cofmopolite, Theodore de Beze. *Edimbourg*. 1574. *in* 8.

3788 Legende de Dom Claude de Guife , Abbé de Cluny , contenant fes faits & geftes, par le Sieur Dagoneau , Sieur de Vaux. 1581. *in* 8.

3789 Remontrances au Roi Henri III. fur deux Edits du 10 Septembre & 13 Octobre 1574, touchant la néceffité & les moyens de faire la Paix. 1576. *in* 12.

3790 Sommaire Expofition des Ordonnances du Roi Charles IX. fur la plainte des Trois Etats tenus à Orleans en 1560. *Lyon*. 1574. *in* 8.

3791 Mémoires de l'Etat de France fous Charles IX. contenant les chofes les plus notables faites depuis 1570, jusqu'au Regne de Henri III. *Meidelbourg.* 1578. *in* 8. 3 *vol.*

3792 Histoire de Charles IX. par Antoine de Varillas. *Paris.* 1684. *in* 12. 2 *vol.*

Regne de Henri III. 1574, *jusqu'en* 1589.

3793 Antonii Matharelli ad Franc. Hotomanni Franco-Galliam Responsio. *Parisiis.* 1575. *in* 8.

3794 Petri Turelli contra Hotomanni Franco-Galliam Responsio. *Parisiis.* 1576. *in* 8.

3795 { Matagonis de Matagonibus Monitoriale adversus Italo-Galliam sive Anti-Franco-Galliam Antonii Matharelli. 1578. *in* 8. Papirii Massoni, Strigilis sive Remediale charitativum contra rabiosam Frenesim Papirii Massoni Jesuitæ excucullati, per Matagonidem de Matagonibus. 1578. *in* 8.

3796 Epistola Magistri Benedicti Passavantii. *in* 12.

3797 Antichopinus, seu Epistola M. Nicodemi Turlupini ad Renatum Choppinum. *Wiliozbani.* 1593. *in* 12.

3798 Francisci Hotomanni Quæstionum illustrium Liber & Disputatio quædam. *Henricus-Stephanus.* 1576. *in* 8.

3799 Recueil de tout ce qui s'est négocié en la Compagnie du Tiers Etat, en l'Assemblée des Etats tenus à Blois le 15 Novembre 1576. 1577. *in* 12.

3800 La Vraye & entiere Histoire des Troubles & choses mémorables avenues en France, depuis 1572, jusqu'en 1577. *Basle.* 1579. *in* 8.

3801 Histoire de France, depuis 1547, jusqu'à 1580, par le Sieur de la Popeliniere. 1581. *in fol. 2 vol.*

3802 Franc. Belcarii, Rerum Gallicarum Commentaria ab anno 1461, ad annum 1580, ex Editione Petri Diner. *Lugd. 1625. in fol.*

3803 Le Cabinet du Roi de France, dans lequel il y a trois Perles précieuses, par Nicolas Froumenteau. 1581. *in 8.*

3804 Lettres écrites au Roi Henri III. par Paul de Foix, Ambassadeur à Rome. *Paris* 1628. *in 4.*

3805 Moyens d'Abus, Entreprises & Nullités du Rescrit & Bulle du Pape Sixte V. contre le Prince Henri de Bourbon, Roi de Navarre. *Cologne*. 1586. *in 12.*

3806 Histoires, Gestes & Services plus mémorables, faits par les Princes à la branche Royale des Bourbons, jusques & compris Charles IX. *La Rochelle*. 1587. *in 8.*

3807 Protestation & Défense pour le Roi de Navarre & Henri Prince de Condé, contre la Bulle de Sixte V. traduites du Latin du Brutum Fulmen Sixti V. 1587. *in 8.*

3808 Histoire contenant les plus mémorables Faits avenus en l'an 1587. *Paris*. 1588. *in 8.*

3809 Panégyrique de l'Edit du Roi, du 18 Juillet 1585. sur la Réunion de ses Sujets à l'Eglise Romaine, par Honoré du Laurens. 1588. *in 8.*

3810 Remontrances au Roi, par un Officier, sur les Désordres & Miseres de ce Royaume. 1588. *in 8.*

3811 Remontrances au Roi de France & de Pologne Henri III. sur les Désordres du Royaume. 1588. *in 8.*

3812 Exhortation aux vrais & entiers Catholiques. *Paris.* 1588. *in* 12.

3813 Recueil de diverses Pieces, dont Remontrance à la France, sur les maux qu'elle souffre, par Philippe de Mornay. 1588. *in* 12. *& autres Pieces.*

3814 Apologie Catholique contre les Libelles, Déclarations, Avis & Consultations faites par les perturbateurs de la France, par E. D. L. J. C. 1585. *in* 8.

3815 Excellent & libre Discours sur l'Etat présent de la France. 1589. *in* 12. *& autres Pieces.*

3816 L'Isle des Hermaphrodites, nouvellement découverte. *in* 8.

3817 Le Théâtre de France, ou Résolution sur chacun doute qui a retenu la Noblesse de se joindre à l'union Catholique. *Paris.* 1589. *in* 8.

3818 Mémoires pour servir à l'Histoire des Rois Henri III. & Henri IV. par M. d'Angoulesme. *Paris.* 1667. *in* 12.

3819 De justa Henrici III. Abdicatione à Francorum Regno Libri IV. autore Joanne Boucher. *Lugduni.* 1591. *in* 8.

3820 Journal des Choses Mémorables avenues durant le Regne du Roi Henri III. 1621. *in* 8.

3821 Recueil de diverses Pieces servant à l'Histoire d'Henri III. *Cologne.* 1663. *in* 4.

3822 Le même Recueil, édition augmentée. *Cologne.* 1693. *in* 12.

3823 Histoire du Roi Henri III. Roi de France, par Antoine de Varillas. *Paris.* 1695. *in* 12. 6 *vol.*

3824 La Vie de la Noüe, dit Bras de Fer, par Moyſe Amirault. *Leide.* 1661. *in* 4.

3825 Diſcours de la Vie & Faits Héroïques de M. de la Vallette, Amiral de France, par Mauroy. *Metz.* 1624. *in* 4.

3826 La Satyre menippée de la Vertu du Catho-licon d'Eſpagne, & de la tenue des Etats à Paris. 1594. *in* 8.

3827 La même. 1624. *in* 12.

3828 La même, nouvelle Edition, avec les Re-marques de MM. du Puy. *Ratiſbonne.* 1664. *in* 12.

3829 La même. *Ratiſbonne.* 1696. *in* 12.

3830 La même. *Ratiſbonne.* 1699. *in* 12.

3831 La même, avec les Remarques de M. du Chat. *Ratiſbonne.* 1714. *in* 8. 3 *vol.*

3832 Diſcours & Raport de la Conférence tenue aux Etats aſſemblés à Paris en 1592. *Rouen.* 1593. *in* 8.

3833 Lud. Servin, Vindiciæ ſecundum Libertatem Eccleſiæ Gallicanæ ſub Henrico IV. *Pari-ſiis.* 1593. *in* 8.

3834 Cérémonies obſervées au Sacre & Couron-nement d'Henri IV. 1594. *in* 4.

3835 Dialogue d'entre le Maheutre & le Manant, contenant les Raiſons de leurs debats & queſtions en ces préſens Troubles au Royau-me de France. 1594. *in* 12.

3836 Journal du Regne d'Henri IV. depuis 1589, juſqu'en 1594. *MS. in fol.*

3837 Mémoires de Louis de Gonzagues, Duc de Nevers, ſous Charles IX. Henri III, & Henri IV. publiés par Marin le Roy,

Sieur de Gomberville. *Paris.* 1665. *in fol.*
2 *vol.*

3838 Chronologie Novennaire, contenant l'Hiſtoire de la Guerre ſous le Regne d'Henri IV. depuis 1589. juſqu'en 1598. *Paris.* 1608. *in* 8. 3 *vol.*

3839 Les Mémoires de la Ligue ſous Henri III, & Henri IV, Rois de France, depuis l'an 1576, juſqu'en 1598. *Genève.* 1602, & ſuiv. *in* 8. 6 *vol.*

3840 Hiſtoire des derniers Troubles de France, ſous Henri III, & Henri IV. *Lyon.* 1604. *in* 8.

3841 Mémoires de la Reine Marguerite. *Paris.* 1661. *in* 12.

3842 Les mêmes. *Paris.* 1666. *in* 12.

3843 Les mêmes. *Paris.* 1715. *in* 12.

3844 Hiſtoria delle Guerre Civili di Francia, da Henrico Caterino Davila. *in Venetia.* 1636. *in* 4.

3845 Hiſtoire des Guerres Civiles de France, traduite de l'Italien d'Henri Caterin Davila, par Jean Baudouin. *Paris.* 1657. *in fol.* 2 *vol.*

3846 Mémoires de MM. de Bellievre & de Sillery. *La Haye.* 1696. *in* 12. 2 *vol.*

3847 Edit du Roi ſur la Pacification des Troubles de ce Royaume, donné à Nantes en Avril 1598, & publié en Parlement le 15 Février 1599. *Paris.* 1627. *in* 8.

3848 Hiſtoire Univerſelle du Sieur Theodore Agrippa d'Aubigné, depuis 1550, juſqu'en 1601. *Maillé.* 1616, 1618 & 1620. *in fol.*

3849 Inſtruction donnée à M. de Sainte-Catherine, par MM. les Ambaſſadeurs d'Angoulême de Bethune, & de Préaux, pour aller de leur part visiter le Prince d'Anhalt, avec les principales Pieces qui ont servi à la Négociation. *MS. in fol.*

3850 Lettre Mystique, Réponse, Réplique, Cabale Mystérieuse, révélée par Songe, envoyée par Jean Boucher, fuyant en Espagne. *Leide.* 1603. *in* 8.

3851 La même. *Leide.* 1603. *in* 12.

3852 Autre Lettre Mystique sur la Conspiration derniere. *Leide.* 1603. *in* 8.

3853 La même imprimée en 1614. *in* 8.

3854 {
Le Pacifique, ou l'Anti-Soldat François. 1604.
Réponse du Roi au Soldat François.
Le Cavalier de Savoye, ou Réponse au Soldat François. 1607.
Discours servant d'Apologie contre les fausses Impertinences & Calomnies du Cavalier Savoyen. 1607. *in* 12.
}

3855 Chronologie Septennaire, ou l'Histoire de la Paix entre les Rois de France & d'Espagne, depuis 1598, jusques à la fin de 1604. *Paris.* 1605. *in* 8.

3856 Histoire des choses Mémorables, avenues pendant sept années, sous le Regne de Henri IV. *Paris.* 1613. *in* 8. 2 *vol.*

3857 Lettres du Cardinal d'Ossat, avec des Notes de M. Amelot de la Houssaye. *Amsterdam.* 1714. *in* 12. 5 *vol.*

3858 Histoire de ce qui s'est passé au Siege d'Ostende. *Paris.* 1604. *in* 8.

3859 {
Le Chevalier François. 1686.
Le Soldat François. 1605. *in* 12.
}

3860 Jacobi Augusti Thuani Historiarum sui temporis Libri XVIII. priores ab anno 1543, ad 1560. *Parisiis.* 1604. *in fol.*

3861 Jacobi Thuani Hiftoriarum Libri CXX. ab anno 1543, ad 1607. *Parifiis.* (*Genevæ. &c. in fol. 6 vol.*

3862 Index Nominum propriorum Virorum, Mulierum, Populorum &c. quæ in Jac. Thuani Hiftoriis leguntur. *Genevæ.* 1634. *in* 4.

3863 M. Abr. Vechueri, Suada Gallicana, feu Conciones & Orationes Thuanææ. *Francofurti.* 1679. *in* 12.

3864 Hiftoire Univerfelle, par Jacques-Augufte de Thou, depuis 1543, jufqu'en 1574, traduite par Pierre du Ryer. *Paris.* 1659. *in fol.* 3 *vol.*

3865 Hiftoire Univerfelle de Jacques-Augufte de Thou, depuis 1543, jufqu'en 1607, traduite fur l'Edition Latine de Londres. *Paris.* 1734. *in* 4. 16 *vol.*

3866 Mémoires de la Vie de Jacques-Augufte de Thou, avec la Traduction de la Preface qui eft au-devant de fon Hiftoire. *Rotterdam.* 1711. *in* 4.

3867 Lettres & Ambaffades de Philippe de Canaye, Confeiller d'Etat, avec un' Sommaire de fa Vie, depuis 1601, jufques en 1607, publiées par Robert Regnoult. 1635 & 1636. *in fol.* 3 *vol.*

3868 Le Courtifan Prédeftiné, ou le Duc de Joyeufe Capucin, par M. de Cailliere. *Paris.* 1728. *in* 12.

3869 L'Antimariana, ou Réfutation des Propofitions de Mariana. *Paris.* 1610. *in* 8.

3870 L'Avent-Victorieux, par Pierre de l'Hoftal. *A Orthes.* 1610. *in* 12.

3872 L'Apollon François, auquel les Geftes de Henri IV. font fuccinctement décrits, traduit

traduit du Latin par Jean Raguenau. *Paris.* 1616. *in* 8.

3873 Négociations de M. le Préfident Jeannin. *Paris.* (*Amfterdam.*) 1659. *in* 12. 2 *vol.*

3874 Mémoires & Œconomies Royales d'Etat, & Militaires, par Maximilien de Bethune, Duc de Sully. *Amfterdam. in fol.*

3875 Les mêmes, depuis 1570, jufques en 1610. *Paris.* (*Rouen.*) 1663. *in* 12. 8 *vol.*

3876 Les mêmes. *Londres.* 1745. *in* 4. 2 *vol.*

3877 Decade contenant la Vie & Geftes d'Henri le Grand, par Baptifte le Grain. *Paris.* 1614. *in fol.*

3878 Hiftoire du Roi Henri le Grand, par Hardoüin de Péréfixe. *Paris.* 1662. *in* 12.

3879 Journal du Regne de Henri IV. depuis 1589, jufqu'en 1610, avec des Remarques de P. de l'Etoille. 1732. *in* 8. 2 *vol.*

3880 Supplément au Journal d'Henri IV. *Paris.* 1736. *in* 8.

Regne de Louis XIII. 1610, *jufqu'en* 1643.

3881 Voyage de M. Guillaume en l'autre Monde, vers Henri le Grand. *Paris.* 1612. *in* 8.

3882 Hiftoire des derniers troubles de France, fous les Regnes de Henri III. Henri IV. & Minorité de Louis XIII. 1613. *in* 8.

3883 Repréfentation du fujet qui a porté MM. de Salles & de Frauville, de la Maifon de Courtenay, à fe retirer hors du Royaume. 1614. *in* 8.

3884 Hiftoire de Henri dernier, Duc de Montmorency, décapité à Touloufe en 1632,

Y

par Simon Ducros. *Paris.* 1679. *in* 12.

3885 Procès-Verbal contenant les Propositions & Résolutions prises & reçûes en la Chambre des Etats tenus à Paris en 1614, & 1615, dreffé par Pierre de Behety. 1615. *in fol.*

3886 Recueil général des Etats tenus en France, fous les Rois Charles VI. Charles VIII. Charles IX. Henri III. & Louis XIII. *Paris.* 1651. *in* 4.

3887 Recueil des principaux Traités écrits & publiés pendant la tenue des Etats affemblés à Paris en 1614 & 1615. *in* 8.

3888 Les Réfolutions & Arrêtés de la Chambre du tiers Etats, touchant leur Cahier préfenté au Roi. *Paris.* 1615. *in* 8.

3889 Mémoires d'Etat, contenant les chofes remarquables fous la Régence de la Reine Marie de Médicis, & du Regne de Louis XIII. par Franç. Annibal d'Eftrées. *Paris.* 1666. *in* 12.

3890 Hiftoire du Regne de Louis XIII. Roi de France. *La Haye.* 1716. *in* 12. 2 *vol.*

3891 Mémoires concernans les affaires de France, fous la Régence de Marie de Médicis, depuis 1610, jufqu'en 1620. *in* 12. 2 *vol.*

3892 Les Ambaffades du Cardinal du Perron, & fes Négociations, par Céfar de Ligny. *Paris.* 1623. *in fol.*

3893 Les mêmes. *Paris.* 1629. *in fol.*

3894 La Voyé de Laict, ou l'entrée triomphante de Louis XIII. en la Ville d'Avignon. le 16 Novembre 1622. *Avignon.* 1623. *in* 4.

3895 Mémoires fervans à l'Hiftoire de notre

tems, par M. de Villeroy, sous les Regnes des Rois Charles IX. Henri III. Henri IV. & minorité de Louis XIII. *Paris. 1622. in 4.*

3896 Les mêmes. *Sedan. 1622. in 8. 4. vol.*

3897 Les mêmes. *Paris. 1665. in 12. 3 vol.*

3898 Histoire de la Vie de Philippe de Mornay, sous les Regnes des Rois de France Henri III. Henri IV. & Louis XIII. *Leide. Elzevir. 1647. in 4.*

3899 Histoire de Henri de la Tour d'Auvergne, Duc de Bouillon, où l'on trouve ce qui s'est passé sous les Regnes de François I. Charles IX. Henri III. Henri IV. & Minorité de Louis XIII. par Marsollier. *Paris. 1719. in 12. 3 vol.*

3900 Histoire, ou Journal du Siége de Montauban, en 1621. *Leide. 1623. in 12.*

3901 Histoire du Regne de Louis XIII. Roi de France, avec le Recueil des Pieces justificatives, depuis 1610, jusqu'en 1642. *Paris. 1716. in 12. 9 vol.*

3902 Recueil des Pieces les plus curieuses qui ont été faites pendant le Regne du Connétable de Luyne. 1624. *in 8.*

3903 Mémoires de M. Deageant, contenant plusieurs choses particulières depuis les dernieres années de Henri IV. jusques au commencement du Ministère du Card. de Richelieu. *Grenoble. 1668. in 12.*

3904 Instructions, Actes & Mémoires d'Ambassades & Négociations des Reines, des Rois Henri III. Henri IV. & Louis XIII. *MS. in fol.*

3905 Histoire du Connétable de Lesdiguieres, contenant sa Vie, avec plusieurs Choses

remarquables arrivées depuis 1543, juſ-
qu'en 1626, par Louis Videl. *Paris.*
1666. *in* 12. 2 *vol.*

3906 Ambaſſades du Maréchal de Baſſompierre,
en Suiſſe, en 1625, *Cologne.* 1668. *in*
12. 4 *vol.*

3907 Mémoires du Maréchal de Baſſompierre,
contenant l'Hiſtoire de ſa Vie, & de ce
qui s'eſt paſſé & fait de plus remarqua-
ble à la Cour de France. *Cologne.* 1665.
in 12. 3 *vol.*

3908 Journal des choſes qui ſe ſont paſſées au
Siége de la Rochelle, par Pierre de
Mervault. *Rouen.* 1671. *in* 12.

3909 Eloges & Diſcours ſur la Réception du
Roi, en ſa Ville de Paris, après la Ré-
duction de la Rochelle, avec des Figu-
res gravées par Antoine Boſſe. *Paris.*
1629. *in fol.*

3910 Les Savoyſiennes, où ſe voit comme les
Ducs de Savoye ont uſurpé pluſieurs
Etats appartenans aux Rois de France.
Grenoble. 1630. *in* 8.

3911 Défenſe du Roi & de ſes Miniſtres, con-
tre le Manifeſte de Monſieur, Frere du
Roi, par des Montagnes, (Jean Sirmond)
1631. *in* 8.

3912 Le Coup d'Etat de Louis XIII. au Roi.
Paris. 1631. *in* 8.

3913 Obſervations ſur la Vie & Condamnation
du Maréchal de Marillac. *Paris.* 1633. *in* 4.

3914 Les Mêmes. *Paris.* 1633. *in* 8.

3915 Procès de MM. le Maréchal de Marillac,
le Duc de Montmorency, de Saint-
Preüil, de Saint-Mars, & de Thou.
Paris. 1630. *in* 12.

3916 Mémoires de Henri, Duc de Montmorency.
  Paris. 1666. *in* 12.

3917 Histoire du Marquis de Saint-André Mont-
  brun, Capitaine Général des Armées du
  Roi. *Paris.* 1698. *in* 12.

3918 Histoire du Maréchal de Toiras, sous le
  Regne de Louis XIII. par Baudier.
  Paris. 1644. *in fol.*

3919 La même. *Paris.* 1666. *in* 12. 2 *vol.*

3920 Mémoires de Henri, Duc de Rohan. 1644.
  in 16.

3921 Histoire de Henri, Duc de Rohan, Pair
  de France. *Paris.* 1666. *in* 12.

3922 Mémoires de M. le Duc d'Orleans, con-
  tenant ce qui s'est passé en France, de-
  puis l'an 1608, jusqu'en 1636. *La Haye.*
  1685. *in* 12.

3923 Mémoires contenant ce qui s'est passé en
  France, depuis l'an 1608, jusqu'en 1636.
  Paris. 1685. *in* 12.

3924 Le Mars François, ou la Guerre de France,
  en laquelle sont examinées les raisons
  de la Justice des Armes & des Allian-
  ces du Roi de France, traduit du Latin
  d'Alexandre Praticius Armacanus, par
  C. H. D. P. D. E. T. B. (Charles Her-
  sent.) 1637. *in* 8.

3925 Philotine, ou Examen des Notes d'Aris-
  tarque sur l'Histoire des Rois, Henri le
  Grand, & Louis le Juste, par Scipion
  du Pleix. *Paris.* 1637. *in* 8.

3926 Le Siege & la Bataille de Leucate, avec les
  Plans. *Toulouze.* 1637. *in* 4.

3927 Recueil de Diverses Pieces pour la Reine
  mere du Roi Louis XIII, par Mathieu
  de Morgues. *in fol.*

3928 Edit du Roi, portant Fabrication d'Efpeces d'Argent, au mois de Novembre 1647. *in* 8.

3929 Mémoires de Montrefor, depuis 1636, jufqu'en 1641. *Cologne.* 1663. *in* 12.

3930 Mémoires de M. de Montchal, Archevêque de Toulouze, contenant des Particularités de la Vie & du Miniftere du Cardinal de Richelieu. *Rotterdam.* 1718. *in* 12.

3931 Hiftoire de la Mere & du Fils. *Amfterdam.* 1730. *in* 4.

3932 La même Hiftoire de Marie de Medicis, Mere de Louis XIII, contenant ce qui s'eft paffé depuis 1616, jufques à la fin de 1619, par François Eudes de Mezeray. *Amfterdam.* 1730. *in* 12.

3933 Hiftoire de la Vie du Duc d'Efpernon, depuis 1570, jufqu'en 1642, par Girard. *Paris.* 1663. *in* 12. 3 *vol.*

3934 Hiftoire du Miniftere du Cardinal Duc de Richelieu. *Paris.* 1650. *in fol.*

3935 Journal de M. le Cardinal Duc de Richelieu, durant le grand Orage de la Cour, en l'année 1630 & 1631, & autres Pieces. 1648. *in* 12.

3936 Le même. *Lyon.* 1666. *in* 12.

3937 Tableau de la Vie & du Gouvernement de MM. les Cardinaux de Richelieu & Mazarin, & de M. Colbert, & autres Pieces de ce temps. *Cologne.* 1694. *in* 12.

3938 La Vie d'Armand Jean Cardinal Duc de Richelieu, par le Clerc. *Cologne.* 1696. *in* 12. 2 *vol.*

3939 Teftament Politique du Cardinal Duc de Richelieu. *Amfterdam.* 1680. *in* 12.

3940 Le même. *Amfterdam.* 1688. *in* 12. 2 *vol.*

3941 Le même. (*Amsterdam.*) *Rouen.* 1708. *in* 12.

3942 Lettre sur le Testament Politique du Cardinal de Richelieu. 1750. *in* 12.

3943 Mensonges imprimés par M. de Voltaire. *in* 12.

3944 Anecdotes du Ministere du Cardinal de Richelieu, traduites de l'Italien de Siri, par l'Abbé de Valdory. *Amsterdam.* 1717. *in* 12. 2 *vol.*

3945 Mémoires de M. de B. (Boifrobert,) Secrétaire du Cardinal de Richelieu. *Amsterdam. in* 12. 2 *vol.*

3946 La Vie du Pere Joseph, Capucin, contenant l'Histoire Anecdote du Cardinal Duc de Richelieu. *Saint Jean de Maurienne.* 1704. *in* 12.

3947 Triomphes de Louis XIII Roi de France, contenant les plus grandes Actions où Sa Majesté s'est trouvée, &c. traduits par Jean Valdor. *Paris.* 1649. *in fol.*

3948 Histoire du Regne de Louis XIII, Roi de France, par Michel le Vassor. *Amsterdam.* 1712. *in* 12. 20 *vol.*

Regne de Louis XIV, 1643, jusqu'en 1715.

3949 Le Mercure François, ou Suite de l'Histoire de la Paix commençant en 1605, jusqu'en 1644. *Paris.* 1619. *& suiv. in* 8. 25 *vol.*

3950 Histoire du Regne de Louis XIV. *in* 8.

3951 M. Antonii Dominici Assertor Gallicus contra Vindicias Hispanicas Joannis-Jacobi Chiffletii. *Parisiis.* 1646. *in* 4.

3952 Mémoires de M. le Duc de Guise. *Cologne.* 1669. *in* 12.

3953 Les mêmes. *Paris.* 1681. *in* 12.

3954 La Bataille de Lens, donnée le 20 Août 1648. par Iſaac de la Pereyre. *Paris, de l'Imprimerie Royale.* 1649. *in fol.*

3955 L'Hiſtoire du Temps, ou Recit véritable de ce qui s'eſt paſſé dans le Parlement en 1647. & 1648. *in* 12. 2 *vol.*

3956 Recueil de diverſes Pieces Curieuſes pour & contre le Cardinal Mazarin, & autres Pieces pour ſervir à l'Hiſtoire de ce tems-là, appellées communement *Mazarinades,* depuis 1648, juſqu'en 1652. *Paris. in* 4. 90 *vol.*

3957 Jugement de tout ce qui a été imprimé contre le Cardinal Mazarin, depuis le 6 Janvier, juſques à la Déclaration du 1 Avril 1649, par Gabriel Naudé. *in* 4.

3958 Eclairciſſement touchant l'Adminiſtration du Cardinal Mazarin, par Aubery & Sillon. *Paris, de l'Imprimerie Royale.* 1650. *in fol.*

3959 Hiſtoire de la Monarchie Françoiſe ſous le Regne de Louis XIV, depuis 1643, juſqu'en 1659. *Paris.* 1662. *in* 8.

3960 Mémoires Hiſtoriques de M. L. (Lenet,) contenant les Guerres Civiles des années 1649. & ſuivantes. *Paris.* 1729. *in* 12. 2 *vol.*

3961 Mémoires de M. D. L. R. (de la Roche-foucault,) ſur les Brigues à la mort du Roi Louis XIII; les Guerres de Paris, &c; & les Mémoires de M. de la Chaſtre, & autres Pieces. *Cologne.* 1669. *in* 12.

3961 *Les mêmes, avec une Préface Nouvelle. Villefranche.* 1690. *in* 12.

3962 Mémoires de M. L. D. D. N. (la Ducheſſe de

Nemours,) contenant ce qui s'est passé de plus particulier pendant la Guerre de Paris jusqu'en 1652. *Cologne.* 1709. *in* 12.

3963 Mémoires Secrets de la Cour de France, contenant les Intrigues du Cabinet pendant la Minorité de Louis XIV. *Amsterdam.* 1733. *in* 12. 3 *vol.*

3964 Mémoires de Gaspard de Saulx, Comte de Tavannes, Maréchal de France. *Lyon. in fol.*

3965 Mémoires d'Omer Talon, Avocat Général en la Cour de Parlement de Paris. *La Haye.* 1732. *in* 12. 8 *vol.*

3966 Mémoires du Sieur de Pontis, depuis 1596, jusqu'à la fin des Guerres de Paris. *Paris.* 1676. *in* 12.

3967 Mémoires de M. le Cardinal de Retz : nouvelle Edition, revûe & augmentée. *Amsterdam.* 1717. *in* 12. 4 *vol.*

3968 Journal contenant la Relation du Voyage du Roi, & de Son Eminence, pour le Traité de Mariage, & de la Paix Générale. *Paris.* 1659. *in* 4.

3969 Histoire du Ministere du Cardinal Jules Mazarin, par Gualdo Galeazzo Priorato. *Amsterdam.* 1671. *in* 12. 3*.* *vol.*

3970 Histoire du Cardinal Mazarin, par Aubery. *Paris.* (*Amsterdam.*) 1695. *in* 12. 2 *vol.*

3971 Mémoires de M. L. C. D. R. (le Comte de Rochefort,) depuis 1624, jusqu'en 1680, par Gatien de Courtilz. *La Haye.* 1689. *in* 12.

3972 Histoire du Marechal Fabert. *Amsterdam.* 1697. *in* 12.

3973 Histoire des Desmêlés de la Cour de France avec la Cour de Rome, au sujet de l'Affaire des Corses, par Regnier Desmarets. 1707. *in* 4.

3974 Recueil de diverses Pieces Curieuses, pour servir à l'Histoire. *Cologne.* 1664. *in* 12.

3975 Recueil Historique contenant diverses Pieces Curieuses de ce tems. *Cologne.* 1666. *in* 12.

3976 Mémoires de M. Joly, pour servir d'Eclaircissement & de Suite aux Mémoires du Cardinal de Retz. *Rotterdam.* 1718. *in* 12. 2 *vol.*

3977 Mémoires de Messire Roger de Rabutin, Comte de Bussy. *Paris.* 1677. *in* 12. 2 *vol.*

3978 Mémoires pour servir à l'Histoire d'Anne d'Autriche, Epouse du Roi Louis XIII, par Mad. de Motteville. *Amsterdam.* 1723. *in* 12. 5 *vol.*

3979 Benj. Prioli, ab excessu Ludovici XIII. de Rebus Gallicis Historiarum Libri XII. *Ultrajecti.* 1669. *in* 12.

3980 Bouclier d'Etat & de Justice, contre les Prétentions de la Reine de France, (par le Baron de Lizola.) 1667. *in* 12.

3981 Dialogue sur les Droits de la Reine. 1667. *in* 12.

3982 Reponse à quelques Ecrits que les Espagnols ont publiés contre les Droits de la Reine sur les Pays-Bas. *Paris.* 1667. *in* 12.

3983 La Vérité défendue des Sophismes de la France. 1668. *in* 12.

3984 Mémoires de Robert Arnauld d'Andilly, écrits par lui-même. *Hambourg.* 1734. *in* 12. 2 *vol.*

3985 Mémoires de François Paul de Clermont, Marquis de Montglat, depuis 1635, jusqu'à la Paix des Pyrenées, en 1660. *Amsterdam.* 1727. *in* 12. 4 *vol.*

3986 Mémoires des principales Actions de M. le Marechal Du Pleffis Choifeul, depuis 1628, jufqu'en 1671. *Paris.* 1676. *in* 12.

3987 Mémoires du Marechal Duc de Grammont, depuis 1604, jufqu'en 1672. *Paris.* 1716. *in* 12. 2 *vol.*

3988 Mémoires de Mad. la Guette, écrits par elle-même, depuis 1603, jufqu'en 1672. *La Haye.* 1681. *in* 12.

3989 Le Politique du Temps, ou le Confeil Fidele fur les Mouvemens de la France, pour fervir d'Inftruction à la Triple Ligue. 1672. *in* 4.

3990 La France demafquée, ou fes Irregularités dans fa Conduite & fes Maximes. *in* 4.

3991 Mémoires de M. le Marquis de Montbrun. *Amfterdam.* 1701. *in* 12.

3992 Mémoires & Voyage de M. le Marquis de Ville, ou l'Hiftoire du Siege de Candie, par François Savinien d'Alquié. *Amfterdam.* 1671. *in* 12. 2 *vol.*

3993 Mémoires de M. d'Artagnan, contenant ce qui s'eft paffé pendant quelques années du Regne de Louis XIV. (par Gat. de Courlitz.) *Amfterdam.* 1704. *in* 12. 4 *vol.*

3994 Avis Fideles aux Véritables Hollandois. 1673. *in* 12.

3995 Mémoires de M. L. D. M. (la Ducheffe Mazarin.) *Cologne.* 1675. *in* 12.

3996 La Vie du Comte de Turenne, Maréchal Général des Camps & Armées du Roi, jufqu'à fa mort en 1675, par M. du Buiffon (Gatien

de Courtilz.) *Cologne*. 1689. *in* 12.
2 *vol*.

3997 Hiſtoire du Vicomte de Turenne, Maréchal
Général des Armées du Rôi, par M. de
Ramſay. *Paris*. 1735. *in* 4. 2 *vol*.

3998 Suite des Mémoires du Marquis de Beauvau,
pour ſervir à l'Hiſtoire de Charles V. Duc
de Lorraine & de Bar. *Cologne*. 1688.
in 12.

3999 Mauvaiſe Foi ou Violence de la France,
avec une Exhortation aux Peuples du
Pays-Bas, ſur leur Conſtance. 1677. *in* 12.

4000 Mémoires de M. le Comte de Chavagnac,
Maréchal de Camp, depuis 1624 juſqu'en
1679. *Amſterdam*. 1700. *in* 12.

4001 Vie de Mad. la Ducheſſe de Longueville.
Paris. 1738. *in* 12. 2 *vol*.

4002 Mémoires des Expéditions Militaires qui ſe
ſont faites en Allemagne, Hollande &
ailleurs, en 1669, juſqu'en 1679. *Paris*.
1734. *in* 12. 2 *vol*.

4003 Mémoires d'Henri-Auguſte de Lomenie,
Comte de Brienne, depuis 1613, juſqu'à
la mort du Cardinal Mazarin, en 1661,
Amſterdam. 1719. *in* 12. 2 *vol*.

4004 Teſtament Politique de Jean-Baptiſte Col-
bert, par Gatien de Courtilz. *La Haye*.
1693. *in* 12.

4005 Dialogo fra Genova & Algieri, Citta ful-
minate dal Giove Gallico. *Amſtelodami*.
1685. *in* 12.

4006 Là Cour de France Turbaniſée, & les
Trahiſons démaſquées. *Cologne*. 1686.
in 12.

4007 Mémoires de Mad. de Montpenſier. *Paris*.
1728. *in* 12. 6 *vol*.

4008 Les mêmes, où l'on a rempli les Lacunes qui étoient dans les éditions précédentes. *Amsterdam.* 1735. *in* 12. 4 *vol.*

4009 Mémoires de la Cour de France, pour les années 1688 & 1689, par Mad. la Comtesse de la Fayette. *Amsterdam.* 1731. *in* 12.

4010 Testament Politique de M. de Louvois, Ministre d'Etat, par Gatien de Courtilz. *Cologne.* 1695. *in* 12.

4011 Mémoires, ou Essai pour servir à l'Histoire de M. le Tellier, Marquis de Louvois. *Amsterdam.* 1740. *in* 12.

4012 Mémoires de M. le Maréchal de Tourville, Vice-Amiral de France, depuis 1658, jusqu'en 1701. *Amsterdam.* 1742. *in* 12. 3 *vol.*

4013 Relation de l'Expédition de Carthagene, faite par les François en 1697. *Amsterdam.* 1698. *in* 12.

4014 Les Annales de la Cour & de Paris, pour les années 1697, & 1698, par Gatien de Courtilz. *Cologne.* 1701. *in* 12.

4015 Mémoires du Marquis de Guiscard, ci-devant Abbé de la Bourlie, contenant le récit des Entreprises qu'il a faites pour le recouvrement & la Liberté de sa Patrie. *Delft.* 1705. *in* 12.

4016 Histoire du Soulevement des Fanatiques dans les Sevennes, commencé en 1702, & entiérement terminé en 1705. *Paris.* 1713. *in* 12.

4017 La Guerre d'Espagne, de Baviere & de Flandres, ou Mémoires du Marquis D. contenant ce qui s'est passé de plus secret dans la Guerre, jusqu'en 1709, par

Gatien de Courtilz. *Cologne*. 1709. *in* 12.
2 *vol*.

4018 Recueil des Vertus de Louis de France,
Duc de Bourgogne, Dauphin de France,
par le P. Martineau. *Paris*. 1712. *in* 12.

4019 Lettres & Mémoires fur la Conduite de la
préfente Guerre, & fur les Négociations
de Paix, jufqu'à la fin des Conférences de
Geertruidenbergh. *La Haye*. 1711. *in* 8.

4020 Mémoires & Réfléxions fur les principaux
Evénemens du Roi Louis XIV. par M. L.
M. D. L. *Amfterdam*. 1716. *in* 12.

4021 Mémoires de M. du Gué-Trouin, Chef
d'Efcadre des Armées de Sa Majefté. *Am-
fterdam*. 1730. *in* 12.

4022 Les mêmes. 1740. *in* 4.

4023 Hiftoire du Congrès & de la Paix d'Utrecht.
Utrecht. 1716. *in* 12.

4024 Le Sacre & Couronnement de Louis XIV.
Paris. 1717. *in* 12.

4025 Réfléxions fur le Portrait de Louis XIV.
par M. le Maréchal. *Paris*. 1682. *in* 12.

4026 Hiftoire en Abrégé du Regne de Louis le
Grand XIVᵉ du nom, jufqu'en 1692, par
M. le Comte de Buffy. *Paris*. 1699. *in* 12.

4027 Mémoires pour fervir à l'Hiftoire de
Louis XIV. par M. l'Abbé de Choify.
Utrecht. 1727. *in* 12.

4028 Médailles fur les principaux événemens du
Regne de Louis le Grand, avec des Ex-
plications hiftoriques. *Paris, de l'Im-
primerie Royale*. 1702. *in* 4.

4029 Les mêmes. *Paris*. 1723. *in fol*.

4030 Hiftoire de Louis XIV. par Reboulet. *Avi-
gnon*. 1744. *in* 4. 3 *vol*.

4031 Mémoires de M. Defmarets, fur l'Admi-

miniſtration des Finances, depuis le 20 Fé-
vrier 1708, juſqu'au premier Septembre
1715. *in* 8.

4032 Réponſe & Réfléxions ſur le Compte que
M. Deſmarets a préſenté à M. le Duc
d'Orleans Regent. 1717. *in* 8.

4033 Lettres de Filtz-Moritz, traduites de l'An-
glois, par de Garneſai. *Rotterdam*. 1718.
in 12.

4034 Mémoires pour ſervir à l'Hiſtoire du Congrès
de Cambrai. 1723. *in* 4.

Regne de Louis XV.

4035 Mémoires de la Régence de M. le Duc d'Or-
leans, durant la Minorité de Louis XV.
Roi de France. *La Haye*. 1709. *in* 12.
3 *vol.*

4036 Le Sacre & Couronnement du Roi Louis XV.
fait le 25 Octobre 1722, avec les Expli-
cations des Cérémonies, & avec toutes
les figures. *in fol.*

4037 Recueil des Lettres & Mémoires écrits par
M. l'Abbé de Montgon. *Liege*. 1732.
in 12.

4038 Les mêmes, contenant les différentes Né-
gociations dont il a été chargé, depuis
l'année 1725, juſqu'à préſent. *Liege*.1732.
in 12. 5 *vol.*

4039 Mémoires de M. le Maréchal de Berwick,
Généraliſſime des Armées de Sa Majeſté,
depuis 1685, juſqu'en 1734. *La Haye*.
1737. *in* 12.

4040 Mémoires du Duc de Villars, Maréchal
des Armées de Sa Majeſté Très-Chré-
tienne, &c. *La Haye*. 1734. *in* 12. 3 *vol.*

4041 Eloge de M. le Cardinal de Fleury, Miniſtre de France, par Fr. Joſeph Bataille. *Straſbourg*. 1737. *in* 12.

4042 L'Eſpion Turc à Francfort pendant la Diete & le Couronnement de l'Empereur. *Londres*. 1741. *in* 12.

4043 Eloge de M. le Cardinal Polignac, lû à l'Aſſemblée de l'Académie Royale des Sciences le 4 Avril 1742. *in* 12.

4044 L'Oracle de ce Siécle, conſulté par les Souverains de la Terre, Ouvrage ſingulier ſur les Affaires politiques du tems. *Londres*. 1743. *in* 12.

4045 Eſſai ſur la Campagne de M. le Maréchal Duc de Noailles en l'année 1743, avec un Précis des Evenemens arrivés en l'Europe, par M. * * * *Utrecht*. 1745. *in* 8.

4046 Lettres & Négociations de M. Vanhoey, Ambaſſadeur à la Cour de France. *Londres*. 1743. *in* 12.

4047 Les Intérêts de l'Allemagne, ſacrifiés à la nouvelle Maiſon d'Autriche. *La Haye*. 1746. *in* 8.

4048 Hiſtoire de la derniere Guerre de Bohême. *Francfort*. 1745. *in* 8. 2 *vol.*

Hiſtoire mêlée, ou Traités concernant les Rois & le Royaume de France.

4049 Le Théâtre d'Honneur au Sacre des Rois, avec celui de Louis XIII. par Guillaume Marlot. *Reims*. 1643. *in* 4.

4050 Traité Hiſtorique du Sacre & Couronnement des Rois & Reines de France, depuis Clovis I. juſqu'à préſent, avec la Relation

lation du Sacre de Louis XV. par M. Menin. *Amsterdam.* 1734. *in* 12.

4051 Le Cérémonial de France, ou Description & Seances observées aux Couronnemens, &c. par Théodore Godefroy. *Paris.* 1619. *in* 4.

4052 Entrées des Rois, Reines & Princes, des Rangs & Préseances, *MS. in fol.*

4053 Traité de la Majorité de nos Rois, & des Regences du Royaume, avec les Preuves, par Dupuy. *Paris.* 1655. *in* 4.

4054 Le même, avec le Traité des Prééminences du Parlement de Paris. *Amsterdam.* 1722. *in* 8. 2 *vol.*

4055 De la Grandeur des Rois, & de leur Souveraine Puissance, &c. *Paris.* 1615. *in* 8.

4056 La Recherche des Droits & Prétentions du Roi & de la Couronne de France, sur différens Royaumes, par Jacques de Cassan. *Paris.* 1632. *in* 4.

4057 Origine des Dignités & Magistrats de France, recueillie par Claude Fauchet. *Paris.* 1606. *in* 8.

4058 Histoire des Ministres d'Etat qui ont servi sous les Rois de France, par d'Auteuil. *Paris.* 1668. *in* 12. 2 *vol.*

4059 Catalogue des Noms, Faits & Vies des Connétables, Chanceliers, Grands Maîtres, Amiraux & Maréchaux de France, &c. par Jean le Ferron. *Paris.* 1598. *in* 4.

4060 Histoire Chronologique de la Grande Chancellerie de France, par Tessereau. *Paris.* 1706 & 1710. *in fol.* 2 *vol.*

4061 Les Ouvertures des Parlemens, faites par les Rois tenans leur Lit de Justice, par Louis d'Orleans. *Paris.* 1612. *in* 4.

Z

4062 {
Les Eloges des Premiers Préfidens du Parlement de Paris, par Jean-Baptifte de l'Hermite Souliers & François Blanchard. *Paris.* 1645. *in fol.*

Les Préfidens au Mortier du même Parlement, leurs Généalogies, &c. par le même Blanchard. 1647. *in fol.*
}

4063 Hiftoire de la Pairie de France, & du Parlement de Paris, avec les Pairies d'Angleterre, & l'Origine des Grands d'Efpagne. *Londres.* 1740. *in 12.*

4064 Recueil Général des Titres & Priviléges des Tréforiers de France, par Simon Fournival. *Paris.* 1655. *in fol.*

4065 Traité de la Politique de France, par M. Paul Hay, Marquis du C. revû & augmenté par le Sieur Lorgmegrigny. *Cologne.* 1677. *in 12.*

4066 Politique nouvelle de la Cour de France, fous le Regne de Louis XIV. *Cologne.* 1694. *in 12.*

4067 Mémoires préfentés à Monfeigneur le Duc d'Orleans fur le Gouvernement du Royaume, par le Comte de Boulainvilliers. *La Haye.* 1727. 2 tom. en un vol. *in 12.*

4068 Traité Politique & Hiftorique du Gouvernement de France. *Amfterdam.* 1742. *in 12.*

4069 Hiftoire Générale & Particuliere des Finances, où l'on voit l'Origine, l'Etabliffement, la Perception & la Régie de toutes les Impofitions, par M. Dufrefne de Francheville. *Paris.* 1738. *in 4.* 3 *vol.*

4070 Projet de Taille Tarifée, par M. l'Abbé de Saint Pierre. *Paris.* 1723. *in 4.*

4071 Le parfait Etat de la France, comme elle

est gouvernée à présent. *Paris.* 1656. *in* 12.

4072 L'Etat de la France. *Paris.* 1698. *in* 12. 3 *vol.*

4073 L'Etat de la France. *Paris.* 1699. *in* 12. 3 *vol.*

4074 Etat de la France, sous le Regne de Louis XV. Roi de France. *Paris.* 1722. *in* 12. 5 *vol.*

4075 Le Détail de la France, par de Bois-Guilbert. *Rouen.* 1707. *in* 12. 2 *vol.*

4076 Histoire de la Milice Françoise, depuis l'Etablissement de la Monarchie Françoise, jusqu'à la fin du Regne de Louis le Grand, par le P. Gabriel Daniel. *Paris.* 1721. *in* 4.

4077 Mémoires des Généralités de France, dressés par ordre de la Cour pour l'instruction de Monseigneur le Duc de Bourgogne en 1698, 1699 & 1700. *MS. in fol.* 9 *vol.*

Histoire Civile, ou Histoire des Provinces & Villes de France.

4078 Les Antiquités & Recherches des Villes, Châteaux & Places les plus remarquables de France, par André Duchesne. *Paris.* 1668. *in* 12. 2 *vol.*

4079 Inventaire des Chartes du Roi, par Généralités, avec Melanges, tirés du Trésor des Chartes, par M. Dupuy. *MS. in fol.* 9 *vol.*

4080 Théâtre des Antiquités de Paris, par le P. Jacques du Breüil. *Paris.* 1612. *in* 4.

4081 Les Antiquités de la Ville de Paris, par Claude Malingre. *Paris.* 1640. *in fol.*

4082 Les Annales Générales de la Ville de Paris, depuis l'an 451, jusqu'à 1639, par Claude Malingre. *Paris.* 1640. *in fol.*

4083 Déscription de la Ville de Paris, par Germain Brice. *Paris*. 1706. *in* 12. 2 *vol.*

4084 La même, Edition augmentée. *Paris*. 1713. *in* 12. 3 *vol.*

4085 Déscription de Paris, de Verfailles, de Marly, de Meudon, de Saint Cloud, de Fontainebleau, &c. par Piganiol de la Force. *Paris*. 1742. *in* 12. 8 *vol.*

4086 Hiftoire de la Ville de Paris. *Paris*. 1735. *in* 12. 5 *vol.*

4087 Mémorial de Paris & de fes Environs, à l'ufage des Voyageurs, par M. l'Abbé Antonini. *Paris*. 1732. *in* 12.

4088 Le Voyageur Fidele, ou le Guide des Etrangers dans la Ville de Paris. *Paris*. 1716. *in* 12.

4089 Le Voyage Pictorefque de Paris, ou Indication de tout ce qu'il y a de plus beau dans cette grande Ville en Peinture, &c. Sculpture & Architecture, par M. D. * * * *Paris*. 1749. *in* 12.

4091 Recueil des Figures, Grouppes, Thermes, Fontaines, Vafes, &c. qui fe voyent à Verfailles, par Simon Thomaffin. *Paris*. 1694. *in* 8.

4092 Verfailles Immortalifé par les Merveilles parlantes, en Vers Libres, par J. B. de Monicart. *Paris*. 1720. *in* 4. 2 *vol.*

4093 Les Antiquités de la Ville de Corbeil, par Jean de la Barre. *Paris*. 1645. *in* 4.

4094 Hiftoire de la Ville de Melun, par Sebaftien Rouillard. *Paris*. 1628. *in* 4.

4095 Mémoires de la Ville de Dourdan, par le Sieur Lefcornay. *Paris*. 1624. *in* 8.

4096 Les Priviléges, Franchifes & Libertés des

Bourgeois & Habitans de Montargis. *Paris.*
1608. *in* 8.

4097 Histoire de Blois, contenant les Antiquités
& Singularités du Comté de Blois, par
J. Bernier. *Paris.* 1682. *in* 4.

4098 Histoire & Antiquités de la Ville & Duché
d'Orleans, par François le Maire. *Orleans.*
1648. *in* 4.

4099 Antiquités Historiques de l'Eglise Royale de
Saint Aignan d'Orleans, par Hubert. *Or-
leans.* 1661. *in* 4.

4100 Histoire du Pays & Duché du Nivernois,
par Guy Coquille. *Paris.* 1612. *in* 4.

4101 Chroniques & Annales de Bretagne, par
Alain Bouchard. *Paris.* 1531. *in fol.*

4102 Histoire de Bretagne, par Bertrand d'Ar-
gentré. *Paris.* 1611. *in fol.*

4103 Histoire de Bretagne, composée sur les Ti-
tres & les Auteurs Originaux, par Dom
Guy-Alexis Lobineau. *Paris.* 1707. *in fol.*
2 *vol.*

4104 Histoire Critique de l'Etablissement des Bre-
tons dans les Gaules, par l'Abbé de Ver-
tot. *Paris.* 1720. *in* 12. 2 *vol.*

4105 { Dissertations sur la Mouvance de Bretagne,
& sur quelques autres sujets historiques.
Paris. 1711.
Défense des Dissertations sur l'Origine de la
Maison de France, & sur la Mouvance de
Bretagne. *Paris.* 1713. *in* 12.

4106 Traité de l'ancien Etat de la petite Bretagne,
& du Droit de la Couronne de France, par
Nicolas Vignier. *Paris.* 1619. *in* 4.

4107 Histoire de Navarre, contenant l'Origine,
les Vies & Conquêtes de ses Rois, par
André Favin. *Paris.* 1612. *in fol.*

4108 Mémoires pour l'Hiftoire de Navarre & de Flandres, contenant le Droit du Roi au Royaume de Navarre, &c. dreffés fur les Mémoires de feu Aug. Galland. *Paris.* 1640. *in fol.*

4109 Hiftoire de Bearn, contenant l'Origine des Rois de Navarre, &c. par Pierre de Marca. *Paris.* 1640. *in fol.*

4110 Marca Hifpanica, five Limes Hifpanicus, autore Petro de Marca Archiep. Parifienfe. *Parifiis.* 1688. *in* 8.

4111 Hiftoire des Comtes de Foix, Bearn & Navarre, par Pierre Olhagaray. *Paris.* 1629. *in* 4.

4112 Mémoires des Pays, Comtés, & Comtes de Beauvais, par Antoine Loyfel. *Paris.* 1617. *in* 4.

4113 Les Antiquités, Hiftoire, & Chofes les plus remarquables de la Ville d'Amiens, par Adrien Sieur de la Morliere. *Paris.* 1642. *in fol.*

4114 Les Annales de la Ville & de l'Eglife Cathédrale de Noyon, jadis dite de Vermandois, par Jacques le Vaffeur. *Paris.* 1633. & 1634. *in* 4. 3 *vol.*

4115 Hiftoire de la Ville de Soiffons, & de fes Rois, Ducs & Comtes, &c. par le Sieur Dormay. *Soiffons.* 1663. *in* 4. 2 *vol.*

4116 Abrege de l'Hiftoire de l'ancienne Ville de Soiffons, extrait de Melchior Renault, avec les Preuves. *Paris.* 1633. *in* 8.

4117 Hiftoire de Notre-Dame de Lieffe, par le Sieur Villette. *Laon.* 1728. *in* 8.

4118 Procès-Verbaux de Bornage du Canal de Picardie, de la Partie de Chauny à la Fere, & à Saint-Quentin, dans les Généralités de Soiſſons, & d'Amiens, *MS.* ſur Velin, avec des Plans deſſinés & enluminés. *in fol.*

4119 Li - Huns en Sancterre, ou Diſcours de l'Antiquité & des Priviléges du Monaſtere de Li - Huns, ſitué près Roye, en Picardie, par Sebaſtien Roüillard. *Paris.* 1627. *in* 4.

4120 Hiſtoire de l'Egliſe de Reims, traduite du Latin, par Nicolas Cheſneau. *Reims.* 1581. *in* 4.

4121 De l'origine des Bourguignons, & Antiquités des Etats de Bourgogne, par P. de Saint-Julien. *Paris.* 1581. *in fol.* ·

4122 Hiſtoire Générale & Particuliere de Bourgogne, avec des Notes & des Preuves, par Fr. Urbain Plancher. *Dijon.* 1739. *in fol.*

4123 Hiſtoire des Ducs de Bourgogne, par de Fabert. *Cologne.* 1689. *in* 12. 2 *vol.*

4124 Les Mémoires Hiſtoriques de la République Sequanoiſe, & des Princes de la Franche-Comté de Bourgogne, par Louis Gollut. *Dole.* 1592. *in fol.*

4125 Hiſtoire des Sequanois, & de la Province Sequanoiſe, des Bourguignons, & du premier Royaume de Bourgogne, de l'Egliſe de Beſançon, &c. par M. F. J. Dunod. *Dijon.* 1735. *in* 4.

4126 L'Illuſtre Orbandalle, ou l'Hiſtoire Ancienne & Moderne de la Ville de Chaalons ſur Saone, par Pierre Cuſſet. *Chaalons.* 1662. *in* 4. 2 *vol.*

4127 La Découverte entiere de la Ville d'Antre en Franche - Comté. *Amſterdam.* 1709. *in* 12.

4128 Histoire de la Ville de Lyon, par Claude Rubys. *Lyon.* 1604. *in fol.*

4129 Histoire de la Ville de Lyon, par le P. de de Saint-Aubin. *Lyon.* 1666. *in fol.*

4130 Description de la Ville de Lyon, avec des Recherches sur les Hommes Célébres qu'elle a produits. *Lyon.* 1741. *in 8.*

4131 Les Recherches du Sieur Chorier, sur les Antiquités de la Ville de Vienne. *Lyon.* 1659 *in 12.*

4132 Histoire Générale du Dauphiné, par Nicolas Chorier. *Lyon.* 1672. *in fol.*

4133 Histoire des Dauphins François & des Princesses qui ont porté en France, la Qualité de Dauphines. *Paris.* 1713. *in 12.*

4134 Histoire & Chronique de Provence, par César de Nostradamus, &c. *Lyon.* 1614. *in fol.*

4135 Histoire des Comtes de Provence, par Ant. de Ruffi. *Aix.* 1634. *in fol.*

4136 Histoire de Saint Sernin, ou l'Incomparable Trésor de son Eglise Abbatiale, par Raymond Daide. *Toulouse.* 1661. *in 8.*

4137 Annales de la Ville de Toulouse, par la Faille. *Toulouse.* 1687 & 1701. *in fol.* 2 *vol.*

4138 Histoire des Comtes de Toulouse, par Guillaume Catel. *Toulouse.* 1623. *in fol.*

4139 Traité de la Noblesse des Capitouls de Toulouze, avec des Additions & Remarques, par Germain la Faille. *Toulouse.* 1707. *in 4.*

4140 Histoire de la Ville de Montauban, par Henri le Bret. *Montauban.* 1668. *in 4.*

4141 Mémoires de l'Histoire du Languedoc,

par Guillaume de Catel *Toulouse.* 1633. *in fol.*

4142 Histoire du Languedoc, avec l'Etat des Provinces voisines, par Pierre Andogué. *Beziers.* 1648. *in fol.*

4143 Remarques sur l'Histoire du Languedoc, par Pierre Louvet. *Toulouse.* 1657. *in 4.*

4144 Histoire Générale de Languedoc, avec des Notes, & les Pieces Justificatives, composée sur les Auteurs, &c. par les Religieux Bénédictins. *Paris.* 1730, 1733, 1737 & 1742. *in fol. 4 vol.*

4145 Lettre à M. Barillon, contenant la Relation & la Description des Travaux qui se font en Languedoc, pour la Communication des deux Mers, par de Froidour. *Toulouse.* 1672. *in 12.*

4146 Recueil des Titres, Qualités, Blasons, & Armes des Seigneurs Barons des Etats Généraux de la Province de Languedoc, tenus en 1654. *in fol.*

4147 Les Hommes Illustres du Languedoc, par de Serviez. *Beziers.* 1723. *in 8.*

4148 Histoire des Antiquités & Comtes de Carcassonne, par Guillaume Besle. *Beziers.* 1645. *in 4.*

4149 Histoire Critique de la Gaule Narbonnoise, qui comprend la Savoye, le Dauphiné, la Provence, le Languedoc, Roussillon, & le Comté de Foix, avec des Dissertations. *Paris.* 1733. *in 12.*

4150 Recueil en forme d'Histoire de ce qui se trouve par écrit de la Ville & des Comtes d'Angoulême, &c. par Gabriel de Corlieu, enrichi des Priviléges, &c. par

Gabriel de la Charlonye. *Angoulême.* 1629. *in* 4.

4151 Hiftoire du Diocèfe de Bayeux , par Hermant. *Caen.* 1705. *in* 4.

4152 Hiftoire de Saintonge, Poitou, Aunix, & Angoumois , contenant ce qui s'eft paffé de plus remarquable dans la France, &c. avec des Notes , par Armand Maichin. *Saint-Jean d'Angely.* 1671. *in fol.*

4153 Les Origines de la Ville de Clermont , enfemble les Généalogies de la Maifon de Senneterre , par M. le Préfident Savaron , & par le Sieur E. Durand. *Paris.* 1662. *in fol.*

4154 Recueil des Antiquités & Priviléges de la Ville de Bourges , & autres Villes , par Jean Chenu. *Paris.* 1621. *in* 4.

4155 Mémoires des Comtes du Mayne , par Pierre Troüillart, Sieur de Montferré. *Paris.* 1643. *in* 8.

4156 Hiftoire du Pays & Comté de Perche , & Duché d'Alençon, par Gilles Bry, Sieur de la Clergerie, avec les Additions. *Paris.* 1620. *in* 4.

4157 Inventaire de l'Hiftoire de Normandie. *Rouen.* 1645. *in* 4.

4158 Hiftoire Sommaire de Normandie , par l'Abbé de Maffeville. *Rouen.* 1698. *in* 12. 4 *vol.*

4159 Franc. de Rofieres, ftemmata Lotharingiæ ac Barri Ducum. *Parifiis.* 1580. *in fol.*

4160 Confidérations Hiftoriques fur la Généalogie de la Maifon de Lorraine , par Louis Chantereau le Fevre. *Paris.* 1642. *in fol.*

4161 Hiftoire de l'Origine de la Maifon de

Lorraine, avec un Abregé de l'Hiſtoire de ſes Princes. *Toul.* 1704 *in* 8.

4162 Replique aux deux Lettres qui ſervent d'Apologie du Traité ſur l'Origine de la Maiſon de Lorrain. *Toul.* 1713. *in* 8.

4163 Hiſtoire Eccléſiaſtique & Civile de Lorraine, juſqu'à la mort de Charles V. Duc de Lorraine, en 1690, par le P. Auguſtin Calmet. *Nancy.* 1728. *in fol.* 3 *vol.*

4164 De la Nature du Duché de Lorraine, où ſur la fin ſont les Droits de la Maiſon de Lorraine ſur le Royaume de Sicile. *in fol.*

4165 Queſtion Hiſtorique, ſi les Provinces de l'Ancien Royaume de Lorraine doivent être appellées Terres de l'Empire. *Paris.* 1644. *in* 8.

4166 Mémoires du Marquis de Beauveau, pour ſervir à l'Hiſtoire de Charles V. Duc de Lorraine & Bar. *Cologne.* 1689. *in* 12.

4167 La Vie de Charles IV. Duc de Lorraine & de Bar, Général des Troupes Impériales. *Amſterdam.* 1691. *in* 12.

4168 Teſtament Politique de Charles V. Duc de Lorraine & de Bar. *Leipſic.* 1696. *in* 12.

4169 Hiſtoire des Evêques de Merz, par le Pere Meurice. *Metz.* 1634. *in fol.*

4170 Syſtême Chronologique & Hiſtorique des Evêques de Toul, par l'Abbé de Riquet. *Nancy.* 1701. *in* 12.

4171 Hiſtoire Eccléſiaſtique & Politique de la Ville & du Dioceſe de Toul, par le P. Benoiſt du Treil. *Toul.* 1707. *in* 4.

4172 Hiſtoire de la Province d'Alſace, depuis Jules-Céſar, juſqu'à Louis XV. Roi de

France, par le P. Louis la Guille. *Straſbourg.* 1727. *in fol.*

4173 Recueil de Pieces diverſes ſur l'Hiſtoire de France, depuis 1556, juſques en 1700. 30 *vol. tant in* 8. *qu'in* 12.

Hiſtoire d'Allemagne, &c.

Hiſtoire d'Allemagne.

4174 Philippi Cluverii, Germaniæ Antiquæ Libri. *Lugduni - Batavorum. Elzevir.* 1616. *in fol.*

4175 Hiſtoire d'Allemagne Ancienne & Nouvelle, par de Prade. *Paris.* 1683. *in* 12. 2 *vol.*

4176 Hiſtoire de l'Empire, contenant ſon Origine, ſon Progrès, &c. par le Sieur Heiſſ. *La Haye.* 1694. *in* 12. 2 *vol.*

4177 Jacobus Lampadii, Tractatus de Conſtitutione Imperii Romano-Germanici. *Lugduni-Batavorum.* 1634. *in* 24.

4178 Joannis Wigaudi, Admonitio de bonis & malis Germaniæ. 1566. *in* 8.

4179 Conſtantini Germanici, ad Juſtum Sincerum Epiſtola Politica de Peregrinationibus Germanorum inſtituendis. *Coſmapoli. in* 12.

4180 Martini Hainconii, Friſia, ſeu de Viris Rebuſque Friſiæ Illuſtribus Libri duo. *Amſtelodami.* 1623. *in* 4.

4181 Joannis Angelii Werdenhagen, de Rebus Publicis Hanſeaticis, Tractatus Generalis. *Lugduni - Batavorum. Elzevir.* 1631. *in* 24. 4 *vol.*

4182 Gabrielis Bucelini, Conſtantia Rhenana Lacus Moeſii olim, hodie Acronii & Potamici Metropolis Sacræ & Prophanæ, &c. Defcriptio Topo - Chrono - Stemmatographica. *Francofurti ad Mœnum.* 1667. *in* 4.

4183 Inſtrumentum Pacis. *Moguntia.* 1653. *in* 4.

4184 Theatrum Pacis, hoc eſt Tractatum atque Inſtrumentorum præcipuorum ab anno 1647, ad 1660. Concluſorum Collectio. *Nurimbargæ.* 1663. *in* 4.

4185 Hiſtoire de l'Etat de la Religion & de la Republique ſous l'Empereur Charles V, par Jean Sleidan. 1557. *in* 8.

4186 La même. 1577. *in* 8.

4187 Les Œuvres de Jean Sleidan, qui concernent les Hiſtoires qu'il a écrites. *Genève.* 1574. *in fol.*

4188 Hyppoliti à Lapide, Diſſertatio de Ratione Status in Imperio noſtro Romano-Germano-Germanico. *Freiſtadii.* 1647. *in* 12.

4189 Pratique de l'Education de l'Empereur Charles V, & de celle des Princes, par de Varillas. *Paris.* 1689. *in* 12. 2 *vol.*

4190 Les Actions Héroïques & Plaiſantes de l'Empereur Charles V. *Cologne.* 1683. *in* 12.

4191 Vie de l'Empereur Charles V, traduite de l'Italien de Greg. Leti. *Amſterdam.* 1702. *in* 12. 4 *vol.*

4192 La même. *Bruxelles.* 1715. *in* 12. 4 *vol.*

4193 La même. *Bruxelles.* 1724. *in* 12. 4 *vol.*

4194 Hiſtoire de Don Jean d'Autriche, Fils de l'Empereur Charles V. *Amſterdam.* 1690. *in* 12.

4195 Hiſtoria delle Guerre della Germania Inferiore, di Jeronimo Coneſtaggio. 1634. *in* 12.

4196 Politique de la Maison d'Autriche. *Paris.* 1658. *in* 12.

4197 Historia de Leopoldo Cesare, continente le Cose piu memorabile in Europa del 1656. Sino al 1670. per Galeazzo Gualdo Priorato. *Vienna.* 1670. *in fol.* 2 *vol.*

4198 Relation des Violences exercées au Palatinat en 1673 & 1674. *Cologne.* 1675. *in* 12.

4199 Discours Historique de l'Election de l'Empereur, & de l'Origine des Electeurs de l'Empire, avec la Bulle d'Or, &c. 1711. *in* 12.

4200 Les Interêts des Princes d'Allemagne, traduits du Latin d'Hyppolitus à Lapide, par le Sieur Bourgeois du Chastenet. *Freistade.* 1712. *in* 12. 2 *vol.*

4201 Les Mémoires du Comte de Vordac, Général des Armées de l'Empereur. *Paris.* 1723. *in* 12. 2 *vol.*

4202 Tableau de l'Empire Germanique, &c. 1740. *in* 12.

4203 Mémoires de l'Election de l'Empereur Charles VII, contenant tout ce qui s'est passé depuis le commencement jusqu'à la fin de cette Négociation. *La Haye.* 1742. *in* 12.

4204 Joannis Dubravii, Historia Bohemica illustrata. *Basileæ.* 1575. *in fol.*

4205 Annales Cherfonesi Cimbricæ quæ hodie Holsatia appellatur. *Basileæ.* 1606. *in* 4.

4206 Mémoires pour servir à l'Histoire de Brandebourg. 1741. *in* 8. 2 *vol.*

4207 Histoire de Baviere, par le Blanc. *Paris.* 1680. *in* 12. 4 *vol.*

4208 Histoire de la Succession au Duché de Cleves, &c. par M. Rousset. *Amsterdam.* 1738. *in* 12. 2 *vol.*

4209 L'Europe pacifiée par l'Equité de la Reine de Hongrie, par Albert Van-Heuffen. *Bruxelles.* 1745. *in* 12.

4210 Hiftoire des dernieres Guerres de Bohême. *Francfort.* 1745. *in* 12. 2 *vol.*

4211 La Vie & les Actions de Chriftophe-Bernard de Galles, Evêque de Munfter. *Cologne.* 1679. *in* 12.

4212 Manifefte fur l'Emprifonnement du Prince Guillaume de Furftemberg, par Chriftophe Wolfang. *Strafbourg.* 1674. *in* 12.

4213 Amufemens des Bains de Bade en Suiffe. *Londres.* 1739. *in* 12.

Hiftoire de Flandres, & des Pays-Bas.

4214 Ernefti Eremundi, Origo & Hiftoria Belgicorum tumultuum : accedit Hiftoria Tragica de Furoribus Gallicis. *Lugduni-Batavorum.* 1619. *in* 8.

4215 Gothofr. Hegeniti, Itinerarium Frifio-Hollandicum. *Lugduni-Batavorum.* 1630. *in* 24.

4216 Délices des Pays-Bas. *Bruxelles.* 1697. *in* 12. 2 *vol.*

4217 Les mêmes. *Bruxelles.* 1711. *in* 12. 3 *vol.*

4218 Les Chroniques & Annales de Flandres, par Pierre d'Oudegherft. *Anvers.* 1571. *in* 4.

4219 La Légende des Flamands, Chronique abrégée de l'Origine de Flandres, Artois, Hainault, &c. *Paris.* 1558. *in* 8.

4220 Hiftoire Abrégée des Provinces-Unies des Pays-Bas. *Amfterdam.* 1701. *in fol.*

4221 Hiftoire de la République des Provinces-Unies des Pays-Bas, depuis fon établiffe-

ment, jufqu'à la mort de Guillaume III.
La Haye. 1704. *in* 12. 4 *vol.*

4222 Hugonis Grotii Annales & Hiftoriæ de
Rebus Belgicis. *Amftelodami.* 1657. *in fol.*

4223 Idem. *Amftelodami.* 1658. *in* 12.

4224 Annales & Hiftoires des Troubles des Pays-
Bas, par Hugues Grotius. *Amfterdam.*
1662. *in fol.*

4225 Famiani Stradæ, Libri de Bello Belgico.
Lugduni-Batavorum. 1643. *in* 12.

4226 Della Guerra di Fiandra, defcritta dal Ben-
tivoglio, con le Aggiunte. *in Colonia.*
1635. *in* 12. 3 *vol.*

4227 Hiftoire Générale des Guerres de Flandres,
par le Cardinal Bentivoglio, traduite de
l'Italien. *Paris.* 1669. *in* 12. 2 *vol.*

4228 Leonis ab Aitzema Hiftoria Pacis à Belgis,
ab anno 1621, ad hoc ufque tempus tra-
ctatæ. *Lugduni - Batavorum.* Elzevir.
1654. *in* 4.

4229 Annales des Provinces - Unies depuis les
Négociations pour la Paix de Munfter,
avec la Defcription de leur Gouverne-
ment, par Bafnage. *La Haye. in fol.*

4230 Hiftoire des Comtes de Flandres, depuis
l'Etabliffement de fes Souverains, jufqu'à
la Paix de Rifwick. *La Haye.* 1698.
in 12.

4231 Apologie ou Défenfe de Guillaume Prince
d'Orange, Comte de Naffau. *Anvers.*
1581. *in* 4.

4232 La même. 1581. *in* 4.

4233 L'Etat préfent des Provinces - Unies des
Pays-Bas, traduit de l'Anglois du Cheva-
lier Temple. *Aix-la-Chapelle.* 1668. *in* 12.
2 *vol.*

4234 Remarques sur l'Etat des Provinces-Unies des Pays-Bas, faites en l'an 1672, par le Chevalier Temple. *La Haye.* 1692. *in* 12.

4235 Sentimens Véritables des Flamands, pour faire voir l'Injustice de la Déclaration de Guerre du Roi de France. 1689. *in* 32.

4236 Histoire des Révolutions des Pays-Bas, depuis l'an 1559 jusqu'en 1584. *Paris.* 1717. *in* 12.

4237 Miroir de la Cruelle & Horrible Tyrannie Espagnole, perpétuée aux Pays-Bas, par le Tyran Duc d'Albe, & autres, sous le Roi Philippe II. *Amsterdam.* 1620. *in* 4.

4238 Pierre de Touche des Véritables Intérêts des Provinces-Unies des Pays-Bas, & des Intentions des deux Couronnes sur les Traités de Paix. *Dordrecht.* 1647. *in* 4.

4239 Mémoires de M. Olivier, Sieur de la Marche, touchant les Souveraines Maisons d'Autriche, Bourgogne, France, &c. depuis 1435 jusqu'en 1476. *Louvain.* 1645. *in* 4.

4240 Vie de Michel Ruyter, Amiral, Général de Hollande, & Histoire Maritime des Provinces-Unies, depuis 1652 jusqu'en 1676, trad. du Hollandois, par Gerard Brandt. *Amsterdam.* 1698. *in fol.*

4241 Mémoires du Comte de Guiche, concernant les Provinces des Pays-Bas. *Utrecht.* 1744. *in* 12. 2 *vol.*

4242 J. B. Gramaye, Taxandria, in qua Antiquitates Regiorum, Coloniarum, Ducatum, Comitatum, Baronatum, Episcopatuum, &c. collectæ. *Bruxellæ.* 1610. *in* 4.

A a

4243 Antonii Sanderi , Gandavensium rerum Libri VI. *Bruxellæ.* 1627. *in* 4.

4244 Discours abrégé de l'Artois, Membre ancien de la Couronne de France , & de ses Possesseurs , par A. C. (le Sieur Auteuil Combault.) 1640. *in* 4.

4245 Histoire de la Terre & Vicomté de Sebourcq, par Pierre le Boucq. *Bruxelles.* 1645. *in* 4.

4246 Les Lauriers d'Enguien , ou le parfait Général d'Armée , par le Sieur Charrier. *Paris.* 1645. *in* 4.

4247 Histoire des Choses plus mémorables avenues depuis l'an 1130, jusqu'à notre Siecle, du tems des Seigneurs d'Enghien, par Pierre Colins. *Mons.* 1534. *in* 4.

4248 Joannis Mantelii , Historiæ Lossensis Libri X. cui adjuncta sunt Diplomata Lossensia, Privilegia, Pacta, Donationes, &c. *Leodii.* 1717. *in* 4.

4249 Les Chastelains de Lille , leur Ancien Etat, Offices , & Familles ; ensemble des Forestiers & Comtes Anciens de Flandres, par Floris Vander-Haer. *Lille.* 1611. *in* 4

4250 Joannis Bertelii , Historia Luxemburgensis, seu Commentarius de Rebus Gestis Ducum Luxemburgensium. *Coloniæ.* 1605. *in* 4.

4251 Respublica Namurcensis , Hannoniæ , & Lutsemburgensis. *Amstelodami. Elzevir.* 1634. *in* 24.

4252 Histoire de la Ville & Comté de Valenciennes, par le P. d'Outremand. *Valenciennes.* 1682. *in fol.*

Histoire de Hollande, &c.

4253 Les Délices de la Hollande, avec un Traité du Gouvernement, par J. de Parival. *Leide.* 1662. *in* 12.

4254 Les Délices de la Hollande, contenant une Description exacte du Pays, avec un Abrégé Historique depuis l'Etabliffement de la Republique, jufques à l'an 1710. *La Haye.* 1710. *in* 12. 2 *vol.*

4255 Petri Scriverii, Batavia illuftrata, feu de Batavorum Infula, Hollandia, Zelandia, Frifia, & Gallia, Scriptores Varii. *Lugduni-Batavorum. Elzevir.* 1609. *in* 4.

4256 Matth. Voffii, Annales Hollandiæ, Zelandiæque, curâ Antonii Borremaufii. *Amftelodami.* 1680 *in* 4.

4257 La Grande Chronique de Hollande, Zelande, Weft-Frife, Utrecht, Frife, & Grœningen, jufqu'à la fin de l'an 1600, par Jean-François le Petit. *Dordrecht.* 1601. 2 *vol. in fol.*

4258 Hiftoire de l'Etabliffement de la Republique de Hollande, par Euftache le Noble. *Paris.* 1692. *in* 12 2 *vol.*

4259 Hiftoire Metallique de la Republique de Hollande, par Bizot, avec les Medailles. *Amfterdam.* 1688. *in* 8. 3 *vol.*

4260 Remarques fur l'Etat des Provinces-Unies des Pays-Bas, faites en l'an 1672. par le Chevalier Temple. *La Haye.* 1692. *in* 8.

4261 Conduite des Alliés & du dernier Miniftere, traduite de l'Anglois. *Liege.* 1712. *in* 8.

4262 Recueil de Pieces fecretes & intereffantes, pour & contre la Queftion, fi les Provinces-Unies font obligées de remplir la Garantie qui refulte du Traité de Vienne de 1731. *Londres.* 1743. *in* 8. 2 *vol.*

4263 La Vie de Corneille Tromp, Amiral Général de Hollande, où l'on voit ce qui s'eft paffé de plus mémorable fur mer, dans les Guerres que la Hollande a eu à foutenir. *La Haye.* 1694. *in* 12.

4264 Mémoires du Comté de Varack, contenant ce qui s'eft paffé au Congrès de Cambrai, & une Relation de l'Etabliffement de la Republique d'Hollande. *Amft.* 1733. *in* 12.

4265 Hiftoire du Sthathouderat, depuis fon Origine, jufqu'à prefent, (par M. l'Abbé Raynal.) *La Haye.* 1747. *in* 12.

Hiftoire de la Suiffe.

4266 Les Délices de la Suiffe, par Gottlieb. Kypfeler. *Leide.* 1714. *in* 12. 4 *vol.*

4267 Refpublica Helvetiorum. *Lugduni - Batavorum. Elzevir.* 1627. *in* 24.

4268 L'Etat de la Suiffe, traduit de l'Anglois. *Amfterdam.* 1714. *in* 12.

4269 Fortunati Sprecheri, Rhetia. *Lugduni-Batavorum. Elzevir.* 1633. *in* 24.

4270 Hiftoire de la Ville & de l'Etat de Genève, par Jacq. Spon. *Lyon.* 1680. *in* 12. 2 *vol.*

4271 Vie de Jean d'Aranthon d'Alex, Evêque & Prince de Genève. *Lyon.* 1699. *in* 8.

Hiftoire d'Efpagne & de Portugal.

4272 Les Délices de l'Efpagne, & de Portugal, par Don Juan Alvarez de Colmenar. *Leide.* 1707. *in* 12. 5 *vol.*

4273 Les mêmes. Edition augmentée. *Leide*. 1715. *in* 12. 6 *vol.*

4274 Itinerarium Hispaniæ & Lusitaniæ. *Amstelodami*. 1656. *in* 12.

4275 Histoire Générale d'Espagne, par Loys de Mayerne Turquet. *Paris*. 1608. *in fol.*

4276 Abregé de l'Histoire d'Espagne, par le P. Buffier. *Paris*. 1704. *in* 12.

4277 Abrégé de l'Histoire Générale d'Espagne, contenant ce qui s'est passé dans les Pays dépendans de cette Monarchie, depuis son Origine, jusques à Philippes V. *Bruxelles*. *in* 12. 3 *vol.*

4278 Histoire Générale d'Espagne, du P. Jean de Mariana, traduite en François par le P. Joseph-Nicolas Charenton. *Paris*. 1725. *in* 4. 6 *vol.*

4279 Commentarios de los Hechos, de los Espagnolos, Franceses y Venecianos, en Italia, desde 1281. hasta el de 1559. per Autonio de Herrera. *Madrid*. 1624. *in fol.*

4280 Histoire des Revolutions d'Espagne. *Amsterdam*. 1730. *in* 12. 5 *vol.*

4281 Histoire des Revolutions d'Espagne, par le P. Joseph d'Orleans, revûe & publiée par les P. Rouillé & Brumoy. *Paris*. 1734. *in* 4. 3 *vol.*

4282 Proclamacion e Noticia Universal de Cataluña. *En Barcelona*. 1641. *in* 4.

4283 Thomæ Campanellæ, Tractatus de Monarchiâ Hispanicâ. *Amstelodami*. *Elzevir*. 1641. *in* 12.

4284 Hispania, sive de Regis Hispaniæ Regnis & Opibus Commentarius. *Lugduni - Batavarum*. *Elzevir*. 1629. *in* 24.

4285. Relation Hiſtorique de l'Invaſion d'Eſpagne. *La Haye.* 1703. *in* 12. 2 *vol.*

4286. Hiſtoire Secrette du Connétable de Lune, Favori & premier Miniſtre de Jean II, Roi de Caſtille & de Leon. *Amſterdam.* 1730. *in* 12.

4287 Mémoires de la Cour d'Eſpagne, depuis l'année 1679, juſqu'en 1681. *Paris.* 1733. *in* 12.

4288 La Politique de Ferdinand le Catholique, Roi d'Eſpagne, par Antoine de Varillas. *Amſterdam.* 1688. *in* 12.

4289 La Vie de Philippe II, Roi d'Eſpagne, traduite de l'Italien de Gregorio Leti. *Amſterdam.* 1734. *in* 12. 6 *vol.*

4290 Hiſtoire de la Cour de Madrid, dès l'Avenement du Roi Philippe V à la Couronne. 1719. *in* 12.

4291 Hiſtoire du Cardinal Ximenès, par Eſprit Flechier. *Paris.* 1693. *in* 4.

4292 Hiſtoire du même Cardinal Ximenès, par Marſolier. *Toulouze.* 1693. *in* 8.

4293 Hiſtoire du Cardinal Alberoni, depuis ſa naiſſance, juſqu'au commencement de l'année 1719. *La Haye.* 1719. *in* 12.

4294 Hieronymi Oſorii, Libri XII. de Rebus Emmanuelis Luſitaniæ Regis. *Coloniæ.* 1586. *in* 8.

4295 Hiſtoire de Portugal, traduite du Latin d'Oſorius, par S. G. S. *Paris.* 1581. *in fol.*

4296 Portugalia, ſive de Regis Portugaliæ Regnis & Opibus Commentarius. *Lugduni-Batavorum.* 1641. *in* 24.

4297 Hiſtoire Générale de Portugal, par le Quien de la Neuville. *Paris.* 1700. *in* 4. 2 *vol.*

4298 Hiſtoire abrégée de Portugal, & des Al-

garves, contenant ce qui s'est-passé de plus
remarquable dans l'Etablissement de ces
deux Royaumes. *Amsterdam*. 1724. *in* 4.

4299 Histoire des Revolutions de Portugal, par
l'Abbé de Vertot. *Paris*. 1718. *in* 12.

4299* La même. *Paris*. 1722. *in* 12.

4300 Historia dell' Unione del Regno di Porto-
gallo alla Corona di Castiglia del Signor
Jeronimo de Franchi Conestaggio. *Ge-
nova*. 1589. *in* 4.

4301 Observations sur le Livre intitulé, Philippe
le Prudent, Fils de Charles Quint, par
Jean Caramuel Lobkovitz. *Paris*. 1640.
in 8.

4302 Mémoires de M. d'Ablancourt, Envoyé de
Louis XIV en Portugal, contenant l'His-
toire de Portugal, depuis le Traité des
Pyrenées de 1659, jusqu'en 1668. *Amster-
dam*. 1701. *in* 12.

Histoire d'Angleterre, d'Ecosse & d'Irlande.

4303 Les Delices de la Grande Bretagne & de
l'Irlande, par James Beeverell. *Leide*.
1707. *in* 12. 9 *vol*.

4304 Abrégé de l'Histoire d'Angleterre, conte-
nant les Vies de tous les Rois & Reines
qui ont regné depuis le commencement
de la Monarchie, jusqu'à présent. *La Haye*.
1695. *in* 12.

4305 Abrégé de l'Histoire d'Angleterre, avec des
Réflexions Politiques & Historiques, tra-
duit de l'Anglois d'Higgons. *La Haye*.
1729. *in* 8.

4306 Histoire d'Angleterre, d'Ecosse & d'Irlande,
par André Duchesne. *Paris*. 1634. *11 fol*.

4307 La même. *Paris*. 1668. *in fol.* 2 *vol.*

4308 Histoire d'Angleterre, d'Ecosse & d'Irlande, par Larrey. *Rotterdam*. 1697, 1798, &c. *in fol.* 4 *vol.*

4309 Histoire d'Angleterre, contenant ce qui s'est passé depuis Guillaume le Conquérant, jusqu'au Regne de la Reine Anne, avec l'Extrait des Actes de Rymer, par Rapin de Thoyras. *La Haye.* 1726 & 1728. *in* 4. 13 *vol.*

4310 Thomæ Smithi, de Republica Anglorum Libri III. *Lugduni-Batavorum. Elzevir.* 1625. *in* 24.

4311 Respublica, sive Status Regni Scotiæ & Hiberniæ. *Lugduni - Batavorum. Elzevir.* 1627. *in* 24.

4312 Relation de l'Etat de la Religion, traduite de l'Anglois de Edwin Sandis. *Genève.* 1616. *in* 8.

4313 Histoire de la Réformation de l'Eglise d'Angleterre, traduite de l'Anglois de Burnet, par de Rosemond. *Londres.* 1683 & 1685. *in* 4. 2 *vol.*

4314 La même. *Amsterdam*. 1687. *in* 12. 4 *vol.*

4315 Histoire des Révolutions d'Angleterre, depuis le commencement de la Monarchie, par le P. Louis d'Orleans. *Amsterdam.* 1695. *in* 12. 3 *vol.*

4316 La même. *La Haye.* 1729. *in* 4.

4317 Histoire de la Rebellion & des Guerres Civiles d'Angleterre, par Edouard Comte de Clarendon. 1704 & 1709. *in* 12. 6 *vol.*

4318 Histoire des dernieres Révolutions d'Angleterre, par Burnet. *La Haye.* 1727. *in* 12. 4 *vol.*

4319 Mémoires pour servir à l'Histoire de la

Grande Bretagne, par Burnet. *La Haye.*
1725. *in* 12. 3 *vol.*

4320 Histoires véritables & secretes des Vies &
des Regnes de tous les Rois & Reines
d'Angleterre, traduites de l'Anglois. *Am-*
sterdam. 1729. *in* 12. 3 *vol.*

4321 Histoire de Guillaume le Conquérant Duc
de Normandie & Roi d'Angleterre. *Paris.*
1742. *in* 12. 4 *vol.*

4322 Guil. Camdeni, Annales Rerum Anglica-
rum & Hibernicarum regnante Elisabetha,
ad annum 1689. *Londini.* 1615. *in fol.*

4323 Histoire de Guillaume III. Roi d'Angleterre,
Prince d'Orange, par Chevalier. *Amster-*
dam. 1692. *in fol.*

4324 Histoire de Catherine de France, Reine
d'Angleterre. *Amsterdam.* 1697. *in* 12.

4325 Le Caractere de la Reine Elisabeth, & de
ses principaux Ministres d'Etat. *La Haye.*
1694. *in* 12.

4326 La Vie d'Elisabeth Reine d'Angleterre, tra-
duite de l'Italien de Gregorio Leti. *Amster-*
dam. 1696. *in* 12. 2 *vol.*

4327 Histoire de Marie Stuart, Reine d'Ecosse &
de France, avec des Remarques. *Londres.*
1742. *in* 12. 3 *vol.*

4328 Histoire, ou Vie d'Olivier Cromwel, par
l'Abbé Raguenet. *Amsterdam.* 1691. *in* 12.

4329 La Vie d'Olivier Cromwel, traduite de
l'Italien de Gregorio Leti. *Amsterdam.*
1694. *in* 12. 2 *vol.*

4330 La Vie d'Olivier Cromwel, traduite de l'An-
glois. *La Haye.* 1725. *in* 8.

4331 Etat présent de l'Angleterre, avec plusieurs
Réflexions sur son ancien Etat. *Paris.*
1671. *in* 12.

4332 Actio in Henricum Garnetum, Latinè versâ à G. Camdeno. *Londini.* 1607. *in* 4.

4333 Sylloge variorum Tractatuum ab Autoribus Anglis conscriptorum, in linguam Latinam translatorum, de Innocentia Caroli Magnæ Britanniæ Regis. 1649. *in* 4.

4334 Tragicum Theatrum Actorum & Casuum Tragicorum, Londini celebratorum. *Amstelodami.* 1649. *in* 8.

4335 Narratio totius Processus Supremi Tribunalis Justitiæ in examine Regis. *Londini.* 1649. *in* 12.

4336 Jo. Miltoni, Defensio contra Alexandrum Morum Auctorem Libelli, cui Titulus, Regii Sanguinis Clamor ad Cœlum. *Hagæ-Comitum.* 1655. *in* 12.

4337 Relation de l'Accroissement de la Papauté, & du Gouvernement absolu en Angleterre, traduite de l'Anglois. *Hambourg.* 1680. *in* 12.

4338 Quæstio Bipartita in Georgium Blacuellum, à Clemente Papa Octavo designatum. *Londini.* 1609. *in* 4.

4339 { Apologie pour le Serment de Fidelité, contre deux Brefs du Pape Paul V. *Londres.* 1609.
Apologie de Robert Bellarmin, pour servir de Réponse à l'Apologie ci-dessus. 1610. *in* 12.

4340 Apologie Royale, pour Charles I. Roi d'Angleterre, par Claude de Saumaise. *Paris.* 1650. *in* 4.

4341 Relation de l'horrible Conspiration des Papistes, contre la Sacrée Personne du Roi, son Gouvernement & la Religion. *Londres.* 1679. *in* 12.

4342 Récit de la Vente & Partage du Royaume
d'Irlande, fait sous Charles II. par le Comte
de Clarendon , traduit de l'Anglois. 1696.
in 8.

4343 Réponse au Manifeste adressé par le Roi
Jacques II. aux Princes Confédérés Catho-
liques. *La Haye.* 1697. *in 12.*

4344 Mémoires concernant la Vie de Jacques II.
Roi de la Grande Bretagne, traduits de
l'Anglois. *Amsterdam.* 1691. *in 12.*

4345 Histoire du Divorce d'Henri VIII. Roi d'An-
gleterre & de Catherine d'Arragon , avec
les Preuves, par Joachim le Grand. *Paris.*
1693. *in 12. 3 vol.*

4346 Relation de trois Ambassades du Comte de
Carlisle , de la part de Charles II. Roi
d'Angleterre, vers le Grand Duc de Mos-
covie, &c. *Amsterdam.* 1670. *in 12.*

4347 La Vie du Général Monk, Duc d'Albe-
marle , traduite de l'Anglois de Thomas
Gumble. *Londres.* 1672. *in 12.*

4348 La Vie de Guillaume Bedell , Evêque de Kil-
more , en Irlande , traduite de l'Anglois
de Burnet. *Amsterdam.* 1687. *in 12.*

4349 Lettres du Chevalier Temple , écrites durant
son Ambassade à la Haye , sous le Regne
de Charles II. traduites de l'Anglois. *La
Haye. in 12.*

4350 Mémoires du Chevalier Temple , sur ce qui
s'est passé dans la Chrétienté depuis 1672 ,
jusqu'à la Paix conclue en 1679. *La Haye.*
1673. *in 12.*

4351 Les mêmes. *La Haye.* 1694. *in 12.*

4352 Procès de Guillaume, Vicomte de Stafford.
Cologne. 1681. *in 12.*

4353 Procès du Sieur Edouard Coleman , Gentilhomme , pour avoir confpiré la mort du Roi de la Grande Brétagne. *Hambourg.* 1679. *in* 12.

4354 Procès de Robert Charnok , Edouard King , & Thomas Key, accufés & convaincus d'avoir confpiré contre la Vie de Guillaume III. Roi de la Grande Bretagne. *La Haye.* 1696. *in* 24.

4355 Défenfe de la Nation Britannique , au fujet de la Révolution d'Angleterre , contre l'Auteur de l'Avis aux Réfugiés. *La Haye.* 1693. *in* 12.

4356 Mémoires d'Angleterre , contenant l'Hiftoire des deux Rofes , ou les différens des deux Maifons d'Yorck & de Lancaftre. *Amfterdam.* 1726. *in* 12.

4357 Hiftoire de Marguerite d'Anjou , Reine d'Angleterre , par M. l'Abbé Prevoft. *Amfterdam.* 1740. *in* 12. 2 *vol.*

4358 Hiftoire des Princes d'Orange de Naffau. *Amfterdam.* 1693. *in* 12.

4359 L'Angleterre aux prifes avec elle-même, ou Raifon des deux Parties , expofées par eux-mêmes aux yeux du Public. *Amfterdam.* 1729. *in* 12.

4360 Mémoires & Inftructions pour les Ambaffadeurs , ou Lettres & Négociations de Walfingam , Miniftre & Secrétaire d'Etat, traduites de l'Anglois. *Amfterdam.* 1711. *in* 12. 4 *vol.*

4361 Mémoires du Duc d'Ormond, ou le Grand Général, Hiftoire Angloife & Ecoffoife. *Paris.* 1724. *in* 12. 2 *vol.*

4362 Mémoires de la Vie de Milord Duc d'Ormond , traduits de l'Anglois. *La Haye.* 1737. *in* 12.

4363 Mémoires d'Edmond Ludlow, contenant ce qui s'eft paffé fous le Regne de Charles I. *Amfterdam.* 1699. *in* 12. 2 *vol.*

4364 Vie d'Anne Stuart, Reine de la Grande Bretagne, traduite de l'Anglois. *Rotterdam.* 1716. *in.* 12.

4365 Mémoires du Sieur Jean Macky, contenant les Caracteres de la Cour d'Angleterre, fous les Regnes de Guillaume III. & d'Anne I. traduits de l'Anglois. *La Haye.* 1733, *in* 12.

4366 Intérêts de l'Angleterre, mal entendus dans la Guerre préfente, traduits de l'Anglois. *Amfterdam.* 1704. *in* 12.

4367 Hiftoire du Droit héréditaire de la Grande Bretagne, écrite en faveur du Prince de Galles. *La Haye.* 1714. *in* 8.

4368 Hiftoire de l'Expédition de l'Amiral Byng, dans la Sicile, en 1718, 1719 & 1720, traduite de l'Anglois. *Paris.* 1744. *in* 12.

4369 Hiftoire du Parlement d'Angleterre, par M. l'Abbé Raynal. *Londres.* 1748. *in* 12.

4370 Lettres d'un Pair de la Grande Bretagne, à Milord Archevêque de Cantorberi, & autres Pieces concernant l'Hiftoire d'Angleterre de notre tems. *Londres.* 1745. *in* 12.

4371 Lettre à un Actionnaire de la Compagnie des Indes Orientales d'Angleterre. *Londres.* 1750. *in* 8.

4372 Lettres fur l'Efprit de Patriotifme, fur l'Idée d'un Roi Patriote, traduites de l'Anglois. *Londres.* 1750. *in* 8.

Histoire des Pays Septentrionaux de l'Europe.

4373 Olai Magni Historia de Gentibus Septentrionalibus. *Antverpiæ.* 1558. *in* 8.

4374 Eadem. *Anverpiæ. in* 18.

Histoire du Dannemarck.

4375 Joannis-Isaaci Pontani, rerum Danicarum Historiæ Libri X. *Hardervici.* 1631. *in fol.*

4376 Histoire de Dannemarck, avant & depuis l'Etablissement de la Monarchie, par M. J. B. des Roches. *Paris.* 1732. *in* 12. 9 *vol.*

Histoire de la Laponie.

4377 Histoire de la Laponie, traduite du Latin, de M. Scheffer. *Paris.* 1678. *in* 4.

4378 Arngrimi Jonæ W. Specimen Islandiæ Historicum. *Amstelodami.* 1643. *in* 4.

4379 Histoire Naturelle de l'Islande, du Groenland, du Détroit de Davis, & d'autres Pays situés au Nord, traduite de l'Allemand, de M. Anderson, par M***. *Paris.* 1750. *in* 12. 2 *vol.*

Histoire de la Suede.

4380 Suevicarum rerum Scriptores aliquot veteres, ex recensione Melchioris Haiminsfeldii Goldasti. *Francofurti.* 1602. *in* 4.

4381 Joannis Loccenii, Historiæ rerum Suecicarum Libri I X. *Upsaliæ.* 1655. *in* 8.

4382 Hiſtoria Regnorum Sueciæ Gothiæ & Du-
catus Finlandiæ. *Amſtelodami. in* 12.

4383 L. Paulini Gothi, Hiſtoriæ Arctoæ Libri
tres. *Stengneſii.* 1636. *in* 4.

4384 Hiſtoire des Revolutions de Suede, au ſujet
de la Religion & du Gouvernement, par
M. l'Abbé de Vertot. *Paris.* 1718. *in* 12.
2 *vol.*

4385 Suecia, ſive de Suecorum Regis Dominiis,
& Opibus, Commentarius. *Lugduni-Ba-
tavorum.* 1633. *in* 24.

4386 Le Soldat Suedois, contenant ce qui s'eſt
paſſé depuis 1630, juſqu'en 1632, 1633.
in 8.

4387 Mémoires du Chevalier de Terlon, où il
rend compte de ſes Négociations en Suede,
depuis 1656, juſques en 1661. *Paris.*
1681. *in* 12. 2 *vol.*

4388 Hiſtoire de la Vie de la Reine Chriſtine de
Suede, avec le recit de ſon ſéjour à Rome,
& la Défenſe du M. de Monaldeſchi. *Sto-
cholm.* 1677. *in* 12.

4389 Hiſtoire de Charles XII, Roi de Suede,
par M. de Voltaire. *Baſle.* 1731. *in* 12.
2 *vol.*

4390 Remarques Hiſtoriques & Critiques ſur
l'Hiſtoire de Charles XII, Roi de Suede,
par le même, pour ſervir de Suplement à
cet Ouvrage, par M. de la Motraye.
Londres. 1732. *in* 12.

Hiſtoire de la Ruſſie, & de la Moſcovie.

4391 Relation Curieuſe de l'Etat preſent de la
Ruſſie, traduite d'un Auteur Anglois.
Paris. 1679. *in* 8.

4392 Nouveaux Mémoires sur l'Etat présent de la Grande Russie, ou Moscovie. *Paris.* 1725. *in* 12. 2 *vol.*

4393 Abrégé de l'Histoire du Czar Peter Alexiewitz; avec une Relation de l'Etat présent de la Moscovie. *Paris.* 1717. *in* 12.

4394 Mémoires du Regne de Pierre le Grand, Empereur de Russie, qui contient un Abrégé de l'Histoire des Czars, par B. Juan Nestesuranoi. *La Haye.* 1725. *in* 12. 4 *vol.*

4395 Anecdotes du Regne de Pierre I, dit le Grand, Czar de Moscovie, contenant l'Histoire d'Eudochia Federowna, & la disgrace du Prince Menzikow. 1745. *in* 12. 2 *vol.*

Histoire de la Pologne, de la Prusse, &c.

4396 Respublica, sive Status Regni Poloniæ, Lithuaniæ, Prussiæ, Livoniæ, &c. *Lugduni-Batavorum. Elzevir.* 1642. *in* 24.

4397 Andreæ Cellarii, Regni Poloniæ, Magnique Ducatus Lituaniæ, Descriptio. *Amstelodami.* 1659. *in* 12.

4398 Les Chroniques & Annales de Pologne, par Blaise de Vigenere. *Paris.* 1573. *in* 4.

4399 Histoire des Rois de Pologne, & du Gouvernement de ce Royaume. *Amsterdam.* 1733. *in* 12. 4 *vol.*

4400 Censure, ou Discours Politique touchant les Prétendans à la Couronne de Pologne. 1669. *in* 12.

4401 Les Anecdotes de Pologne, ou Mémoires Secrets du Regne de Jean Sobieski III. du nom. *Amsterdam.* 1699. *in* 12. 2 *vol.*

4402 Mémoires sur les dernieres Révolutions de Pologne,

Pologne, où l'on justifie le Roi Auguste
de son retour. *Rotterdam.* 1710. *in* 8.

4403 Histoire de Fréderic Guillaume I. Roi de
Prusse, Electeur de Brandebourg. *Amsterdam.* 1741. *in* 12. 1 *vol.*

4404 Thorn affligée, ou Relation de ce qui s'est
passé dans cette Ville depuis le 16 Juillet 1724, jusqu'à présent, traduite de
l'Allemand de M. Jablonski, par M. C.
L. de Beaulobre. *Amsterdam.* 1726.
in 12.

Histoire de la Hongrie & de la Transilvanie.

4405 Respublica & status Regni Hungariæ. *Lugduni-Batavorum. Elzevir.* 1634 *in* 24.

4406 Historia della Ribellione d'Ungheria, di
Giov. Andrea Angelini Bontempi. *Dresda.*
1672. *in* 12.

4407 Histoire du Ministere du Cardinal Martinisius, Primat & Régent du Royaume de
Hongrie, où l'on voit l'Origine des
Guerres de ce Royaume, & de celles de
Transilvanie. *Paris.* 1715. *in* 12.

4408 Histoire des Troubles de la Hongrie, avec
le Siége de Naheusel, &c. *Amsterdam.*
1722. *in* 12. 4 *vol.*

4409 Mémoires Historiques du Comte Betlemniklos, contenant l'Histoire des derniers
Troubles de Transilvanie. *Amsterdam.*
1736. *in* 12. 2 *tom. en un vol.*

4410 Testament Politique & Moral du Prince
Ragoczi. *La Haye.* 1751. *in* 12. 2 *vol.*

Bb

Histoire des Pays hors de l'Europe.

Histoire de l'Asie.

Histoire Générale de l'Asie.

4411 Observations de plusieurs Singularités &
choses mémorables trouvées en Grece,
Asie, Judée, Egypte, Arabie & autres
Pays Etrangers , par P. Bellon. *Paris.*
1588. *in* 4.

Histoire Particuliere de l'Asie.

Histoire de la Grece & de la Morée.

4412 Pausanias ,. ou Voyage Historique de la
Grece, traduit en François, par M. l'Ab-
bé Gedoüin. *Paris.* 1731. *in fol.* 2 *vol.*

4413 Description Géographique & Historique
de la Morée & d'autres lieux circonvoi-
sins , par le P. Coronelli. *Paris.* 1686.
in. 8.

Histoire de l'Arabie.

4413 * Arabia , seu Arabum Vicinorumque Orien-
talium Historia. *Amstelodami.* 1633.
in 24.

4414 Histoire des Arabes , sous le Gouverne-
ment des Califs , par M. l'Abbé de Ma-
rigny. *Paris.* 1750. *in* 12. 6 *vol.*

Histoire de la Turquie.

4415 Historia Universale dell' Origine & Imperio de Turchi, da Francesco Sansovino. *Venetia.* 1573. *in* 4.

4416 Histoire Générale des Turcs, contenant l'Histoire de Chalcondile, traduite par Blaise de Vigenere, continuée par Thomas Artus, & par de Mezeray. *Paris.* 1662. *in fol.* 2 *vol.*

4417 La même. *Paris.* 1663. *in fol.* 2 *vol.*

4418 Histoire de l'Empire Othoman, traduite de l'Italien de Sagredo, par M. Laurent. *Paris.* 1724. *in* 12. 5 *vol.*

4419 Histoire de l'Empire Othoman, avec des Notes, par Démetrius Cantimir, Prince de Moldavie, traduite en François par M. de Jonquieres. *Paris.* 1743. *in* 12.

4420 Histoire de l'Etat présent de l'Empire Ottoman, par Briot. *Amsterdam.* 1696. *in* 12.

4421 Mœurs & Usages des Turcs, leur Religion, le Gouvernement Civil, Militaire & Politique, par M. Guer, Avocat. *Paris.* 1746. *in* 4. 2 *vol.*

4422 Histoire Générale du Sérail, & de la Cour du Grand Seigneur, par Michel Baudier. *Paris.* 1631. *in fol.*

4423 Anecdotes ou Histoire Secrete de l'Empire Ottoman. *Amsterdam.* 1722. *in* 12. 2 *vol.*

4424 Les mêmes. *Lyon.* 1724. *in* 12. 2 *vol.*

4425 Vie de l'Imposteur Mahomet. *Paris.* 1699. *in* 12.

4426 Histoire des Grands Visirs Mahomet Co-

progli Pacha, & Achmet Coprogli Pa-
cha, &c. par Chaſiepol. *Paris.* 1676.
in 12.

4427 La même. *Paris.* 1677. *in* 12. 3 *vol.*

4428 Mémoires du Comte de Bonneval. *Lon-
dres.* 1737. *in* 12. *deux tom. en un vol.*

Hiſtoire des Iſles de Chypre & de Malthe.

4429 Antonii Mariæ Gratiani de Bello Cyprio
Libri V. *Romæ.* 1624. *in* 4.

4430 Hiſtoire de la Guerre de Chypre, écrite
en Latin, par Antoine Maria Gratiani,
& traduite par le Pelletier. *Paris.* 1685.
in fol.

4431 Maltha Vetus & Nova, à Burchardo Ni-
derſtedo Holzato adornata. *Helmeſtadii.*
1660. *in fol.*

Hiſtoire de Perſe.

4432 Perſia, ſeu Regni Perſici Status. *Lugduni-
Batavorum. Elzevir.* 1633. *in* 24.

4433 Les Beautés de la Perſe, par le Sieur A.
D. D. V. *Paris.* 1673. *in* 4.

4434 L'Ambaſſade de D. Garcias de Silva Fi-
gueroa, en Perſe, traduite de l'Eſpagnol
par de Wicquefort. *Paris.* 1667. *in* 4.

4435 Le Couronnement de Soliman III. Roi de
Perſe. *Paris.* 1671. *in* 12.

4436 Hiſtoire de la derniere Révolution de
Perſe. *Paris.* 1728. *in* 12. 2 *vol.*

4437 Hiſtoire de Thamas Koulikan, nouveau
Roi de Perſe. *Paris.* 1742. *in* 12.

Histoire du Mogol.

4438 De Imperio Magni Mogolis, five India vera, Commentarius. *Lugduni - Batavorum. Elzevir.* 1631. *in* 14.

4439 Hiftoire Générale de l'Empire du Mogol, par le P. François Catrou. *Paris.* 1705. *in* 4.

4440 Hiftoire du Grand Genghizcan, premier Empereur des anciens Mogols & Tartares, traduite & compilée par Petis de la Croix. *Paris.* 1710. *in* 12.

4441 Hiftoire du Grand Tamerlan, par de Sainctyon. *Lyon.* 1691. *in* 12.

4442 Hiftoire de Tamerlan, Empereur du Mogol, & Conquérant de l'Afie. *Paris.* 1739. *in* 12. 2 *vol.*

Histoire de la Tartarie.

4443 Hiftoire Généalogique des Tartares, traduite d'un Manufcrit Tartare. *Leide.* 1726. *in* 12. 2 *vol.*

4444 Relation de la Grande Tartarie, dreffée fur les Originaux des Suedois Prifonniers en Siberie. *Amfterdam.* 1737. *in* 12.

Histoire Orientale.

Histoire Générale des Pays Orientaux.

4445 Bibliothéque Orientale, ou Dictionnaire Univerfel, contenant tout ce qui concerne la connoiffance des Peuples de

l'Orient , par d'Herbelot. *Paris.* 1697.
in fol.

4446 Joannis Petri Maffei , Hiftoriarum India-
rum Libri XVI. *Lugduni.* 1537. *in* 8.

4447 Hiftoire des Indes Orientales & Occiden-
tales , par Jean - Pierre Maffée , traduite
par Michel de Pure. *Paris.* 1665. *in* 4.

4448 Hiftoria dell' Indie Orientali , compofta da
Fernando Lopez di Caftagneda , trad.
in Italiano da Alphonfo Villoa. *Venetia.*
1578. *in* 4.

4449 Hiftoire des Indes Orientales , contenant
diverfes Particularités du Pays. *Amfterd.*
1710. *in* 12.

4450 {
Hiftoire des Indes Orientales , anciennes
& modernes , par M. l'Abbé Guyon.
Paris. 1744. *in* 12. 3 *vol.*

Lettre Critique fur l'Hiftoire des Indes ,
de M. l'Abbé Guyon , Supplément né-
ceffaire à cette Hiftoire. *Genève.* 1744.
in 12.
}

Hiftoire particuliere des Pays Orientaux.

Hiftoire de la Chine.

4451 Regni Chinenfis Defcriptio. *Lugduni-
Batavorum. Elzevir.* 1639. *in* 24.

4452 La Chine , d'Athanaze Kirker , Illuftrée
de plufieurs Monumens , tant facrés , que
prophanes , traduite par H. d'Alquié.
Amfterdam. 1670. *in fol.*

4453 Ambaffade de la Chine , traduite en Fran-
çois , par Jean le Carpentier. *Leide.*
1665. *in fol.*

4454 Nouvelle Relation de la Chine , par Ga-

briel de Magaillan, traduite en François.
Paris. 1689. *in* 4.

4455 Defcription Géographique, Hiftorique,
Chronologique & Phyfique de l'empire
de la Chine, & de la Tartarie Chinoife,
&c, par le P. J. B. du Halde. *Paris*. 1735.
in fol. 4 *vol.*

4456 Hiftoire de Gentchifcan, & de toute la
Dinaftie des Mongons, fes Succeffeurs
Conquérans de la Chine, traduite par le
P. Gaubis. *Paris.* 1739. *in* 4.

4457 Hiftoire des Royaumes de Tunquin & de
Lao, traduite de l'Italien du P. Marini,
par Fr. le Comte. *Paris.* 1666. *in* 4.

Hiftoire du Japon.

4458 Bern. Varenii, Defcriptio Regni Japoniæ.
Amftelodami. 1649. *in* 12.

4459 Hiftoire Naturelle, Civile & Eccléfiaftique
de l'Empire du Japon, compofée en
Allemand, par Engelbert Kempfer, &
traduite en François, fur la Verfion An-
gloife de Dom Jean Gafpard Scherckzer.
La Haye. 1729. *in fol.* 2 *vol.*

4460 Hiftoire & Defcription Générale du Ja-
pon, par le P. Charlevoix. *Paris.* 1736.
in 4. 2 *vol.*

4461 Hiftoire des anciens Ducs de l'Archipel.
Paris. 1698. *in* 12.

Hiftoire des Ifles de l'Afie.

4462 Defcription des Ifles de l'Archipel, traduite
du Flamand d'O. Dapper. *Amfterdam.*
1703. *in fol.*

4463 Histoire Générale des Antilles habitées par les François, par le P. du Tertre. *Paris.* 1667. *in* 4. 4 *vol.*

4464 Description de l'Isle de Formosa en Asie, dressée sur les Mémoires de Georges Psalmanaazar. *Amsterdam.* 1707. *in* 12.

4465 Histoire de la Virginie, traduite de l'Anglois. *Amsterdam. in* 12.

Histoire de l'Afrique.

Histoire Générale d'Afrique.

4466 L'Afrique de Marmol, de la traduction de Nicolas Perrot Sieur d'Ablancourt, revûe & retouchée par Pierre Richelet. *Paris.* 1667 *in* 4. 3 *vol.*

4467 Description de l'Afrique, traduite du Flamand de Dapper. *Amsterdam.* 1686. *in fol.*

4468 Nouvelle Relation de l'Afrique Occidentale, par le P. Labat. *Paris.* 1728. *in* 12. 5 *vol.*

4469 Description du Cap de Bonne-Espérance, tirée des Mémoires de Pierre Kolbe. *Amsterdam.* 1741. *in* 12. 3 *vol.*

4470 Relation de l'Origine & Succès des Cherifs, & de l'Etat des Royaumes de Maroc, Fez, &c. écrite en Espagnol, par Diego de Torrés. *Paris.* 1637. *in* 4.

4471 Relation de l'Origine & Succès des Cherifs, & l'Histoire des Cherifs en Afrique. *Paris.* 1733. *in* 12.

Histoire Particuliere de l'Afrique.

Histoire d'Egypte.

4472 Description de l'Egypte , composée sur les Mémoires de M. de Maillet, ancien Consul de France au Caire , par M. l'Abbé le Mascrier. *Paris.* 1735. *in* 4.

Histoire d'Ethiopie.

4473 Relation Historique de l'Ethiopie Occidentale , par le P, Labat. *Paris.* 1732. *in* 12. 5 *vol.*

Histoire de Barbarie.

4474 Histoire de Barbarie, & de ses Corsaires ; des Royaumes & Villes d'Alger, Tunis, Salé , &c. par Pierre Dan. *Paris.* 1649. *in fol.*

4475 Histoire du Royaume d'Alger , avec l'Etat présent de son Gouvernement, par Laugier de Tassy. *Amsterdam.* 1725. *in* 12.

4476 Histoire des Révolutions de l'Empire de Maroc en 1727 & 1728. *Amsterdam.* 1731. *in* 12.

4477 Relation de ce qui s'est passé dans le Royaume de Maroc , depuis 1727 jusqu'en 1737. *Paris.* 1742. *in* 12.

4478 Histoire de Mouley Mahamet, fils de Mouley Ismaël , Roi de Maroc, *Genève.* 1749. *in* 12.

Hiſtoire de l'Amérique.

Hiſtoire Générale de l'Amérique.

4479 Hiſtoire des Guerres Civiles des Eſpagnols dans les Indes, écrite en Eſpagnol, par l'Ynca Garcillazzo de la Vega, & trad. par Jean Baudouin. *Paris.* 1658. *in* 4. 2 *vol.*

4480 Mœurs des Sauvages Amériquains, comparées aux Mœurs des premiers tems, par le P. Laffiteau. *La Haye.* 1725. *in* 12. 4 *vol.*

Hiſtoire Particuliere de l'Amérique.

Hiſtoire du Pérou.

4481 Commentaire Royal, ou l'Hiſtoire des Yncas Rois du Pérou, écrite par l'Ynca Garcilazzo de la Vega, traduite par J. Baudouin. *Paris.* 1633. *in* 4.

4482 La même, miſe dans un meilleur ordre, avec des Notes & Additions ſur l'Hiſtoire Naturelle de ce Pays. *Paris.* 1744. *in* 8. 2 *vol.*

4483 Libro primo de la Conquiſta del Peru & Provincia del Cuzco, per Franceſco de Xerés. *in Vinegia.* 1535. *in* 4.

Hiſtoire du Méxique.

4484 Hiſtoire de la Conquête du Méxique, traduite d'Antoine Solis Eſpagnol. *La Haye.* 1692. *in* 12. 2 *vol.*

4485 La même. *Paris.* 1704. *in* 12. 2 *vol.*

Histoire de la Nouvelle France.

4486 Histoire & Description Générale de la Nouvelle France, avec le Journal d'un Voyage fait dans l'Amérique Septentrionale, par le P. de Charlevoix. *Paris.* 1744. *in* 4. 3 *vol.*

Histoire des Isles de l'Amérique.

4487 Histoire de la Conquête des Isles Moluques, traduite de l'Espagnol d'Argensola. *Amsterdam.* 1706. *in* 12. 3 *vol.*

4488 Histoire de l'Isle de Saint Domingue, écrite sur les Mémoires de Jean - Baptiste le Pers, par le P. François-Xavier de Charlevoix Jésuite. *Paris.* 1730. *in* 4. 2 *vol.*

OUVRAGES DIVERS ET MÉLANGES DE L'HISTOIRE.

HISTOIRE HÉRALDIQUE ET GÉNÉALOGIQUE;

OU

LA SCIENCE DU BLASON.

4489 Tableau de l'Honneur, ou Abrégé Méthodique du Blason, par Jacques Chevillard. *in fol.*

4490 Méthode raisonnée pour apprendre le Blazon, par le P. Claude-François Menestrier, Jésuite. *Lyon.* 1696. *in* 12.

4491 Dictionnaire Heraldique, contenant les Armes & Blazons des Princes, Prélats, Grands Officiers, &c. par Jacques Chevillard. 1723. *in* 12.

4492 Antonii Albizii, Principum Christianorum Stemmata. *Augusta-Vindelicorum.* 1610. *in fol.*

4493 Insignia Gentilitia Equitum Ordinis Velleris Aurei, enunciata à Joanne-Jacobo Chifletio. *Antverpiæ.* 1632. *in* 4.

4494 Traité de la Noblesse, & de ses différentes Especes, par Gilles-André de la Roque. *Rouen.* 1710. *in* 4.

4495 Traité des Marques Nationales, où l'on trouve des Armoiries aux Habits d'Ordonnance des Militaires, & aux Livrées des Domestiques, par Beneton de Morange de Peyrins. *Paris.* 1739. *in* 12.

4496 Observationes Eugenialogicæ & Heroïcæ, sive materiam Nobilitatis Gentilitiæ Jus Insignium & Heraldicum complectentes. *Coloniæ-Agrippinæ.* 1678. *in* 4.

4497 Théâtre d'Honneur & de Chevalerie, ou l'Histoire des Ordres Militaires, &c. par André Favyn. *Paris.* 1620. *in* 4. 2 *vol.*

4498 Le Vrai Théâtre d'Honneur & de Chevalerie, ou le Miroir Historique de la Noblesse, par Vulson Sieur de la Colombiere. *Paris.* 1648. *in fol.* 2 *vol.*

Histoire Généalogique Générale, ou des Familles de tous les Pays.

4499 Tables Généalogiques des Patriarches, Rois, Empereurs, & autres Princes, depuis la Création du Monde, jusqu'à présent, par Claude de l'Isle. *Paris.* 1718. *in fol.*

4500 Les Généalogies Historiques des Rois, Empereurs, &c. & de toutes les Maisons

Souveraines qui ont subsisté jusqu'à pre-
sent. *Paris.* 1736 & 1738. *in 4* 4 *vol.*

Histoire Généalogique particuliere, ou des Familles,
des différens Pays.

4501 Introduction à l'Histoire des Maisons Sou-
veraines de l'Europe, par le P. Buffier.
Paris. 1717. *in* 12. 3 *vol.*

4502 Les Souverains du Monde, qui fait connoî-
tre la Généalogie de leurs Maisons, &c.
Paris. 1718. *in* 12. 4 *vol.*

Histoire Généalogique des Maisons d'Italie,
& Savoye.

4503 Jac. Wilh. Imhof, Historia Italiæ & Hispa-
niæ Genealogica. *Amsterdam.* 1701. *in fol.*

4504 Ejusdem Genealogiæ XX. Illustrium in Ita-
lia Familiarum. *Amstelodami.* 1710. *in 4.*

4505 Delle Famiglie nobili Fiorentine, di Sci-
pione Ammirato. *In Fireuze.* 1617. *in fol.*

4506 Histoire Généalogique de la Maison Royale
de Savoye, par Samuel Guichenon. *Lyon.*
1660. *in fol.* 3 *vol.*

Histoire Généalogique des Maisons de France.

4507 Essai sur la Noblesse de France, contenant
une Dissertation sur son Origine & Abais-
sement, par M. de Boullainvilliers. *Am-*
sterdam. 1732. *in* 12.

4508 Blazon des Armoiries de France, par Hie-
rôme Bara. *Paris.* 1628. *in fol.*

4509 Alliances Généalogiques des Rois & Princes

de Gaule, par Claude Paradin. *Lyon*. 1561. *in fol.*

4510 Antiquités de la Maison de France, & des Maisons Merovingiennes, & Carliennes, & plusieurs autres Maisons Souveraines, par Gilbert Charles le Gendre. *Paris*. 1739. *in 4.*

4511 Le vrai Childebrand, ou Reponse au Traité de Chifflet, pour attester que la Maison du Roi Hugues Capet descend de Childebrand, par A. D. C. *Paris*. 1659. *in 4.*

4512 Histoire Généalogique de la Maison de France, deuxiéme Edition, augmentée par Scevole, & Louis de Sainte Marthe. *Paris*. 1628. *in fol.* 2 *vol.*

4513 La même. *Paris*. 1647. *in fol.* 2 *vol.*

4514 Histoire Généalogique & Chronologique de la Maison Royale de France, des Grands Officiers de la Couronne & de la Maison du Roi, par le P. Anselme. *Paris*. 1712. *in fol.* 2 *vol.*

4515 La même Histoire Généalogique, par le même, continuée par M. du Fourny, & revûe & très augmentée par le P. Ange, & le P. Simplicien. *Paris*. 1726 & 1733. *in fol.* 9 *vol.*

4516 Histoire Généalogique & Chronologique des Dauphins Viennois, par L. de Gayat. *Paris*. 1683. *in 12.*

4517 Histoire Généalogique des Rois, Ducs & Comtes de Bourgogne & d'Arles, & des Dauphins de Viennois, par André du Chesne. *Paris*. 1619 & 1628. *in 4.* 2 *vol.*

4518 Jac. Wilh. Imhof, Excellentium Familiarum in Gallia Genealogiæ. *Norimbergæ*. 1688. *in fol.*

4519 Histoire Généalogique de la Maison d'Auvergne, justifiée par Chartes, par M. Baluze, avec les Preuves. *Paris.* 1708. *in fol.* 2 *vol.*

4520 Histoire de la Maison de Bethune, avec les Preuves, par André du Chesne. *Paris.* 1639. *in fol.*

4521 Histoire de la Maison de Châtillon-sur-Marne, avec les Preuves, par le même du Chesne. *Paris.* 1621. *in fol.*

4522 Histoire Généalogique de la Maison de Courtenay, justifiée par Chartes & autres Titres autentiques, par du Bouchet. *Paris.* 1661. *in fol.*

4523 Histoire des Maisons de Dreux, Bar-le-Duc, Luxembourg, du Plessis Richelieu, &c. avec les Preuves, par André du Chesne. *Paris.* 1631. *in fol.*

4524 Histoire de la Maison de Luxembourg, illustrée de Notes, avec une Continuation jusqu'à présent. *Paris.* 1619. *in 4.*

4525 Histoire de la Maison de Montmorenci & Laval, avec les Preuves, par André du Chesne. *Paris.* 1624. *in fol.*

4526 Vies de plusieurs Anciens Seigneurs de la Maison de Mornay, avec leurs Généalogies. *Paris.* 1689. *in 4.*

4527 Histoire de la Maison de Sablé, avec les Preuves, par Gilles Menage. *Paris.* 1683. *in fol.*

Histoire Généalogique de diverses Nations.

4528 Delle Corone di Principi Christiani di Michel d'Este, Lib. I. nel quale si Descrivono gli Arbori del Regal Coze di Francia, Navarra, Neapoli, &c. *Roma.* 1601. *in fol.*

4529 Jac. Wilh. Imhof, Notitia S. R. Germanici Imperii, Procerum tam Ecclesiast. quam sæcular. Historia Heraldica. *Stutgardiæ.* 1699. *in fol.*

4530 Généalogies de LXVII. très-Nobles & très-Illustres Maisons, par le P. Etienne de Cypre. *Paris.* 1586. *in 4.*

4531 Le Palais de l'Honneur, contenant les Généalogies des Illustres Maisons de Lorraine, de Savoye, & de plusieurs Nobles Familles de France. *Paris.* 1663. *in 4.*

4532 Histoire Généalogique des anciennes Maisons de Lorraine, avec les Blazons, par Husson. *in 4.*

4533 Jac. Wilh. Imhof, Genealogiæ viginti Illustrium in Hispania Familiarum. *Lipsiæ.* 1712. *in fol.*

4534 Les Généalogies & anciennes Descentes des Forestiers & Comtes de Flandres, par Corneille Martin. *Anvers.* 1578. *in fol.*

4535 Les Sceaux des Comtes de Flandres, & Inscriptions des Comtes de Flandres, & des Chartes par eux publiés, par Olivier de Wzé. *Bruges.* 1641. *in fol.*

4536 Histoire Généalogique des Pays-Bas, ou l'Histoire de Cambrai & du Cambresis, par Jean le Charpentier. *Leide.* 1668. *in 4.* 2 *vol.*

4537. Histoire de la Noblesse du Comté Venaissin, d'Avignon & de la Principauté d'Orange, dressée sur les Preuves, par M. Pithon-Curt. *Paris.* 1743. *in 4.* 2 *vol.*

4538 Philib. Pingonii, Inclytorum Saxoniæ, Sabaudiæque Principum Arbor Gentilitia. *Augustæ-Taurinorum.* 1581. *in fol.*

4539 Jac. Wilh. Imhof, Regum, Patriumque Magnæ

Magnæ Britanniæ Historia Genealogica.
Norimbergæ. 1690. in fol.

ANTIQUITÉS.

*Antiquités Sacrées & Profanes, Grecques
& Latines ;*

ou

*Traités touchant les Usages & Coûtumes des
différens Peuples de la Terre.*

4540 Thesaurus Græcarum Antiquitatum con-
gestus & designatus, autore Jacobo Gro-
novio. *Lugduni-Batavorum.* 1697 &
1702. *in fol.* 13 *vol.*

4541 Thesaurus Antiquitatum Romanarum con-
gestus, autore Joanne Grævio. *Lugduni-
Batavorum.* 1694 & 1699. *in fol.* 12 *vol.*

4542 Novus Thesaurus Antiquitatum Romanarum
congestus, ab Alberto-Henrico de Sal-
lengre. *Hagæ-Comitum.* 1716 & 1719.
in fol. 3 *vol.*

4543 Inscriptiones Antiquæ totius Orbis Romani
in absolutissimum corpus redactæ, indu-
striâ & diligentiâ Jani Gruteri. *Amstelo-
dami.* 1707. *in fol.* 4 *vol.*

4544 Thesaurus Antiquitatum & Historiarum Ita-
liæ, collectus curâ & studio Joannis-Geor-
gii Grævii. *Lugduni-Batavorum.* 1704.
in fol. 6 *vol.*

4545 Petri Danetii, Dictionarium Antiquitatum
Romanarum & Græcarum, in usum Seren.
Delphini. *Lutetiæ-Parisiorum.* 1698. *in 4.*

4546 Sam. Pitisci, Lexicon Antiquitatum Roma-
narum. *Leovardiæ.* 1713. *in fol.* 2 *vol.*

C c

4547 Characteres Ægyptii, hoc est Sacrorum, quibus Ægyptii utuntur, Simulachrorum Delineatio & Explicatio. *Francof.* 1608. *in* 4.

4548 Joannis Meursii, Græcia Ludibunda, sive de Ludis Græcorum Liber singularis. *Lugduni-Batavorum. Elzevir.* 1625. *in* 8.

4549 {
Zoroastris, Oracula Magica, Gr. & Lat. cum Scholiis, ex editione Opsopoei. *Parisiis.* 1607.

Sybillina Oracula Gr. & Lat. ex Editione & cum Notis Joannis Opsopoei. *Parisiis.* 1607. *in* 8.
}

4550 Joannis Seldeni, de Diis Syris Syntagma duo, ex Editione M. Andr. Beyeri. *Amstelodami.* 1680. *in* 8.

4551 Abrahami Ortelii, Deorum, Dearumque Capita, ex Antiquis Numismatibus collecta, ex editione Francisci Swertii. *Bruxellis.* 1683. *in* 8.

4552 Joannis Lomeieri, Epimenides, sive de Veterum Gentilium Lustrationibus Syntagma. *Zutphaniæ.* 1600. *in* 4.

4553 Edoardi Baronis Herbert de Cherbury, de Religione Gentilium, Errorumque apud eos Causis Liber. *Amstelodami.* 1663. *in* 4.

4554 Joannis Rosini, Antiquitatum Romanarum Corpus, cum Notis Thomæ Dempsteri, ex Editione Cornelii Schrevelii. *Lugduni-Batavorum.* 1663. *in* 4.

4555 Monumenta Paderbonensia, ex Historia Romanâ, Saxonicâ, eruta, novis Inscriptionibus & Notis Illustrata. *Amstelodami. Elzevir.* 1672. *in* 4.

4556 Joan. Dominici de Rubeis, Icones insigniores Statuorum Urbis Romæ. *Roma.* 1645. *in* 4.

4557 Æliani, de Militaribus Ordinibus Instituen-
dis more Græcorum Liber , ex Editione
Francisci Robortelli. *Venetiis.* 1552. *in* 4.

4558 { Jacobi Gutherii, de Jure Manium, seu de
Ritu, More & Legibus prisci Funeris
Libri III. *Parisiis.* 1615.
Ejusdem, Choartius Major, vel de Orbitate
toleranda Præfatio. *Parisiis.* 1615. *in* 4.

4559 Floriani Dulphi, Tractatus de Sepulturis,
Capellis, Statuis, Epitaphiis & Defuncto-
rum Munimentis. *Bononiæ.* 1641. *in* 4.

4560 Jacobi Philippi Tomasini, de Donariis ac
Tabellis votivis Liber singularis. *Utini.*
1639. *in* 4.

4561 Barnabæ Brissonii, Antonii & Francisci Hot-
mani, Liber de veteri Ritu Nuptiarum &
Jure Connubiorum. *Lugduni-Batavorum.*
1641. *in* 12.

4562 Cérémonies Nuptiales de toutes les Nations,
par le Sieur de Gaya. *La Haye.* 1681.
in 24.

4563 Lilii Gregorii Gyraldi, Libellus de Sepultura
ac vario Sepeliendi Ritu , ex Editione
Joannis Faes. *Helmestadii.* 1676. *in* 4.

4564 Tobiæ Fendt, Monumenta Sepulchrorum.
1574. *in fol.*

4565 { Caspari Bartholini , de Tibiis veterum Libri
tres. *Romæ.* 1677.
Ejusdem Expositio veteris in puerperio Ri-
tus ex Arca Sepulchrali antiqua desumpti.
Romæ. 1677. *in* 8.

4566 Julii Cæsaris Bulengeri, de Conviviis Libri
IV. *Lugduni.* 1627. *in* 8.

4567 Traité des Festins, par M. Huet. *Paris.*
1682. *in* 12.

4568 M. Valerius Probus, de Notis Romanorum,

ex Codice Manuſcripto, caſtigatior, auctiorque quam unquam antea factus. *Venetiis.* 1525. *in* 4.

4569 M. Valerius Probus, de Notis Romanorum Interpretandis : accedunt Magnognis, Diaconi, Aliorumque Notarum veterum Explicationes. *Lugduni-Batavorum.* 1599. *in* 8.

4570 Lazari Bayſii Opus de Re Veſtimentaria. *Baſileæ.* 1531. *in* 8.

4571 Lazarus Bayſius, de re Navali, de re Veſtiaria & de Vaſculis : Antonii Thyleſii, de Coloribus libellus. *Lutetiæ.* 1549. *in* 8.

4572 { Theodori Marcilii, Ecloga, Strena Venatrix. *Pariſiis.* 1606. *in* 8.
Q. Septimii Florentis Tertulliani Liber de Pallio.
De Tertuliano & Pallio.

4573 Octavii Ferrarii, de re Veſtiaria Libri III. *Patavii.* 1642. *in* 8.

4574 Opus Poly - Hiſtoricum, Differtationibus XXV. de Oſculis, ſubnexiſque de Judæ Ingenio, Vita & Fine Sacris Epiphyllidibus abſolutum. *Francofurti.* 1680. *in* 4.

4575 Juſti Lipſii, de Cruce Libri III. cum Notis. *Antverpiæ.* 1594. *in* 4.

4576 Iidem. *Antverpiæ.* 1597. *in* 8.

4577 Juſti Lipſii, Poliorceticon, ſive de Tormentis & Telis Libri V. *Antverpiæ.* 1596. *in* 4.

4578 Juſti Lipſii, Admiranda, ſive de Magnitudine Romana Libri IV. *Antverpiæ.* 1598. *in* 8.

4579 Laurentius Pignorius, de Servis & eorum apud Veteres Miniſteriis. *Amſtelodami.* 1674. *in* 12.

4580 Petrus Ciacconius , de Triclinio , five de Convivandi modo apud prifcos Romanos , & de Conviviorum Apparatu : *ex officinâ Sanctandreanâ.* 1590. *in* 8.

4581 Lucii Feneftellæ , de Magiftratibus, Sacerdotiifque Romanorum Libellus, cui acceffit Pomponii Læti , Libellus de Romanis Magiftratibus, Sacerdotiis, &c. *Parifiis.* 1564. *in* 16.

4582 Nicolai Cragii , de Republica Lacedæmoniorum Libri I V. *Lugduni-Batavorum.* 1670. *in* 8.

4583 Onuphrii Panvinii , Liber de Ludis Circenfibus & Triumphis. *Venetiis.* 1600. *in fol.*

Antiquités Sacrées & Prophanes , en François.

4584 L'Antiquité expliquée & repréfentée en figures, par le P. Bernard de Montfaucon, avec le Supplément. *Paris.* 1719. & 1724. *in fol.* 15 *vol.*

4585 Difcours de la Religion des Anciens Romains, de la Caftramentation , &c. par Guillaume du Choul. *in fol.*

4586 Differtation fur les Oracles des Sibilles , par le P. Jean Craffet. *Paris.* 1678. *in* 12.

4587 Hiftoire des Oracles, par M. de Fontenelle. *Paris.* 1707. *in* 12.

4588 Réponfe à l'Hiftoire des Oracles de M. de Fontenelle , par le P. Baltus. *Strafbourg.* 1707. *in* 8.

4589 Le Grand Cabinet Romain , avec les Explications, par Michel Ange de la Chauffe. *Amfterdam.* 1706. *in fol.*

4590 Origine des Poftes chez les Anciens & chez

les Modernes , par le Quien de la Neuville. *Paris.* 1708. *in* 12.

4591 Hiſtoire du Commerce & de la Navigation des Anciens, par M. Huet. *Paris.* 1716. *in* 12.

4592 Funérailles & diverſes Manieres d'Enſevelir des Romains , Grecs , & autres Nations, décrites par Claude Guichard. *Lyon.* 1581, *in* 4.

4593 Le Reveil de Chindonax , Prince des Vacies , Druydes , Celtiques , Dijonnois, avec les Cérémonies obſervées aux anciennes Sépultures. *Dijon.* 1621. *in* 4.

4594 Cérémonies & Coutumes Religieuſes des Peuples & des Nations du Monde, repréſentées en figures en taille-douce, gravées par le Sieur Picart. *Amſterdam.* 1728. & 1737. *in fol.* 8 *vol.*

Antiquités Sacrées & Profanes , en Italien.

4595 {
Diſcorſo della Religione antica de' Romani, trad. dal Franceze di Guglielmo Choul in Toſcano da Gabriel Symeoni. *Lione.* 1558.

Diſcorſo ſopro la Caſtramentatione & Diſciplina Militare de' Romani : con i Bagni , & Eſſercitii Antichi de Greci & de Romani , tradotto del medeſimo Choul, in lingua Toſcana, per il medeſimo Symeoni. *Lione.* 1559. *in fol.*
}

4596 Diſcorſo della Religione Antica de' Romani, compoſti in Franceze dal Guglielmo Choul, & tradotti in Toſcano da Gabriel Symeoni. *Lyon.* 1569. *in* 4.

4597 Roma Sotterranea, di Antonio Bozio, accreſciuta de Giovanni Severani da S. Severino, publicata da Fr. Carolo Aldobrandino. *in Roma.* 1632. *in fol.*

4598 Roma Sotterranea, di Antonio Bozio. *Roma.* 1650. *in 4.*

4599 Vestigi delle Antichita di Roma, *in Praga.* 1706. *in 4.*

4600 De Gli Habiti Antichi & Moderni di diverse parti del Mondo, libri due, di Cesare Vecellio. *Venetia.* 1590. *in 8.*

4601 Funerali Antichi di diversi Popoli & Nationi, da Thomaso Porcacchi. *Venetiis.* 1591. *in fol.*

4602 Le Antiche Lucerne Sepolcrali figurate, disegnate ed intagliate da Pietro Santi Bartoli, con l'Osservatione di Gio Pietro Bellori. *Roma.* 1691. *in fol.*

4603 Gli Antichi Sepolcri, overo Mausolei Romani, & Etruschi, trovati in Roma, disegnati & intagliati da Pietro Santi Bartoli. *Roma.* 1697. *in fol.*

4604 Illustratione de Gli Epitaffi, & Medaglie Antiche, da Gabriel Symeoni. *Lione.* 1558. *in 4.*

Histoire Lapidaire ou Inscriptions.

4605 {
Explication d'une Inscription antique trouvée à Lyon, où sont les Particularités des Sacrifices que les Anciens appelloient Tauroboles. *Paris.* 1705.
Dissertation sur le Culte que les Anciens ont rendu à la Déesse de la Santé. *Paris.* 1705. *in 8.*
}

4606 Voyage Littéraire de deux Religiux Bénédictins, contenant des Recherches d'Ins-

criptions, Epitaphes, &c. *Paris.* 1717,
in 4.

4607 Hiftoire d'un Voyage Littéraire fait en
France, en Angleterre & en Hollande,
La Haye. 1735. *in* 12.

Hiftoire des Médailles,

ou

Traités des Médailles, des Monnoyes, des Poids & des Mefures.

4608 Introduction à la Connoiffance des Mé-
dailles, par Charles Patin. 1667. *in* 12.

4609 Ezechielis Spanhemii, Differtationes de
Præftantia, & Ufu Numifmatum Anti-
quorum. *Amftelodami. Elzevir.* 1671.
in 4.

4610 Imperatorum Romanorum Numifmata à
Pompeio Magno ad Heraclium, multis
Nummorum millibus aucta, per Adolphum
Œconem. *Auguftæ-Vindelicorum.* 1601.
in 4.

4611 Numifmata Græca Imperatorum Auguft. &
Cæfarum, ex omni modulo percuffa, per
Joannem Vaillant. *Amfterdam.* 1700,
in fol.

4612 Numifmata Ærea Imperat. Auguft. & Cæ-
farum, ex omni modulo percuffa, autore
Joanne-Francifco Vaillant. *Parifiis.* 1688.
in fol.

4613 Familiæ Romanæ in antiquis Numifmatibus
ab Urbe conditâ ad tempora Augufti, cum
Adjunctis Antonii Auguftini, ex recogni-
tione Caroli Patin. *Parifiis.* 1663. *in fol.*

4614 Imperatorum Romanorum Numifmata ex

ære mediæ & minimæ formæ defcripta,
per Carolum Patinum. *Argentinæ.* 1671.
in fol.

4615 Joan. Harduini, Nummi antiqui Populorum
& Urbium illuftrati. *Parifiis.* 1684. *in 4.*

4616 Ejufdem, Antirrheticus de Nummis antiquis
Coloniarum, & Municipiorum. *Parifiis.*
1689. *in 4.*

4617 Numifmata Imperatorum Romanorum à Tra-
jano Decio, ad Palælogos Auguftos,
opera D. Anfelmi Banduri, Ordinis Ben.
Parifiis. 1718. *in fol.* 4. *vol.*

4618 Pinacotheca Romanorum Imperatorum, five
Imperatorum Simulacra, Elogiis, Numif-
matibus, & Hiftoriâ illuftrata, cura & la-
bore Ludolphi Smids, *Amftelodami.* 1699.
in 4.

4619 Selecta Numifmata antiqua, ex Mufæo Petri
Seguini, Obfervationibus illuftrata. *Pari-
fiis.* 1666. *in 4.*

4620 Eadem. *Parifiis.* 1684. *in 4.*

4621 Henrici Spoor, Faviffæ, utriufque Antiqui-
tatis, tam Romanæ quam Græcæ, in qui-
bus reperiuntur Simulacra Deorum, &c.
accedunt Fœminæ tam virtutibus quam
vitiis Illuftres. *Ultrajecti.* 1707. *in 4.*

4622 Difcours fur les Médailles & Gravures An-
tiques, principalement Romaines, par An-
toine le Pois. *Paris.* 1579. *in 4.*

4623 Recherches Curieufes d'Antiquités, conte-
nues en plufieurs Differtations, fur les
Médailles, Bas-Reliefs, Statues, Mofaï-
ques, & Infcriptions Antiques, par Jacques
Spon. *Lyon.* 1683. *in 4.*

4624 Images des Héros de l'Antiquité, deffinées
des Médailles des Pierres antiques, & au-

tres anciens Monumens, par Jean Ange Canini, gravées par Picart le Romain. *Amsterdam.* 1731. *in* 4.

4625 Dialoghi d'Ant. Agostini intorno alle Medaglie, Inscrittioni & altre Antichita; trad. di Spagnuola Lingua da Dion. Ottaviano Sada. *Roma.* 1592. *in fol.*

4626 Dialoghi di Don Antonio Agostini, Archivescovo di Tarragona, intorno alle Medaglie, Inscrittioni, & altre Antichita, tradotti di Lingua Spagnuola da Dionigi Ottaviano Sada. *In Roma.* 1625. *in fol.*

4627 Cesari, raccolti nel Farnese Museo, dal P. Paolo Pedrusi. *Parma.* 1694. *in fol.* 7 *vol.*

4628 Le Cabinet de la Bibliotheque de Sainte Genevieve, contenant les Antiquités de la Religion des Chrétiens, des Egyptiens, des Romains, &c, par le P. Claude du Molinet. *Paris.* 1692. *in fol.*

4629 Sommaire ou Epitome du Livre de Asse, de Guillaume Budé. *Paris.* 1527. *in* 8.

4630 Joannis Meursii, Denarius Pythagoricus, sive de Numerorum Qualitate, hac Nominibus, secundùm Pythagoricos. *Lugduni-Batavorum.* 1631. *in* 4.

4631 Les Recherches des Monnoyes, Poids & Maniere de Nombrer des différentes Nations du monde, par François Garrault. *Paris.* 1576. *in* 8.

4632 Traité Historique des Monnóyes de France, depuis le commencement de la Monarchie, jusqu'à present, par le Blanc. *Paris.* 1690. *in* 4.

4633 Le même; Edition augmentée. *Amsterdam.* 1692. *in* 4.

HISTOIRE LITTERAIRE,

ou

Histoire des Lettres, des Langues, des Sciences, des Arts, des Academies, &c.

Histoire Litteraire.

4634 Recherches Curieuses sur la Diversité des Langues, traduites de l'Anglois de Ed. Brerewood, par J. de la Montagne. *Saumur.* 1662. *in* 8.

4635 Henrici Cornelii Agrippæ, Liber de Incertitudine & Vanitate Scientiarum. *Lugduni-Batavorum.* 1643. *in* 12.

4636 Paradoxe sur l'Incertitude, Vanité & Abus des Sciences, traduites du Latin d'Henri Corneille Agrippa. 1582. *in* 12.

4637 Traité de l'Incertitude des Sciences, traduit de l'Anglois, par Nicolas le Berger. *Paris.* 1714. *in* 12.

4638 Isaaci Casauboni, de Satyrica Græcorum Poësi & Romanorum Satyra, Libri duo. *Parisiis.* 1605. *in* 8.

4639 Polydori Vergilii, de rerum Inventoribus Libri VIII, & de Prodigiis Libri III. *Lugduni-Batavorum.* 1644. *in* 12.

4640 Les Livres de Polydore Vergile, des Inventeurs des Choses, traduits en François. *Lyon.* 1576. *in* 16.

4641 Mémoires & Histoires de l'Origine, Inventions & Auteurs des Choses, traduits de Polydore Vergile, par François de Belleforest. *Paris.* 1676. *in* 8.

4642 Guilio Ossequente, Polidoro Vergilio, de

Prodigii , Libri III , per Damiano Ma-
raffi *Lyone.* 1554. *in* 12.

4643 Joh. Deckheri , de Scriptis Adespotis,
Pseudepigraphis & Supposititiis Conjectu-
ræ. *Argentorati.* 1681. *in* 12.

4644 Gerardi Joannis Vossii , de Veterum Poëta-
rum Temporibus Libri duo. *Amsterdami.*
1644. *in* 4.

4645 Gerardi Joannis Vossii , de Historicis Græcis,
Libri IV. *Lugduni - Batavorum.* 1651.
in 4.

4646 Gerardi Joannis Vossii , de Historicis La-
tinis , Libri III. *Lugduni - Batavorum.*
1651. *in* 4.

4647 Histoire Critique de la Philosophie , où l'on
traite de son origine , de ses progrès , par
M. Deslandes. *Amsterdam.* 1737. *in* 12.
3 *vol.*

4648 Histoire de la Philosophie Hermetique , avec
le Véritable Philalethe , (par M. l'Abbé
Lenglet.) *Paris.* 1742. *in* 12. 3 *vol.*

4649 Histoire de la Musique , & de ses Effets ,
depuis son origine , jusqu'à present , par
M. Bonnet. *Paris.* 1725. *in* 12.

4650 Histoire des Arts qui ont rapport au Dessein,
par M. Monier. *Paris.* 1698. *in* 12.

4651 Jacobi Mentelii, Patricii, de vera Typogra-
phiæ Origine Parænesis. *Parisiis.* 1650.
in 4.

4652 L'Origine de l'Imprimerie de Paris , par
Chevillier. *Paris.* 1694. *in* 4.

4653 La Libraria del Doni. *Vinegia.* 1551 &
1580. *in* 12. 2 *vol.*

4654 Jac. Boileau , Disquisitio historica de Li-
brorum circa Res Theologicas Approba-
batione. *Antverpia.* 1708. *in* 12.

4655 Histoire Litteraire de la France, par les Religieux Benedictins. *Paris.* 1733. *in* 4. 2 *vol.*

4656 Relation contenant l'Histoire de l'Académie Françoise, par M. Pelisson. *Paris.* 1672. *in* 12.

4657 Histoire de l'Académie Françoise, depuis son Etablissement, jusqu'à 1652, avec des Remarques & des Additions, par M. l'Abbé d'Olivet. *Paris.* 1729. *in* 4.

4658 Histoire du Renouvellement de l'Académie Royale des Sciences, en 1699, & les Eloges des Académiciens, par M. de Fontenelle. *Amsterdam.* 1709. *in* 12.

4659 Eloges des Académiciens de l'Académie Royale des Sciences, morts dans les années 1741, 1742, & 1743, par M. Dortous de Mairan. *Paris.* 1747. *in* 12.

4660 Histoire de l'Académie Royale des Inscriptions & Belles-Lettres, depuis son Etablissement, avec les Eloges des Academiciens morts depuis son Renouvellement. *Paris.* 1740. *in* 12. 3 *vol.*

4661 Juliani Hericurtii, Tractatus de Academia Suessionensi, cum Epistolis ad Familiares. *In Montalbano.* 1688. *in* 8.

Bibliographie,

ou

Histoire des Livres, & de leur Connoissance.

Introduction à la Bibliographie.

4662 Dictionnaire servant de Bibliotheque Universelle, ou Recueil succinct de toutes les plus belles Matieres de la Théologie, de l'Hiſtoire, &c. par Paul Boyer. *Paris. 1649. in fol.*

Bibliographes Généraux & Particuliers.

4663 Conradi Geſneri, Bibliotheca, aucta à Joſia Simlero & Joanne-Jacobo Friſio. *Tiguri.* 1583. *in fol.*

4664 Jac. le Long, Bibliotheca Sacra, ſeu Syllabus omnium ſacræ Scripturæ Editionum ac Verſionum, cum Notis Hiſtoricis & Criticis. *Lipſiæ.* 1709. *in* 8. 2 *vol.*

4665 Cæſ. Oudin, Supplementum de Scriptoribus vel Scriptis Eccleſiaſticis, à Bellarmino omiſſis. *Pariſiis.* 1686. *in* 8.

4666 Nouvelle Bibliothéque des Auteurs Eccléſiaſtiques par Louis-Elies Dupin. *Amſterdam.* 1693. & 1697. *in* 4. 4 *vol.*

4667 Bibliotheque Univerſelle des Hiſtoriens, contenant leurs Vies, l'Abregé, la Chronologie, la Géographie, & la Critique de leurs Hiſtoires, par M. Dupin. *Amſterdam.* 1708. *in* 4.

4668 Traité des Etudes Monaſtiques, par le P. Jean Mabillon. *Paris.* 1691. *in* 4.

4669 Réponſe de M. l'Abbé de la Trappe. *Paris.* 1692. *in* 4.

4670 Réflexions ſur la Réponſe de M. l'Abbé de la Trappe, par Dom Jean Mabillon. *Paris.* 1692. *in* 4.

4671 Bibliotheque Hiſtorique & Critique des Auteurs de la Congrégation de Saint-Maur, par Dom Philippe le Cerf. 1726. *in* 12.

4672 Bibliothéque Janſéniſte, ou Catalogue Alphabétique des principaux Livres Janſé-

niftes , ou fufpects de Janfénifme. 1731.
in 12. 2 *vol.*

4673 Bibliothéque Françoife, par François Gru-
dé, Sieur de la Croix du Mayne. *Paris.*
1584. *in fol.*

4674 Bibliothéque d'Antoine du Verdier, Sieur
de Vauprivas, avec le Supplément de la
Bibliothéque de Gefner. *Lyon.* 1585.
in fol.

4675 Bibliothéque Françoife, ou Hiftoire Litté-
raire de la France. *Amfterdam.* 1723 &
1737. *in* 12. 25 *vol.*

4676 Bibliothéque Françoife, ou Hiftoire de la
Littérature Françoife, par M. l'Abbé
Gouget. *Paris.* 1740. *in* 12. 12 *vol.*

Journaux & Ouvrages Périodiques.

4677 Journal des Sçavans, commençant en
1665, jufques & compris Décemb. 1728
inclufivement, par les Sieurs d'Hedou-
ville, Denis & autres. *Amfterdam.* 1684.
&c. in 12. 158 *vol.*

4678 République des Lettres, par M. Bayle,
commençant à Mars 1684, jufques &
compris le mois d'Avril 1689. *Amfter-
dam.* 1686. & 1689. *in* 12. 15 *vol.*

4679 Nouvelles de la République des Lettres,
par M. Bernard, commençant au mois de
Janvier 1699, jufques & compris le
mois de Décembre 1710. *Amfterdam.*
1716. *&c. in* 12. 36 *vol.*

4680 Nouvelles de la République des Lettres
par J. B. P. E. P. E. P. E. E. commen-
çant à Janvier 1716, & finiffant à Juin
1718 inclufivement. *Amfterdam.* 1716.
& 1718. *in* 12. 5 *vol.*

4681 Bibliothéque Univerſelle & Hiſtorique, (par M. le Clerc) commençant en 1686, & finiſſant en 1693 incluſivement. Amſterdam. 1710 & 1718. in 12. 23 vol.

4682 Bibliothéque Choiſie, pour ſervir de ſuite à la Bibliothéque Univerſelle , par Jean le Clerc, commençant en 1703 , & fi-niſſant en 1713. Amſterdam. 1712 & ſuiv. 1718. in 12. 28 vol.

4683 Bibliothéque ancienne & moderne pour ſervir de ſuite aux Bibliothéques Uni-verſelle & choiſie par Jean le Clerc, commençant en 1714, & finiſſant à 1727. Amſterdam. 1714, &c. (La Haye.) 1730. in 12. 29 vol.

4684 Hiſtoire des Ouvrages des Sçavans , par M. Baſnage, commençant à Sept. 1687, juſques & compris Juin 1709. Amſterd. 1687 & 1709. in 12. 27 vol.

4685 Mémoires pour l'Hiſtoire des Sciences & des Beaux Arts , recueillis par ordre de M. le Duc du Mayne , Prince de Dom-bes , commençant à Janvier 1701 , juſ-ques & compris Décembre 1741. Tre-voux. 1701, &c. in 12. 184. vol.

4686 Journal Littéraire, contenant les onze pre-miers mois de l'année 1705. Londres. 1705. in 8.

4687 Journal Littéraire, par M. de Joncourt & autres , depuis le mois de Mai 1713, juſques & compris l'année 1717. La Haye. 1713, &c. in 8. 9 vol.

4689 Bibliothéque raiſonnée des Ouvrages des Sçavans de l'Europe, commençant à Juil-let 1728, & finiſſant à Septemb. 1738. Amſterd. 1728 & 1738. in 8. 21 vol.

4690

4690 Nouvelle Bibliothéque, ou Histoire Litté-
raire, commençant à Octobre 1738,
jusques & compris Mars 1740. *La Haye.*
1738. *in* 12. 19 *vol.*

4691 Bibliothéque Angloise, ou l'Histoire Lit-
téraire de la Grande Bretagne, par M. D.
L. R. (la Roque.) *Amsterdam.* 1729.
in 12. 15 *vol.*

4692 Mémoires Littéraires de la Grande Bre-
tagne, par Michel de la Roche. *La
Haye.* 1720 & 1724. *in* 12. 8 *vol.*

4692 * Bibliothéque Britannique, ou Histoire des
Ouvrages des Sçavans de la Grande Bre-
tagne, pour les mois d'Octobre, No-
vembre & Décembre 1743. *La Haye.*
1743. *in* 8.

4693 Bibliothéque Italique, ou Histoire Litté-
raire de l'Italie, commençant à Janvier
1728, & finissant en 1734. *Genève.*
1734 *in* 8. 6 *vol.*

4694 Bibliothéque Germanique, ou Histoire Lit-
téraire de l'Allemagne, de la Suisse, &
des Pays du Nord, finissant à 1739.
tom. 43, 44, 45 & 46 *in* 8. 4 *vol.*

4695 Nova Litteraria Germaniæ. *Hamburgi.*
1703. &c. *in* 4. 7 *vol.*

4696 Nova Litteraria Maris Balthici & Septen-
trionis Edita à 1698, usque ad 1701.
Lubecæ. in 4. 10 *vol.*

4697 Mémoires de Littérature, (par M. Henri-
Albert de Sallengre) avec des Remarques
(de M. Bernard de la Monnoye.) *La
Haye.* 1715. & 1717. *in* 8.

4699 Mémoires Historiques, Politiques, Criti-
ques & Littéraires, par M. Amelot de
la Houssaye. *Amsterd.* 1722. *in* 12. 2 *vol.*

D d

4700 Les mêmes, Edition augmentée *Amsterd.* 1737. *in* 12. 3 *vol.*

4701 Nouveaux Mémoires d'Histoire, de Critique, & de Littérature, par M. l'Abbé d'Artigny. *Paris* 1749. *in* 12. 3 *vol.*

4702 Recueil de Pieces Curieuses, sur les Matieres les plus Intéressantes, par Albert Radicati. *Rotterdam.* 1736. *in* 8.

4703 Recueil de Pieces d'Histoire & de Littérature. *Paris.* 1738. *in* 12.

4704 Jugemens des Sçavans, sur les principaux Ouvrages des Auteurs, par Adrien Baillet. *Paris.* 1685 & 1686. *in* 12. 9 *vol.*

4705 Anti-Baillet, ou Critique, du Livre intitulé, Jugemens des Sçavans (par M. Menage.) *La Haye.* 1690. *in* 12. 2 *vol.*

4706 Jugemens des Sçavans, avec les Satyres personnelles. *Paris.* 1722. *in* 4. 7 *vol.*

4707 Réflexions sur les Jugemens des Sçavans. *La Haye.* 1691. *in* 12.

4708 Jugemens des Sçavans qui ont traité de la Rhétorique, par M. Gibert. *Paris.* 1713 & 1719. *in* 12. 3 *vol.*

4709 Le Voyage du Parnasse. *Rotterdam.* 1716. *in* 12.

4710 Mémoires Secrets de la République des Lettres, ou le Théâtre de la Vérité, par l'Auteur des Lettres Juives. *Amsterdam.* 1737. *in* 12. 3 *vol.*

4711 Le Pour & Contre, Ouvrage Périodique. *Paris.* 1733, &c. *in* 12. 10 *vol.*

4712 Le Nouvelliste du Parnasse, ou Réflexions sur les Ouvrages nouveaux. *Paris.* 1731. *in* 12.

4713 Observations sur les Ecrits Modernes, par l'Abbé Desfontaines. *Paris. in* 12. 22 *vol.*

4714 Le Préfervatif , ou Critique des Obfervations fur les Ecrits Modernes. *La Haye.* 1738. *in* 12.

4715 Lettre de Mad. L. M. à M. D. R. fur lefdites Obfervations. 1741. *in* 12.

4716 Jugemens fur quelques Ouvrages nouveaux par l'Abbé Desfontaines. *Avignon.* 1744. *in* 12. 11 *vol.*

4717 Lettre à M. l'Abbé Desfontaines , ou Réponfe à la Critique du Sentiment de M. F. fur la Formation de la Voix humaine, par M. Montagnat. *Paris.* 1745. *in* 12.

4718 Teftament Littéraire de M. Pierre-François Guyot , Abbé Desfontaines. *La Haye.* 1746. *in* 12.

4719 Lettre d'un Avocat de Rouen à M. V... au fujet de l'Abbé Desfontaines. 1746. *in* 12.

4720 Le Contrôleur du Parnaffe , ou nouveaux Mémoires de Littérature Françoife & Etrangere , en forme de Lettres , &c. par M. le Sage de l'Hidrophonie *Berne.* 1745. *in* 12.

4721 Le Glaneur Littéraire. *Tournay.* 1746. *in* 12.

4722 L'Obfervateur Littéraire. 1746. *in* 12.

4723 Le Spectateur Littéraire , ou Réflexions defintéreffées , fur quelques Ouvrages nouveaux. 1746. *in* 12.

4724 Lettres de Mad. la Comteffe de .... fur quelques Ecrits Modernes. *Genève.* 1746. *in* 12.

4725 Effais fur l'Efprit & les Beaux Efprits. *in* 12.

Catalogues de Bibliothéques & de Cabinets Particuliers.

4726 Catalogus Librorum Bibliothecæ Nicolai Bachelier. *Parisiis.* 1725. *in* 4.

4727 Catalogue des Livres de M. Bellanger, Tréforier Général du Sceau de France. *Paris.* 1740. *in* 8.

4728 Catalogue des Livres de la Bibliothéque M. le Blanc, Secrétaire d'Etat. *Paris.* 1729. *in* 8.

4729 Catalogus Librorum Bibliothecæ Guillelmi Boiffier. *Parisiis.* 1725. *in* 12. 3 *vol.*

4730 Catalogue des Livres du Cabinet de M*** (Imbert de Cangé.) *Paris.* 1733. *in* 12.

4731 Catalogus Librorum Bibliothecæ Carpzovianæ. *Lipsiæ.* 1700. *in* 8.

4732 Bibliotheca Colbertina, feu Catalogus Librorum Bibliothecæ J. B. Colbert, Marquis de Seignelay. *Paris.* 1728. *in* 12. 3 *vol.*

4733 Bibliotheca Cordefiana. *Parisiis.* 1643. *in* 4.

4734 Catalogue des Livres de la Bibliothéque de M. le Maréchal d'Eftrées. *Paris.* 1740. *in* 8. 2 *vol.*

4735 Catalogus Librorum Bibliothecæ Joachimi Faultrier. *Parisiis.* 1709. *in* 8.

4736 Bibliotheca Fayana, feu Catalogus Librorum Bibliothecæ Hieronimi de Cifternay du Fay. *Parisiis* 1725. *in* 8.

4737 Catalogus Librorum Bibliothecæ Raphaelis Tricheti du Frefne. *Parisiis.* 1661. *in* 4.

4738 Bibliotheca, feu Catalogus Librorum Joannis Galloys. *Parisiis.* 1710. *in* 12.

4739 Catalogue des Livres de la Bibliothéque de M. le Comte de Hoym. *Paris.* 1738. *in* 8.

4740 Bibliotheca Cardinalis Imperialis, five Catalogus Librorum fecundum Authorum cognomina ordine Alphabetico difpofitus. *Romæ.* 1711. *in fol.*

4741 Catalogue des Livres de M. Lancelot, de l'Académie Royale des Belles-Lettres. *Paris.* 1741. *in* 8.

4742 Bibliotheca Marckiana, five Catalogus Librorum Bibliothecæ Henrici-Adriani Vander-Marck. *Hagæ-Comitum.* 1727. *in* 8.

4743 Bibliotheca Telleriana, five Catalogus Librorum D. le Tellier, Arch. Ducis Rhemenfis. *Parifiis. ex Typographia Regia.* 1693. *in fol.*

Biographie ou Vies des Hommes Illuſtres.

Vies des Hommes Illuſtres.

4744 Les Vies des Hommes Illuſtres, Grecs & Romains, traduites de Plutarque, par Jacques Amyot. *Paris.* 1565. *in fol.*

4745 Les mêmes. *Lauzanne.* 1572. *in* 8. 2 *vol.*

4746 Les mêmes. *Paris.* 1606. *in* 4.

4747 Les mêmes. *Paris.* 1645. *in fol.* 2 *vol.*

4748 Les mêmes, trad. par M. Dacier, avec des Remarques hiſtoriques. *Paris.* 1721. *in* 4. 8 *vol.*

4749 Vite di Plutarco, de Gli Huomini Illuſtri Greci & Romani, tradot. da Lod. Domenichi & Altri. *in Venetia.* 1582. *in* 4. 2 *vol.*

4750 Hiſtoire d'Epaminondas, pour ſervir de Suite aux Hommes Illuſtres de Plutarque, avec des Remarques, & les Obfervations de M, M, Folard, par M. l'Abbé Seran de la Tour. *Paris.* 1739. *in* 12.

4751 Hiftoire de Scipion l'Africain, pour fervir de Suite aux Hommes Illuftres de Plutarque, avec les Obfervations de M. Folard. *Paris.* 1738. *in* 12.

4752 Philoftrate de la Vie d'Apollonius Thyaneen, de la traduction de B. de Vigenere, revûe par Federic Morel, &c, enrichie de Commentaires, par Artus Thomas, Sieur d'Embry. *Paris.* 1611. *in* 4.

4753 Portraits & Vies des Hommes Illuftres, Grecs, Latins & Payens, par André Thevet. *Paris.* 1584. *in fol.*

4754 Obfervations Morales & Politiques en forme de Maximes, fur les Vies des Hommes Illuftres, par de Chavaille. *Paris.* 1651. *in* 8. 2 *vol.*

4755 Hiftoire de Boëce, avec l'Analyfe de tous fes Ouvrages. *Paris.* 1715. *in* 12.

4756 Hiftoire de Ciceron, tirée de fes Ecrits, des Monumens de fon fiecle, avec les Preuves & des Eclairciffemens, traduite de l'Anglois, par M. Prevoft. *Paris.* 1743. *in* 12. 4 *vol.*

4757 Lettres de Ciceron à M. Brutus, & de M. Brutus à Ciceron, avec des Notes & diverfes Pieces choifies pour fervir de Supplément à l'Hiftoire de Ciceron. *Paris.* 1744. *in* 12.

4758 Delle Vite de' Philofophi, di Diogene Laërtio Libri. *in Venetia.* 1611. *in* 4.

4759 Diogene Laërce, de la Vie des Philofophes, traduction nouvelle, par M. L. *Paris.* 1668. *in* 12. 2 *vol.*

4760 Jamblichi, Chalcidensis, Liber de Vita Pythagoræ, cum Notis Joannis Arcerii. *Fanckerræ.* 1598. *in* 4.

4761 Petri Gaſſendi, de Vita & Moribus Epicuri Libri Octo. *Lugduni.* 1647. *in* 4.

4762 Joannis Meurſii Solon, ſive de Ejus Vitâ, Legibus, Dictis, atque Scriptis Liber ſingularis. *Hafniæ.* 1632. *in* 4.

4763 Joannis Maſſon, Ovidii Vita. *Amſtelodami.* 1708. *in* 8.

4764 Joannis Maſſon, Vita Horatii. *Lugduni-Batavorum.* 1708. *in* 8.

4765 Joannis Meibomii, Mœcenas, ſive de C. Cilnii Mœcenatis Vita, Moribus & Rebus Geſtis Liber Singularis : acceſſit C. Pedonis Albinovani, Mœcenatis Scriptum Epicedium Notis illuſtratum. *Lugduni-Batavorum. Elzevir.* 1653. *in* 4.

4766 La Vie de Mecenas, avec des Notes hiſtoriques & critiques, par M. Richer. *Paris.* 1746. *in* 8.

4767 Comparaiſon de Pindare & d'Horace, par François Blondel. *Paris.* 1673. *in* 12.

4768 Vies des Poëtes Grecs, par Tanneguy le Fevre. *Saumur. in* 12.

4769 Comparaiſons des Grands Hommes de l'Antiquité qui ont le plus excellé dans les Belles-Lettres, & les Réfléxions ſur l'Eloquence, la Poëtique, l'Hiſtoire & la Philoſophie, par le P. Rapin. *Paris.* 1684. *in* 4.

4770 Boccace, des Nobles Malheureux, traduit du Latin en François. *Paris. in fol.*

4771 Caſi de Gl' Huomini Illuſtri, di Giovan. Boccaccio, tradotti di Lingua Latina in

Volgare per Giuseppe Betuffi. *in Fiorenza.* 1598. *in* 8.

4772 Rimatti & Elogii di Capitani Illuftri , di Pompilio Totti. *in Roma.* 1655 *in* 4.

4773 Pauli Jovii, Vitæ XII. Vice-Comitum Mediolani Principum. *Parifiis. Robertus Stephanus* 1549. *in* 4.

4774 Eloges des Hommes Sçavans, tirés de l'Hiftoire de M. de Thou , avec des Additions, par Ant. Teffier. *Leyde.* 1715. *in* 12. 4 *vol.*

4775 Réfléxions fur les Grands Hommes qui font morts en plaifantant , par M. Deflandes. *Amfterdam.* 1732. *in* 12.

4776 Profopographie , où Defcription des Hommes Illuftres, depuis la Création du Monde, par Antoine du Verdier. *Lyon.* 1603. *in fol.* 3 *vol.*

4777 De Vitâ & Moribus Theodori Bezæ & aliorum Hæreticorum, Libellus. *Parifiis.* 1585. *in* 8.

4778 Les Vies de J. Calvin & de Theodore de Beze , mifes en François. *Genève.* 1681. *in* 12.

4779 Vita del Paolo Sarpi , Theologo della Republica di Venetia. *Leida.* 1646. *in* 12.

4780 Leonis Allatii, Apes Urbanæ, five de Viris Illuftribus qui ab anno 1630 per totum 1632 Romæ adfuerunt , ex editione & cum Præfatione Jo. Alberti Fabricii. *Hamburgi.* 1711. *in* 8. 2 *vol.*

4781 Joannis-Baptiftæ Bonacoffi , Liber de Laudibus Principis & Ducis Herculis Eftenfis II. *Venetiis.* 1555 *in* 4.

4782 Scena d'Huomini Illuftri d'Italia, del Co. Galeazzo-Gualdo. *Venetia.* 1639. *in* 4.

4783 Portraits des Hommes Illuftres qui font peints dans la Gallerie du Palais Royal, par Wlfon Sieur de la Colombiere. *Paris.* 1655. *in fol.*

4784 Les Hommes Illuftres qui ont paru en France pendant ce Siecle, avec leurs Portraits, par M. Perrault. *Paris.* 1696. *in fol.* 2 *vol.*

4785 Mémoires contenans les Vies des Hommes Illuftres, & Grands Capitaines François, par Bourdeille Seigneur de Brantome. *Leide.* 1692. *in 12.*

4786 Les Vies de plufieurs Hommes Illuftres & Grands Capitaines de France, depuis le commencement de la Monarchie, jufqu'à préfent. *Paris.* 1726. *in 12.* 2 *vol.*

4787 Les Vies des Hommes Illuftres de la France, depuis le commencement de la Monarchie jufqu'à préfent, par M. d'Auvigny. *Paris.* 1739. *in 12.*

4788 Hiftoire des plus Illuftres Favoris Anciens & Modernes, recueillie par feu M. Dupuy, avec un Journal de ce qui s'eft paffé à la mort du Maréchal d'Ancre. *Leide. Elzevir.* 1659. *in 4.*

4789 Mémoires pour fervir à l'Eloge Hiftorique de Jean de Pins, Evêque de Rieux, célébre par fes Ambaffades (à Venife & à Rome.) *Avignon.* 1748. *in 8.*

4790 Hiftoire de la Vie de M. François de Salignac de la Mothe Fenelon, Archevêque de Cambrai. *La Haye.* 1723. *in 12.*

4791 La Vie d'Edmond Richer, Docteur de Sorbonne, par Adrien Baillet. *Amfterdam.* 1715. *in 12.*

4792 Hiftoire de Pierre de Montmaur, Profeffeur

Royal en Langue Grecque, par M. de Sal-
lengre. *La Haye.* 1725. *in* 12. 2 *vol.*

4793 Mémoires concernant les Vies & les Ouvra-
ges de plusieurs Auteurs célébres dans la
République des Lettres , par Ancillon.
Amsterdam. 1709. *in* 12.

4794 Mémoires pour servir à l'Histoire des Hom-
mes Illustres dans la République des Let-
tres, par le P. Niçeron. *Paris.* 1727, &c.
in 12. 42 *vol.*

4795 Tychonis Brahaei, Vita , autore Petro Gaf-
fendo, accessit Nicolai Copernici, Geor-
gii Peurbachii & Joannis Regiomontani
Astronomorum Vita. *Hagæ - Comitis.*
1655. *in* 4.

4796 La Vie de M. des Cartes, contenant l'Hi-
stoire de sa Philosophie , & de ses autres
Ouvrages, par Adrien Baillet. *Paris.* 1691.
in 4. 2 *vol.*

4797 La même. *Paris.* 1693. *in* 12.

4798 Recueil Historique de la Vie & des Ouvra-
ges des plus célébres Architectes, par Fé-
libien des Avaux. *Paris.* 1687. *in* 4.

4799 La Vie de Pierre Mignard I. Peintre du Roi,
par M. l'Abbé de Monville. *Paris.* 1730.
in 12.

4800 Eloge Historique de M. Coustou, l'aîné,
Sculpteur du Roi. *Paris.* 1737. *in* 12.

4801 Les Vies des plus Célébres & Anciens Poëtes
Provençaux, qui ont fleuri du tems des
Comtes de Provence, par Jean de Notre-
Dame. *Lyon.* 1575. *in* 8.

4802 Le Vite delle piu celebri & antichi Primi
Poeti Provensali, tradotte, da Gio. Giu-
dici. *in Lyone.* 1575. *in* 12.

Vies des Femmes Illustres.

4803 Mémoires de la Vie des Dames Illustres, par Pierre de Bourdeille de Brantome. *Leide.* 1692. *in* 12.

4804 Mémoires de la Vie des Dames Galantes, par le même. *Amsterdam.* 1689. *in* 12. 2 *vol.*

4805 Histoire des Favorites, contenant ce qui s'est passé de plus remarquable sous plusieurs Regnes. *Amsterdam. in* 12.

4806 La véritable Vie d'Anne-Genevieve de Bourbon, Duchesse de Longueville. *Amsterdam,* 1739. *in* 12.

MÉLANGES, EXTRAITS, RECUEILS ET DICTIONNAIRES HISTORIQUES.

4807 Valerii Maximi Dictorum Factorumque Memorabilium Libri IX. ex Editione & cum Notis Stephan. Pighii. *Antverpiæ.* 1574. *in* 8.

4808 Idem. *Amstelodami.* 1625. *in* 24.

4809 Idem, cum Selectis Variorum Observationibus, ex nova recensione Antonii Thysii. *Lugduni-Batavorum.* 1670. *in* 8.

4810 Histoire Générale des Larrons, contenant les Cruautés & Méchancetés des Voleurs, par P. D. C. *Paris.* 1709. *in* 8.

4811 Les Jours Caniculaires, contenant des Faits arrivés en l'Air, sur la Mer & sur la Terre; recueillis de divers Auteurs, mis en Latin par Maiole, & traduits en François par Fr. de Rosset. *Paris.* 1610, 1612 & 1642. *in* 4. 3 *vol.*

4812 Trésor d'Histoires Admirables & Mémorables de notre tems, recueillies par Simon Goulart. *Genève.* 1620. *in* 8. 2 *vol.*

4813 Paralelles Historiques, par François Cassandre. *Paris.* 1680. *in* 12.

4814 Mélanges Historiques, par P. Colomiez. *Utrecht.* 1692. *in* 12.

4815 Mélanges Historiques & Recueil de diverses Matieres paradoxales & vrayes, par Pierre de Saint-Julien. *Lyon.* 1588. *in* 8.

4816 Recueil A. *Fontenoy.* 1745. *in* 12.

4817 Projet & Fragment d'un Dictionnaire Historique & Critique. *Rotterdam.* 1692. *in* 8.

4818 Dictionnaire Historique & Critique, par Pierre Bayle. *Amsterdam.* (*Trevoux.*) 1734. *in fol.* 5 *vol.*

4819 Dictionnaire Théologique, Historique, Poëtique, Cosmographique & Chronologique, par le Sieur D. de Juigné. *Paris.* 1661. *in fol.*

4820 Le Grand Dictionnaire Historique, &c. par Louis Morery, avec des Corrections, des Remarques & Notes Manuscrites de M. le Président de Crozat. *Paris.* 1712. *in fol.* 3 *vol.*

4821 Le même, avec le Supplément. *Paris.* 1732 & 1735. *in fol.* 8. *vol.*

MUSIQUE.

MUSIQUE VOCALE.

Recueil des Opera, tant in Folio, qu'in Quarto.

4822 Achille & Polixene, Tragédie mise en Musique ; le premier Acte par M. de Lully,

& les quatre derniers par P. Collaffe. *Paris.* 1687. *in fol.*

4823 Acis & Galatée , Paftorale Héroïque mife en Mufique , par le même. *Paris.* 1686. *in fol.*

4824 Ajax, Tragédie mife en Mufique par M. Bertin. *Paris.* 1716. *in* 4.

4825 Alcefte , Tragédie mife en Mufique par M. de Lully. *Paris.* 1716. *in fol.*

4826 Le même , gravé par H. de Bauffen. *Paris.* 1708. *in fol.*

4827 Alcide , *MS. in fol.*

4828 Alcine , Tragédie mife en Mufique par M. Campra , gravée par Bauffen. *Paris.* 1705. *in fol.*

4829 Amadis , Tragédie mife en Mufique par M. de Lully. *Paris.* 1684. *in fol.*

4830 Amadis de Grece , Tragédie mife en Mufique par M. Deftouches. *Paris.* 1699. *in* 4.

4831 Les Amours déguifés , Ballet mis en Mufique par M. Bourgeois. *Paris.* 1713. *in* 4.

4832 Les Amours des Dieux, Ballet mis en Mufique par M. Mouret ; gravé. *Paris.* 1727. *in* 4.

4833 Les Amours de Momus, Ballet mis en Mufique par M. Defmarets. *Paris.* 1695. *in* 4.

4834 Les Amours de Protée , Ballet en Mufique , par M. Gervais. *Paris.* 1720. *in* 4.

4835 Arethufe, Ballet mis en mufique par M. Campra. *Paris.* 1701. *in* 4.

4836 Ariane , Tragédie mife en Mufique par M. Mouret. *Paris.* 1717. *in* 4.

4837 Ariane & Bacchus , Tragédie mife en Mufique par M. Marais. *Paris.* 1696. *in* 4.

4838 Arion, Tragédie mise en Musique par M. Matho. *Paris.* 1714. *in* 4.

4839 Armide , Tragédie mise en Musique par M. de Lully ; gravée par Bausſen. *Paris.* 1710. *in fol.*

4840 La même. 1713. *in fol.*

4841 Atys, Tragédie mise en Musique par M. de Lully. *Paris. in fol.* sans Frontiſpice.

4842 Le même gravé. *Paris.* 1709. *in fol.*

4843 Ballet Comique de la Reine aux Nôces de M. le Duc de Joyeuse , & Md^{lle} de Vaudemont , par Baltazar de Beaujoyeulx. *Paris.* 1582. *in* 4.

4844 Bellerophon, Tragédie , mise en Musique par M. de Lully. *Paris.* 1679. *in fol.*

4845 Bradamante , Tragédie , mise en Musique par M. la Coſte. *Paris.* 1707. *in* 4.

4846 Cadmus & Hermione , Tragédie , mise en Musique , par M. de Lully. *in fol. MS.*

4847 Calirhoé , Tragédie , mise en Musique par M. Deſtouches. *Paris.* 1712. *in* 4.

4848 Camille , Tragédie , mise en Musique par M. Campra. *Paris.* 1717. *in* 4.

4849 Le Carnaval , Maſcarade mise en Musique par M. de Lully. *Paris.* 1720. *in fol.*

4850 Caſſandre , Tragédie , mise en Musique par MM. Bouvard & Bertin. *Paris.* 1706. *in fol.*

4851 Créuse , Tragédie , mise en Musique par M. de la Coſte. *Paris.* 1714. *in* 4.

4852 La Chaſſe du Cerf, Divertiſſement mis en Musique par M. Morin. *Paris.* 1709. *in* 4.

4853 Caſtor & Pollux , Tragédie , mise en Musique par M. Rameau. *Paris.* 1737. *in* 4.

4854 Le Carnaval de Venise , Ballet mis en

Musique par M. Campra. *Paris* 1699. *in* 4.

4855 Le Carnaval & la Folie, Comédie, Ballet mis en Musique par M. Destouches. *Paris. Gravé in* 4.

4856 Cephale & Procris, Tragédie, mise en Musique par Mlle de la Guerre. *Paris.* 1694. *in fol.*

4857 Circé, Tragédie, mise en Musique par M. Desmarets. *Paris.* 1694. *in fol.*

4858 Dardanus, Tragédie, mise en Musique par M. Rameau. *Paris.* 1739. *in* 4.

4859 Diomede, Tragédie, mise en Musique par M. Bertin. *Paris.* 1710. *in* 4.

4860 Les Elemens, Ballet mis en Musique par M. Destouches. *Paris.* 1742. *Gravé in* 4.

4861 La Princesse d'Elide, ou les Plaisirs de l'Isle enchantée. *in fol. MS.*

4862 L'Empire de l'Amour, Ballet mis en Musique par M. le B. de Br. *Paris.* 1733. *in* 4.

4863 La Fête de l'Amour & de Bacchus, Comedie Pastorale. *MS. in fol.*

4864 Les Fêtes de l'Eté, Ballet mis en Musique par M. de Monteclair. *Paris.* 1716. *in fol.*

4865 Les Fêtes Galantes, Ballet mis en Musique par M. Desmarets. *Paris.* 1698. *in* 4.

4866 Les Fêtes Grecques & Romaines, Ballet mis en Musique par M. Collin de Blamont. *Paris.* 1923. *in* 4.

4867 Les Fêtes d'Hebée, ou les Talens Lyriques, Ballet mis en Musique par M. Rameau. *Paris.* 1739. *in* 4.

4868 Les Fêtes Vénitiennes, Ballet mis en Musique par M. Campra. *Paris.* 1714. *in* 4.

4869 Fragmens de Lully, Ballet. *Paris.* 1701. *in* 4.

4870 Hefione , Tragédie, mife en Mufique par M. Campra. *Paris.* 1700. *in fol.*

4871 La même. 1701. *in 4.*

4872 Hyppodamie, Tragédie , mife en Mufique par M. Campra. *Paris.* 1708. *in 4.*

4873 Hyppolite & Aricie , Tragédie , mife en Mufique par M. Rameau. *Paris.* 1733 *in fol.*

4874 Jephté , Tragédie , mife en Mufique par M. Monteclair. *Paris.* 1732. *in fol.*

4875. Iphigenie en Tauride , Tragédie , mife en Mufique par MM. Delmarets & Campra. *Paris.* 1711. *in 4.*

4876 Iflé , Paftorale , mife en Mufique par M. Deftouches. *Paris.* 1697. *in 4.*

4877 Ifis , Tragédie , mife en Mufique par M. de Lully. *Paris.* 1719. *in fol.*

4878 Manto-la-Fée , Opera , mis en Mufique par J. B. Stuck. *Paris. in 4.*

4879 Marthefie , Tragédie , mife en Mufique par M. Deftouches. *Paris.* 1699. *in 4.*

4880 La Mafcarade , Divertiffement. *MS. in fol.*

4881 Medée , Tragedie , mife en Mufique par M. Charpentier. *Paris.* 1694. *in fol.*

4882 Meleagre , Tragédie , mife en Mufique par J. B. Stuck. *Paris.* 1709. *in 4.*

4883 Les Mufes , Ballet mis en Mufique par M. Campra. *Paris.* 1703. *in 4.*

4884 La Naiffance de Venus , Opera , mis en Mufique par Collafle. *Paris.* 1695 *in 4.*

4885 Omphale , Tragédie , mife en Mufique par M. Deftouches. *Paris.* 1701. *in 4.*

4886 Orion, Tragédie , mife en Mufique par la Cofte. *Paris.* 1728. *in 4*

4887 Orphée , Tragédie , mife en Mufique par M. de Lully. *Paris. in fol.*

4888 Ballet de la Paix , mis en Mufique , par MM.

MM. Rebel & Francœur. *Paris.* 1738. *in* 4.

4889 Idylle sur la Paix, &c. mise en Musique par M. de Lully. *Paris.* 1685. *in fol.*

4890 Ballet du Temple de la Paix, mis en Musique par M. de Lully. *Paris.* 1685. *in fol.*

4891 Persée, Tragédie, mise en Musique par M. de Lully. *Paris.* 1682. *in fol.*

4892 Phaëton, Tragédie, mise en Musique par M. de Lully. *Paris.* 1709. *in fol.*

4893 Philomele, Tragédie, mise en Musique par la Coste. *Paris.* 1705. *in* 4.

4894 Pirame & Thisbé, Tragédie, mise en Musique par MM. Rebel & Francœur. *Paris.* 1726. *in* 4.

4895 Pyrrhus, Tragédie, mise en Musique par M. Royer. *Paris.* 1730. *in* 4.

4896 Polydore, Tragédie, mise en Musique par J. B. Stuck. *MS. in* 4.

4897 Proserpine, Tragédie, mise en Musique par M. de Lully. *Paris.* 1707. *in fol.*

4898 La Provençale, Entrée mise en Musique par M. Mouret. *Paris.* 1722. *in* 4.

4899 Psiché, Tragédie, mise en Musique par M. de Lully. *MS. in fol.*

4900 Ragonde, mise en Musique par M. Mouret. *Paris.* 1742. *in* 4.

4901 La Reine des Péris, Comédie Persane, mise en Musique par M. Aubert. *Paris.* 1725. *in* 4.

4902 Renaud, Tragédie, mise en Musique par M. Desmaretz. *Paris.* 1722. *in* 4.

4903 Roland, Tragédie, mise en Musique par M. de Lully. *Paris.* 1685. *in fol.*

4904 Ballet des Saisons, mis en Musique par M. Colasse. *Paris.* 1695. *in* 4.

Ee

4905 Scanderberg, Tragédie, mise en Musique par MM. Rebel & Francœur. *Paris.* 1735. *in* 4.

4906 Scylla, Tragédie, mise en Musique par Theobaldo de Gatti. *Paris.* 1701. *in* 4.

4907 Semelé, Tragédie, mise en Musique par M. Marais. *Paris. in* 4.

4908 Semiramis, Tragédie, mise en Musique, par M. Destouches. *Paris.* 1718. *in* 4.

4909 Tancrede, Tragédie, mise en Musique par M. Campra. *Paris.* 1702. *in* 4.

4910 Tarsis & Zelie, Tragédie mise en Musique par MM. Rebel & Francœur. *Paris.* 1728. *in* 4.

4911 Telemaque & Calypso, Tragédie mise en Musique par M. Destouches. *Paris.* 1714. *in* 4.

4912 Telephe, Tragédie, mise en Musique par M. Campra. *Paris.* 1713. *in* 4.

4913 Theonoé, Tragédie, mise en Musique par M. Salomon. *Paris.* 1715. *in* 4.

4914 Thesée, Tragédie, mise en Musique par M. de Lully. *Paris.* 1688. *in fol.*

4915 Théris & Pelée, Tragédie, mise en Musique, par M. Collasse. *Paris.* 1689. *in fol.*

4916 Le Triomphe de l'Amour, Ballet mis en Musique par M. de Lully. *Paris.* 1681. *in fol.*

4917 Le Triomphe des Arts, mis en Musique par M. de la Barre. *Paris.* 1700. *in* 4.

4918 Le Trophée, Divertissement, mis en Musique par MM. Rebel & Francœur. *Paris.* 1745. *in* 4.

4919 Venus & Adonis, Tragédie, mise en Musique, par M. Desmaretz. *Paris,* 1697. *in* 4.

4948 Cantates Françoises, par M. Burette. *Paris. in fol.* 2. *Part.*

4949 Cantates Françoises, par M. Bourgeois, Livres I. & II. *Paris. in fol.* 2 *vol.*

4950 Cantates Françoises, par M. Campra. *Paris. in.* 4.

4951 Cantates Françoises, par M. de Clerambaut. *Paris. in fol.* 5 *Part.*

4952 Cantates Françoises, par M. Collin de Blamont. *Paris. in fol*

4953 Cantates Françoises, par M. Courbois. *Paris. in fol.*

4954 Cantate Françoise, par M. Dornel. *Paris. in fol.*

4955 Cantates Françoises, par M. Gervais. *Paris. in fol.*

4956 Cantates Françoises, par M. Guedon de Prêle. *Paris. in fol.*

4957 Cantates Françoises, par Mlle Jacquet de la Guerre. *Paris. in fol.*

4958 Cantates Françoises, par M. de Montclair. *Paris. in fol.* 3 *vol.*

4959 Cantates Françoises, par M. Morin. *Paris. in fol.*

4960 Cantate Françoise, par M. Piroye. *Paris. in fol.*

4961 Cantates Françoises & Italiennes, par Jean-Baptiste Stuck. *Paris. in fol.* 5 *vol.*

4962 Les Charmes de l'Harmonie, Concert. *Paris in fol.*

MUSIQUE INSTRUMENTALE.

Sonates.

4963 Concerti Grossi e Concertino, da Arcangelo Corelli. *Amsterdam. in fol.* 7 *vol.*

4964 Sonate, di Arcangelo Corelli. *Amsterdam. in fol.* 9 *Part.*

4965 { Sonate, da Roberto Valentine, Inglese.
XII. Sinfonia, da Giuseppe Valentini. *Amsterdam. in fol.* 10 *Part.*

4966 Suonate, da Godesi Finger, Inglese. *Amsterdam. in fol.* 7 *Part.*

4967 Opere, cioè Sonate, da Michele Mascitti. *in Parigi.* 1704. 1727. *in fol.* 24 *Part.*

4968 Sonate, da Gio. Batt. Somis. *Paris.* 1733. *in fol.* 3 *Part.*

4969 Sonate, Aria, Sinfonia, da Francesco Corselli, Dio. Hasse, e Pietro Marchitelli. *in fol.* 16 *Part.*

4970 Sonates, par M. Senallié, Livre III. *Paris.* 1716. *in fol.*

4971 Nouveaux Quatuor, en VI. Suites, par Georges Philippe Telemann. *Paris. in fol.* 5 *Part.*

4972 Les Caracteres de la Danse. *Paris.* 1715. *in fol.*

ESTAMPES.

4973 Collection, ou Recueil des Estampes, Gravées par Ordre de Louis XIV. & dont les Planches sont à la Bibliothéque du Roi; sçavoir,

1. Tableaux du Roi.

2

4920 Ulysse, Tragédie, mise en Musique par M. Rebel. *Paris.* 1703. *in 4.*

4921 { Zaïde, Reine de Grenade, Ballet, mis en Musique par M. Royer. *Paris.* 1739. *in fol.*
Recueils d'Airs, Chansons, &c.

4922 Airs recueillis des Opera de M. de Lully. *MS. in fol.*

4923 Les Œuvres de M. de Lully, à trois Parties. *MS. in fol.*

4924 Recueils de toutes sortes d'Airs tant François, qu'Italiens & Espagnols. *in 4.* 15 *vol.*

4925 Recueil des Paroles de différens Opera, représentés depuis 1650, jusqu'à présent. *Paris. in 4. Pacquet contenant environ cent brochures.*

4926 Recueil des Opera, Ballets, &c. *Amsterd.* 1690. *in 12.* 4 *vol.*

4927 Recueil Général des Opera. *Paris.* 1703. *& suiv. in 12.* 8 *vol.*

4928 Recueil des plus beaux Airs des Opera & autres Chansons nouvelles. *Paris. (Hollande.)* 1695. *in 12.* 3 *vol.*

4929 Recueil des Comédies & Ballets représentés sur le Théâtre des petits Appartemens du Roi, pendant les années 1748, 1749 & 1750. *in 8.*

4930 Les Dons des Enfans de Latone, la Musique & la Chasse du Cerf, Poëmes dédiés au Roi. *Paris.* 1734. *in 8.*

4931 Les Nymphes de Diane, Opera Comique, par M. Favart. *Paris* 1748. *in 8.*

4932 Nouveau Recueil de Chansons choisies. *La Haye.* 1731. *in 12.* 6 *vol.*

4933 Brunettes ou Petits Airs Tendres, recueil-

lies par Chrift. Ballard. *Paris*. 1703. *in* 12.
8 *vol.*

4934 Recueil de plufieurs Brunettes choifies. *MS.*
in 4.

4935 Feftin Joyeux ou la Cuifine en Mufique, &
en Vers libres. *Paris*. 1738. *in* 12.

4936 Recueils de Chanfons & de Trios Italiens.
MS. in 12. *oblongs.* 4 *vol.*

4937 Recueils de Chanfons en Mufique, par
P. Certon, J. Planfon, M. Sicard. *Paris*.
in 12. *oblongs.* 6 *vol.*

4938 Recueil de Chanfons en Mufique, par
Guil. Michel, de la Marre, de Chancy,
d'André de Rofier. *Paris. in* 8. 11 *vol.*

4939 Recueil de Chanfons du Pont-Neuf. *MS.*
in 4.

4940 Recueils de Mufique de toute efpéce & telle
qu'elle, en trois paquets de brochures. *in* 4

Motets.

4941 Motets de M. de Lully. *MS. in fol.*

4942 Motets, compofés par M. Bernier. *Paris*.
1703. *in fol.*

4943 Les mêmes, avec la feconde Partie. *Paris*.
1703. & 1713. *in fol.* 2 *vol.*

4944 Motets, compofés par M. Campra. *Paris*.
1710. *in fol.*

4945 Motets, compofés par le même. *Paris*. 1706.
in 4.

Cantates.

4946 Cantates Françoifes, par M. Bernier. V. Li-
vres. *Paris. in fol.* 3 *vol.*

4947 Cantates Françoifes, par M. Boifmortier.
Paris. in fol. 2 *vol.*

3 Médaillons Antiques.
4 Plans, Elévations, Vûes du Louvre & des Thuilleries.
5 Plans, Elévations & Vûes de Versailles.
6 Grotte, Labyrinthe, Fontaines & Bassins.
7 Statues du Roi, Antiques & Modernes.
8 Termes, Bustes, Sphinx & Vases du Roi.
9 Tapisseries du Roi.
10 Carrousel, Courses de Fêtes & de Bagues.
11 Fêtes de Versailles.
12 Plans, Elévations, Vûes, Coupes & Profils de l'Hôtel des Invalides.
13 Plans, Profils, Elévations & Vûes des Maisons Royales.
14 Profils & Vûes de quelques Villes, Citadelles & Châteaux.
15 Plans & Profils, appellés les Petites Conquêtes.
16 Vûes, Marches, Entrées, Passages & au-
17 tres Sujets servant à l'Histoire de Louis XIV. Gravées d'après Vandermeulen.
18 Paysages, Morceaux d'Etude, &c. Gravés d'après Vandermeulen.
19 Plans, Profils & Vûes de Camps, Pla-
20 ces, Siéges & Batailles, servant à l'Hi-
21 stoire de Louis XIV. Gravés d'après
22 Beaulieu.
23

4974 La Gallerie du Palais de Luxembourg, Peinte par Rubens. *Paris. in fol.*
4975 Recueil d'Estampes, d'après les plus beaux Tableaux & les plus beaux Desseins qui sont en France, avec un Abrégé de la Vie des Peintres, & une Déscription de chaque Tableau; publié par les soins de Monsieur Crozat en 1729. *Paris. in fol. 2 vol.*

Recueil des Estampes Gravées d'après les
Tableaux qui sont dans le Cabinet de
M. Boyer d'Aguilles, à Aix. *Paris.* 1744.
in fol.

Carrousel, fait en 1662.

4976 { Estampes, Gravées d'après Vauvermans.

Portraits de M. l'Abbé Capperonnier.

Plans de Paris & quelques Cartes Géogra-
phiques.

Theses & Portraits.

Tables Chronologiques, par M. l'Abbé
Lenglet.

4977 Recueil de cent Estampes, représentant dif-
férentes Nations du Levant; tirées sur les
Tableaux Peints d'après Nature, par les
Ordres de M. de Ferriol, Ambassadeur à la
Porte, & Gravées par les soins de M. le
Hay. *Paris.* 1714. *in fol.*

4978 Explication des cent Estampes qui répré-
sentent différentes Nations du Levant,
avec de nouvelles Estampes de Cérémonies
Turques. *Paris.* 1715. *in fol.*

4979 Anciens Bâtimens de France, par Jacques
Androuet du Cerceau. *Paris.* 1576. *in fol.*

4980 Recueil de Portraits, par Wandeck. *in fol.*

4981 Le Cabinet des Beaux Arts, par M. Perrault.
Paris. 1695. *in fol.*

4982 Ecole de Peinture, par Rubens. *in fol.*

4983 Discours contenant la Maniere de nourrir
les Vers à Soye, & la Maniere de la tirer,
avec des Figures & des Explications. *Paris.*
1668. *in fol.*

4984 Habillemens de diverses Nations, ou Modes,
Gravés par différens Maîtres. *in fol.* 3 *vol.*

4985 Diverse Figure, da Annibale Caracci. *Roma.*
1646. *in fol.*

4986. Portraits des Plénipotentiaires de la Paix de Munster. *Paris. in fol.*

4987 Livre utile pour toutes sortes d'Artistes, & principalement pour les Orfévres, les Horlogers, les Peintres & les Graveurs, par Daniel de la Feuille. *Amsterdam.* 1697. *in* 4.

4988 Livre pour les Sçavans & Artistes ; composé de trois Alphabeths de Chiffres, par Nic. Verien. *Paris.* 1685. *in* 8.

4989 Livre de Figures, Gravées en Bois, du Petit Bernard, intitulé Pourtraits divers tant d'Hommes, Femmes de différens Etats, que de Représentations de diverses Choses. *Lyon.* 1557. *in* 8.

4990 Figures qui représentent les différentes Nations du Monde, Gravées par Sebastien le Clerc. *Paris. in* 12.

4991 Livre de Cartouches sur différens Sujets, utiles à toutes sortes de Personnes, & Gravés par divers Auteurs. *in* 12.

4992 Porte-Feuille contenant X. Portraits, plusieurs Cartes & différens Plans.

4993 Porte-Feuille contenant quelques Portraits, différens Plans & bas de Theses.

4994 Porte-Feuille contenant six Pacquets d'Estampes, qui représentent des Eglises, des Abbayes, des Couvens, des Maisons, des Jardins d'Allemagne & d'Autriche.

4995 Porte-Feuille contenant plusieurs Cartes de De Lisle & autres, le Tombeau du Cardinal de Richelieu, & plusieurs Portraits d'Hommes Illustres dans l'Eglise.

4996 Porte-Feuille contenant les Portraits de plusieurs Princes d'Allemagne, les Forces de Louis XIII. & Joies de la France par Bosse ;

Entrée de Louis XIV, en 1660. par Marc & le Pautre; Trophées des Seigneurs de Roftaing; divers Portraits; Figures de Calot; Modes de Saint Jean, & autres Eftampes. *in fol.*

4997 Porte-Feuille contenant Livre de Deffeins par Ciartes, Deffeins de divers Amours, Payfages & Veftiges de Rome, &c. par Perelle & autres. *in fol.*

4998 Porte-Feuille contenant Médailles de Louis XV, par Godonnefche; Figures de l'Hiftoire de la Maifon de Gondy; Bals de Callot, Ornemens, Portieres, par Gillot, & différens Vafes, par Saly. *in fol.*

4999 Porte-Feuille contenant divers Portraits, Gravés par MM. Des Rochers & Odièvre. *in fol.*

5000 Pacquet de différentes Figures, telles qu'elles, Gravées par Jollain, Langlois, Bonnart & autres. *in fol.*

5001 Rouleau de Cartes Géographiques de Flandres, de Brabant & d'Italie.

5002 Les neuf différens Plans de Paris, pour le Traité de la Police, *collés fur Toile, avec des Gorges.*

F I N.

www.ingramcontent.com/pod-product-compliance
Lightning Source LLC
Chambersburg PA
CBHW070751030726
47504CB00003B/519